Human Relationships:
Contents of Early Childhood Care & Education

2006

DOBUNSHOIN

Printed in Japan

保育・教育ネオシリーズ 17

保育内容・人間関係

第二版

【監修】

岸井勇雄

無藤 隆

柴崎正行

【編著】

金田利子

齋藤政子

同文書院

執筆者紹介 *Authors*

【編著者】

金田利子（かねだ・としこ）／第 1 章・第 15 章
東京国際福祉専門学校専任教員・静岡大学名誉教授・名古屋芸術大学名誉教授

齋藤政子（さいとう・まさこ）／第 2 章
明星大学教授

【著者】 *執筆順

諏訪きぬ（すわ・きぬ）／第 3 章
NPO 法人さやま保育サポートの会代表理事・保育サポート研究所所長・元明星大学大学院教授

加藤繁美（かとう・しげみ）／第 4 章
山梨大学教授

西村章次（にしむら・しょうじ）／第 5 章
埼玉大学名誉教授・元白梅学園大学教授

浜谷直人（はまたに・なおと）／第 6 章
首都大学東京教授

武藤安子（むとう・やすこ）／第 7 章
横浜国立大学名誉教授・元共立女子大学教授

民秋 言（たみあき・げん）／第 8 章
白梅学園大学名誉教授

木下龍太郎（きのした・りゅうたろう）／第 9 章
山梨大学名誉教授

布施佐代子（ふせ・さよこ）／第 10 章
桜花学園大学教授

服部敬子（はっとり・けいこ）／第 11 章
京都府立大学准教授

岡村由紀子（おかむら・ゆきこ）／第 12 章
あおぞらキンダーガーデン園長・平島幼稚園園長・常葉学園短期大学非常勤講師・
静岡県立大学短期大学部非常勤講師・静岡福祉大学特任講師

岡本富郎（おかもと・とみお）／第 13 章 - 1
明星大学名誉教授

渡邉浩子（わたなべ・ひろこ）／第 13 章 - 2
横浜家庭裁判所川崎支部参与員・元横浜家庭裁判所総括主任家庭裁判所調査官

永田陽子（ながた・ようこ）／第 13 章 - 3
東京都北区育ち愛ほっと館専門相談員・駒沢女子短期大学非常勤講師

竹谷廣子（たけたに・ひろこ）／第 14 章
こぶし保育園園長

Introduction
はじめに

　グローバル化に象徴されるように，現在の社会は従来の枠のなかでの安定にとどまることが許されず，市場原理にさらされる自由競争の時代を迎えている。このことは基本的には必要なことではあるが，厳しい現実を伴う。優勝劣敗という弱者に冷たい社会。短期的な結果や数字にあらわれる成果の偏重。基礎的な理念よりも人目を引くパフォーマンスの重視など——。

　これらは人間形成としての教育，とくに乳幼児を対象とする保育にとって，決して望ましい環境ではない。教育者・保育者は，すべての価値の根源である1人ひとりの人生を見通し，その時期にふさわしい援助をあたえる見識と実行力をもたなければならない。

　こうした観点から，本シリーズは，幼稚園教諭ならびに保育所保育士（一括して保育者と呼ぶことにする）の養成機関で学生の教育にあたっている第一線の研究者が，研究の成果と教育の経験にもとづいて書き下ろしたもので，養成校のテキストや資格試験の参考書として配慮したものである。

　各章の著者はそれぞれ研究と教育の自由を活用し，個性豊かに叙述したので，その記述に多少の軽重や重複が見られるかもしれない。無理な統一を敢えて避けたのは，テキストを絶対のものとは考えないからである。教科書を教えるのではなく，教科書で教える——といわれるように，あくまでもテキストは参考書である。担当教員は自ら大切と思う点を詳細に重点的に講義し，それだけでは偏る恐れがあるので，他のところもよく読んでおくようにと指示することができる。学生諸君も，読んでわからないところを教員に質問するなど，幅広く活用していただきたい。

　「幼稚園教育要領」と「保育所保育指針」は，近年いちじるしい深まりを見せている保育学および周辺諸科学とともに多くの実践の成果を結集したものである。その趣旨が十分に理解されてよりよい現実をもたらすにはさらに少なからぬ努力と時間を要すると思われるが，本シリーズが，この重大な時期を迎えているわが国の保育・幼児教育の世界と保育者養成のために，ささやかな貢献ができれば，これに過ぎる喜びはない。

　　　　　　　　　　　　　　　　　　　監修者・編著者代表　岸井勇雄
　　　　　　　　　　　　　　　　　　　　　　　　　　　　　無藤　隆
　　　　　　　　　　　　　　　　　　　　　　　　　　　　　柴崎正行

Preface

編者前書き

[本書の視点]

　幼稚園教育要領・保育所保育指針（以下，「要領・指針」と略記）は，1989・1990年の改訂において，25年ぶりに大きく変更され，内容が6領域から5領域構成になりました。保育内容は単なる領域名変更ではなく，「健康」「人間関係」「環境」「言葉」「表現」の5つの領域として新たに体系づけられました。そして，先の1998・1999年の改訂においては，「人間関係」の指導内容がさらに深められています。それに応じて「保育内容・人間関係」に対応したテキストもすでに数種類刊行されています。要領・指針の意向にそくしたもの，あえて独自性を出そうとしたものなど，さまざまです。

　当然のことですが，要領・指針にはほんの少しのことが書かれているのであり，たとえその意図に応えようとしたものであっても，あとはテキストを編纂する側に任されています。そこで，私どもは「保育内容・人間関係」を，「市民としての共生と共同」を育てていく土台となる「乳幼児期からの"人とかかわる力"の育成」ととらえて展開してみたいと考えました。留意した点としては，できるだけ今日の新しい研究視点を取り入れること，「保育内容・人間関係」のおおもとになる「人間関係とは何か」という人間関係論についてもその考え方がわかるように，大きな視点で「人間関係」という概念そのものを見直すことができるようにすること，それでいて実践的なものにすること，換言すれば，乳幼児期からの集団の教育力を高める保育界における「集団づくり」と，そこでの子どもたちの育ちを取り入れたいと考えました。

　乳幼児の育てたい力としては，他者をくぐって自己を知り，自分の要求を表現し，他者の要求を受けとめ，問題をともに解決し，それぞれが自分らしく生きていく市民としての主体的共同の基礎を育てることを目指します。この力は，発展させてとらえると，国際問題の平和的解決をしていける人類の悲願にも通じるものだと考えられます。なぜなら，要求が折り合わずぶつかったとき，武力で解決するのではなく，さりとてどちらかが折れて丸くおさめたり，ごまかしの調整をしたりするのでもなく，要求を出し合い考えあって要求の対立を止揚し，新たな共鳴の方向をつくり出していくという能力は，個人のレベルのみならず国と国の関係発展にとっても，今，焦眉の課題だからです。幼いときからこうした意味での人間関係能力を形成することは，子どもたちの日々の生活を豊かにするのみならず，人類の未来に希望をもたらす道につながっていくものと思われます。

[内容構成とポイント]

　以下，本書の構成と配慮した点，お読みくださるときに考慮していただきたい点について，述べておこうと思います。

　構成については，第Ⅰ部では，「人間関係」に関する基本的な理論を，第Ⅱ部では，幼稚園・保育所（以下，まとめて「園」と略記）など，集団の場における実践の展開を，第Ⅲ部では，親子関係も含めた大人と子どもの関係，および，大人と子どもの関係も包括された地域の子育ち・子育ての共同への園の関与と，広く園が依拠する地域

における，老若男女を超えた育ち合い（世代間交流）などについて展開します。

　第Ⅰ部の理論編においては，まず，要領・指針を考える前に，大きく人間の生涯発達のなかでの「人間関係」の位置と意義について述べます（第1章 金田）。次に，乳幼児期の「人間関係」の発達過程について，保育とかかわらせつつ解説します（第2章 齋藤）。続いて，園での保育に視点をおき，そこで不可欠なさまざまな「人間関係」について展開します（第3章 諏訪）。園が登場したところで，保育内容としての「人間関係」についてとりあげ，保育内容の構造における「人間関係」の位置と意義，そして課題について論じます(第4章 加藤)。さらに，次の章では，障害児から学ぶコミュニケーションの本質を通して，障害をもつ子どもともたない子どもが対等にかかわりあって育ち合う「統合保育」を考える視点について，考察します（第5章 西村）。そして，乳幼児期における「人間関係」の経験は，生涯発達に影響力をもちうるものなのかどうか，ということについて，「記憶」を手がかりに検討します（第6章 浜谷）。

　ここで少し視点を転換し，乳幼児期の保育とかかわらせつつも，広く「人間関係」を発展させる技法について，関係学の視点から，現場と実践について論じたものをとりあげました（第7章 武藤）。第Ⅰ部の最後には，要領・指針にみる乳幼児保育における「人間関係」の位置とその変遷について時系列で考察しました（第8章 民秋）。

　さて，第Ⅱ部では，実践論を展開します。すなわち，幼稚園・保育所のなかで，子どもたちに，どのように「かかわる力」を育てていくか，具体的保育過程のなかで実践的・理論的に考察する，いわば，第Ⅰ部の保育実践編といえます。園において「人間関係」を育てるコンセプトは「人間大好き，友だち大好き，園の毎日が楽しい」というところにあると思いますが，ここでは，その充実に向けての実践について考えたいと思います。

　まずはじめに，保育活動における深い面での「人間関係」を意味する「共同」の意味について，今世界で注目を集めている「レッジョ・エミリア実践」の分析から検討した論考をとりあげました（第9章 木下）。続いて，0歳から3歳未満児の保育実践における「人とかかわる力」について，その人間形成に及ぼす意味やその育ちについて（第10章 布施）と，3歳から就学前までの幼児保育における「かかわる力」と保育の関係について（第11章 服部）の2つの章では，実践を踏まえ，豊富な事例をもとにした乳幼児保育論を展開しました。そして，第Ⅱ部の最後には，保育実践過程における集団と個の関係について，事例に基づいた考察を掲載しました（第12章 岡村）。

　第Ⅲ部では，幼稚園・保育所など集団保育の実践の場のみに限らず，広く大人の「人間関係」に視点をおき，そのことと子どもの育ちを考えます。換言すれば，子どもの人格としての育ちを大人の「人間関係」の側面からとらえ，子どもの育ちの保障のなかで，大人は子どもとともに，子どものパートナーとして，どう自らを，ひいてはどう社会自体を育てていったらよいかについて考察します。

　はじめに，園から少し距離をおいて，乳幼児期の「人間関係」，とりわけ親子関係

をとらえたいと試み,その視点で3つの場からの問題提起を試みました(第13章 岡本・渡邉・永田)。続いて,園での大人と大人の「人間関係」の大切さについて提案しました(第14章 竹谷)。ここでは,保育について,むしろ大人の育ちのほうからとらえることを試みました。運営にあたる園自体が,保育者集団,保護者会,経営者と保育者,園と自治体,地域とどうかかわっていくか,その点が発展的に進むと,子どもの問題も解決が見通せてくるからです。そして,この部の最後には,子どもを育てるのは,地域全体であることはもちろんですが,そこでの世代間交流を進めることにより,地域の力を活かし,大きなその周りからの応援があり,子どもと直接にかかわる人たちとの関係に間ができ,やわらかな関係ができること,そのことをもとに地域が活性化し,老若男女共同参画型社会の形成につながることについて言及します(第15章 金田)。保育における「人間関係」の教育も,こうした園を取り巻く地域の異世代・異発達,そして異文化など異なるものとのかかわりと呼応してこそ,真の意義を発揮できるのではないかと考えたからです。

[本書の特徴とお読みいただく際の留意点]

ここで,本書の特徴に触れながら,読んでいただく際の留意点について述べさせていただきます。ひとことで申しますと,本書は「保育内容・人間関係」のテキストではあるのですが,単なる「解説書」ではないということです。具体的には次のような特徴をもっています。

第一に,園内の保育における「人間関係」だけでなく,広い視野のなかでとらえられるよう留意した点です。やがて,保育者(幼稚園・保育所等)になろうとしている方々は,要領・指針における「保育内容・人間関係」を把握しておくことが必要だと思います。しかし,それだけにとらわれることなく,そのことを,広い視野のなかで相対化してみることが不可欠ではないかと考えるからです。なにごとも批判的に科学的な目で検討し,自分自身の考えをもって保育にあたることが大切だからです。広いとは,人間の諸活動のなかでの,次には人間が育つという全過程のなかで,さらには「人間関係」を保育内容の構造・カリキュラムのなかで,「人間関係」というものについて位置づけてみるということです。

第二に,個性的で多角的な執筆陣をそろえているということです。各章の著者は,その道で多くの実績を積んでこられている方々で,「こんな本をつくりたい」という編著者の視点(コンセプト)に呼応してくださった方々です。言い換えれば,この本の統一性は,そのコンセプトに各著者が賛成してくださっているということにあります。そのほかのアプローチの角度や細部にわたる考え方は,それぞれの主張によっており,決してひとつの考え方に同一させてはいないということです。

このことは,本書の特徴の第一にあげた,読者が自分の考え方を形成していくうえで,きわめて大切だと考えたからです。読者の皆様には,本書のなかにある主張と主張の間にある共通点と異なる点を,大いに発見してください。そこではじめて考える

ことができ，そこから自分自身のなかで討論し，自分自身の考え方を磨いていくたたき台にしていただけたらと考えています。もちろん，それぞれのご自身のなかでの討論だけでなく私どもに返していただき，読者と著者の討論ができましたら，たいへんうれしく思います。

　第三に，各著者の長年の臨床・研究実践と理論の結合に留意している点です。実践と理論の結合ということは多くの文献が意図してきている点ですが，本書の特徴は，上記のような個性的な著者が，それぞれの人間の発達保障にかかわる臨床実践や研究実践に基づいて取り組んできたことの発展として，自身の考え方を論じつつ執筆している点です。ここで，臨床実践と研究実践という言葉を使わせていただきましたが，それは，実践とは直に子どもにかかわるだけではなく，子どもの幸せへの願いを念頭に置きながら，調査をしたり，文献にあたったり，翻訳したりすることもまた実践ととらえたいという視点からです。そうした，著者たちの人生をかけた実践が理論と結合しているという点に，換言すれば，表現の難易はあっても，どの章の内容も決して他からの借り物ではないという点に，本書の特徴があるといえます。

　そこで，読者の皆様には，それぞれご自身の「保育内容・人間関係」を構築されますよう，その手がかりとして，またテキストとしてお使いいただきますときにも，本書を学ぶだけでなく，本書で学んでいただきたいと願っております。そして，それぞれのなかから考え方をぶつけ合って，まさに目の前の子どもたちに，「人間関係」の基礎としてどんなことをどのように保障していったらよいか，ともに考え合っていければ，何ものにも替えられない大きな喜びでございます。

　そのためにも，本書の特徴の第二にあげましたように，ぜひ，私どもの発しました「本書」という一球を受けとめて，「討論」という多角的なキャッチボールに発展させていただければと存じます。そして，そのことを通して，本書が「保育内容・人間関係」の理念・内容・方法をともに豊かに発展させていくうえでの手がかりになっていくことを，また，そのことが人間世界の対等なコミュニケーションと平和にもつながっていくことを願ってやみません。

　最後に，本書の各章にとりあげました臨床的・研究的実践のなかで，また，本書の刊行にいたるまでにお世話になりました多くの方々に，深く感謝申し上げます。

　2006年春，対立と共鳴を経た深い共感と共同を求めて

編著者　金田利子
齋藤政子

改訂にあたって

　幼稚園教育要領・保育所保育指針は，2008（平成20）年3月にその改定が告示され，翌2009年4月から実施に移される。

　改定にあたって，保育者養成にかかわるテキストとして用いられてきた保育・教育ネオシリーズも，その内容を検討することになった。シリーズ17にあたる本書（「保育内容・人間関係」）もまたその一環として，新要領・指針に照らして見直しに取り組みはじめた。その結果が，ここにお届けする改訂版『保育内容・人間関係』である。

　そこで，どこがどんなふうに修正されたか，またどのように読んでいただきたいかについて簡単に触れておきたい。

　今度の要領・指針の改定においては，内容面では前回の改定の内容からそう大きく変更されていないが，一般的にみると，領域「人間関係」では，「友達と楽しく活動する中で，共通の目的を見いだし，工夫したり，協力したりなどする」というように，協同の姿勢と力をより一層育もうとしていると考えられる。

　本書の改訂のポイントは，1つには，出版後5年が経過しているため，要領・指針の改定の有無にはかかわりなく，児童相談所で取り扱った虐待の件数など実態を示すデータを最新のものにするようにしたことがあげられる。

　もう1つは，新要領・指針をどうみるかという点に関して，第8章（要領・指針にみる領域「人間関係」の変遷）に，今回の指針の改定に委員の1人として直接かかわってきた著者が新要領・指針を論じている点である。

　一方，第4章では，要領・指針における領域「人間関係」の読み解きにとどまらず，要領・指針を具体的保育実践との関連において検討しようという試みがなされている。

　本書の特徴は，1つの考えに偏らず，要領・指針について改定の原案を作成してきた側の意図も，それを踏まえつつ自身の視点から展開しようとするとらえ方も掲載し，それらを読んで，読者が自らの見方をつくっていけるよう留意している点にある。

　そのほか保育実践にかかわる部分は，初版の出版されたとき（約3年前）に，すでに今期改定で強調されている協同の視点は十分に入っているので，本書では微修正のみにとどめた。

　改訂版『保育内容・人間関係』は，以上のような観点から修正が加えられている。その旨をお汲み取りいただき，今後も読者の皆様のご意見を，改訂ではなくとも増刷ごとに取り入れて一層よいものにしていきたいと考えている。どうぞ忌憚のないお考えをお寄せいただきたく，お願い申し上げる次第である。

　2009年4月

編著者　金田利子
齋藤政子

Contents

目次

はじめに　i
編者前書き　ii
改訂にあたって　vi

第Ⅰ部 「人間関係」と保育　1

第1章　保育の基本と「人間関係」　3
1. 子どもの生活と「人間関係」　3
2. 人間生涯の発達過程と「人間関係」　5
3. 保育の基本と「人間関係」　11
4. 領域「人間関係」と生活・発達・保育の全側面にかかわる人間関係　13

第2章　乳幼児の発達と「人間関係」　15
1. 乳幼児を取り巻く人間関係と「人とのかかわり」　15
2. 「人とのかかわり」の発達過程　17

第3章　保育のなかの「人間関係」　31
1. 「子ども好きだけでは保育者になれない」理由　31
2. 人と人との関係をつくりだす保育　33
3. 園のなかの人間関係　37
4. 保育者に必要な「かかわる力」　41

第4章　保育における領域「人間関係」　43
1. 乳幼児期の発達課題と領域「人間関係」　43
2. 特定の保育士との応答的関係から、幼児の協同的活動へ　44
3. 幼児の「協同的な活動」と「道徳性・規範性の芽生え」との関係　47
4. 要領・指針と具体的保育実践の間　49
5. 領域「人間関係」の内容は，保育者の保育観を通して実践に具体化する　52
6. 要領・指針に規定された「人間関係」は，保育条件整備行政をも拘束する　54

第5章　将来を見通した統合保育の充実を考える
　　　　　（障害のある子から「コミュニケーション」の本質を学んで―）　55
1. 統合保育の意義と課題　55
2. 統合保育の充実を目指して　56
3. コミュニケーション能力を育む　60

4. 障害児，気になる子どもの発達診断・相談活動から　　64
  5. 統合保育に求められる諸課題　　66

第6章　生涯発達における乳幼児期のかかわり（「かかわり」体験の記憶から―）　　69
  1. 対象喪失と記憶　　69
  2. 「気になる子」と記憶　　71
  3. 「気になる子」に対する大人のかかわり　　71
  4. 叱ることとほめること　　73
  5. 子どもの立場に立って，励まして育てる　　74

第7章　人間関係発展の技法　　77
  1. 人間関係発展の基礎的な考え方　　77
  2. 子どもの「遊び」にみる「かかわる力」の育ち―発達臨床の視点から　　82
  3. 保育における人間関係発展の技法　　89

第8章　要領・指針にみる領域「人間関係」の変遷　　91
  1. 保育内容としての「人間関係」　　91
  2. 要領・指針にみる保育内容「人間関係」　　97
  3. 保育内容「人間関係」の変遷　　100

第Ⅱ部　集団のなかで「かかわる力」を育てる―人間大好き・友だち大好き・園での毎日が楽しい　　113

第9章　保育活動における共同の意味（レッジョ・エミリア実践の分析から―）　　115
  1. はじめに―課題の提起　　115
  2. 大人と子どもの共同的探究からの出発―ラウラと腕時計　　116
  3. 2人グループにおける協力―「右手」の子どもたち　　118
  4. 小集団プロジェクトを支える対話と組織　　119
  5. 子どもグループは共同学習の方法をいかに学ぶか　　122
  6. 学びにおける個と集団　　126
  7. 結論に代えて―幼児期における共同学習の意義　　128

第10章　3歳未満児保育における「人とかかわる力」　131
1. 3歳未満児にとって「人とかかわる力」とは？―人の間で「人間」として育つ―　131
2. 0歳児の保育実践にみる「人とかかわる力」の育ち　132
3. 1歳児の保育実践にみる「人とかかわる力」の育ち　135
4. 2歳児の保育実践にみる「人とかかわる力」の育ち　138
5. 「人とかかわる力」を豊かに育てるために，3歳未満児保育で大切にしたいこと　141

第11章　幼児保育における「かかわる力」　143
1. 3歳児クラスの子どもたちの「人とかかわる力」と保育　143
2. 4歳児クラスの子どもたちの「人とかかわる力」と保育　147
3. 5歳児クラスの子どもたちの「人とかかわる力」と保育　151

第12章　保育における集団と個の関係　157
1. 個の心を知る―子どもは，生活や社会をかかえて生きている　157
2. 「集団」のなかで育つ自己信頼感―ありのままの自分が出せる　159
3. 個から「集団」に自発的にかかわる力―内面を見つめる　161
4. 「集団」のなかで豊かにかかわる―悲しいこと，つらいこともうれしさに変わる　162
5. 保育者の指導―ゆっくり，じっくり，待つ　165
6. 人間らしい集団と個の関係―自己肯定・違いを認める　166

第Ⅲ部　大人の人間関係と子どもの育ち　169

第13章　親子関係を問い直す　171
1. 子育て相談の実践から　171
2. 家裁の窓から　177
3. 関係を立て直す―喪失体験と親子関係　189

第14章　幼稚園・保育所における大人の関係と子どもの育ち　197
1. ありのままの姿を子どもの育ちとして，細かくていねいに伝え合う　197
2. 父母の率直な感想，意見，質問は園の財産　200
3. 子育て支援からともに子育てを　204
4. 保育者どうしの連携が，安定した生活空間をつくる　205
5. 大人の子どもを見つめるあたたかい輪が連帯へ　206

第15章　地域における世代間交流と子どもの育ち　209
1. 人間関係の希薄化と世代間交流の意義　209
2. 世代間交流の先進的取り組みに学ぶ　210
3. 地域における世代間交流と子どもの育ち　218

索　引　221

第Ⅰ部

「人間関係」と保育

第1章 保育の基本と「人間関係」

〈学習のポイント〉
①人と人との関係には、その間に「物」が介在していることを考えてみよう。
②人間の生涯発達過程において、「人」とのつながりが中心になる時期、「物」とのかかわりが中心となる時期がある。乳児期と幼児前期、幼児後期は、それぞれどのような活動が中心となるか、考えてみよう。
③「保育の基本」にとって不可欠な、人間関係の3つの矛盾について例をあげて、保育にとって大切なことは何かについて、話し合ってみよう。

1. 子どもの生活と「人間関係」

　人は人と人の間から生まれ、人と人の関係すなわち人間関係のなかで人格となり、人間として育てられる。「保育とは何か」を問うとき、それは1冊の書物*になるくらい考察を要する課題である。ここでは、大きくとらえて、保育とは「乳幼児の人間としての発達を保障する社会的取り組みである」とする。また、発達とは、「生活のなかでの矛盾を自らの能動的な活動を通して乗り越えるなかで、外界との関係がより自由の方向に向かって内面的・質的に発展し続ける過程」**としてとらえる。その質的発展を支えるのが保育であり、その作用は教育・保護が不可分に結合されたものといえる。したがって、保育所の保育も幼稚園の幼児教育も、広い意味で幼年期にあたる小学校低学年児の学童保育も、「保育」という概念でとらえられる。また、家庭や地域における意識的な乳幼児の発達を保障する取り組みである子育ても、幼年期までを対象とした場合、それもまた、広い意味では「保育」としてとらえられる。

　先に、「人は人間関係のなかで人格となり、人間として育てられる」としたが、人間が育つとき、単なる人と人の関係だけで育つわけではなく、そこには物と状況が介在する。つまり、人は、まず広い意味での生活のなかで育つ。生活は自己（主体）と人と物の関係によって成り立っている。

　子どもにとっての生活は、遊びと日々の再生産生活と課題活動によって構成されている。そのなかで、子どもは自ら学び、自ら発達する。

　幼いときほど、衣・食・清潔などの生活の仕方そのものが保育活動によって保障され、保護・養護のなかに教育が含まれている。おむつを交換するときも、言葉をかけることによってここちよくなったことを知らせることを通して、子どもは快と不快とを区別し、清潔の体験をしていく。この関係のなかで、"快になりたい"という子ども自身の要求（「自己」）が形成され、おむつという「物」を介して、必ず言葉をかけつつ、時にお腹にほおずりするなど子どもとの関係を結び、

*土方康夫『保育とはなにか――明日にむけて生きる力を』青木書店, 1980

**金田利子『生活主体発達論――生涯発達のパラドックス』三学書房, 2004

おむつを交換する保育者（「人」）が不可欠になる。

幼児期になって飼育・栽培など動植物の世話を生活の一環として行うときも，主体（「自己」）とその活動をなにげなく方向づける保育者（「人」）と，ともに活動する仲間（「人」）と，動植物そのものおよびその世話に用いる素材や道具（「物」）が要る。

遊びをおもしろくしていくうえでも，同様にこの3つの要素が不可欠になる。たとえば，仰向けに寝ている乳児が上からつるしたカーテン状の布をいじって楽しんでいる。そこには乳児の"物をいじることを楽しみたい"という遊びの要求（「自己」）がある。そこにカーテン状の布（「物」）があったからこそ，この要求が実現される。そこには二者の関係しかないようであるが，乳児が遊びやすいように布をつるしたのは保育者（「人」）であり，間接的に人がかかわっている。さらにその側に行って，目と目を交わしながら，その布を使って「いない，いない，ばあ」と働きかけたなら，乳児はけらけらと笑い何度も続けてほしいと表情で要求し，遊びがよりおもしろくなる。ここには布を媒介に，見えた（ある）隠れた（ない）という「物」の認識を媒介にしつつ，乳児と保育者（「人」）の関係を楽しむことができる。

幼児期の鬼ごっこなどには「物」は要らないようであるが，そうではない。陣地や約束ごとに用いる「物」（鉄オニなど）はもちろん，ルールそのものも広義の「物」*にあたるからである。幼児期の集団遊びも劇遊びも人間関係なしには成り立たないが，しかし，その間には何らかのかたちで「物」の世界が媒介になっている。

「課題活動」というのは，幼稚園や保育所という組織的なカリキュラムないしは保育計画のなかでは課業と呼ぶところもあり，生活や遊びとかかわらせつつも，保育者のほうから意図的・系統的に用意する文化とかかわる活動である。家庭保育であっても，家庭の保育者である親や養育者が意図的に用意する課題に，乳幼児が取り組もうとする活動は，課題活動的なものといえる。乳児期でも，定期的にきちんと行う赤ちゃん体操などはこれにあたる。赤ちゃんの体を保育者が動かし，赤ちゃんもそれに応じて動き，その活動が，赤ちゃんの"体を動かし体操したい"という要求と一致するとき，保育者と子どものここちよい関係が生まれる。これは，「自己」と「人」のみの関係のようにみえるが，空間的場の用意や，ちょっと支えるロールタオルも「物」であり，赤ちゃん体操の技術そのものが，すでに「物」を意味する。

幼児の場合，子どもが，散歩で見つけた動植物のことを"もっと知りたい，学びたい"という要求をもったとき，保育者がそれに応えて誘いかけ，図鑑や顕微鏡などを用意して調べてみようとか，あるいはそれを造形化してみようというよ

*中村行秀「ものの豊かさ」『哲学入門—生活のなかのフィロソフィー』（青木書店，1989）pp.46-54 を参照。中村によれば，「物質」とは，いわゆる物体だけでなく，時間や空間，組織までも含まれる概念である。

うに発展させることによって,子どもたちはそのものの性質を知る喜びを味わう。ここでも,子どもの学習要求(「自己」)に応じて,保育者(「人」)が教材(「物」)を用意し,必要に応じて的確に働きかけたとき,子どもは自主的に学ぶ。そして,学びがおもしろくなり,共感がわき,協力するときに,学びの共同が成り立つ。

このように,人間関係だけがまったく独立して「物」とかかわらないことはほとんどないし,人間世界に今ある「物」に視点をおいたとき,それをつくってきた人類史における人間そのものの英知と,人間関係そのものが入り込んでいない「物」もまた,ほとんどないといえる。

しかし,人と物,人と人のどちらが主になるかは,活動によって異なる。そこで,本書においては,三者のかかわりを人間関係の側面からみていくことになる。

2. 人間生涯の発達過程と「人間関係」

1 発達過程における2つの活動と「人間関係」の位置

発達過程についても,主として人とのかかわりが中心となる「関係的活動」と,物とのかかわりが中心となる「対象的活動」の関連からとらえることができる。

発達とは何か。これにもさまざまな考え方がある。J.ピアジェは,対象をとらえる認知発達の側面から発達をとらえるが,E.H.エリクソンは,対象とかかわる感情や態度を含めた関係の視点で,発達をとらえている。

両者の特徴を「砂糖」とのかかわりを例にとらえてみよう。前者の場合「砂糖」は認識の対象となり,一定の弁別能力がある場合,誰が食しても「甘い」という反応になる。ところが後者の場合,「私」という人格と砂糖との関係が問われ,好意的な関係であれば「うまい」に,非好意的な関係の場合「まずい」に,というように分かれる。したがって,前者は,すべての人が通過する認識のレベルで発達段階を定めるが,後者の場合は,物事への態度を尺度として,その発達的変化をとらえている。しかし,生きている生活者としての人間の活動をとらえる場合,そのどちらかのみみるというわけにはいかない。必ずどちらとも関与している。

旧ソ連のエリコニンは,子どもは,上記の2つの異なる活動(「対象の系」と「関係の系」)を同時に行っているが,発達過程に応じて,どちらかが主導的になって発展していくのではないかと仮説した。筆者は,その理論を参考にしつつ,非主導的な活動と主導的な活動の関係を明確にしつつ,子ども期だけでなく生涯にまで広げて理論化した。

その際「人間関係」は,感情や態度とかかわる「関係活動の系」に位置づく。以下,人間関係の系が発達過程においてどのようにかかわるかについて述べる。

家族概念との対応	定位家族						創設家族			再統合家族
発達の時期 / 活動のタイプ	乳児期	幼児前期	幼児後期	学童期	青少年前期	青少年後期	壮年前期	壮年後期	老年前期	老年後期
(エリコニン)欲求動機の系 / (金田)関係活動の系	直接的情動的交流	集団並行あそび(前役割あそび的)	役割遊び	集団的協同的交流 ギャングエイジ	親密な個人的交流 中学	友情・恋愛および自己の確立	新しい家族の形成 他人の生命の生産 結婚・独立	親世代同世代子世代との かかわり 地域・文化諸関係 夫婦関係 親子関係 子育て期	自己内省	類と個の統一的世界観の確立
技術操作の系 / 対象活動の系	(前操作的・感覚運動的活動)	対象操作的活動	(前学習的課題活動)	学習活動 小3〜4年	抽象的・論理的学習活動 高校	職業・学習活動 大学	(研修的生産労働)	創造的生産労働	(伝授的生産労働)	省察労働
労働概念との対応	模倣労働						生産労働（使用価値と等価交換）			省察労働

注）
・使用価値はあるが交換価値はない，あるいは少ない。
・青少年後期までの児童期の主導的活動は，「交通」を除いてエリコニンの概念を用いる。
・（　）内は主導的活動の前段階で，その準備状況をつくりつつある時期であり，著者が考察した用語を用いた。
・ロシア語の意味からは「交通」の方が厳密であるが，日本語としてイメージしやすいということからここでは「交流」とした。
・壮年期以後の発達過程については，生活科学の知見から著者が考察した用語を用いた。
・「労働概念との対応」の項の「模倣労働」および「省察労働」については，生涯教育に関する那須野隆一の論文（『現代と思想』17号，1974）より引用した。
・実線は主導的活動の移行過程を示し，点線は対応する系の活動時期に非主導的になる活動の移行過程を示している。

出典）金田利子「発達過程と生活構造(1)」『静岡大学教育学部研究報告（人文社会科学篇30号）』1980より 一部修正

図1-1　活動の特性からみた発達過程表・生涯発達過程一覧

「関係活動の系」「対象活動の系」の関連で発達過程をとらえた筆者の考え方を示したものが図1-1である。

図の上方に，「関係活動の系」を置き，下方に「対象活動の系」を置いた。そして，それらは同時に起こりつつ，どちらかが主導になる。主導的活動とは，幼児期における役割遊びのように，その時期の発達を規定する，その時期独特の意味をもつ活動をいう。これについては，次節 2 以下で具体的に乳児期から説明していく。

最上段に「家族」を置き，最下段に「労働」を置いたのは，人類が維持発展していくために欠かすことのできない2つの要因として，直接的生命の生産と人間関係による関係的生産としての「家族」と，間接的な生命の維持につながる対象

活動としての「労働」について，より人間関係的な活動を上に，より対象的な活動を下に配置したということである。

そうしたグローバルな人間生活全体と発達過程を対応させて，人間の全生活活動と発達過程をかかわらせてみていく理論が，「保育」という全人間活動とかかわるグローバルな営みには欠かせないと考えているからである。

この考え方の詳細については別の著書＊にゆだね，ここでは各発達過程における「関係活動の系」と「対象活動の系」が，どのように関係しながら変化していくかについて述べていく。

＊金田利子『生活主体発達論――生涯発達のパラドックス』三学書房，2004

2 乳児期，幼児前・後期の主導的活動と人間関係

乳児期は主として，人，とりわけ大人・養育者との直接的な関係のなかで，言語の体系で成り立つこの人間世界に自己が位置づく時期であるので，「直接的情動的交流」となり，人間関係を典型とする「関係活動の系」が主導となる。次章で述べるアタッチメントの形成が大切なのも，そのことをあらわしている。また，先にあげた「いない，いない，ばあ」も「ある‐ない」の認知が育ってきたことが前提にはなるが，楽しんでいるのは相手との感情交流である。しかし，そのなかで非主導的活動にあたる「物」の認識とそれへの要求が芽生え，次の時期の主導的活動を準備している。

乳児期から幼児期へと移行する乳児期後半から1，2歳児は「関係活動の系」から「対象活動の系」へと主導的活動が移行する時期になる。図1‐1の上（「関係活動の系」）から下（「対象活動の系」）への実線が，主導的活動の移動を示している。そして，1，2歳児は，一見人とのかかわりが主になるようにみえるが，実は「対象活動の系」の世界が主導的活動になっている。すなわち，乳児期に確立した養育者との関係を背景に，まわりの世界を探索し，見いだしたものを他のさまざまなものに「みたて」て悦に入ったりする。そして，人類がつくりあげた「物」の世界，とりわけ道具を知り，それを使ってみようと，箱を自動車や家や風呂にみたてて使ってみて，本当の体験をしているかのようにふるまい，「物」の世界を表現しながら学んでいる。

こうして，「みたて」つつ，「つもり」になってふるまいながら，「物」の世界を学ぶのであるが，その「つもり」の世界をふるまうことを発展させていくなかに，次の時期に主導となる「役割遊び」が芽生えてきている。「つもり」の世界を他者と共有し，つくっていくことに主導が転換したとき，幼児期の中心となる主導的活動である役割遊びが展開し始める。すると今度は，主導的活動が「対象活動の系」から「関係活動の系」へと移行する。そのときの図1‐1の実線は，下から上に向いている。

幼児後期の役割遊びは,いかにも「物」の世界を楽しんでいるようにみえても,中心的には「関係」を楽しんでいる。大人の社会活動,換言すればそこで展開される人間関係を,それらしい「物」を媒介に,空想の世界で再現して楽しんでいる。さまざまな「ごっこ遊び」はそれを意味する。

　ごっこ遊びが成立するには,次の2つの条件がどちらも同時に満たされていることが必要になる。1つは,大人の活動が見えていることである。2つには,見えているけれども自分の能力ではやれない,あるいはやれたとしてもやらせてもらえないことである。いずれも大人との関係から生まれる。

　こうした幼児期の人間関係を楽しむ世界のなかで,「『物』の世界の関係がどうなっているのか,客観的に知りたい」という学びへの要求が芽生え,これまでに培った人間関係の力も作用して,学ぶことを主にしながら,学びの共同への芽が育つ。

3 学童期〜青少年前・後期〜壮年期への発達過程と人間関係

　学童期には「『物』の世界の理屈を掘り下げたい」という要求が発生してくる。
　幼児の後期から学童期へと変化する主導的活動は,今度は図1-1の上から下への実線で示され,小学校1〜2年生の移行期を経て学童期の中心をなす時期になっていく。

　この時期を,ピアジェは「具体的操作期」といい,保存の確立する時期として実験的に明らかにし,エリクソンは「勤勉性対劣等感」という対立概念を置き,勤勉性が勝てばよい適応ができるとした。また,ヴィゴツキー*は9歳,10歳頃を「生活的概念から科学的概念に移行するという難関を越えなければならない大切な時期」だとした。こうした客観的にものごとをみようとする,科学する目は,第二次性徴といわれる自己の性的変化への気づきにも触発されて,外から自己にも向かい,"自分はどこから来てどこへ行くのか"というような疑問を内包する。そして,こうした自分自身の内なる問いを,不特定多数の人にではなく,親友といえるようなきわめて個人的な人間関係において,相談し合いたくなるような心性をひきおこす。それが,次の時期の主導的活動である「親密な個人的交流」であり,一般に「思春期」といわれる時期になる。

　この青少年前期の時期は,学童期の「対象の系の活動」から「関係の系の活動」へと移行する時期であり,人生が始まってから乳児期の「直接的情動的交流」の節と,幼児後期の「役割遊び」の時期を経て,3回目の「関係活動の系」に進む時期である。図1-1の線としては,2回目の下から上への実線で示されているところである。

　この時期には,学童期の外への目から内に目がいくようになり,人間関係のう

*この時期は,ろう(聴覚障害)教育においては「9歳の壁」としてとらえ,その時期,教育を重視している。詳しくは,L. S. ヴィゴツキー(柴田義松訳)「子どもにおける科学概念の発達的研究」『思考と言語 下巻』(明治図書出版,1962) pp.5-152 を参照。

えで，大人社会の理不尽さに怒りをもち，同時に，非主導的ではあるが潜在的に育ってきている形式論理的な合理性が芽を出し，"理論には理論で返してほしい"という思いになり，自己を問うことから，社会関係や人間関係にも目が向き，実利よりは価値志向的になっていく。

そして，それを支え合うのが同性の親しい友人ではないかと思われる。交換日記などを実行し始めるのもこの時期にあたる。今日，メールやインターネットの普及するなかで，こうした思春期のあり方もずいぶん現象的には変わってきているが，価値志向的傾向になり，大人にはそれほどの問題と思われないことにも真剣に悩み，人間関係のなかでの自己に目を向けてみるという意味で，「関係の系の活動」の時期になるという点は，時代を超えて一致しているように思われる。いわゆる「自分探し」の中心がこの時期にあたる。そして，この時期のこうした親密な人間関係が十分に保障されたなら，同時に，将来を展望するようになり，現実的には職業を指向した学習へ発展する糸口になる。

図1-1の中の実線が次に上から下にと向く時期が，青少年後期である。青少年後期には近い将来の職業に向けて，学習しようとする姿勢になっていくが，十分に思春期の主導的活動が保障されなかった場合には，大学に入っても自分探しが主導的活動になってしまうことになりかねない。この時期は，大学あるいは専門学校，進学しない者にとっては高校の最後の年などにあたる。

青少年後期は，1歳半の節，9歳の節という峠を越え，3回目の実線が上から下へと下がる，「対象活動の系」への時期になる。「職業・学習活動」を続けるなかで，非主導ではあるが次期の主導になる関係の系の活動，すなわち「恋愛」など，前の時期が同性との親密な関係であったものが，異性との関係をもち始め，自分の生まれ育った家族から，自分自身がつくっていく創設家族についても潜在的に意識しており，それが次の時期への準備になっていく。

いわゆる「子ども期」はここで終わるので，以後は簡単に触れることにするが，壮年期になってからも，筆者のこの発達過程論によれば「関係活動の系」と「対象活動の系」は交互に発展していく。

4 壮年前・後期から老年前・後期への発達過程と人間関係

壮年前期は，今日さまざまなライフスタイルの選択がますます自由になる時代ではあるが，結婚してもしなくても，親から離れて自立する時期であり，生涯の伴侶を選ぶ時期になる。仕事は「研修的生産労働」の時期にあたるため，学窓を出たばかりで研修が大きな課題だとはいえ，人間生涯のなかで考えたとき，仕事の比重は「創造的生産労働」の時期よりは責任はそれほど重くなく，主導的活動は，「創設家族の形成・他人の生命の生産」など，「関係活動の系」のほうになる。

図1-1でいうと，3回目の下から上への実線を意味する。すなわち「対象活動の系」から「関係活動の系」へと移動する時期にあたる。この飛躍が困難で長引いている場合が，「モラトリアム」などと呼ばれる。この時期において，非主導的活動ではあるが，研修的生産労働のなかで，自分がこの仕事で社会に参加しようという決意ができるかどうか，問い続けているのがこの時期である。

壮年後期は，壮年前期の主導的活動が「関係活動の系」に位置していたのに対し，そこから下，すなわち「対象活動の系」へと実線が下がる時期である。内容としては，いわば働き盛りであり，仕事を通して創造的に生きる時期である。

仕事は元来，自分のほうへ目をやるというよりは，それ自体が対象的活動であり，社会的生産労働の時期にあたる。しかし，前の時期の課題を乗り越えていない場合は，仕事に迷いをもつなど，さまざまな課題が出る。外に向かって仕事に打ち込みつつも，非主導ではあっても，子育てや家庭生活など「関係の系」での活動にも力を入れるとき，単なる働き蜂ではなく生活が豊かになり，同時に自己を時折見直すなかで，次期の「関係活動の系」に向かう芽が育つ。

次は「関係活動の系」が主導になる老年前期である。まさに定年の声が近づくにつれて，自分はこれでよかったのだろうかと，自己に目が向くようになる。この時期への過程は「創造的生産労働」から「自己内省」に移動するのであり，人生4回目の下から上への実線で示される移行で，「我と向きあう」という意味で，「第4の思春期」ともいえる。第1回目が幼児後期への時期，第2が青少年前期（思春期）への時期，第3回目はモラトリアムの時期で，そして第4回目がこの自己内省の時期にあたるからである。

この時期，十分に自己内省しつつ，一方で「伝授的な生産労働」にも力を向けると，その力が，次期の主導的活動である対象的活動「省察労働」に転換していける下地がつくられる。

最後に位置づいた省察労働は，自己内省という「関係活動の系」から「対象活動の系」へと，図の中では実線が上から下へと移行してきた活動である。若い人とともに新たに創造しつつ，これまでの人生のなかで培った力を単なる趣味としてではなく，社会に還元していく活動であり，「関係活動の系」と「対象活動の系」の相互交替的関係からすれば「対象活動の系」に位置づくが，これまでのすべての活動を含み込んでおり，両方の系の活動を含みもった活動だともいえる。

5 生涯発達過程における「関係活動の系」と「対象活動の系」の関連

田中昌人[*]は人格の全体的発達を島崎藤村の詩「初恋」の中の「〜初めし」を用いて文学的・象徴的に示した。しかし，田中の表現は，表1-1の⑤までで，後はなく，また②にあたる時期（幼児前期）についての記載がされていなかった。

*田中昌人『子どもの発達と健康教育①〜③』かもがわ出版，1988

表1-1　生涯発達過程における「関係活動の系」と「対象活動の系」

①乳児期	「人知り初めし笑顔」(関係活動の系)
②幼児前期	「道具知り初めし心の営み」(対象活動の系)
③幼児後期	「我知り初めし心の営み」(関係活動の系)
④学童期	「理知り初めし心の営み」(対象活動の系)
⑤青少年前(思春)期	「価値知り初めし心の営み」(関係活動の系)
⑥青少年後期	「職業(労働)の意味知り初めし心の営み」(対象活動の系)
⑦壮年前期	「親離れ創設家族を志向し初めし心の営み」(関係活動の系)
⑧壮年後期	「現実の責任の意味知り初めし心の営み」(対象活動の系)
⑨老年前期	「改めて我省み初めし心の営み」(関係活動の系)
⑩老年後期	「個を類に繋ぐ貢献自覚し初めし心の営み」(対象活動の系)

注) 田中昌人の表現 (①③④⑤) をもとに, 筆者が加筆 (②および⑥以降)。

　②の時期は, 人との関係を喜ぶ乳児期と, 我(自我)を見つける幼児後期の間の欠かせない時期であり, それが抜けると,「関係活動の系」と「対象活動の系」という2つの傾向の交互性がみえなくなる。

　そこで筆者は, 田中の表現を借りつつ②を挿入し, また, 生涯に及んで筆者なりの表現を加え, 活動の傾向を（　）に入れてみた。すると, 表1-1のようになる。こうみると, 交互性がわかり, その時期に何が中心となるかが大きくつかみやすくなる。本書のテーマが関係活動の代表ともいえる「人間関係」であるので, 関係活動の系のほうを色文字とした。

　表中の①〜③が乳幼児保育にかかわるが, それは生涯を見通しつつ, ④につないでいくプロセスを意味する。

3. 保育の基本と「人間関係」

■ 保育の基本

　保育とは何か。本章の「1. 子どもの生活と『人間関係』」で, それは, 広くとらえたとき, すべての乳幼児の発達を保障する社会的営みであり, 乳幼児が自ら発達する力を支援する取り組みではないかと述べてきた。そして, 発達は自らの能動的な活動を通して矛盾を克服していくときに実現する。その矛盾の特質*と保育との関連は, 次のように分析できる。

(1) 個人内の能力における発達要求の矛盾と「人間関係」

　1つ目は, 個人内の能力における発達要求の矛盾である。換言すれば, 能力の現在の水準と一歩先の水準との間の矛盾である。姿勢の発達からみるなら, 次の

*土方康夫『保育とはなにか—明日にむけて生きる力を』青木書店, 1980, pp.109-111

ような例である。

　まわりの子どもがハイハイをしている。自分は必死にもがいてもできない。当の子どものなかに、"自分もハイハイをしたい、自分で自分の行きたい方向に体を動かしたい"という要求が起こる。別の発達段階でいえば、スキップをするなどの場合に、"難しいが乗り越えたい、しかしうまくいかない"というような個人内に生じる能力の発達要求とその矛盾である。しかし、子どもによってはみんなとやればできる、その子にふさわしいヒントがあればできる。そうしたヒントを的確に入れていくということが、この側面からの保育である。言い換えれば、ヴィゴツキーのいう「発達の最近接領域」*を豊富にしていくことである。

(2) 個人間の発達要求の矛盾と「人間関係」

　2つ目は、個人間の発達要求の矛盾である。子どもは、発達によって獲得した力を使ってみたくなる。使うと、往々にして、他の子どもにとっては危害が与えられるという事態が起こる。すると、そこに個人間の矛盾が起こる。

　乳児でいえば、発達の結果として歯が生えてきて嚙むことができるようになったら、その力を使いたくなる。しかも、言葉では十分表現できない。要求がぶつかり合ったとき、育ってきた力を発揮して友達を嚙む。嚙まれたほうはたまったものではない。そこにトラブルが起こる。こうしたとき、どちらの子どもにとっても納得のいくように、いかに解決していくかが課題となる。

　3～5歳になれば、いっそう複雑に、子どもと子どもどうしの要求のぶつかりがある。そこに保育の思想と結合した技術が必要とされる。いわば合意形成能力の教育にあたる。こうした保育の側面としては、集団の教育力をつくり出す「集団づくり」と呼ばれている教育の方法などがこれにあたる。

(3) 社会的矛盾

　3つ目の矛盾は、(1)(2)にあげた子どもの2つの要求と、環境など社会的な面との間の、社会的矛盾である。

　身近な面でいえば、乳児期の場合、子どもは何かをつくりたいから材料を探すのではなく、そこに「物」があるからつくり始める。しかし、そこに何も物がなければ実現しない。そうした問題に対して、保育者たちは素材を用意したり、おもちゃをつくり出したりする。仮に保育教材費が微々たるものでも、保育者たちは工夫を重ねて乗り越えてきている。しかし、あまりに物の状況が貧困であれば、限界がくる。また、「空気が悪いために喘息がひどくなる」とか、「もう1人で登園したいのに、危険だからと親がついて行かざるを得ない」などは、単なる工夫だけでは済まされない。社会的な解決が必要とされるが、そこに向かって要求を練り上げていくうえでも、子どもと大人の関係のみならず、大人と大人の人間関係力の形成が不可欠になる。

---

*発達の最近接領域：旧ソビエトの心理学者ヴィゴツキーが提唱した概念で、子どもが自力ではまだできないが、年長者の助けや仲間との共同によって解決できる課題の範囲をさす。現在の発達水準だけでなく、大人や年長の子どもとの共同で解決できる水準、すなわち「成熟しつつある水準」に目を向けて教育がなされることの重要性を示した概念である。

2 保育の基本と「人間関係」

　前述のような保育の基本と「人間関係」がどうかかわるかについて、次に考えたい。前述の3-**1**-(1)〜(3)には、ともに人間関係がかかわっているが、それぞれにかかわり方が異なっている。

　「関係活動の系」そのものとしてかかわってくるのは、(2)の個人間の要求と要求の矛盾と、その克服であり、合意形成能力の育成にかかわる保育にあたる。しかし、(1)においても、個人内能力における、"現在より、より高い能力を獲得したい"という発達要求を育てるうえでも、今の水準と次の水準の間の矛盾を超えようとするときにも、人間関係がかかわってくる。まわりの友だちの姿を見て、要求が生まれる。仲間とかかわること自体が、要求への刺激となる。同時に、今の水準と次の水準との間の矛盾を超えるにも、少しだけ年齢幅のある人間関係・仲間関係の存在によって、可能になる場合がある。ヴィゴツキーのいう「最近接領域」がつくられるからである。今、仲間とともにできたことは、やがてひとりでやりきることの前提になる。また、ヴィゴツキーは、「遊びは発達の源泉であり、最近接領域をつくりだす」*という趣旨のことを述べているが、仲間との遊びには、おもしろいから遊ぶのであるが、そのなかに先の矛盾を超えるヒントが豊富にみなぎっている。

　(3)の社会的矛盾を超えるには、子どもと大人の関係、大人どうしの関係によって、社会関係を変革していく取り組みが不可欠になる。(1)のようにそれ自体は個人の能力の発達への要求であっても、その実現を図る保育にとって人間関係を育てる保育が不可欠であり、(2)のように人間関係そのものの形成が保育の課題になるときにも、ルールなど、広い意味での物的な要素を組み入れながら、しかし関係そのものを発展させていくという面から、当然、関係の系での保育が必要になる。(3)はまた、子どもの保育そのものだけでなく、それをめぐる大人たちの関係が問われる課題である。

* L. S. ヴィゴツキー（柴田義松・森岡修一 訳）「子どもの精神発達における遊びとその役割」『児童心理学講義』(明治図書出版, 1976) pp.23-48 を参照。また、ヴィゴツキーの「最近接領域」については、L. S. ヴィゴツキー（土井捷三・神谷栄司 訳）『"発達の最近接領域"の理論』(三学出版, 2003) を参照されたい。

4. 領域「人間関係」と生活・発達・保育の全側面にかかわる人間関係

　以上でみてきたように、子どもの生活活動のすべてに人間関係がかかわっている。また、主導的活動を中心とした発達過程においても、「対象活動の系」と「関係活動の系」は交互発展的に変化していっている。そして、その発達を保障する保育においても、関係そのものの発展においてはもちろん、個人の能力の発達においても、人間関係がかかわってくる。

　国としての保育方針を示す「幼稚園教育要領」や「保育所保育指針」について

みても，3歳以上児については保育内容の構成が5領域からなっており，その1つにここで取り上げる領域「人間関係」がある。しかし，5領域の他のどの領域においても，人間関係が関与している。

本書においては，主として，領域「人間関係」がそうであるように，直接的な人間関係に視点をあてて内容を展開するが，上記のように，「人間関係」が人間の生活と発達と保育の全側面にかかわる働きをしていることをふまえるとき，考察の視点が全体的に及ぶであろうことを，本書の冒頭にあたり，お断わりさせていただくしだいである。

【参考文献】

L. S. ヴィゴツキー（柴田義松訳）「子どもにおける科学概念の発達的研究」『思考と言語 下巻』明治図書出版，1962

L. S. ヴィゴツキー（柴田義松・森岡修一訳）「子どもの精神発達における遊びとその役割」『児童心理学講義』明治図書出版，1976

土方康夫『保育とはなにか―明日にむけて生きる力を』青木書店，1980

田中昌人『子どもの発達と健康教育①～③』かもがわ出版，1988

中村行秀「ものの豊かさ」『哲学入門―生活のなかのフィロソフィー』青木書店，1989

L. S. ヴィゴツキー（土井捷三・神谷栄司訳）『"発達の最近接領域"の理論』三学出版，2003

金田利子『生活主体発達論―生涯発達のパラドックス』三学書房，2004

「特集・集団づくりって何だろう」『現代と保育』29号，ひとなる書房，1992

嶋 さな江・ひばり保育園『保育における人間関係発達論』ひとなる書房，1998

佐藤啓子編『現代のエスプリ〈人間関係力シリーズⅠ〉人間関係の危機と現実』至文堂，2004

乳幼児の発達と「人間関係」

〈学習のポイント〉　①子どもを取り巻く環境が，子どもの発達と人間関係に与える影響について考えよう。
②「人とかかわる力」の発達過程について理解しよう。
③乳幼児の「人とかかわる力」を豊かに育てるために，保育者・大人はどのような働きかけをしたらいいかについて考えよう。

1. 乳幼児を取り巻く人間関係と「人とのかかわり」

　生まれたばかりの乳児は，かつて，自らの生命を守る能力をもたない，他者に依存するだけの無力で無能な存在とみなされていた。ところが，20世紀以降，乳児期の研究が進むにつれ，生まれたばかりでも他者とかかわろうとする傾性をもっているということがわかってきた。ボウルビィ（Bowlby, J., 1969）*のアタッチメントやホワイト（White, R.W.）**のコンピテンス***の概念が提出され，ファンツ（Fantz, R.L., 1961）****やバウアー（Bower, T.G.R., 1979）*****などが乳児の有能性について次々と実証研究を行うなかで，「無力で受動的なだけの存在」ではなく，「有能で能動的な存在」でもあるという乳児観が今日では常識的になっている。

　このように，人間は，生まれてすぐ自分の力で生理的欲求を満たすことができないかわりに，潜在的に「人とかかわる力」をもって生まれてくる。子どもは身近にいる「人」に視線を向け目で追い，親などの養育者は，生まれてきた子どもを取り囲んで，あやしたり，オムツをかえたり，授乳したりしながら，子どもとかかわる。その相互作用が，子どもを社会化していくのである。人とかかわるなかで，子どもは，「人とかかわる力」を含めた人間的な諸能力を獲得し，ヒトから人間へと発達する。

　乳幼児を取り巻く人間関係というとき，私たちは，親子関係，きょうだいとの関係，近所の人との関係，保育者との関係，同年齢の子どもたちとの仲間関係などを思い浮かべる。ところが，最近，これら子どもの社会化を推進していく人々が子どものまわりに少なくなっていることが心配されている。母親とともに主要な養育者となるはずの父親は，恒常化した長時間労働・長時間通勤のため，夜遅くならないとかかわることができず，1世帯あたりの子どもの数の減少で，きょうだいも近所に住む同年齢の子どももほとんどいない******。祖父母も離れて暮らしていることも多く，親戚との接触も少ない。したがって，保育所や幼稚園で出会う大人や子どもが，はじめて日常的にかかわる家族以外の他者ということも多い。子どもにとって，社会化を推し進める人的環境が乏しいということは，子

*Bowlby, J. Attachment and loss. Vol.1, Attachment. Basic Books, New York, 1969（黒田実郎他訳『母子関係の理論Ⅰ 愛着行動』岩崎学術出版社，1976）

** White, R.W. Motivation reconsidered ; The concept of competence. Psychological Review, 66, 1959, pp.297-333

***ホワイト，W. が提出した人間が環境と効果的に交渉する能力をさす概念。人間は，環境と交渉できた際，有能観をもつ存在であることを示している。

**** Fantz,R.L. The origin of form perception. Scientific American, 204, 1961, pp.66-72

***** Bower, T.G.R. Development in infancy. 1974（岡本夏木，他共訳『乳児の世界』ミネルヴァ書房，1979）

****** p.16 コラムを参照。

どもが多様な働きかけを受ける可能性が少ないというだけでなく、子ども自身が主体的に働きかける相手が少ないという点で、その後の「人とかかわる力」の発達に大きな影響を与える可能性がある。したがって、家庭だけでなく、保育所・幼稚園等を含めた地域社会が、子どもを取り巻く環境として、また、子どもと共同的に生き、子どものかかわる力を育てる推進力として機能していくことが、今後ますます求められるだろう。

本章では、乳幼児期における「人とのかかわり」がどのように変化し、子どもの「かかわる力」がどのように発達していくのかについて、乳児期を中心に述べる。また、愛着の発達的意味とその発達過程についても触れていく。

なお、ここでいう「人とのかかわり」*は、乳幼児期を中心とした子どもがまわりの人と「物」や「こと」を媒介にしてどのようにかかわっているかという関

＊類似した言葉で、「人間関係」と「人間関係力」がある。コラム参照。

> **column**　1世帯あたりの子どもの数の減少
>
> 全世帯数における児童のいる家庭の割合は、1975（昭和50）年に53％であったのが、2006（平成18）年には27.3％となっている。また、全世帯数における児童1人がいる世帯数、2人がいる世帯数、3人以上がいる世帯数は、1975年には20.0、24.6、8.4％であったのが、1990（平成2）年には14.4、17.8、6.4％となり、2006年には、11.9、11.7、3.7％となった。つまり、近年は、ひとりっ子の家庭とふたりっ子の家庭の数はほぼ同数となり、国民全体における子ども数の割合が少なくなっただけでなく、家庭内の子どもの数も減少している（厚生労働省「平成18年 国民生活基礎調査」）。

> **column**　「人間関係」と「人間関係力」
>
> 佐藤（2004）は、「人間関係」とは、「人」と「人」というよりは、「人間一般には還元しつくされない『人』とは異なる『自己』を含めての関係」、課題や価値や言葉も含めた「物」も含みこんだ、「『自己』と『人』と『物』との関係」と位置づけている。また、「人間関係力」は、「個人にのみ求められる資質や能力ではなく関係を共に創る力」であり、「『自己』も『人』も『物』も共に生かされ創造されることに働く力」であると述べている。そのように考えれば、生まれたばかりの乳児でさえも、かかわってくれる相手をひきつけ、存在自体がまわりの人間関係を変えるという意味で、確かに「人間関係力」をもっているともいえる。
> ※「　」内は佐藤啓子「求められる『人間関係力』」佐藤啓子編『現代のエスプリ〈人間関係力シリーズⅠ〉人間関係の危機と現実』至文堂、2004、p.9,13 より引用。

係の様相をさし、「人とかかわる力」は、子どもが人に対して関心をもち、人との間で何かを共有し、あるいは人に対して関係をつくろうとする力をさす。

次節では、「人間関係力」も視野に入れつつ、「人とかかわる力」が発達段階とともにどう育ち、関係はどう変わっていくのかを考えていきたい。

2.「人とのかかわり」の発達過程

1 乳児期

ここでは、1歳半頃を境目として乳児期と幼児期に分け、「人とのかかわり」の発達についてみていきたい。

(1)「人の世界」への関心──視覚・聴覚の発達

0歳児期は、感覚器官を総動員して外界の刺激を取り込み、もっている力を使って「人の世界」「物の世界」に働きかけていこうとする時期である。

メルツォフとムーア（1977）によれば、新生児に対して大人が「舌の突き出し」や「口の開閉」を行うと新生児が模倣をし*、フィールドら（1982）によれば、大人が示す「喜び」「悲しみ」「驚き」の表情を新生児が模倣するという**。この模倣は、「原初模倣」あるいは「共鳴動作」といわれる。また、生後1週間の新生児では、無地の図形よりはパターンのある図形を、そして人の顔の形に似た図形をより長く注視することがわかっている。乳児の視力は、下条（1983）の報告によれば、新生児で0.03、6カ月で0.2、12カ月で0.4というように月齢が進むにつれよくなり、3～5歳でほぼ成人並みの視力に達するという***。

また、生後12時間の新生児でも、母親が自然な調子で言葉かけをすると、その声の調子や抑揚にあわせて手足を動かし、また母親がその動きにあわせてまた声をかけるというような母子相互の同調行動を見ることができる。「エントレインメント」というこの現象は、その目に見える躍動感から「発達の踊り」（dance of development）****とも呼ばれるが、成人どうしの聞き手と話し手の会話の抑揚やうなずきに、本質的にパターンが似ているといわれる。

聴力も生まれたときから備わっており、生後数日で物音に対してまばたきをしたり、モロー反射をしたりすることが確認されている。2カ月頃からは、やさしくあやしかけるとじーっと見て声を聴いていたり、いつも働きかけてくれる養育者の声を別の人と区別し、しきりに「アウ、アウ」などと発声するようになる（「クーイング」の表出）。

このように、子どもは、生まれてすぐから人に関心をもち、人からのかかわりに応える力をもっている。

* Meltzoff, A. N. and Moore, M. K. Imitation of facial and manual gestures by human neonates. Science, 198, 1977, pp.75-78

** Field, T.M., Woodson, R., Greenberg,R. and Cohen, D. Discrimination and imitation of facial expressions by neonates, Science, 218, 1982, pp.179-181

*** 下條伸輔「乳児の視力発達」『基礎心理学研究』2, 1983, pp.56-67

**** ジョーン・ボリセンコ（伊東 博訳）『からだに聞いてこころを整える』誠信書房,1990, p.24

(2) 笑顔と笑顔の相互作用——社会的微笑の意味

　乳児期は，「微笑」と「泣き」を交流手段として，人とかかわっていく時期である。新生児期にも，おなかいっぱい母乳を飲んで眠りだした赤ちゃんがにこっと微笑む表情をみることがある。体の内部の生理的興奮により自発的に生じると考えられ，「生理的微笑（または自発的微笑）」と呼ばれている。大人はしばしばその表現を自分に向けられたものと解釈する。たとえば，温かいお湯の中で息をふーとはきながら微笑んでいる姿をみると，「気持ちいいね」「あたたかいね」と声をかける。赤ちゃん自身にとっては単なる内的な情動の表出であるのだが，大人がそれを受け止めて赤ちゃんの気持ちに成り代わって応答的に対応すると，そこから相互の主観を交換する間主観的*，相互主体的な向き合ってのやりとりが可能になってくるのである**。

　3カ月前後になると，大人のあやしかけに微笑んで（「社会的微笑」），「アウー」と声を返したり，手足をばたつかせて喜ぶようになる。養育者は，自分の働きかけに応えて笑う子どもの笑顔に喜びを感じ，笑顔を返してさらに働きかける。この乳児と養育者との共感的な感情のつながりを経験することを通して，養育者は子育てに対する自信を深めることができるのであり，また，乳児も「いつもかかわってくれるこの人は，自分をうれしい気分にしてくれる人」というように感じることができる。このように，乳児の微笑には，養育者との関係を肯定的で良好なものにしていく役割がある。

　一方，「泣き」も，遠くからでも「人」を呼び寄せることのできる強力な信号である。最初は，「微笑」と同じように内的な不快の状態の情動の表出であったものが，しだいに「人」に向けられたものになっていく。「泣き」はその場にいる「人」を情緒的に巻き込み，何らかのかたちで動かす。乳児の「泣き」に対しては，家庭でも保育所でも養育者の対応に違いがみられることが多い。「泣き」に対応しすぎて子どもを甘やかすことにならないかという心配である。しかし，ベルとエインズワース（1972）は，乳児の「泣き」と母親の敏感性との関連について1年間追跡調査をした結果，「泣き」に適切に対応した母親の子どもほど，1年後にあまり泣かなくなっていたことを報告している***。もちろん，言葉によるコミュニケーション手段をもたない乳児と，それ以上の子どもとでは「泣き」の意味は違うが，乳児の「泣き」に対応するということは甘やかすことではなく，「安心感」を与えることである。それは「人」への信頼感を育て，さらに「人」とのコミュニケーションを図って状況を変えられた自分への，信頼感を育てることにもつながるのである。

(3) 前言語期から言語期へ

　0歳児期は言葉を話すための準備期であり，前言語期ともいわれる。これまで

---

*間主観性（intersubjectivity）は，本来，フッサール現象学の用語であったが，「間主体性」「相互主体性」「相互主観性」などとも訳され，近年は，心理学用語としても使用されている。多義的用語であるが，自己と他者が相互に意図を感知する心の働きをさす場合が多い。
Trevarthen, C. Communication and cooperation in early infancy: A description of primary intersubjectivity. In M. Bvllowa (Ed.), Before speech. Cambridge University Press, London, 1979

**鯨岡は，このかかわりは〈育てる者〉があかちゃんを一個の人格として受け止めるからこそ，また，〈育てる者〉の身体を通して子どもの情動のありようが〈育てる者〉に『分かる』からこそ自然になされる」のだと述べている（鯨岡 峻『〈育てられる者〉から〈育てる者〉へ』日本放送出版協会，2002より）。

***Bell, S. M.& Ainsworth, M.D.S. Infant crying and maternal responsiveness, Child Development, 43, 1972, pp.1171-1190

2章 乳幼児の発達と「人間関係」

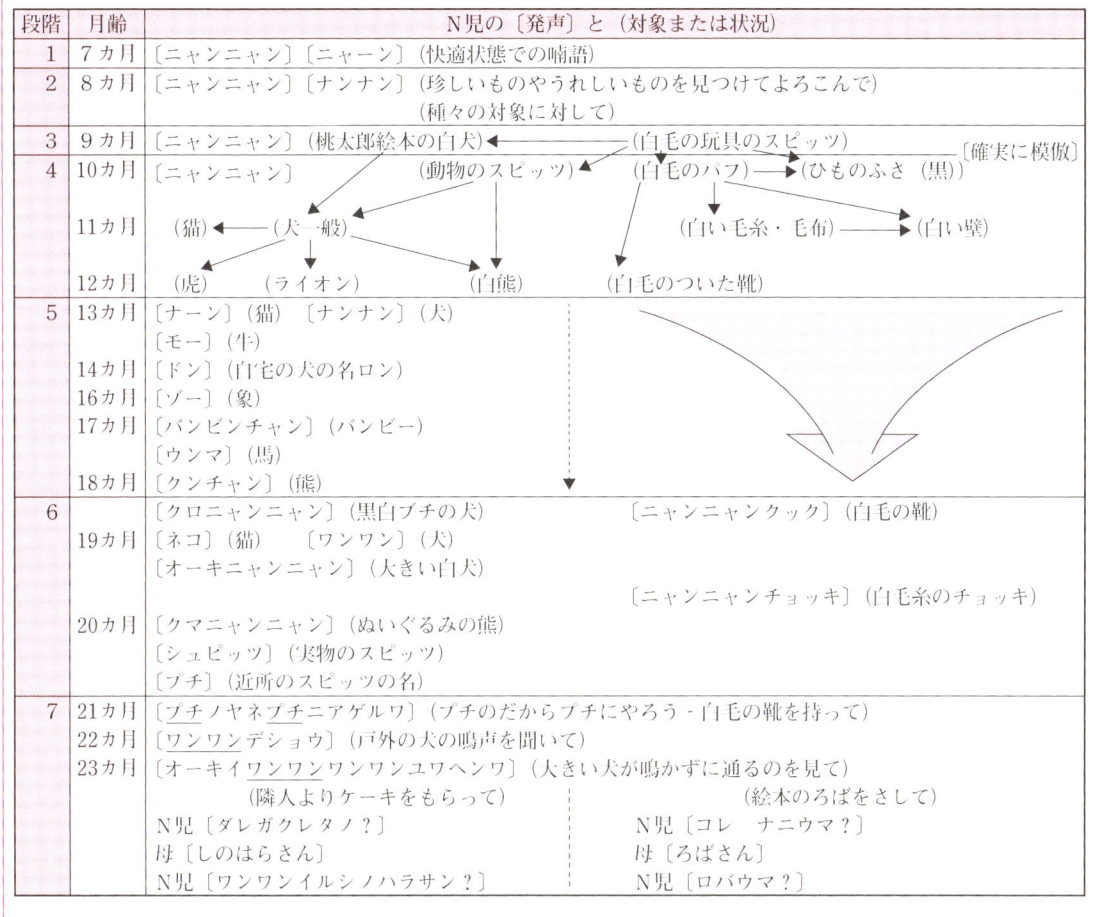

出典）岡本夏木『子どもとことば』岩波書店（岩波新書），1982, pp.136-137

図2-1 「ニャンニャン」の記号化過程

　述べてきたように，乳児は，「微笑」や「泣き」だけでなく，身体全体を使ったしぐさや表情によって「人」とコミュニケーションをとろうとする。新奇な物に出会ったとき，「大好きな人」がそばにいると，その人の表情を読み取り判断する姿（社会的参照──ソーシャルリファレンシング）もみられる。また，大人が周りにいるときのほうが「マンマンマンマン」などと反復喃語の量が増えるなど，喃語にも重要なコミュニケーション機能の萌芽がみられる。図2-1にみるように，N児の快適状態にみられた「ニャンニャン」という喃語は，大人とのやりとりのなかでしだいに記号化され，象徴的意味をもっていく。

　9～10カ月くらいになると，外界に対する興味のもち方，認識の仕方において，「革命的といってもよいほどの大変化」（やまだようこ，1987）*をみせる。

*やまだようこ『ことばの前のことば』新曜社, 1987, p.81

表2-1 機能的にみた主な発達的変化

	0～4カ月頃	5～9カ月頃	9～14カ月頃	14～24カ月頃
みる (認識機能)	・外界とは「みる」ことでかかわる ・近くの空間に反応する	・「みる」ことは「とる」ために使われる(実践機能優先) ・「とる」ことのできる近くの空間に関心 「みる-とる」の軸 目と手の協応 感覚運動的活動	静観的認識の開始 ・「みる」だけで「とら」ない ・「いく」ことができるにもかかわらず、〔ここ〕にとどまって〔あそこ〕を見る ・離れたところ〔あそこ〕を視野に入れる	表象機能の開始 ・〔ここ〕にいながら、「ここにないものをみる」 ・見たて。離れたところのもの〔あれ〕が、〔これ〕によって〔ここ〕へ運ばれてくる
とる(いく) (実践機能)	・手操作(とる)も移動(いく)も未発達	・手操作(とる)の発達 ・外界志向性の活動(探索行動)の発達	・静観的手操作(さわる) ・移動(いく)の開始 ・意図(手段-目的関係)の発達 (ピアジェの第4段階)	・慣用的手操作 ・実験的手段の開発 (ピアジェの第5段階)
うたう (情動・伝達機能)	「みる-うたう」の軸 共鳴動作 ・エントレインメント、原始模倣、微笑反応 ・人間一般への関心 ・要求-拒否の伝達は情動の直接表出(泣くなど)	・原始模倣の消失、微笑の反応の減少	・模倣(うつす・まねる)の開始 ・愛着対象の形成、人見知り ・媒介項を挿入した、情動の表出の間接化(泣きの道具的使用) ・指さし、提示、手渡しの開始 「みる-うたう」と「みる-とる」の軸の結合 三項関係の形成	・有意味語 ・延滞模倣(見ることと再現の距離化) ・社会的ネットワークのなかでの他者分化 ・自尊心としっとの開始 〔私〕の発生 世界をまとめる中心ができる(〔ここ〕への中心化) 自分の〔つもり〕の発生 ・表象機能を含む三項関係

(注) それぞれの行動様式はいくつもの機能にまたがり、重複する場合が多いが、この表では主な枠組みのなかに入れて整理した。

出典) やまだようこ『ことばの前のことば』新曜社、1987, pp.56-57

それは、それまで、「物と自分」、「人と自分」という二者関係のみで活動していた乳児が、「物と人と自分」というように三者を結びつけて活動するようになるということであり、「三項関係」は言語発達の前提としての重要な意味をもつ。やまだ(1987)はこの変化を機能別に整理して、表2-1のようにまとめている。

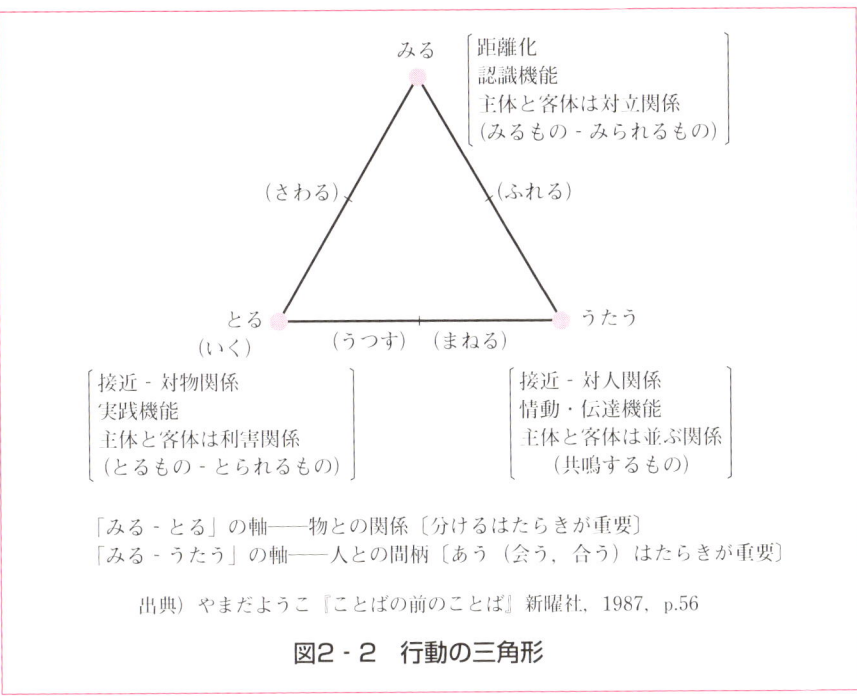

図2-2 行動の三角形

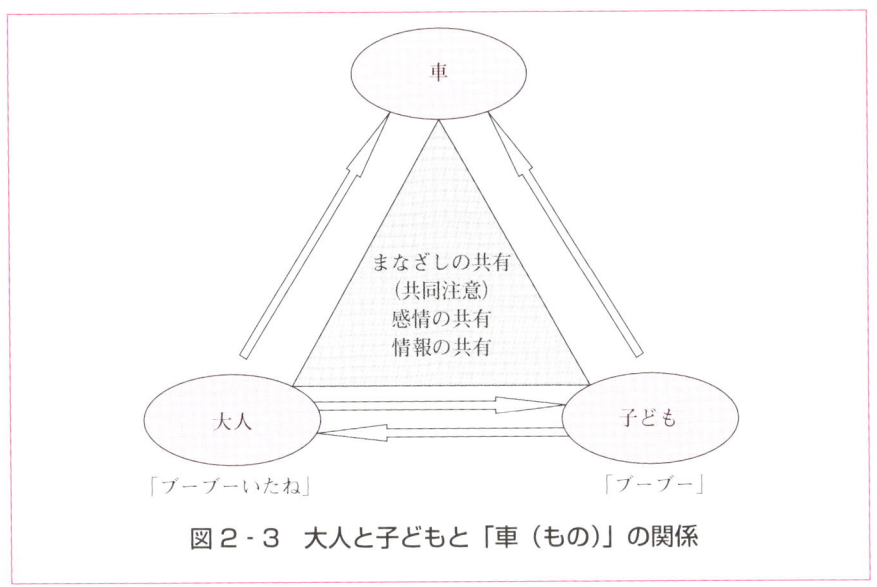

図2-3 大人と子どもと「車（もの）」の関係

　乳児は、0歳児前半で「人」と「うたう関係」（情動的な共有関係）をつくっていくが、5カ月くらいになると、目と手の供応により、目に入った身近な物に手をのばすようになる。やがてハイハイで外界へ「取りに行く」ことができるようになると、この能力は対物関係のなかで洗練され、「みる-うたう関係」（人との

関係）とは別に、「みる－とる関係」（物との関係）ができていく。この人との関係と物との関係が結合し、「みる」－「とる」－「うたう」の軸が結びついて行動の三角形（図2－2）ができるのが、9〜10カ月なのである。

　「三項関係」が重要なのは、子どもが感情だけでなく、対象物についての何かを他者に伝えようとしているからである。お父さんと散歩にでた0歳児が車をみつけて指をさす。それは、図2－3のように、対象物に向かって子どもと人が、並びあう関係をつくり、「大好きな車をみつけてうれしい」という感情を共有しようとするだけでなく、まなざしを共有しながら（共同注意）、対象物についての認識を共有し、それについての情報を他者に伝えようとしている姿である。その意味で、「三項関係はことばの成立に先立ってことばと同じ働きを実現している」*といわれる。

　このように、「物」への注意の集中や、大人との「物」のやりとり、そして指さしなどが、みられるようになると、その後、「物」や状況のなかでみられた喃語がシンボルとなり、先に述べた「ニャンニャン」のように、一語文として機能し始める。

*神田英雄『0歳から3歳―保育・子育てと発達研究を結ぶ（乳児編）』全国保育団体連絡会、1997、p.12

(4) 愛着の発達

　2〜3カ月の頃は誰があやしても笑っていたのに、久しぶりに会って声をかけたら、とたんに泣かれたという話を聞くことがある。赤ちゃんが、いつも世話をしてくれる人に対して「愛着」を形成し始めた一方で、見知らぬ人に「人見知り」をするようになったということなのだが、この「愛着」について理解しておくことは、子どもが最初に出会う人たちとの関係をどのようにつくっていくかを考えるうえで重要である。

　「愛着」は、一般的には「特定の人間もしくは動物との間に形成されている情愛のきずな（affectional tie）」**と定義づけられている。従来、子どもと成人との結びつきは、未熟さと受動的な意味合いの強い「依存性（dependency）」という概念で説明されてきたが、赤ちゃんの能動性が証明されるにつれ、本能的行動システムを人間関係の起源とみなすボウルビィの愛着理論に注目が集まるようになった。「愛着」に対し、赤ちゃんがその特定の対象に対して示す具体的な行動は「愛着行動」と呼ばれている。この「愛着行動」は、「対象にしがみつく」「後追いをする」などの行動であるが、赤ちゃんと中学生とでは親に対する行動が違うように、年齢や状況によって変化する。

　ボウルビィの愛着形成過程は、4つの段階に分かれている（表2－2）。

　ボウルビィは、愛着が安定するためには、1人の養育者による一貫したかかわりが必要だと述べたが、母親のみが愛着の対象となるとはしていない。ところが日本では、愛着理論への誤解から、母子関係のみが協調されてきたきらいがある。

**繁多 進『愛着の発達』大日本図書、1987、p.41

表2-2 ボウルビィの愛着の発達過程

段階	内容
第1段階 (誕生から生後8〜12週頃まで)	[人物弁別をともなわない定位と発信] 人とのかかわりのためのさまざまな反応や行動(人に対してにっこりしたり,じっとみつめたり,目で追ったり,声を出したり,傍にいる人に手を伸ばしたり,掴んだり,など)がみられるようになる。しかしこの段階では,これらの反応や行動を向ける対象が特定されているわけではない。
第2段階 (生後12週頃から6カ月頃まで)	[ひとり(または数人)の弁別された人物に対する定位と発信] 人とのかかわりのためのさまざまな反応や行動が増える。また,たとえば母親に対して,他の人よりも余計に微笑んだり,よく声を発するというように,特定の人に対する"好み"がみられるようになる。しかし,特定の対象に対するはっきりとした愛着行動は次の段階から始まる。
第3段階 (6カ月頃から2〜3歳頃まで)	[発信ならびに移動による弁別された人物への接近の維持] 特定の人(たとえば,母親)を他の人々とはっきり区別して,特定の対象に対する接近・接触を求める。このころになると,多くの乳児は特定の人(たとえば,母親)に対して愛着と期待が十分に発達していることを示すようになる。たとえば,他の人がいなくても平気なのに,母親がみえないと悲しんで泣き出す。このとき,他の人があやしても泣きやまないのに,再び母親が目の前に現れ,抱き上げたり,あやしたりすると泣きやんだりする。
第4段階 (3歳前後から)	[目標修正的協調性の形成*] 愛着の対象(たとえば,母親)と離れていても,その対象との絆をしっかり心の中に保ち続けることができるようになる。このころになると,多くの乳児は安全の基地を心のなかに保ちつづけることができるようになる。たとえば母親がみえるところにいなくても,「こういうつもりで,こういうことをしているからだ」ということを洞察できるようになる。

*目標修正的協調性の形成:相手の目標(たとえば,母親はひとりで買い物に出かけたいということ)を考慮に入れながら,自分の目標(たとえば,おかしを買ってもらいたい)との間の調整(たとえば「わがままいわないから,連れていって」と言ったり,「お留守番するから,おかし買ってきて」と言う)を図っていく経験を通して協調性の基礎が形成されるという意味。

出典)繁多 進『愛着の発達』大日本図書,1987を一部改変

　ボウルビィの「モノトロピー・アタッチメント」に対し,複数の養育者に対しさまざまな愛着要求を形成することを「マルティプル・アタッチメント」という。朝,保育所に来た赤ちゃんが,大好きな先生に抱かれたとたん,にこにこして母親にバイバイする姿や,迎えにきたお母さんやお父さんに飛びついて歓迎する姿は,よくみられることである。シャッファーとエマーソン(1964)によれば,最初にアタッチメントを示した時点で,すでに複数(母親と父親など)にアタッチメントを形成した子どもが29%存在し,生後18カ月になると,87%に増加したという*。赤ちゃんにとって「特定の人」となるためには,かかわりの量よりもむしろ,赤ちゃんに責任をもって世話をしようとする姿勢と,赤ちゃんに応答的にかかわる「かかわりの質」が重要であることがわかってきている。
　ところで,乳児が安定した愛着のネットワークをもっているということは,乳

* Schaffer, H. R. and Emerson, P. E. The development of social attachments in infancy. Monographs of the society for Reserch in Child Development, 29, 1964

児にとってどのような意味があるだろうか。

　第1に重要なのは、乳児が愛着関係にある養育者とのかかわりを通して、人間に対する絶対的信頼感をもつことができるということである。「人」というものを信じることができれば、自己に対する信頼感をもつことができ、その後の人生を肯定的に歩むことにつながる。第2に重要なのは、愛着の対象が心理的拠点として働き、乳児の探索活動が活発になるという点である。来客があって声をかけられた赤ちゃんが、あわてて母親のひざに這って戻り、安全だとわかると、おそるおそるひざからおりて探索に行く姿をみると、「安全基地」*として「特定の人」を確保することが、乳児の「かかわる力」を育てていくうえでもどれほど重要かがわかる。乳児は「大好きな人」の表情を読み取って、新奇な人や物やできごとに対応していくのである。また、第3には、乳児は、愛着対象である「大好きな人」との間で人とかかわることの楽しさを経験することを通して、「人とかかわる力」を育てることができる。母親だけでなく、家族や保育者や友だちなど、安定した愛着のネットワークのなかで、ワンパターンのかかわりではなく、多様な関係をつくることができるのである。

*エインズワース、M.D.S.らは、ストレンジシチュエイション法という実験方法を開発し、「安全基地」としての愛着対象の役割について実証した。(Ainsworth, M.D. "The development of infant-mother interaction among the Ganda" In B. M. Fcss (ed.) determinants of infant behavior, II, Wiley, New York, 1963)

2 幼児期

(1)「つもり」の主体として外界にかかわる

　1歳台の前半で、子どもは3つの人間らしい諸能力を獲得する。すなわち、直立二足歩行と言葉の獲得、道具の活用である。11カ月頃からひとり立ちや伝い歩きを始めた乳児は、2本の足でよちよちと歩くようになり、みつけた物を指さして大人を見る。また、食事のときにはスプーンやフォークをもって食べようとする。また、表象（イメージ）の成立によって、積み木やブロックを動かして「ブッブー」と言う。何かを何かにみたて、何かのつもりになって、遊びを展開するようになる。このように、「つもり」（意図）の主体として遊びだすと、別の人間の意図にぶつかることがある。相手には相手の意図があり、自分の意図とは違うのだという経験をすることは、「人とかかわる力」を高めていくうえで重要である。

(2) 言葉によるコミュニケーション

　1歳2カ月頃から、模倣的に発した音声をすぐに自発的音声として使用することができるようになり、発する音声に広がりをみせる。また、象徴機能の発達とともに、音声と意味との対応関係への理解がすすみ、1歳後半から新しい言葉の獲得量が飛躍的に伸びていく。2歳台では、二語文、三語文も聞かれるようになり、「これ、なに？」と、何でも質問するようになる。このように、1～2歳児は、身振りや指さしや表情などだけでなく、言葉によって人とかかわる力を育てていく時期である。

(3) 自我の芽生えと自己主張の始まり

2歳前後の子どもに，おもしろそうだが本人にはちょっと難しいだろうと思われる課題を「これやってみて」と頼むと，あからさまにいやな顔をされることがある。自分にできなさそうということが推測できて，「プライド」が傷つけられたと考えたのである。1歳過ぎから自分の意図や相手の意図に気づきだした子どもは，相手とのコミュニケーションのなかで，自分なりの意図を通そうとする姿をみせ始める。また，2歳を過ぎ自我が拡大してくるにつれ，「じぶんで」と言い張り，大人の手を借りずに自分ですることを要求することが多くなる*。「だだこね」や「こだわり」で養育者が困るのはこのころであるが，養育者は主体者としての自己の育ちを認め，まず，気持ちを受けとめることが必要であろう。いったん自分の要求が気持ちよく受けとめられれば，このころの子どもは，こちらの要求にも応えてくれる。神田（1997）は，このころの子どもがよく使う「みてて」という言葉には「大人は手伝わず自分だけでやらせて」という自己主張の意味と，「遠くへ行ってしまわないでそこで見守っていて」という依存要求がこめられていると述べている**。依存しつつ自立する2〜3歳児の姿をよくとらえている。

また，自己についての認識ができてくると，まわりの大人から自分がどのように期待されているかに関心をもつようになる。自己イメージにまわりの人々の理想とする自分を取り入れようとするのもこのころである。自己の発達も人間関係の発達と深く連動している。

(4) 愛着対象の広がり

3歳を過ぎ，多くの子どもが保育所や幼稚園という集団生活の場に入ってくると，さまざまな人に愛着をもつようになる。担当の先生に対して信頼関係ができると，登園時に先生と手をつないで母親に「バイバイ」するようになる。また，友だちができると，親子関係とは別のかかわり方で新たな活動を展開していくようになる。高橋（1983）は，日常生活を描いた絵カードを子ども（2歳児では保護者）に提示して，①「Aちゃん（子どもの名前，以下同）が，病気の時，だれに，一番そばにいてほしいですか？」，②「Aちゃんが，お風呂に入る時，だれと，もっとも入りたいですか？」，③「Aちゃんに，とても嬉しいことがあった時，だれに，一番知らせたいですか？」，④「Aちゃんに，とても悲しいことがあった時，だれに，一番そばにいてほしいですか？」***などの質問をしている（図2-4）。この愛着テストによると，表2-3のように，「一緒におふろに入る」相手として，2歳児は6割が母親を選んでいるが，入園前3か月では父親が5割近くに増えている。また，「一緒に散歩に行く」相手としては，入園してから日が経つにつれ，両親だけでなく，友だちを選ぶ割合が高くなるなど，一緒にいたい対象が徐々に広がっていることがわかる。高橋（1995）の言うように，愛着とは「まわりの

*子どもの自我は1歳半ぐらいから芽生え，2歳台で拡大していく。「〜ではなく〜だ」という思考ができるようになるので，パンツをはかずに「イヤ」と言い張っていても，「こっちのパンツとそっちのパンツとどっちをはく？」と聞くと，「コッチ」とこたえてはこうとするなど，自分で選びとる姿がみられるようになる。

**神田英雄『0歳から3歳—保育・子育てと発達研究を結ぶ（乳児編）』全国保育団体連絡会，1997，p.78

***高橋惠子のホームページ（http://www.keiko-takahashi.com/）より

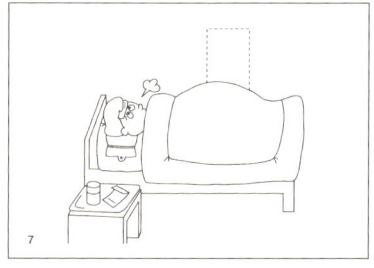

① 病気の時（男児カード）　② お風呂に入る時（男児カード）
③ とても嬉しいことがあった時（女児カード）　④ とても悲しいことがあった時（女児カード）

※上記イラスト（PART）の全図版と教示は，web上で公開されているので，ダウンロードして使用できる（©高橋惠子）

出典）高橋惠子のホームページ（http://www.keiko-takahashi.com/）より

図2-4　愛着を測るテストの例

大切な人々と愛情のやりとりをしたいという愛着要求に根ざした，さまざまな人との関係の集合」*だとするなら，幼児期は，まさに家族以外のさまざまな人と愛情に基づく関係を広げていく時期といえる。

（5）トラブルと仲間関係

　保育所や幼稚園で，友だちと役割を決めてごっこ遊びをするようになると，相手の意図に気づかなかったり，受け入れることができなかったりして，けんかになってしまうことがある。たとえば遊びに参加している子どもが全員お母さん役をやっていても，先生が赤ちゃん役として中心にいれば，矛盾ももたず遊びが進行していた2歳児台に比べ，3〜4歳児は，お母さん役は1人だと主張する子どもが出てきて，役割分担を自分たちで決めようとする場面もみられ始める。子どもたちは，自分がなりたいものを表明し，相手の意見も聞いて交渉していかなければならない。そうした場面で，相手の要求を聞き入れてがまんしたり，あきらめたりすることができるのは，1人で遊ぶよりみんなで遊ぶほうが楽しいことがわかっているからであろう。

　ところで，友だちとの関係のなかで，自分の思いをいったん保留にして感情をコントロールしようとする力は，幼児期後半の発達課題であるが，自分の感情を

*高橋惠子『自立への旅だち―ゼロ歳〜二歳児を育てる―』岩波書店，1995，p.44

2章 乳幼児の発達と「人間関係」

表2-3 2歳児，入園前児，入園児，年長児における愛着の対象の拡大

(カッコ内％)

被験児	状況\対象	家の中で遊ぶとき	家の外で遊ぶとき	本を読んでもらうとき	一緒におふろに入るとき	一緒に散歩に行くとき	レストランで何を食べるか決めるとき	レストランですわるとき	知らない花の名前をきくとき
2歳児 (29人)	母　親	10 (34.5)	5	24 (82.8)	17 (58.6)	12 (41.4)	9	20 (69.0)	19 (65.5)
	父　親	2	0	2	7	10 (34.5)	2	0	2
	きょうだい	13 (44.8)	3	0	2	0	3	4	0
	友だち	3	14 (48.3)	0	0	0	0	0	0
	その他	1	4	1	3	7	12	5	8
	ひとりで	0	3	2	0	0	3	0	0
入園前3か月 (42人)	母　親	8	3	35 (83.3)	17 (40.5)	22 (52.4)	27 (64.3)	19 (45.2)	31 (73.8)
	父　親	4	2	4	19 (45.2)	14 (33.3)	4	9	7
	きょうだい	17 (40.5)	3	0	4	0	0	6	1
	友だち	8	30 (71.4)	0	0	1	1	2	0
	その他	4	4	3	1	5	3	6	3
	ひとりで	1	0	0	0	0	6	0	0
入園後5か月 (61人)	母　親	4	3	32 (52.5)	26 (42.6)	22 (36.1)	29 (47.5)	23 (37.7)	34 (55.7)
	父　親	6	7	2	24 (39.3)	20 (32.8)	19 (31.1)	24 (39.3)	16 (26.2)
	きょうだい	24 (39.3)	9	9	5	7	0	4	1
	友だち	23 (37.7)	32 (52.5)	3	2	4	3	4	3
	その他	2	10 (16.4)	1	2	5	4	4	4
	ひとりで	1	0	5	1	1	4	0	1
入園後18か月 (47人)	母　親	3	3	19 (40.4)	16 (34.0)	14 (29.8)	32 (68.1)	17 (36.2)	24 (51.1)
	父　親	2	2	3	22 (46.8)	13 (27.7)	9	13 (27.7)	11 (23.4)
	きょうだい	12 (26.1)	5	5	4	5	1	9	6
	友だち	26 (55.3)	34 (74.5)	10 (21.3)	3	11 (23.4)	2	6	3
	その他	2	1	8	1	3	1	2	3
	ひとりで	2	0	2	1	1	2	0	0

出典）高橋惠子「対人関係」波多野誼余夫ほか編『児童心理学ハンドブック』金子書房，1983，p.621

コントロールする力の萌芽は，2歳児クラスによくみられるといわれている。神田（2001）*は，大橋美由紀の保育実践をとりあげ，積み木のかごを1人で持ちたがる2人の2歳児の姿を読みとって，次のように説明している。

紙幅の関係でかいつまんで内容を説明すると，友香ちゃんが1人で片付けてしまったあと，保育者が貴彦君の気持ちを汲んで，友香ちゃんに頼んでもう一度積み木を2人で一緒に持ってもらう。その3日後，「ミテー」という声で振り返ると，2人が「とても生き生きと満足感にあふれて」かごを持って立っていたという事例である。

「友香ちゃんにふたつの矛盾する要求を認めることができます。1つは"積み木を片づけたい"という要求です。『行為への要求』といえるでしょう。もう1つ，『貴

＊神田英雄「自己コントロールの前史―乳児から幼児へ―」『季刊 保育問題研究』189号，新読書社，2001

彦佑の気持ちも無視したくない』という要求があるのも確かです。友だちの要求を理解し、友だちにも配慮できることに価値を見いだし、そういう自分になりたいという要求です。そこで、おおげさかもしれませんが、これを『人格発達への要求』ということにします。最初の日は、2つの要求がぶつかり合い、結果的には『行為への要求』を押し通してしまったためすっきりしない気分で終わっています。他方2人で片づけた3日後に『とても生き生きしていて満足感にあふれて』いたのは『人格発達への要求』を実現できた喜びがあったからではないでしょうか」*

神田はさらに、乳幼児には、わかっているけれども自分では感情を収めることができないという状態があるということを、大人が理解する必要があるのではないかと指摘する。

「……一定の判断力があって、自分でもそうしたいという人格発達への要求があるにもかかわらず、自分で感情をコントロールできないことがある。そういう姿を乳児期には（幼児期にも）当然のこととして認めてよいのではないでしょうか。それを認めることによって、自分の感情をコントロールしようとする子どもの発達要求を確認することができるし、その育ちを手助けすることもできるはずです。」*

自分の思いをいったん受けとめてもらうと、そのことで自分を振り返る余裕ができ、他者の思いや要求にも気持ちを寄せることができる。しかし、受けとめてもらったらすぐに気持ちを切り替える器用さがあるわけではない。乳児期から幼児期にかけての子どもは、他者の要求とのぶつかり合いを通して、自制心や「かかわる力」を育てるのである。

交渉能力の発達について、セルマンらは、表2-4、表2-5のような発達段階を提唱している。それによれば、「暴力的にとる」と「衝動的に逃げる」、「一方的に命令する」と「あきらめて相手に従う」は行動としては正反対だが、社会的視点取得能力の発達からみると、同じレベルであることがわかる。そもそも、自分もしっかりと自己主張しながら、相手の要求も聞き、受け入れつつ問題を解決していく力は、大人だから身についているとは限らないかもしれない。仲間との共同作業を通して、幼児なりの問題解決能力を育てられるよう、保育者が援助していかなければならないだろう。

(6)「協同的学び」と自己調整

加藤・秋山（2005）は、幼稚園の5歳児クラスの取り組みを保育者たちとともに本にまとめ、「子どもの中に生起する関心や要求を〈対話的関係〉の中で拡大・発展」させていった保育が、5歳児の「協同的学び」をいかに組織し、また、1人ひとりの成長を促したかについて報告している**。

幼児期後半の子どもは、自制心を形成し、「さびしいけれどもがまんする」などと自己調整する姿がみられ始める。しかし、近年は、「何もしていないのに、

＊神田英雄「自己コントロールの前史―乳児から幼児へ―」『季刊 保育問題研究』189号, 新読書社, 2001

＊＊加藤繁美・秋山麻美『5歳児の協同的学びと対話的保育』ひとなる書房, 2005, p.57

表2-4 交渉能力の発達段階（Selman & Yeats, 1987）

	他者を変える志向	社会的視点取得能力	自分を変える志向
0	自分の目標を得るために、非反省的・衝動的に力を使う[けんか・暴力的にとる・たたく]	未分化・自己中心的	自分を守るために非反省的・衝動的に引きこもるか従う[泣く・逃げる・隠れる・無視する]
1	一方的に命令して他者をコントロールする[命令・脅す・主張する]	分化・主観的	自分の意志をもつことなく他者の希望に従う[従う・あきらめる・助けを待つ]
2	他者の気持ちを変えるため、心理的影響力を意識的に使う[促してさせる・賄賂・物々交換・はじめにやる理由を言う]	自己内省的・相互的（reciprocal）	相手の希望に心理的に従って、自分の希望は2番目に価値づける[調節・物々交換・2番目にやる・理由をたずねる]
3	第三者的・相互的（mutual） 相互的な目標を追求し自他の両方の欲求を協力的に変えるために、自己内省と共有された内省の両方を使う[相互の欲求と関係に関して葛藤を解く・協力する]		

出典）二宮克美・繁多 進（執筆代表）『たくましい社会性を育てる』有斐閣、1995

表2-5 対人交渉の4つの過程の発達段階（Adalbjarnardottir & Selman, 1989）

	問題の定義	行為の選択	行為の正当化	結果・感情の評価
0	問題と直接的な解決との区別がない	非言語的な解決：ひっこみ、あるいは攻撃	正当化しない、あるいは行為をただ繰り返す	感情への関心は表明されない
1	一方の欲求に関する問題として定義	一方向的な言語的解決：服従、あるいは自己主張	一方の視点からみた行動の意図や効果による正当化	両方の感情に関心はあるが、つながらない
2	一方の欲求を優先しつつ、相互の欲求の問題として定義	相互的（reciprocal）な葛藤解決：敬意を表する、あるいは説得	一方への効果が優勢だが、共有されている関心による正当化	相互的な同情的関心
3	両方の欲求を長期的に考慮し、共有の問題として定義	相互的（mutual）な利益や対話のために他者と協力	行動が両者に肯定的な効果をもつことによる正当化	共有し交流している感情への共感的関心

出典）二宮克美・繁多 進（執筆代表）『たくましい社会性を育てる』有斐閣、1995

いきなり隣の子をたたく」「一方的に友だちに要求し，金切り声を出して相手を動かそうとする」，そうかと思えば「まわりで友だちが遊んでいても，朝から床に寝転がって天井を見ながらぽうっとしている」など，友だちといきいきとした遊びを展開できない子どもの姿が，多くの保育者によって報告されている。こうした姿は生活習慣形成の遅れと結びつき，問題が深刻化している。多くの園では個々の問題行動に直接対応することから始める場合が多いと考えられる。しかし，自分のなかに「もうひとりの自分」をつくっていくこと，加藤らのいう「自己内対話能力」を育てることは，自分と他者との「対話的関係」を取り結んでいく保育のなかで可能だという事実を，この実践は示してくれている。子どもの自己調整能力と対人関係能力の向上は，1人ひとりの子どもを大切にする保育とともに，子どもと保育者の，またクラス集団内の対等平等な対話的保育のなかで促されるのであろう。

　このように，5歳児クラスになると，仲間との共同生活のなかでルールの大切さを学び，ごっこ遊びや探検遊びなどを楽しむだけでなく，集団の一員としての自覚をもち，同じ目標をもって意識的に自己を高める努力をする姿もみられる。そのような自分に自信をもてる誇り高い自己を育てるためには，保育の専門家である保育者が，「個」と「集団」の内実を同時に高めていく保育を工夫していかなければならないだろう。

【参考文献】

岡本夏木『子どもとことば』岩波書店，1982

神田英雄『0歳から3歳――保育・子育てと発達研究を結ぶ（乳児編）』全国保育団体連絡会，1997

神田英雄『3歳から6歳――保育・子育てと発達研究を結ぶ（幼児編）』ちいさいなかま社，2004

高橋惠子『自立への旅だち――ゼロ歳～二歳児を育てる――』岩波書店，1995

繁多 進『愛着の発達』大日本図書，1987

心理科学研究会『育ちあう乳幼児心理学――21世紀に保育実践とともに歩む――』有斐閣，2000

野村庄吾『乳幼児の世界――こころの発達』岩波書店，1980

やまだようこ『ことばの前のことば』新曜社，1987

高橋道子『子どもの発達心理学』新曜社，1993

Trevarthen, Colwyn, B., 他共著（中野 茂・伊藤良子・近藤清美監訳）『自閉症の子どもたち：間主観性の発達心理学からのアプローチ』ミネルヴァ書房，2005

第3章 保育のなかの「人間関係」

〈学習のポイント〉　①保育所や幼稚園に出向き，保育の場に立って，保育のなかの「人間関係」をよくみてみよう。
②保育者と子どもの関係，子どもと子どもの関係，保育者と保育者の関係，保育者と保護者の関係に目を向けてみよう。

1.「子ども好きだけでは保育者になれない」理由（わけ）

「子どもが好きだから保育者になる」という保育学生に向かって，「子ども好きだけでは保育者になれないのでは……!?」と，素っ気ない言葉を返す先輩保育者がいたりする。むっとしたものの，「なぜですか」とその理由を問いただせなかった保育学生も少なくないのではないだろうか。

次の事例で，朝，親子が保育所や幼稚園に通ってくる光景を思い起こし，保育者の朝の動きをたどりながら，その理由を考えてみよう。

●事例１　ひまわり保育園の朝の光景

　朝，自転車の前後ろに子どもを乗せて，息弾ませて門前に到着したのはあやちゃんとじゅんくんのママである。「じっとしていてね。ママが下ろすまで」。ママは，毎朝，後ろの腰掛けから格好よくとび下りたがっているじゅんくんへ，このセリフを投げかける。でもじゅんくんは，後ろから同じクラスのゆうたくんとお父さんがやってくるのを見つけると，ママが妹を自転車から下ろしている間に，用心深く立ち上がって，「エイッ」と，とび下りてみせた。

　「やぁ，じゅんくんは元気があっていいですね！」と，ゆうたくんのパパが急ぎ足で追い越していく。「ちっとも言うことを聞かなくて……」と，ママがじゅんくんを振り返ると，ひまわり保育園の園庭を，ゆうたくんと懸命に駆けていくじゅんくんの姿があった。

*　　　*　　　*

　ここ２～３日前からあやちゃんは，１歳児あひる組の近くまで来ると，ママの膝前に回って歩かせないようにする。「あんなに保育園を好いていたのに……」といぶかってみても，嫌がる原因はわからない。抱き上げてあひる組に入ると，担当の井川先生が「あ・や・ちゃん」と抱き取ってくれた。「あやちゃん，このごろ寂しいみたいなんですよね。いつも一緒に手をつないで散歩に出かけるけんくんが，このところ風邪でお休みしてて……」。ママはたずねないうちに，行きしぶり

の理由がわかったような気がして，ホッとする。「小さい子なりに子どもの世界があるのですね！」。

＊　　　＊　　　＊

　月齢の高いしょうくんの後を追っていて，ころんで泣き出したのは月齢の低いひでくん。そこへやはりしょうくん好きのれんくんがパパと入ってきた。「しょうちゃん，しょうちゃん」とひでくんに代わって後を追いかける。「イタイノイタイノ，とんでいけっ」と，早朝パートの並木さんにいたわってもらったひでくんは，ケロッとしておいかけっこの仲間入り。「泣いたカラスがもう笑った！」と明るい声で笑う並木さんに軽く会釈して，ママはあひる組をあとにした。5歳児らいおん組にまわると，じゅんくんは持ち物を片づけ終わって，数名の友だちとかるたに興じていた。日ごと，「手がかからなくなる」ことを実感しつつ，ママはうれしいような寂しいような気分である。今日も1日，楽しい日でありますように……。

1 不安定な子どもを受けとめる

　あやを担当する井川先生は，子どもに寄り添う「子ども好き」の先生である。しかし不安定なあやにただべったりついているだけではない。保育の専門家として，あやの行きしぶりの原因を探ろうと，心を働かせて行動している。行きしぶりにママがとまどっていることをちゃんと承知しているからこそ，早番のその日，「あ・や・ちゃん」と素早くあやを母親から抱き取ったのである。母親を安堵させつつ，さりげなく「けんくんのこと」を話したのも，行きしぶりの原因を類推して示すことによって，ママの心の状態を平静にしたいと考えたからだ。

　また，その朝，あえて「バイバイ」とママとの別れの儀式にこだわらなかったのは，最近，仕事がハードになっているママへの執着も，また，あやの登園しぶりの一因かもしれない……と感じていたからである。よく気のつくあやのママが「行きしぶる様子をみせます」と連絡帳に書いてこないのは，忙しすぎるからか，自分が園から責められそうに感じているからかもしれないからだ。ママを見送るのはパートの並木さんに任せて，あやのママへの執着心をやわらげるために，井川先生はあやと2人でままごとコーナーに座り込んだのだった。

2 親の気持ちを受けとめる

●事例2　"子どもの遊び相手"だけじゃない

　あやは大好きな白クマさんと茶色のお母さんクマをいすに座らせて，ごちそうをつくり始めている。そろそろままごと好きな高月齢のちさちゃんがやってくる頃だ。「あやの傍らで，おいしいごちそうをつくってくれるといいな……」と願

いながら，保育室の入口に目配りする。井川先生は，さりげなくふるまいながら，目前にいるあやの心をはかり，ママの仕事ぶりに思いを馳せ，どうするのがあやを安定させ，ママを安堵させられるかに苦心する。にこやかにあやの遊び相手をしながらも，その心中は忙しく働いている。

「子ども好きだけでは……」と保育の営みを心得た人たちがつい言いたくなるのは，「子ども好き」を「子どもの相手さえしていればいい」と理解しがちな若者が多いからである。そこには「子どもの遊び相手をしていて，給料もらえるなんていいですな」という世間への反発も含まれていよう。子どもの遊び相手をすることは大人にとって容易なことではないが，保育者の仕事は，子どもとの関係だけにはとどまらないということなのである。

2. 人と人との関係をつくりだす保育

1 クラスのなかの保育者‐保育者関係

●事例3　担任どうしのチームワーク

　ひまわり保育園の1歳児あひる組には，18人の子どもたちがいる。18人を2グループに割って，少人数の保育をすれば，もう少しは落ち着いた保育ができると思うのだけれど，そんな井川先生の望みは叶えられそうにない。今ある園の保育条件を活かして，精いっぱい保育に取り組んで8年，自分が理想とする保育を実現できているという自信はない。今，クラスのリーダーとして心がけていることは，まず担任どうしのチームワークをよくすることである。

あひる組を構成する要素を「人間関係」という視点でとりだしてみると，図3-1のような図を描くことができる。あひる組の保育を平穏に展開していくために，クラスリーダーである井川先生は，同じクラスを担任する4年目のA先生と新卒のB先生とよい関係をつくらなければならない。クラスを落ち着いた雰囲気にするには，まず保育者‐保育者の関係に気を配り，保育上の細かい点についてお互いが了解し合う必要がある。井川先生は，あやの登園しぶりについても，昼寝の時間に2人の先生に話して，意見をもらうつもりでいる。その話し合いを通して，B先生が担当児であるけんくんとあやのかかわりをどう見ているかも聞いてみたいと思う。また年齢差のあるA先生やB先生と価値観のズレがないか，目下，井川先生がクラスリーダーとして気にしているところである。

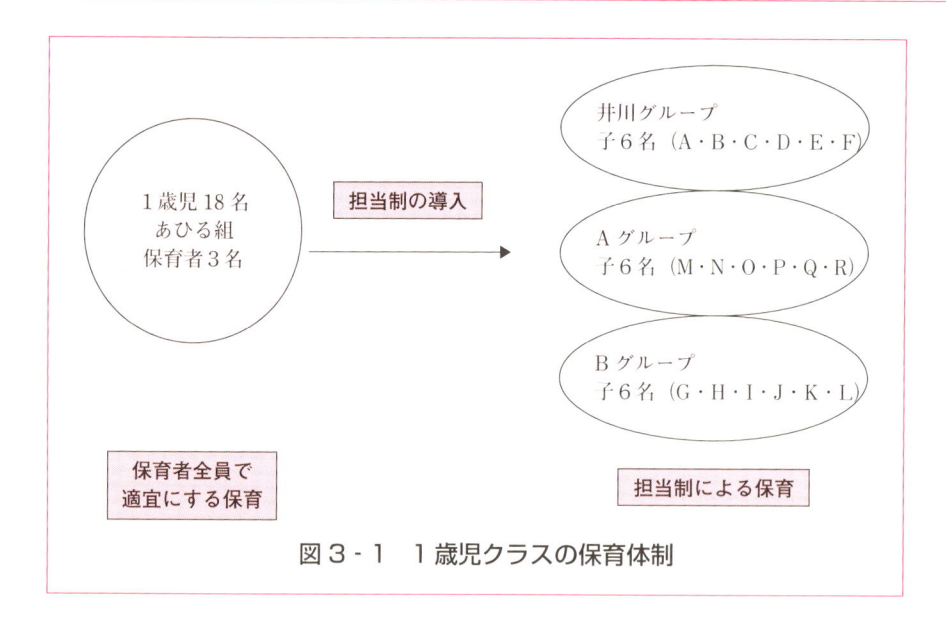

```
┌─────────────────────────────────────────────────────────┐
│                           ╱⎺⎺⎺⎺⎺⎺⎺⎺⎺⎺╲                   │
│                          ( 井川グループ  )                 │
│                          ( 子6名(A·B·C·D·E·F) )          │
│                           ╲_____╱                   │
│   ╱⎺⎺⎺⎺⎺⎺╲   ┌─────────┐                                │
│  (1歳児18名 ) │担当制の導入│    ╱⎺⎺⎺⎺⎺⎺⎺⎺⎺⎺╲              │
│  (あひる組 ) └─────────┘──→ ( Aグループ     )             │
│  (保育者3名 )                ( 子6名(M·N·O·P·Q·R))        │
│   ╲_____╱                   ╲_____╱                │
│                                                          │
│                               ╱⎺⎺⎺⎺⎺⎺⎺⎺⎺⎺╲              │
│                              ( Bグループ     )            │
│                              ( 子6名(G·H·I·J·K·L))       │
│                               ╲_____╱               │
│   ┌────────┐                 ┌────────┐                 │
│   │保育者全員で│                │担当制による保育│          │
│   │適宜にする保育│              └────────┘                │
│   └────────┘                                            │
│              図3-1　1歳児クラスの保育体制                   │
└─────────────────────────────────────────────────────────┘
```

❷ クラスのなかの保育者‐子ども関係

保育者と子どもの関係づくりもまた，大きな課題である。

●事例4　「担当制」保育

　ひまわり保育園は，3年前までは「クラスの子どもたちを担任の保育者全員で保育する」という方針をとっていた。そこでは「○○先生は子どもに甘すぎる」とか「××先生がいないとさやかはごねない」というようなモヤモヤとした感情的対立が保育者間に存在していた。

　何人かの低年齢児の担任が，主任の先生とある保育セミナーに出席したことから，ひまわり保育園の低年齢児保育の見直しが進められた。試行錯誤の結果，今では0・1・2歳児クラスに「担当制」*を導入して，保育者と子どもの密接なかかわりを築くように努めている（図3-1）。子どもを受け入れ（受容性），子どもと思いを分かち合い（共感性），子どもに安心感（安定性）を与える，そんな保育者のあり方がよいのだという「保育者アイデンティティー」が保育者の間に定着してくると，「子どもに甘い」という非難は影をひそめ，子どもが保育者になついてくれるようにすることに，保育者たちは力を傾けるようになった。

　子どもがなついてくれるようになると，たいがいの保育者はやさしくなる。子どもとの心の行き交い，頻繁な相互作用が，保育者の保育の喜びや，やりがいを深くするからに違いない。

　担当制をとって保育する場合には，担当保育者はグループの特定の子どもたち

＊金田利子・諏訪きぬ・柴田幸一編著『母子関係と集団保育』明治図書，1990

の「朝の受け入れや食事の世話、オムツ替えやトイレットトレーニング、連絡帳の記入や親との連絡」などを、主に受けもつことになっている。

3 クラスのなかの保育者・保護者関係

最近は、保護者への子育て支援の必要が声高く叫ばれている。2008年3月28日に告示された保育所保育指針第6章冒頭には、「保育所における保護者への支援は、保育士等の業務であり、その専門性を生かした子育て支援の役割は、特に重要なものである」と掲げられている。しかし、保護者を苦手とする保育者は決して少なくない。すでに保育者養成において「家族援助論」などの科目が導入されているが、保育者の意識は主として、子どもに向けられているからである。「子どもはいいけれど、親がいやだ」「すぐ身勝手な文句を言ってくる」「わが子だけしか見ていない」「親になりきれていない親がいる」など、保護者（親）に対する保育者の見方には、なかなかきびしいものがある。事実、子どものけんかによるひっかき傷から親どうしの関係がこじれ、あいだに入った園長が、ついに自殺に追いやられたケースもある。

事例1の井川先生のように、朝の受け入れ時に、子どもに対すると同時に親にも細やかな配慮をすることが望ましいが、時差勤務体制をとる園では、毎日親と出会えるとは限らない。

その場合、親と保育者、家庭と園とが日常的に意見を交換し合い、相互理解を図るのに欠かせないのが連絡帳である。親の思いを適切に受けとめ、応答することと同時に、専門家としてちょっとした見通しやアドバイスを記しておくことが

表3-1　1歳児 ひろくんの連絡帳

家庭から	園から	筆者コメント
ひろは、風に吹かれて気持ちよさそうに外の景色を眺めて、「あっ」とか「わっ」とか言ってご機嫌でした。おじぎも上手になって「ごちそうさま」「いただきます」を自分からやるときもあります。「こんにちは」も。	「いただきます」「ごちそうさま」は園でも食卓いすの上で上手にできています。「こんにちは」は絵本があり、それを読むと頭を下げて自分で手をたたきほめています。今日はやっとお天気になったので、さっそくバギーに乗ってお散歩へいきました。「お花きれいね」「ビー」「電車きたね」「ビー」とこたえてくれます。	＊井川先生は、家庭からの子どもの「発声」や「しぐさ」記述に対して、的確に対応した記述を行っている。 ＊保育の専門家として一言付け加えるとすれば、「これからは興味のあるものをたくさん指差すようになります。ちゃんとした言葉でこたえてあげてくださいね」程度のメッセージを添えてもよいだろう。

大切である。親が「わが子を理解し，よく保育してくれている」と実感するとき，親は保育者や園に信頼を寄せ，その関係はより深まっていくだろう。担当制をとるひまわり保育園では，連絡帳を毎日記入するのは，原則として担当の保育者となっており，担当する6人の子どもの状況を，継続的に把握できるように配慮している。表3-1は，井川グループの最低月齢児ひろくんのものである。

4 クラスのなかの保護者-保護者関係

「けんくんがお休みすると，あやちゃんはなんとなく心待ちにして元気がなくなる」という事例1の井川先生のメッセージを，両方の親たちはどのように受けとめるだろうか。おそらく，それ以降，親どうしがお互いの子どもの行動に着目し，「あやちゃん」「けんくん」と呼びかける回数も増えるだろう。それをきっかけに，親どうしの心理的な距離がぐっと近いものになっていくかもしれない。保護者懇談会という特別に設けられる場も大切だが，日々さりげなくクラスの保護者どうしを結び合うのも，担任の重要な役割の1つである。

5 クラスのなかの子ども-子ども関係

●事例5　子どもどうしの遊び

1歳6カ月のあやちゃんは井川先生の担当児であり，1歳5カ月のけんくんは新卒のB先生の担当児である。あやちゃんが好きだった白いクマさんをけんくんも好きになったことから，2人の接点ができたようだ。白いクマさんはあやちゃん，けんくんは茶色のクマさんに落ち着いて以来，ふたりでトントンネンネ遊びに興じるようになった。まだまだごっこ遊びとはいえないが，双方でまねをしつつ，よい感じで遊ぶことができている。

遊びは子ども自身が好きな活動を選ぶので，保育者が担当児だけの相手をすることは不可能である。3人の担任が「ままごとコーナー」「乗り物コーナー」「遊びの見いだせない子の相手」というように，それぞれの場に責任を負うかたちで，寄ってくる子の遊び相手をしながら，楽しさを分かち合い，子どもどうしの関係を深めていくのが望ましい。

0歳児クラスでも，秋には1歳を超えて二足歩行をものにし，言葉を発し，模倣力も行動力も広がった子どもが多くなってくるので，子どもどうしの関係づくりについても配慮していく必要がある。同じ動作を繰り返し楽しむとか同じものを持ってみるとか，子どもどうしが楽しくなる体験を通して，仲間を意識するようになっていく。

図3-2　保育のなかの人間関係

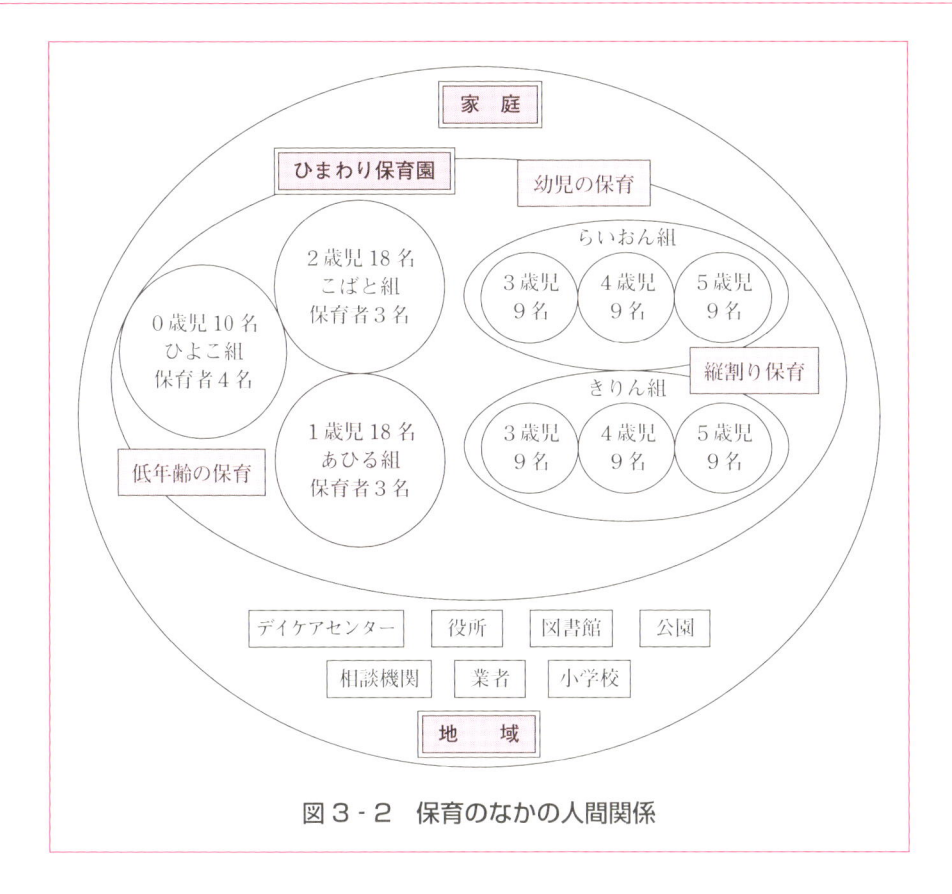

3. 園のなかの人間関係

　ひまわり保育園は定員100名，0・1・2歳クラスと3〜5歳の縦割りクラスが2つ（らいおん，きりん組）ある。多様な人と人との関係づくりが1歳児あひる組であったように，他の4クラスにも同じような関係づくりの配慮がされているはずである。1歳児あひる組からみれば，他クラスとの関係づくりや職員との関係，地域との関係にも心配りする必要がある（図3-2）。

1 他クラスとの関係

●事例6　他クラスとの関係づくり

　ひまわり保育園では，0・1・2歳クラスの担任7名と1名の臨時職員，2名のパート職員との10名で，低年齢児保育ユニットを構成している。低年齢児保育主任（0歳児担任を兼務）のもとに，この10名で月案検討会や保育反省会，行事の調整などを行っている。そうすることによって，各クラスの枠を超えて，子ど

もの発達を連続するものとして把握することができる。

　また，散歩に出かけるときなどには，0歳児のあるグループと1歳児のあるグループが一緒に出かけることもある。そうすることによって，体調のよくない子どもたちは，室内で静かな時間をもつことができる。ときには4歳，5歳の大きい子どもたちのなかに混ざって散歩に出ることもある。大きい子どもたちに相手をしてもらって，幼い子どもたちは嬉々として遊びまわる。いつもの散歩とは一味も二味も違った体験をすることが可能となる。

　5歳児の有志たちが，お昼寝から目覚めた子どもたちの世話にきてくれるのも，うれしいことの1つである。目覚めが悪くむずかりがちな子どもも，大きいお姉さんやお兄さんが相手をしてくれると，すんなり着替えをしたりすることができる。おやつの準備も手伝って，お兄さん，お姉さんが引き上げる頃には，子どもたちの目はしっかり覚めて，ご機嫌になっている。

　このような縦・横の関係が組み上げられた保育を展開するためには，低年齢児会議，幼児会議，職員会議などの打ち合わせが欠かせない。いくつかの会議や園内での研修会を積み重ね，保育者の保育観や保育方法，保育内容を検討していくなかで，園の保育アイデンティティーが形成されていくのである*。

2 職員間の関係

　園を訪ねると，それぞれの園にそれぞれの雰囲気があることに気づくだろう。清潔感にあふれた園，色とりどりの花が咲きそろう園，美しい装飾の施された玄関ホールを有した園，どことなくあたたかな感じのする園，騒々しい園，雑然と物の置かれた園などなど，その雰囲気は園の職員全員によってかもし出されているものである。どのような保育がしたいか，どのような園でありたいかというそれぞれの園の保育アイデンティティーは，園の雰囲気によくあらわれているとみることができよう。

(1) 管理・運営スタッフの役割

　園の人間関係をよいものにしていくうえで欠かせないのは，園長や主任，幼児主任，低年齢児主任，クラスリーダーなど，園の管理・運営にあたるスタッフのあり方である。この部分がよい関係になっていないと，職員間の関係はガタガタしたものとなり，職員の休憩時間は不平や不満，悪口，そしりの場と化してしまいがちである。夢を抱いて保育実習や教育実習に出た保育学生が，失望感を抱く最大の原因はここにある。「先生たちがグループに分かれていて，お互いの悪口を言い合っていた」「主任先生と園長先生が対立していて，どちらの意見を聞けばよいかわからなかった」「キャリアの長い先生が牛耳っていて，若い先生たち

*諏訪きぬ・みどり保育園『保育者が変われば保育が変わる』新読書社，2003
　金田利子・諏訪きぬ・土方弘子編著『「保育の質」の探究』ミネルヴァ書房，2000

がピリピリしていた」「女の職場は……ね」など実習生のみる保育世界は，なかなかシビアでもある。

　しかし何かのきっかけで，園内が動き出すと，大勢の職員を抱えた職場は，大きなエネルギーを発揮する。筆者が園内研修にかかわらせてもらったいくつかの園で実感したのは，園長主導型であれ，職員総意型であれ，園改善に果たす管理・運営スタッフの役割の大きさである。先に脚注にあげた文献『保育者が変われば保育が変わる』は，鳥取・みどり保育園の保育者研修の過程をまとめたものであるが，園運営の見通しを立てる先見性をもった榎田園長の指導性抜きに，その実践は生まれなかったと思う。ガミガミ小言を言わず，実に穏やかな人柄の榎田園長は，国の政策動向をきっちと分析し，園の運営・発展の方向を示唆し，園の財政のゆるす限り最大限の研修の機会を職員全員に与える。その園運営の手腕は見事であった。

　園全体で確認した方向を実現していくうえで，主任の果たす役割も大きい。たとえば，園が掲げる保育目標「1人ひとりを大切にする保育」をそれぞれのクラスで実践していくと，それぞれの解釈によって，実際の保育の仕方はかなり異なったものとなるのが常である。みどり保育園の場合もその例外ではなく，どうするのが子どもを大切にすることなのか，保育者1人ひとりの解釈にゆだねられていたため，統一感のある保育とはいえなかった。「なかなかていねいな保育になっていかない」という園からの訴えを受けて，筆者は園内の研修会に参加させてもらうことになった。その研修の場で垣間みたのは，実際に展開されている保育実践から，問題を発見し提起する主任のリーダーシップの重要性であり，毎年役割分担として回ってくる研修担当が研修に取り組めるよう，下支えをする主任の気遣いの大切さであった。「やってみんさい。やれんとこは一緒にやるけーな！」という井勝主任の一言に，勇気をもらった研修担当係は少なくないはずである。そして園長でもなく，主任でもなく，同列にある職員スタッフのなかから選ばれた研修係が問題を集約し，提起することによって，職員たちは，その課題を自らのものとして受けとめやすかったのではないか。数年間をともにしたみどり保育園の研修展開の巧みさには，今も，感心させられている*。

（2）食事部門のスタッフとの関係

　園では，栄養士や調理師が食事・おやつを担っている。保育部門のスタッフと食事部門のスタッフの連携がスムーズにいっていれば，保育内容としての「食育」を彩り豊かなものにすることができる。

　散歩先でみつけて摘んできたよもぎを入れてお団子をつくり，おやつにする，プランターで育てたきゅうりやトマトを使ってサラダにする，お誕生会には好きなものが食べられるようにバイキング方式にする，子ども1人ひとりの誕生日に，

＊井勝豊美「保育の足跡を記して」全国保育問題研究協議会『季刊 保育問題研究』No.217, 新読書社, 2006, pp.36-44

手作りのケーキを焼いてお祝いをする，アレルギー児に除去食だけでなくコピー食を用意する，などなど，各園が工夫している食を通した保育は，バラエティーに富んでいて楽しいものが多い。また，ピクニック先におにぎりを届けたり，ときには，レストランで食事をする体験を組み入れている園もある。

　食事やおやつを供することは，単に子どもの栄養を補給し，健康を支える手段であるだけでなく，生きる楽しさ，食するための文化を伝える「食育」として位置づけるとき，保育者と食事部門スタッフとの話し合いは不可欠のものとなる。その日の保育プログラムによっては，食事時間を多少ずらす必要が出てくることもある。また食事の場の雰囲気や供し方によって，残菜の量を減らすこともできる。子どもの前で魚をさばいてみせ，いのちをいただくことの意味を知らせようとする園もある。調理室とつながった食堂で，子どもたちが一堂に会して楽しい食事をする園もある。

　子どもたちに楽しい体験の場を広げ，バラエティに富んだ保育を実施していくために，食事部門のスタッフを保育のなかに明確に位置づけることが不可欠となる。

(3) 看護スタッフの位置づけ

　乳児保育の拡大にともなって，保育所のなかに導入されたのが看護スタッフである。乳児室には看護師（保健師）が配属され，乳児の保健に目配りすることになった。異なった専門職が異なった視点で乳幼児の発達を支えあうのは，基本的には望ましいことではあるが，その異なった視点を調和させることは困難をともなうことでもあった。

　保育者は子どもに多様な体験をさせたいと願い，外気にあて，散歩をさせようと試みる。一方，看護スタッフは，予防的配慮から散歩を控えるべきだと主張する。散歩先の子どもの行動についても見解は分かれる。保育者は土や泥にまみれることもたくましさを培うために必要と考えるが，看護スタッフは衛生的見地から賛成できないとする。看護スタッフは一人職のため，多勢に無勢で孤軍奮闘する羽目となり，保育職場は決して居心地のよいものとはいえないことも多いようである。逆に乳児室の主のようになっていて，絶大な権限を振るっているケースもある。

　アレルギー児の増大，特別な支援を要する子どもの増加，O157や鳥インフルエンザ等，予想を超えた伝染病の流行など，乳幼児を受け入れる園には，医療的・保健的・看護的配慮は欠かせない。貴重な看護スタッフを乳児だけに張りつけにしないで，園全体の子どもの健康管理にあたれるように位置づけ，より専門的な視点が活きるように工夫する必要があるのではないだろうか。

(4) パート，臨時スタッフとの関係

　保育時間は延び続け，専任スタッフでまかなえない部分を，臨時，パート職員

で埋めあわせることが常態化している。保育所に短時間保育士の導入が認められたこともその動向を加速させ、どの園もしだいに臨時、パートの比重が高くなっているのが実態である。

なかには早朝パートや夕方のパートを長年続けている人もあるが、「同じように働いてもこんなに賃金格差がある」「パートや臨時には何の権限もない」という不満は潜在している。そのような立場にある人にいかに前向きに仕事をしてもらうかは、園の管理・運営スタッフの配慮を要する問題となっており、研修の機会を設けている園もある。各クラスにおいて、このような立場の異なるスタッフが、どのように協力しあっていけるか、クラスリーダーに課せられる日常的な課題でもある。

3 地域との関係

園をとりまく人間関係は、地域にも広がっている。散歩の道すがら声をかけてくれる地域の人々は、子どもたちにとって貴重な交流の場となる。店先に金魚がいればのぞかせてもらい、飼い犬に「いい子、いい子」をさせてもらう。行き先の公園で出会う親子連れも、あいさつしたり、一緒に遊んだりできる大切な人たちである。木陰で絵本などを読むときには、一緒に聞いてもらうようにすれば、一種の子育て支援活動となる。

また地域にある図書館や児童館、学校、老人施設など、地域のリソースを活用することも、地域交流を広げることになる。その他、読み聞かせグループや一芸に秀でた人、余暇時間のある人を園に招いて、子どもたちの傍らにいてもらうことも、子どもたちのかかわる力を育てる一助となるだろう。

4. 保育者に必要な「かかわる力」

以上、みてきたように、保育のなかの人間関係は重層的に動いている。保育の対象となるのは0～6歳の乳幼児だが、子育て支援の対象となる親の年齢層は広く、職場内では多職種間のチームワークが不可欠となる。ここからも、子どもにやさしいまなざしを向けるだけでは保育者になれない理由がわかるだろう。保育者として仕事をしていくうえで、欠かせないのが「人間関係を調整する力」である。簡潔に「かかわる力」といってもよいだろう。

人を受容し、人と深い交わりをもつ力は、乳幼児から育まれていく。保育所で育つ子どもたちの8割が3歳未満で入所している今日*、豊かなかかわる力を有した保育者によって、穏やかな雰囲気のなかで保育されることが望まれる。その

＊東社協保育部会調査研究委員会「保育園を利用している親の子育て支援に関する調査報告書」東京都社会福祉協議会, 2005

ような視点からも，保育のなかの人間関係は，よりよく調整される必要がある。

　低年齢児が保育を受ける際に重要なことは，園において安定した人間関係を築くことである。担当制はその一方法であるが，他にも"Primary Caregiver Approach"と称する方法も紹介されている*。著者は次のようにその方法を説明している。「保育者を特定の年齢のグループやクラスに配属しないで，なるべく3歳までは，その全期間にわたって特定の乳児や幼児に責任を負う」というものである。「最初の保育者（Primary Caregiver）は，家族や子どもを迎え入れること，子どもに食事を与えること，おむつ交換，排泄，睡眠，子どもたちと遊ぶこと，親や家族との関係づくり，子どもの記録や計画を作成することなどに責任をもつべきである。したがって最初の保育者はわずかな子どもとその家族についてよりよく知ってはいるが，他の子どもや家族についてはわずかしか知っていない。」

　保育のなかの人間関係は，乳幼児の人間関係力をどう育てるかという地平に立って，考察されることが重要である。

* Kay Margetts. Responsive caregiving: Reducing the stress in infant toddler care. International Journal of Early Childhood, Vol.37 No.2, 2005, pp.77-84

【参考文献】

諏訪きぬ編著『かかわりのなかで育ちあう』フレーベル館，1992

諏訪きぬ・岩田恵美子編著『子どもを活かす園内研修』フレーベル館，1999

柴崎正行・諏訪きぬ編著『21世紀へ向けての保育の創造』フレーベル館，1999

諏訪きぬ編著『現代保育学入門』フレーベル館，2001

諏訪きぬ・みどり保育園『保育者が変われば保育が変わる』新読書社，2003

第4章
保育における領域「人間関係」

〈学習のポイント〉
①「幼稚園教育要領」「保育所保育指針」に規定された，領域「人間関係」の特徴を理解しよう。
②要領・指針に書かれた内容と，実際の保育実践の関係について理解しよう。
③乳児・幼児前期における領域「人間関係」と，幼児後期における領域「人間関係」の連続性と発展性について考えてみよう。
④子どもとの関係をつくり出す保育者の専門性・力量について考えてみよう。

1. 乳幼児期の発達課題と領域「人間関係」

　乳幼児の成長過程において，「人とかかわる力」の発達には特別な意味が存在している。それは何といっても，ヒトとして誕生した子どもたちが，親や保育者との関係を通して人に愛されるここちよさを知っていき，その力を基礎に「主体的」であると同時に「共同的」に生きていく，人格の基本構造を獲得していく時期が，乳幼児期という時期だからにほかならない。

　そうした意味で乳幼児期は，人間的関係を通して，子どもたちが「人間として生きる力」を獲得していく時期だということができ，そうやって獲得していく「人間として生きる力」の核心部分の1つを，「人とかかわる力」が構成しているということなのである。

　もちろん，子どもたちが乳幼児期に獲得すべき「人間として生きる力」は，何も「人とかかわる力」に限定されているわけではない。子どもたちは誕生直後から周囲の環境に対して「興味・関心」をもって働きかける存在であるし，やがて成長するとともに，自分たちが生活する文化や社会に対して能動的に働きかける力を獲得していくのである。

　こうした乳幼児期に獲得すべき「人間として生きる力」の構造を，「幼稚園教育要領」・「保育所保育指針」（以下，「要領・指針」）が分類概念として採用している5つの領域区分に従って，筆者の視点で整理するなら，それは図4－1のようにまとめることができるかもしれない。すなわち，心身の健康に関する領域「健康」を基盤に，身近な環境とのかかわりに関する領域「環境」と，人とのかかわりに関する領域「人間関係」*とが2本の柱を構成するように並立し，そのうえに，そうやって獲得した知性・感性を統合し，認識・表現しようとする「言葉」と「表現」の領域が位置づいている，そんな人間的能力の構造を想定するこ

＊領域「人間関係」の呼称は，1989（平成元）年改訂の幼稚園教育要領で採用され，その後1990年改訂の保育所保育指針に準用された後，今日まで使われている。それまでの要領・指針のなかでは，「人間関係」にかかわる内容は領域「社会」のなかで扱われていた。

とができるのである。

　実際，子どもたちは，こうした構造のなかで人間的知性や能力を，一定の順序性をもちながら獲得・形成していくのである。とくに言葉を獲得する前の乳児期にあっては，「健康」領域を基礎に，事物・事象に対して興味・関心を発揮しながら能動的に働きかける「環境」領域と，親や保育者にかかわられながら「愛着」や「基本的信頼感」を獲得していく「人間関係」領域とを，別個の論理をもちながら，別個の道筋で成長させていく点に，発達上の特徴が存在しているといってまちがいない（図4－2）。

　もっとも，こうして乳児期には人間的能力の構成要素の1つとして発達する「人とかかわる力」であるが，やがて言葉を獲得し，自分が自分であることを認知し，アイデンティティーの基礎が形成される時期になると，獲得した人間的能力を統一しながら，1つの人格主体として他者とかかわる力を獲得するようになっていくのである。

　つまり，この段階になると，領域「人間関係」は，一方で人間的能力の構成要素として「人とかかわる力」を育てることを意識しながら，他方で一個の人格が他者や社会と向き合いながら関係を切り結んでいく「集団づくり」のレベルまで，二重の構造をもちながら議論することが要求されるようになってくるのである。

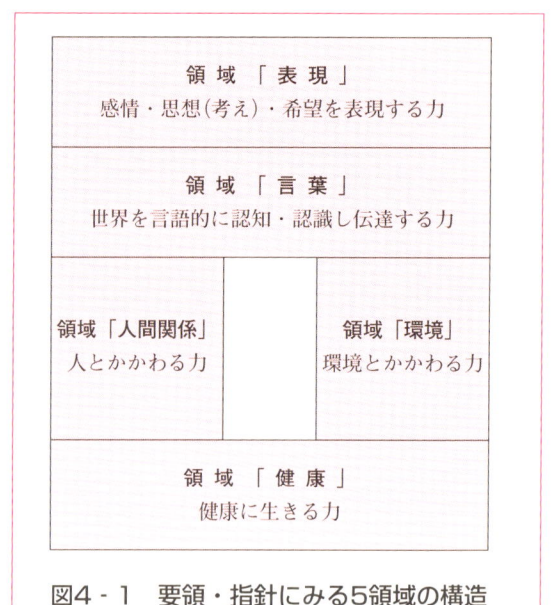

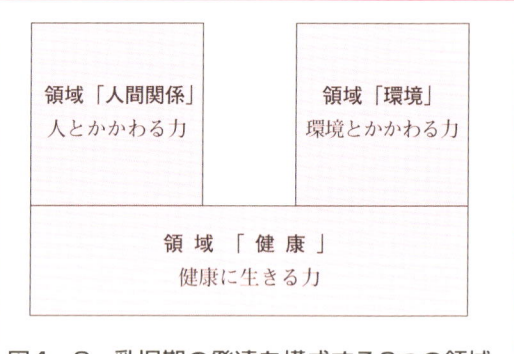

図4－1　要領・指針にみる5領域の構造

図4－2　乳児期の発達を構成する3つの領域

2. 特定の保育士との応答的関係から，幼児の協同的活動へ

　重要な点は，こうした「人とかかわる力」の発達を支える視点として，とくに子どもの年齢が小さければ小さいほど，「特定の保育士」との個別のかかわりを指針が要求している点である。

　たとえば表4－1は，乳児期と3歳未満児について，指針の中で規定された領域「人間関係」の「配慮事項」を整理したものだが，これを見ると乳児期には「特定の保育士」との「応答的関係」が強調され，3歳未満児には「保育士が仲立ちと」

表4-1　保育所保育指針に記された乳児・3歳未満児保育における「人間関係」の配慮事項

乳児保育に関わる配慮事項
一人一人の子どもの生育暦の違いに留意しつつ、欲求を適切に満たし、特定の保育士が応答的に関わるよう努めること。
担当の保育士が替わる場合には、子どものそれまでの経験や発達過程に留意し、職員間で協力して対応すること。
3歳未満児の保育に関わる配慮事項
子どもの自我の育ちを見守り、その気持ちを受け止めるとともに、保育士等が仲立ちとなって、友達の気持ちや友達との関わり方を丁寧に伝えていくこと。
情緒の安定を図りながら、子どもの自発的な活動を促していくこと。
担当の保育士が替わる場合には、子どものそれまでの経験や発達過程に留意し、職員間で協力して対応すること。

注）色文字は筆者による。

なって、子ども同士の気持ちを「ていねいに伝えて」いくことが要求されていることを理解することができる。

中でも重要なのが、「特定の保育士」との「応答的関係」が要求されている乳児期の保育者と子どもの関係である。これは乳児期の発達において、「特定の大人」との間に形成される「基本的信頼感」の形成が特別に重要な意味を持つことに由来するものだが、実践場面ではこうした視点から、「担当制」*を取り入れたりしながら、子どもが安心できる関係を作り出すことが重要になってくる。

同様の視点から、指針の中では領域「人間関係」の「内容」に関する事項の第1項目に、「安心できる保育士等との関係」を保障する必要性を、次のように規定している。他の項目が、ほとんど要領の横並びで規定されているのに対して、指針がこの項目を、要領の内容に加えて規定しているのは、乳児期から幼児前期にかけて、保育者と子どもとの特別な関係が必要と考えているからにほかならない（後出：表4-4参照）。

「安心できる保育士等との関係の下で、身近な大人や友達に関心を持ち、模倣して遊んだり、親しみを持って自ら関わろうとする。」

重要な点は、「特定の保育士」との「応答的関係」を起点に形成された「人と関わる力」が、やがて幼児期になると、仲間とともに「協同的活動」を展開する力へと発展していくことが期待されている点にある。

「友達と楽しく活動する中で、共通の目的を見いだし、工夫したり、協力したりなどする。」

要領に規定された集団活動のイメージだが、これが要領の中に規定された背後

*「担当制」は、子どもと保育者の1対1の関係を保障し、保育者を安心と信頼の拠点とすることを目標としているが、保育者の労働時間と保育時間のズレが存在したりしていることもあり、運用上はさまざまな点で工夫が必要となる。

に，2005（平成17）年1月に発表された中央教育審議会答申「子どもを取り巻く環境の変化を踏まえた今後の幼児教育の在り方について」*で打ち出された，5歳児の「協同的な学び」に関する議論が存在している点は重要である。

「小学校入学前の主に5歳児を対象として，幼児どうしが，教師の援助の下で，共通の目的・挑戦的な課題など，1つの目標を作り出し，協力工夫して解決していく活動を『協同的な学び』として位置付け，その取組を推奨する必要がある。」

実際，こうした活動を推進する必要性の自覚が，「共通の目的を見出し，工夫したり，協力したり」する幼児集団の活動イメージにつながっていると考えることができるのだが，ここに記された「協同的な活動」の姿は，さらに要領に記された「人間関係」に関する「留意事項」の中で，次のように展開されることになる。

「幼児が互いに関わりを深め，協同して遊ぶようになるために，自ら行動する力を育てるようにするとともに，他の幼児と試行錯誤しながら活動を展開する楽しさや共通の目的が実現する喜びが味わえるようにすること。」

表4-2は，この項目を含めた領域「人間関係」に関する「留意事項」を整理したものだが，ここには「試行錯誤しながら自分の力で行うことへの充実感」を

*中教審答申「子どもを取り巻く環境の変化を踏まえた今後の幼児教育の在り方について」（2005年1月）

表4-2　幼稚園教育要領「人間関係」に記された「留意事項」

【内容の取扱い】
(1) 教師との信頼関係に支えられて自分自身の生活を確立していくことが人とかかわる基盤となることを考慮し，幼児が自ら周囲に働き掛けることにより多様な感情を体験し，試行錯誤しながら自分の力で行うことの充実感を味わうことができるよう，幼児の行動を見守りながら適切な援助を行うようにすること。
(2) 幼児の主体的な活動は，他の幼児とのかかわりの中で深まり，豊かになるものであり，幼児はその中で互いに必要な存在であることを認識するようになることを踏まえ，一人一人を生かした集団を形成しながら人とかかわる力を育てていくようにすること。特に，集団の生活の中で，幼児が自己を発揮し，教師や他の幼児に認められる体験をし，自信をもって行動できるようにすること。
(3) 幼児が互いにかかわりを深め，協同して遊ぶようになるため，自ら行動する力を育てるようにするとともに，他の幼児と試行錯誤しながら活動を展開する楽しさや共通の目的が実現する喜びを味わうことができるようにすること。
(4) 道徳性の芽生えを培うに当たっては，基本的な生活習慣の形成を図るとともに，幼児が他の幼児とのかかわりの中で他人の存在に気付き，相手を尊重する気持ちをもって行動できるようにし，また，自然や身近な動植物に親しむことなどを通して豊かな心情が育つようにすること。特に，人に対する信頼感や思いやりの気持ちは，葛藤やつまずきをも体験し，それらを乗り越えることにより次第に芽生えてくることに配慮すること。
(5) 集団の生活を通して，幼児が人とのかかわりを深め，規範意識の芽生えが培われることを考慮し，幼児が教師との信頼関係に支えられて自己を発揮する中で，互いに思いを主張し，折り合いを付ける体験をし，きまりの必要性などに気付き，自分の気持ちを調整する力が育つようにすること。
(6) （略）

注）色文字は筆者による。

基礎に，「一人一人を生かした集団を形成」する過程で，子ども同士が「他の幼児と試行錯誤しながら活動を展開する楽しさ」を味わい，「共通の目的が実現する喜び」を感じるところまで，子どもたちの集団を高めていくことを要求する視点がある。

つまりここで要求されているのは，子どもとの間で徹底的に「対話」しながら，「一人一人を生かした集団」を形成していくことの大切さにあるのだが，それでもここに記されている「一人一人を生かした集団」とはいったいどんな集団のことを言い，そこに導くために，どんな実践を創造すればいいのかという問題になると，やはり曖昧さを隠せないのも事実である。

3. 幼児の「協同的な活動」と「道徳性・規範性の芽生え」との関係

実際，表4-2に整理された指導上の「留意事項」を読んでいると，人間に対する安心と信頼の感覚を基礎に，仲間と共に協同的な活動を展開していく集団づくり*の実践イメージだけでは整理しきれない，矛盾をはらんだ内容になっていることも事実なのである。

最初の3項目が，子どもの主体性を基礎に，子ども自身が試行錯誤しながら集団性を高めていくイメージで書かれていることは事実である。しかしながらそれに続く2項目は，「道徳性の芽生え」の形成を説き，「規範意識の芽生え」を培う必要性を強調しているのである。前半3項目の子ども像と，後半2項目の子ども像とを一体のものとして理解するのは，けっして容易なことではない。

特に気になるのが，「規範意識の芽生え」を強調した第5項目である。ここでは，子どもたちが「互いに思いを主張し，折り合いを付ける体験」をする過程で「きまりの必要性」に気付かせていくと書かれているのだが，この「折り合いを付ける」という実践のニュアンスと，共通の目的に向かって活動を展開していく実践イメージの間には，容易には埋めがたい溝があるように思われる。

たとえば要領・指針は，幼稚園（保育所）で育てる「人間関係」について，「他の人々と親しみ，支え合って生活するために，自立心を育て，人とかかわる力を養う」という目標を示した上で，さらに3つのねらい（表4-3）と13項目（指針は14項目）の内容を提示している。

表4-4は，要領・指針に規定された領域「人間関係」の「内容」に関する事項を整理したものだが，ここにおいては「育てようとする」保育者の姿勢の記述はていねいに避けられ，すべての項目が「育とうとする」子どもの姿で，その記述が統一されている点に特徴がある。たとえばそれは，「内容」について記述

*集団づくりをめぐっては，自然発生的な人間関係のなかで生じるさまざまなできごとに臨機応変に対応しながら展開する方法論に対して，意識的に集団生活を経験させる過程で集団における行動様式を身につけさせる方法論が提案されてきた。領域「人間関係」にかかわる実践を展開する際，論点の1つとなる問題である。

> **表4-3　要領・指針に規定された「人間関係」の目標・ねらい**
>
> 【目標】
> 他の人々と親しみ，支え合って生活するために，自立心を育て，人とかかわる力を養う。
> 【ねらい】
> (1) 幼稚園（保育所）生活を楽しみ，自分の力で行動することの充実感を味わう。
> (2) 身近な人と親しみ，かかわりを深め，愛情や信頼感をもつ。
> (3) 社会生活における望ましい習慣や態度を身に付ける。

されたすべての項目が，「気付く」「守ろうとする」という形で，子どもの能動的行動表現でまとめられている点に現われている。つまりここには，子どもたちに自発的生活を保障することで，子どもたちが自然に集団のきまりや事の善悪に気付くことができるという，一種の「性善説」とでも言うべき子ども観が存在しているのである。

たとえば「内容」の第11項目は，「友達と楽しく生活する中できまりの大切さに気付き，守ろうとする」と記されている。これなども友達との楽しい生活の中で，きまりの大切さに子どもたちが自然に気付き，それを子ども自身が守ろうとする，そんな実践イメージを基礎に記されていると考えることができる。

ここには，グループ（班）を組織し，当番活動，係活動を子どもたちが展開していく自治的集団を志向した集団づくりの実践イメージは存在しない。あるいは，大人が園生活のきまりを提示するような，保育者主導で展開される保育実践も，最初から実践イメージの外側に置かれているのである。

ところが，こうした形で意識的に集団を組織する実践を拒否し，自然発生的に集団が形成されるニュアンスを一方で強調しながら，そこに「道徳性の芽生え」を育てる必要性が強調され，「規範意識の芽生え」を培う必要性が強調されるから，戸惑ってしまうのである。

もっとも，誤解されるといけないので断っておくが，私はここで要領・指針の中に，こうした集団づくりイメージを細かく書き込み，全国一律で展開する方法論を書き込むべきだと言っているのではない。要領・指針は，あくまでも国が考える保育実践の目標イメージを規定することにとどめるべきであり，実践の細部は現場の研究的な実践に委ねられるべきだろう。そしてそういう意味で，こうした矛盾も含めて，子どもとの対話的関係を基礎に豊かな仲間関係を形成していく課題は，実践現場を支える保育者と研究者が，不断の努力で引き受けるべき課題なのである。

表4-4 要領・指針に規定された領域「人間関係」の「内容」に関する事項

No.	幼稚園教育要領	No.	保育所保育指針
		①	安心できる保育士等との関係の下で、身近な大人や友達に関心を持ち、模倣して遊んだり、親しみを持って自ら関わろうとする。
①	先生や友達と共に過ごすことの喜びを味わう。	②	保育士等や友達との安定した関係の中で、共に過ごすことの喜びを味わう。
②	自分で考え、自分で行動する。	③	要領に同じ
③	自分でできることは自分でする。	④	要領に同じ
④	いろいろな遊びを楽しみながら物事をやり遂げようとする気持ちをもつ。		
⑤	友達と積極的にかかわりながら喜びや悲しみを共感し合う。	⑤	要領に同じ
⑥	自分の思ったことを相手に伝え、相手の思っていることに気付く。	⑥	要領に同じ
⑦	友達のよさに気付き、一緒に活動する楽しさを味わう。	⑦	要領に同じ
⑧	友達と楽しく活動する中で、共通の目的を見いだし、工夫したり、協力したりなどする。	⑧	友達と一緒に活動する中で、共通の目的を見いだし、協力して物事をやり遂げようとする気持ちを持つ。
⑨	よいことや悪いことがあることに気付き、考えながら行動する。	⑨	要領に同じ
⑩	友達とのかかわりを深め、思いやりをもつ。	⑩	身近な友達とのかかわりを深めるとともに、異年齢の友達など、様々な友達と関わり、思いやりや親しみを持つ。
⑪	友達と楽しく生活する中できまりの大切さに気付き、守ろうとする。	⑪	要領に同じ
⑫	共同の遊具や用具を大切にし、みんなで使う。	⑫	要領に同じ
⑬	高齢者をはじめ地域の人々など自分の生活に関係の深いいろいろな人に親しみをもつ。	⑬	要領に同じ
		⑭	外国人など、自分とは異なる文化を持った人に親しみを持つ。

4. 要領・指針と具体的保育実践の間

　それでは、要領・指針に規定された領域「人間関係」の内容と、具体的保育実践との間を、いったいどのようにつなげていけばいいのだろうか。要領・指針を読み解く上で、最も本質的な問題がここにあると考えられるが、これが実際には

難しい問題なのである。

　たとえば保育の現場では、さまざまな背景をもちながら「人とのかかわり」につまずきかけた子どもたちが、年々増加している現実がある。虐待を受けた子ども、塾通いとゲームの体験に大きな影響を受けながら大きくなった子どもという形で、教科書には出てこない不思議な子どもたちが集まって子ども集団が形成されているのが現実なのである。

　そんな子どもたちを目の前にしながら、しかもその子どもたちを、自ら矛盾や葛藤に向き合い、仲間と協同して活動するところまで高めていく実践は、そんなに簡単には創造できない。

　したがって当然のことながら、子どもたちに育つ「人とかかわる力」の構造も、集団保育の実践も、かなり複雑な構造をもつことになるはずだ。しかし、要領・指針における「人間関係」領域の記述は、先にも述べた通り、自然成長主義を基本に、あくまでもシンプルな論理で書かれているのである。

　たとえば、保育実践における保育者―子ども関係を考えたとき、実際の保育実践の場面では、保育者が準備し、指導することを前提に展開されていく「教授＝学習的関係」から、子どもの自発的活動を「援助」していく「活動＝援助的（間主観的）関係」＊まで、かなり幅のあるかかわり方が行われている。しかしながら要領・指針では、「教授＝学習的関係」に属する記述を意識的に除外し、グループ活動、当番活動、係活動といった「定型的な集団活動」について記述することも、ていねいに避けられている。

　こうした要領・指針における「人間関係」領域の特徴を整理したのが図4－3である。縦軸に保育者‐子ども関係論を、横軸に活動内容論を配し、さらに内側の円を「子どもの要求」、外側の円を「保育者のかかわり方」に分けて整理してある。これをみると、「内容」として整理された項目のほとんどが、「活動＝援助的関係」と「自発的で不定型な活動」との間につくりだされる座標面Cに位置づけられていることがわかる（①と⑭は指針に規定された内容）。

　ただし、第8項目に掲げられた「共通の目的を見いだし」ていく活動に関しては、保育者の指導性と子どもの自発性とがつながりながら、子どもたちの「協同的活動」として展開することが期待されていることから、座標面Bの「協同的学び」の中に位置づけることができるだろう。

　また、第13項目の「高齢者をはじめ地域の人々」とのかかわりについては、その出会いを準備し、計画するのは保育者であり、保育者の主導性が鍵を握る活動なので座標面Aに位置づけてある。同様の観点から、指針の中に位置づけられた「外国人など、自分とは異なる文化を持った人」とのかかわりも、座標面Aに位置づけることができる。また指針の第1項目に規定された、子ども同士が「模

＊子どもの活動に保育者が「援助」する関係を「活動＝援助的関係」と記したが、これ以外に、保育者と子どもが対等な関係でかかわったり、並行的な活動をしながら影響しあったり（模範＝模倣的関係）するような関係がある。またこれとは別に、子どもと保育者が相互に主体的にかかわる相互主体的関係を「間主観的関係」と呼んでいる。図4－3の座標面Bがこれに相当する。

4章 保育における領域「人間関係」

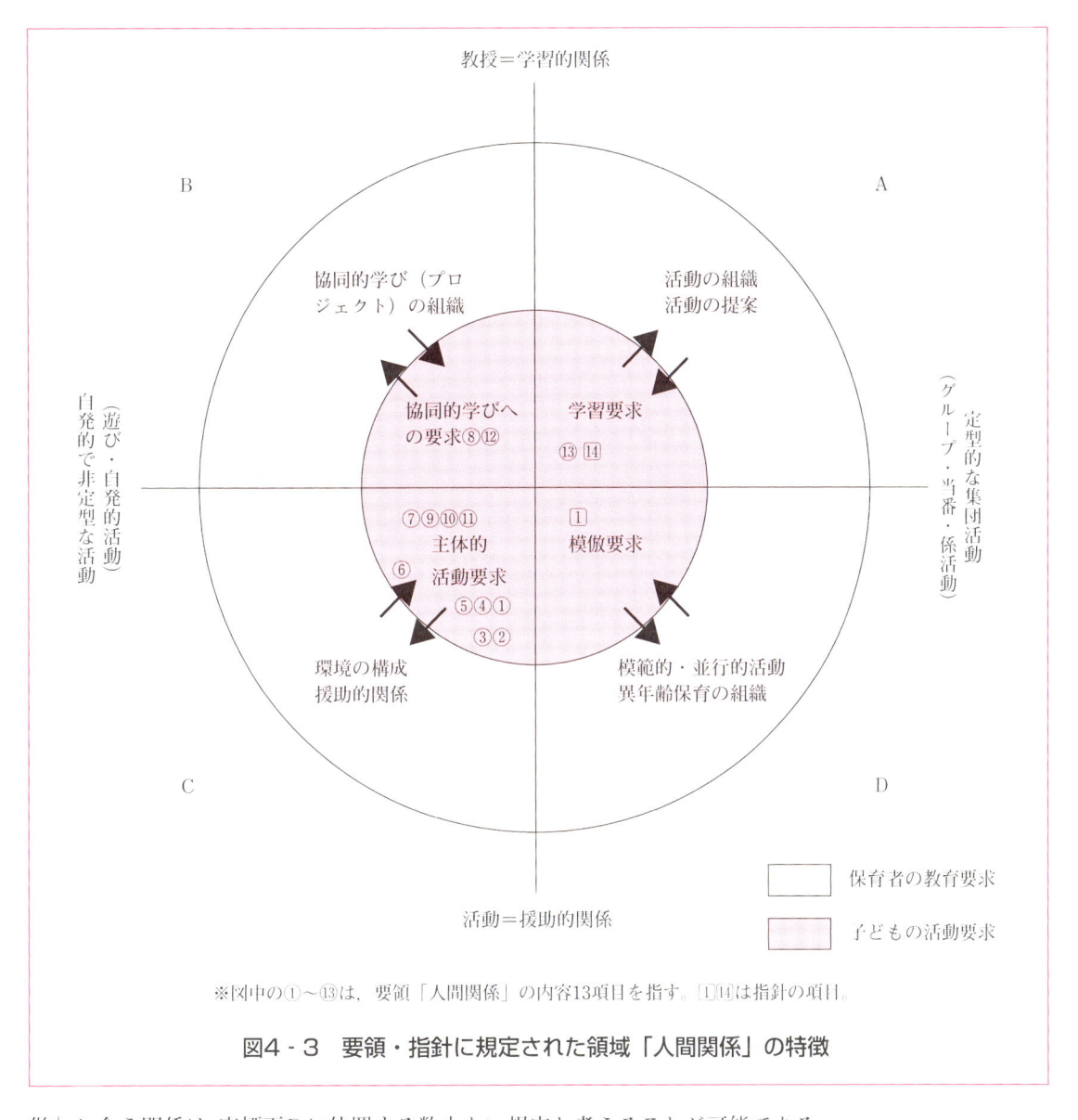

教授＝学習的関係

B　　　　　　　　　　　　　　　　　　　　A

協同的学び（プロ　　　　　活動の組織
ジェクト）の組織　　　　　活動の提案

（遊び・自発的活動）自発的で非定型な活動　　協同的学びへの要求 ⑧⑫　　学習要求 ⑬ 14　　（グループ・当番・係活動）定型的な集団活動

⑦⑨⑩⑪
主体的　　　①
⑥　活動要求　　模倣要求
⑤④①
③②

環境の構成　　　　　　　模範的・並行的活動
援助的関係　　　　　　　異年齢保育の組織

C　　　　　　　　　　　　　　　　　　　　D

活動＝援助的関係

□ 保育者の教育要求
■ 子どもの活動要求

※図中の①〜⑬は，要領「人間関係」の内容13項目を指す。1 14は指針の項目。

図4-3　要領・指針に規定された領域「人間関係」の特徴

倣」し合う関係は，座標面Dに位置する数少ない規定と考えることが可能である。

　重要なのは，実際の保育実践を豊かに展開しようとすると，これら4つの座標面を縦横無尽につなげながら，子どもたちの活動を展開していく，そんな活動の展開過程が必要になってくる点にある。

　たとえば年長児が担当しているウサギ小屋の当番活動を，いつも羨望の眼差しで見ていた年少の子たちが，それにあこがれ，模倣要求とともに活動を開始することがある。この場合は，座標面Aに影響を受けて座標面Dの活動が展開するということになるのだが，最初は保育者にリードされながら開始した当番活動が，

矛盾を自覚した子どもから改善の要求が出され、それを改善する話し合いに展開していく場合は、座標面Aから座標面Bへと関係性を発展させる実践になっていくわけである*。

　また、最初は自発的な遊びとして開始された活動が、子どもたちの強い要求となり、保育者の教育的指導を媒介として、より難易度の高い活動を協同して展開する場合も存在する。こうした実践は、座標面Cで始まった遊びを、座標面Bで「協同的学び」として発展させていく実践となるわけだが、こうした実践を創造する「人間関係」に関する具体的規定（記述）は、残念ながら要領・指針に存在しない。

　もちろん重要な問題は、要領・指針に書いてあるかどうかという点にあるわけではない。大切なのは、矛盾や葛藤に立ち向かいながら集団の中で自己成長を遂げようとする子どもの能動性を引きだしながら、保育者が創造的に実践をつくりだすことにあり、そのためにも、保育者の不断の学習が必要になってくるのである。

＊加藤繁美・秋山麻実・茨城大学附属幼稚園『5歳児の協同的学びと対話的保育』（ひとなる書房, 2005）を参照。

5. 領域「人間関係」の内容は、保育者の保育観を通して実践に具体化する

　こうやって学びを重ねていくと、当然のことながら要領や指針には書かれていない理論や実践と、保育者は遭遇することになっていく。そしてこの場合、自ら学んだ幼児教育論（教育学的知見）や乳幼児発達論（心理学的知見）と、要領・指針に規定（記述）された「人間関係」領域の内容は、保育者の頭の中で融合してしまい、すべての境目が曖昧なまま、実際の保育実践は展開されていく（図4-4）。

　しかも同じ文章を読んでも、保育者の理解は異なるわけだから、同じ文章を読んだからといって実践の質が均一になるわけではない。さらに、その違いが保育理論に関する理解の相違によって生みだされているのみならず、個々の保育者がそれまでの人生の中で獲得してきた人間的感性や人間性をも反映する形で、実践の違いが生みだされているから問題がややこしいのである。

　こうした問題を、保育者の保育観を構成する「保育実践を貫くマクロの視点」と「保育実践を支えるミクロの視点」の問題として、図4-5のように整理してみた**。ここでいう「マクロの視点」とは、学問が明らかにしてきた保育に関する哲学・思想・理論であり、言語化され、広く共有される知識の世界である。もちろん、要領・指針に対する理解も、個々の保育者の「マクロの視点」の中に位置づけられることになる。

＊＊加藤繁美『子どもの自分づくりと保育の構造』（ひとなる書房, 1997）を参照。

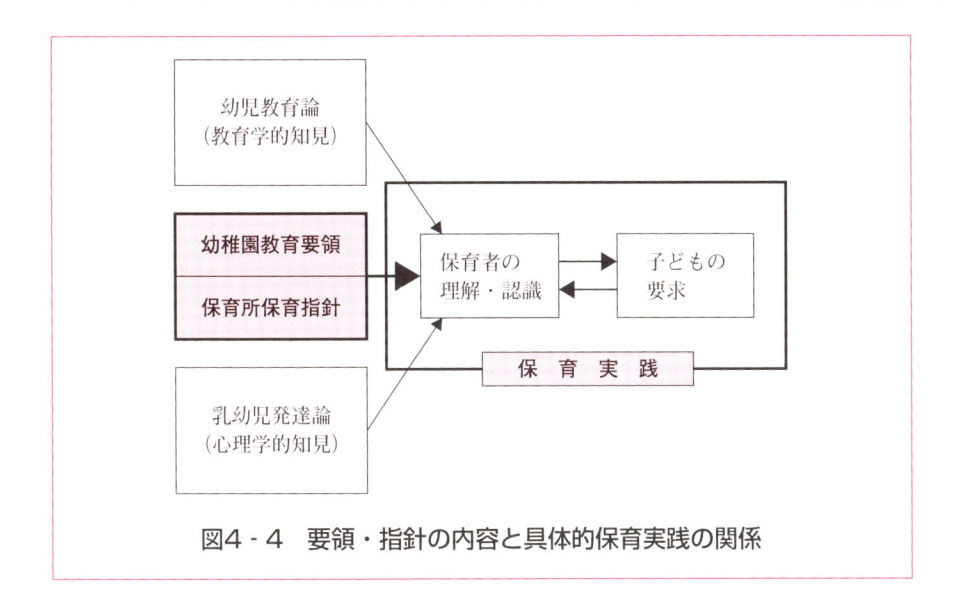

図4-4　要領・指針の内容と具体的保育実践の関係

これに対して「ミクロの視点」は、保育者個人の中に形成された身体的価値の世界であり、論理的に言語化し、共有することが困難な価値観を意味している。いわば「マクロの視点」が保育に対する「考え方」だとするなら、「ミクロの視点」は保育の事実に対する保育者の「感じ方」だと整理することができるかもしれない。

つまり、それぞれの保育者がそれまで出会ってきたさまざまな「人間関係」の結晶が「ミクロの視点」を構成しているということなのだが、実際の保育の場面では、この「ミクロの視点」が子どもとの関係を決定づけてしまう点が重要である。子どもの行動に共感したり、感動したり、喜んだり、驚いたり、それを許せなかったり、恐れたり、悲しんだりする保育者の「感性」も、子どもの行動に対して保育者が発する応答的な言葉も、すべてその保育者が経験から学んだ内容を反映している。

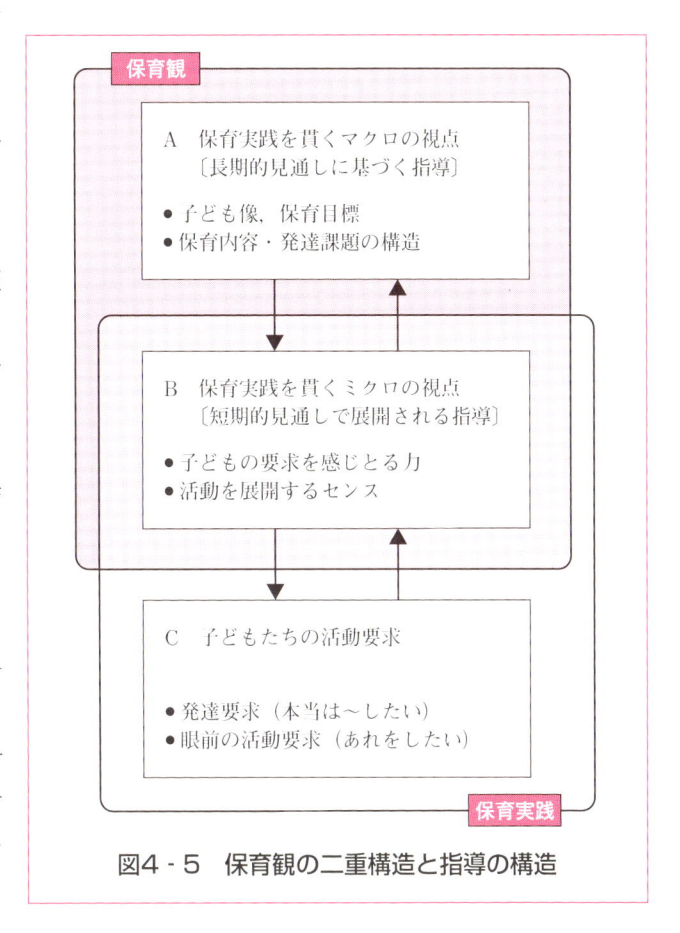

図4-5　保育観の二重構造と指導の構造

もちろん保育実践がこうした構造をもっているからといって、それでは保育の理論（マクロの視点）が保育実践に対してまったく無力なのかといえば、それはけっしてそうではない。それゆえに、自らの「ミクロの視点」に影響を与えるような研修・研究を積み重ねたり、自らの実践を記録にまとめたりしながら、「ミクロの視点」を含めた保育観全体を反省的に成長させていく努力を不断に積み重ねていくことが、専門家としての保育者には要求されているのである。

6. 要領・指針に規定された「人間関係」は，保育条件整備行政をも拘束する

　最後に、要領・指針に規定された領域「人間関係」がもつ社会的意味について、どうしてもふれておかなければならない問題がある。それは、要領・指針が保育実践に責任をもつ園や保育者に影響を与えるのみならず、実は保育条件の整備に責任をもつ国や自治体をも拘束している点である。
　たとえば先にも紹介した中教審答申は、社会が変化し、子どもを取り巻く環境が大きく変化する中で、「幼児教育を教育改革の優先課題としてとらえ、長期的な視野に立って幼児期からの取組を充実していく」必要性を提起しているが、要領・指針はそうした施策を具体化しようとする際、行政の姿勢を規定する内容として機能することが期待されているということなのである。
　たとえば、保育所保育指針は乳児を対象とした保育実践について、「特定の保育士」との「応答的関係」が重要だと規定しているが、指針の中でその重要性を指摘するということは、当然のことながら実際にそれが可能になるような条件整備を図る必要が、行政の側に生じてくることを意味しているのである。
　あるいは、「子どもの自我の育ちを見守り、その気持ちを受け止めるとともに、保育士等が仲立ちとなって、友達の気持ちや友達との関わり方を丁寧に伝えていく」保育が3歳未満児に必要だと明示するなら、それが可能となるような保育条件を整備し、予算措置を講じる必要が生じてくるということなのである。
　多くの保育関係者は、要領・指針といった保育内容法制について議論する際、それが園や保育者の実践を規定している点には注目するが、国や自治体といった行政自身を拘束している事実を忘れがちである。しかしながら、要領・指針が「告示」され、法的文書になったということの意味は、保育者たちの実践努力と保育条件行政とが結びついてはじめて有効に機能するという事実を正しく認識しておくことが、とりわけ領域「人間関係」について考える際、大切なポイントとなるのである。

第5章 将来を見通した統合保育の充実を考える（障害のある子から「コミュニケーション」の本質を学んで——）

〈学習のポイント〉 ①統合保育の意義と課題を，人間関係の充実とかかわらせて理解しよう。
②「障害のある子から学ぶ」という意味について，考えてみよう。
③コミュニケーションとは何か，どう育むかを理解しよう。

1. 統合保育の意義と課題

　子どもにはさまざまな子どもがいる。外国人の子どももいれば，障害をもっている子ども，発達の状態が気になる子どももいる。どの子どもも，1人の乳幼児として，遊びや課題を通して多くの子どもたちとかかわることが発達に欠かせない。障害をもたない乳幼児にとっても，障害をもった子どもとのかかわりから学ぶことは多く，共生の社会をつくっていく一員としての「大人」への成熟に影響を与える。障害をもつ子どもともたない子どもなどを一緒に保育することを「統合保育」という。両者の関係は，対等・平等でなければならない。

　形態的には，保育士との1対1の関係を保ちながら可能な限り一緒に保育する場合と，一定の時間・場所で行う場合（「交流」）がある。

　統合保育は，通常教育と障害児教育を連続した1つの教育システムとして位置づけようとするインクルージョンの理念に立っている。ユネスコの「サラマンカ声明」*は，障害児教育に関して，世界はインクルージョンを進めるべきと主張した。特別支援学校（旧，盲・ろう・養護学校）や特別支援学級，教室（障害児学級）の存在とその財産を重視しつつ，通常学級における障害児を含む特別なニーズをもつ子どもたちの指導・支援を連続体としてとらえていこうという全体的枠組みをつくることがその目的とされている。統合保育が理念とするインクルージョンはこのような構想に立ち，幼稚園における「統合教育」も同じ理念に立つ。

　特別支援教育も，このインクルージョンの理念に立っている。特別支援教育は，いま新たな支援のための教職員の増強等，法改定や財政，制度に関して国の責任をあいまいにしたまま，地域間格差を広げつつも，各地で進みつつある。2005（平成17）年には，中央教育審議会が「特別支援教育を推進するための制度の在り方について（答申）」を出すにいたり，日本の障害児教育は，今，法改定に向け大きく動こうとしている。2006（平成18）年3月，「特別支援教育」にかかわり，「学校教育法」改正案が閣議決定のうえ，国会に上程されるにいたった。

　さて，2002（平成14）年に閣議決定された「障害者基本計画」（2003〈平成15〉年〜）も，社会参加（ノーマライゼーション）を柱に，「障害のある子ども

*ユネスコ「特別なニーズ教育に関するサラマンカ声明と行動の枠組み」1994

一人一人のニーズに応じてきめ細かな支援を行うために乳幼児期から学校卒業後まで一貫して計画的に教育や療育を行う……」(「障害者基本計画」Ⅲ-4-(1))と述べている。「個別の支援計画」の策定が必要となる。

統合保育は、就学前の障害児のための専門施設や相談機関との連続性を保ち、それら機関との連携のもとで進められなければならない。障害児をただ幼稚園や保育所に入れればよいのではなく、発達し障害を克服していくための1人ひとりの課題を明確にし、その子がもっている力を十分出し切れる実践が求められている。このことは、国連「障害者権利条約」策定のための第7回特別委員会（2006〈平成18〉年1～2月）において採択された条約案にも明記されている*。

＊外務省「障害者権利条約に関する国連総会アドホック委員会第7回会合（概要）」（2006年2月）

外国から来た子どもも言葉や文化の問題等で発達上の困難を抱えているものと思われる。以下に述べる点から、何らかの「かかわり」のヒントが得られれば幸いである。

2. 統合保育の充実を目指して

1 保育士の加配と巡回指導の開始

「障害児保育事業実施要綱」が1974（昭和49）年に出て以降、可能な限り障害児を保育所で、という動きが全国に広がっていった。指導の留意点については、幼稚園における障害児の指導に関して「幼稚園教育要領」が、保育所に関しては「保育所保育指針」がそれぞれ述べている。

筆者は、当時、埼玉県のA市で、市長の呼びかけで障害児保育の委員会に所属していた。保母（当時、以下同）の加配を条件に全保育所で障害児保育が始まり、筆者は年間を通し、保育所を巡回し保育相談にあたっていた。

●事例1-①　知的障害児・なおちゃんから出発

1974年4月、同県K市のT保育園に、なおちゃんが入園した。K市が統合保育の体制を組む前のことである。保育日誌から保母は、「母親の話では、『まだ言葉が出ないが、集団生活をさせれば言葉が出るようになるのではないか』ということだった。（受け入れ時）私たち職員側では、前にもしゃべれない子を保育した経験もあり、なおちゃんの場合もいずれしゃべるようになるのではないかという軽い気持でした。（中略）まだ障害児保育とは何か、ハッキリつかんでいなかったと思います」**と述べている。

なおちゃんは知的障害児だった。自閉的な傾向も併せもっていた。園を飛び出し、畑で転げ回り、どこかの家に入りお菓子を食べていた。2人の保母が1日交代で

なおちゃん

＊＊なおちゃんの本をつくる会編『言葉なく指したる道を──障害児保育を拓いた子』ミネルヴァ書房, p.27, 1977。上の写真も同書より転載。

なおちゃんを担当していた。

【子どもは発達しつつ，いわゆる「多動」等の「問題」を乗り越えていく——保育士の取り組み】

　筆者は，それまでの記録を見てから，「子どもの発達と保育」と題し，1974年9月にT保育園で講演した。「いわゆる『多動』等の問題があればあるほど，その子が好きなことを見つけ，5分でも10分でも，その子が夢中になれるような課題に取り組むことによって，いわゆる『問題行動』が減少していく」という一般論を述べたあと，「なおちゃんの問題をみんなの問題にしよう」と提案した。

　すでに保母たちは，なおちゃんがレコードをかけると喜び，洗濯機で水遊び，こだわりの対象になったプラスチックのおもちゃをバケツへ移しかえる遊びを繰り返し，鶏へのこだわりは減っていることに気づいていた。

　他の子が走っているのを見て1人で走ったり，友だちが作った物を壊してその反応を見て喜んだり，（場所はかまわずにだが）パンツを下ろしておしっこをするようになっていった。「マーマ」「オーオ」の発声も出てきた。プラスチックのおもちゃへのこだわりも消えていった。

　翌年の5月，他児のスカートめくりが始まった。スカートめくりそのものの是非はともかく，当時，子どもたちのあいだで流行っていた遊びをやってみようとしたことは，他児の行動に関心をもち，子ども集団に気持ちを向け始めた証拠であり，すばらしい変化といえる。ずっとカップヌードル食だったが，10月には，食事時間に15分程度なら座っていられるようになり，ボールを投げると投げ返してくれるようになった。1クラス下の女児を追いかけるようにもなった。要求もしぐさで出せるようになった。

　これらの記録から，子どもと保母の1対1の関係の深まりを基盤に，他児に関心を向けるようになってきたなおちゃんに気づくことができる。

【附属養護（現，特別支援）学校へ】

　親の依頼により筆者が相談活動を開始し，結果として，なおちゃんは電車と徒歩で30分ほどかかる筆者がかつて所属していた大学の附属養護学校に入学した。

【線路に近づいて】

　夏休みが近づいた。休み中のプール登校の説明があり，水が大好きななおちゃんも一緒に，お母さんがその説明を聞いて帰宅した日だった。

　お母さんは，なおちゃんが2階で遊んでいるものとばかり思い，お勝手にいた。電車の好きななおちゃんは，家を出て線路に近づき，不幸が起こった。

　筆者は，その事故を旅行から帰って聞いた。お線香をあげにうかがったなおちゃんの家で，親たちが集まり，「なおちゃんの本をつくろう」と原稿を書いていた。

【言葉なく指したる道を】

　K市は、まだA市のように、障害児が入園した際の保育士の加配や、専門家が子どもの発達や保育上の相談にのる巡回指導体制を敷いていなかった。言葉が出るにいたらなかったなおちゃんは、何を私たちに伝えたかったのか。逝ってしまったなおちゃんのことを忘れないために、なおちゃんの家で、手づくりによる「なおちゃんの本づくり」が始まっていた。それを、ある出版社が出版してくれた。なおちゃんは、「K市にも統合保育体制を！」そう伝えたかったに違いない。

　なおちゃんの事故を契機に、K市に統合保育を進める運動が広がっていった。「障害児を持つ母の会」や「K市保育をよくする会」、「障害者の生活と権利を守るK市民の会」、一般市民が連携をとり運動を広げ、指定園方式ではあったが、保母の加配と巡回指導が始まった。巡回指導は筆者が行った。

　ご両親や近隣の方々、保育所の保母、養護（現、特別支援）学校の教師、各「会」の人たち、なおちゃんとかかわった医師、市民ら、計31名により、なおちゃんについての本＊が出版された。筆者もかかわった。

＊なおちゃんの本をつくる会編『言葉なく指したる道を──障害児保育を拓いた子』ミネルヴァ書房，1977

2 作業所づくりへ

　全国的な運動によって1979年に養護学校義務制が拓かれ、すべての障害児が教育を受けるようになった。

●事例1-②　知的障害児・なおちゃんから出発

　養護学校や障害児学級を卒業しても行き場がない。全国の動向と合わせるように、K市でもそうした障害をもつ青年・成人（以下、仲間）の親たちが数人集まり、手づくりの作業所をつくり、県からわずかな補助金を得るようになった。作業所は大きくなり、連携した運動が広がっていき、社会福祉法人としての認可を申請した。社会福祉法人「M」である。K市には他にも障害者施設がある。学校を卒業したけれど在宅で何もしていないというケースをゼロにしようと、法人「M」もがんばっている。作業所が満杯になり、第2作業所をつくるにあたり、筆者に理事の依頼がきた。理事会の中心となっていたのは、なおちゃんの事故のとき、「K市に障害児保育体制を」と運動した親たちだった。

　法人「M」は、3つの作業所（知的障害者授産施設（通所）、自閉症も入る、以下同じ）をもち、重症心身障害児者通園事業を行い、具体的には、相談と買い物の介助、家事援助などを行う「障害者生活支援センター」（知的障害者生活支援事業）をもっている。さらに、実際には比較的障害の軽い仲間が通い、和紙づくりや布製品加工、その他の労働を提供している2つのデイケア施設（心身障害者地域デイケア施設と知的障害者地域デイケア施設）等、支援員の支援のもと仲間ど

うしが生活するグループホーム（知的障害者グループホーム）を5つもつにいたった。そして，親の加齢にともない，24時間，仲間の生活と労働を保障できる施設づくりも，今，佳境に入っている。

3 わかる力とかかわる力

　筆者は，法人「M」の理事としてこの運動にかかわる一方，青年・成人期の発達においてだいじな時期にさしかかっている仲間を対象に，年1回，他の施設からも共同研究者を招き，1日かけて行っている実践検討会に，毎年参加している。

　統合保育においても，こうした検討会は欠かせない。ある子どもや仲間を対象にした実践検討会やケース研究会，それに該当する検討を行っているか否かでその園の実践力に開きが出てくる。埼玉県H市のK園等，筆者は毎年，そうした検討会に参加している。

　さて，法人「M」の実践検討会で筆者が学んだことの1つは，青年・成人期を豊かに生きていくために必要なのは，「わかる力」と「かかわる力」を育むことにあるという点である。

　他人から強制され身につけた行動は，環境が変わると崩れてしまうものだ。それより，1つひとつわかっていくことこそ，自ら考え，自ら行動する力を育むのである。他者とかかわる力も，「生きていくために他者とのかかわりは欠かせないものだ」ということを，自らわかっていく過程で形成されていく。

　統合保育においても，同じである。「他児と一緒に行動しているから，この子，わかってるんだ」と思い違いしてしまうことがある。どこまでわかっていて，何がわからないでいるのか，いま，その子にとって何をわかることがだいじなのかをしっかり把握して，わかるための手立てを教えなければならない。

　一方，「友だちに目を合わせていない，友だちから離れている。だから友だちには関心がないのだ」と，安易に判断しないことがだいじである。障害をもつ子ども，発達が気になる子どもは，離れていても「アンテナ」を張っていて，ちゃんと友だちのことを目や耳に入れ，いつの間にか友だちがしていることと関連する行動を始めたりするからだ。友だちと遊びたいけど遊べない，この気持ちも読み取ってあげること。保育者がその気持ちを読み取り，たとえばAちゃんがもっている遊具でBちゃんも遊びたいんだなと気づいたら，「Aちゃん，Bちゃんも一緒に遊びたいんだって」と同じ遊具を渡したり，遊具遊びのなかにBちゃんを入れて，保育者が一緒に遊ぶ手がかりを与えるなど，子どもと子どもの間に保育者が入っていくこと（「介入」という）が必要である。

3. コミュニケーション能力を育む

1 障害をもつ子，気になる子どものキーワード

　幼稚園や保育所で「気になる子」という言葉がよく使われる。その子の発達にとって，このままではいけないのではないか，何か特別な配慮をしなければいけないのではないか，保育者がある子についてそう感じとることは，子どもにとってきわめて重要なことだ。

　気になる子のすべてが障害をもっているとは限らない。気になることの中身には，一過性の（まわりの支援によって，やがてみられなくなっていく）問題も入る。H市で「発達につまずきのある子の指導について」と題して講演した際，あらかじめ全保育所から気になる子どもをあげてもらった（1999〈平成11〉年）。整理していくと，コミュニケーションの問題がキーワードとして出てきた。コミュニケーションの問題は，気になる子どものみならず，障害児の発達にとってもキーワードである。数が多い順にキーワードをあげると，表5-1のようになる。

　表をみると，感情交流を含め，コミュニケーションの弱さが目立つ。以下，コミュニケーションとは何かを述べ，子どもはなぜ話すのか，話し言葉に遅れをもつ子どもが落ちこみやすい主存在動詞の問題にふれ，どう働きかけたらよいのか述べる。

表5-1　気になる子どものキーワード（H市の全保育所より，1999）

①コミュニケーション─「ひととひととの関係」の弱さを含む
②「感情交流」のまずさ
③構音の問題
④睡眠の問題
⑤内反やO脚，転倒することが多いなどの問題
⑥体調をくずす
⑦現れやすい「子どもの神経症」のさまざま─「緊張」を含む
⑧発達の遅れ
⑨ADHD*に入らないがその傾向が疑われる子ども
⑩集団参加の問題
⑪家庭と保育所の関係
⑫「いじめ」や「虐待」にかかわる問題など
（以上，数の多かった順）

＊ADHD：「注意欠陥／多動性障害」を指す。不注意優勢型，多動性-衝動性優勢型，混合型の3つのタイプ等がある。詳細は米国精神医学会（高橋三郎，他訳）『DSM-Ⅳ-TR』医学書院，2002，DSM-5に変更，同，2014およびWHO（世界保健機関）（融道男，他訳）『ICD-10』医学書院，1993を参照。なお，LD（学習障害）はこれと異なり，「読む」「書く」「計算する」ことに障害があらわれる。いずれも中枢神経系の障害から起こる。

2 コミュニケーションとは

筆者はコミュニケーションを次のように定義している。

「コミュニケーションという用語は，一般の辞典や学習指導要領，心理学辞典等で，『意思伝達』と紹介されている。『意思伝達』と訳すと，思いなどを『言葉』（話しことば）で伝えることと狭くとらえてしまう危険がある。

岡本夏木は，『コミュニケーションという語を，あまりにも意味をひろげすぎだとの批判をうけることを覚悟の上で，初めは〈人びととのかかわりあい〉という意味に無限に近づけて用いていく』*と述べ，それを『発達の場』として位置づけている。人とのかかわりあいがあって，人は発達するのであって，その世界がコミュニケーションだというのである。名言である。（中略）

ニューヨークで有名な言語治療士であり，日米の掛け橋として在米の障害児や帰国する障害児の相談支援を行っているカニングハム・久子は筆者の友人である。（中略）英語に長けた氏が，コミュニケーションという英語は，『〈感情交流〉と訳すと原語に近い』**と述べた。

本書では，『感情交流を内包した人と人とのかかわり』と定義したい。」***

＊岡本夏木『子どもとことば』岩波書店，1982

＊＊カニングハム・久子『そして挑戦の日々――在米言語治療士の記録』日本放送出版協会，1984

＊＊＊西村章次『自閉症とコミュニケーション――心とことば』ミネルヴァ書房，2004

3 子どもはなぜ話すのか

生後2カ月を過ぎる頃，子どもは思わず相手のまねをする。共鳴動作である。6カ月頃，人見知りが始まる。岡本は，この時期の人見知りは大人との「シグナルの共有」が成り立った証拠だという。日常接している人との声や肌，感触の世界でのやりとりが成り立つ。だから，この時期，他人の声がけが入ったりしたとき，人見知りが起こるというのである。個人差はあるが，8～9カ月を過ぎると指さしが始まる（指さしは人さし指1本とは限らず，3本指で指したようなときも指さしという）。やまだようこ（山田洋子）は，最初の指さしを，感動したものを大人と共有しようとする「感嘆・共有の指さし」****と呼んだ。筆者は，これを「共感の指さし」と呼ぶこととした。

そして，子どもは11カ月から1歳頃，はじめての言葉（初語）を話す。たとえば，子どもが「ブーブー」と言ったとしよう。おそらく，それは「ブーブー（車）に乗せて」という要求の言葉ではなく，「お父さんのブーブーあったね，お母さん」と，さら共感を求めて出てくる言葉なのだ。

海江 泉*****は，筆者が「言葉は要求語からだけでは育たない」と述べたことを視座に，就学前の重症心身障害児施設（重い知的障害と肢体不自由をあわせもつ子どもたちの施設で，通所型と入所型がある）の4人の子どもたちと指導員とのやりとりを詳細に記録していった。そのなかから，お風呂を見立てての T 児と先生の遊び場面を紹介しよう。

＊＊＊＊やまだようこ『ことばの前のことば』新曜社，1983

＊＊＊＊＊海江 泉，埼玉大学教育学部1992年度卒業論文

●事例2　障害児・T児と先生のお風呂遊び

先生　「ゴシゴシ」と言って，自分の手でT児の手や足をごしごしする。
T児　緊張しつつ（体に障害をもつ子どもたちの一部に，つっぱるような「（運動上の）緊張」が出ることがある），右手を上げる。
先生　「シャンプーは自分でやろうね」と，T児の手をT児の頭にもっていく。
T児　自分でもゴシゴシしようとして「緊張」する。
先生　「ゴシゴシ」（先生がT児の気持ちを読み取り，言語化している。）
T児　ニコニコする。右手を先生の頭に近づける。
先生　「先生も洗ってくれるのォ。やっさしい！」

「ニコニコ先生を見ている」ような行動を叙述的伝達行動という。大人に注意を向けたり，物を見せたりする行動である。右手を先生の頭にもっていこうとする行動は要求行動ではなく「ぼく，先生の頭ゴシゴシしてあげる」といった陳述行動である。陳述行動は，猫をなでるなど「カワイイネ」といった自分の感情や対象（ここでは猫）の状態を表現する行動をさす。T児は，先生が「ドラえもん見たの？」と聞いたとき，「エイーッ」と言っている。ドラえもんをまねした陳述行動をともなった陳述語に近い。

お母さんを見つけて「アーッ，アーッ」とその日遊んだ遊具を見せたりしたら，叙述的伝達行動にともなった発声である。なでて「カワイイ」と言ったとすれば，陳述行動につながった陳述語である。こうして要求行動にともなった要求語が出てくる。

このように，おそらくどの子もはじめは，「ブーブー（お父さんのブーブーあったね，お母さん）」といったように，要求からではなく，叙述的で陳述的な言葉から話し出す。指さしが「共感の指さし」から始まるように，言葉もまた，さらなる「共感」を求めて出てくる。筆者は，これを「第二の共感」と呼ぶこととした。

さて，障害児やコミュニケーションの苦手な子とのかかわりにおいてだいじなことは，たとえ，言葉（話し言葉）をもっていたとしても，叙述的伝達行動や発声，陳述行動や陳述語を子どもの行動から読み取ってかかわることにある。そうすることによって，子どもと心と心を交わし合うコミュニケーションが成り立ち，子どもも生命をもった言葉を獲得していくことになる。

海江は，陳述語を多く語りかけているこの施設の4児と指導員とのあいだに，「感情交流」が豊かに育まれていることに気づいている。

4 話し言葉のつまずきへの支援

(1) 主存在動詞の落とし穴

話し言葉を獲得したものの，二語文でとどまっている子がいる。「パパ イル」「ママ イタ」「トケイ アル」「イ（リ）ンゴ アッタ」「バナナ アッタ」「テエ（レ）ビ アッタ」といった二語文にみられる動詞を主存在動詞という。主語の存在を「イル」「イタ」「アル」「アッタ」で受け止める文構造である。こうした二語文はそれのみで完結してしまうので，多語文に移行しにくい。

(2) 目的語をともなう動詞に働きかける

吉田泰子ら*が子どもの言葉を分析し明らかにしているように，ほとんどの子どもが1歳8カ月から2歳3カ月頃，「ヲ抜き文」の世界を経て多語文に入る。「ジューチュ（ス）ノム」，「イ（リ）ンゴ タベル」，「テエ（レ）ビ ミル」といった格助詞「ヲ」が省略された文をいう。子どもは主存在動詞の世界から「ヲ抜き文」の世界に入り，「ヲ抜き文」をたくさん使って，多語文の世界に入る（格助詞「ヲ」を省略する現象は多語文の世界に入っても4〜5歳頃までみられる）。

主存在動詞の世界にとどまっている子には，目的語を引き出すような働きかけをすればいい。引き出す文構造は，「動詞＋目的語」である。次の事例にあるイラストは，筆者が作った「動詞絵」である。類似した絵の開発や研究も多い。

*吉田泰子・大久保 愛『こ とばの発達とその障害』村井潤一編，第一法規，1976

●事例3 動詞絵を使って

右のような絵を子どもに見せると，「クマサン イタ」と二語文になる。そこで，大人が主語を先取りする。

大人「くまさんがー」と語尾を少し引っ張ると，より子どもの発語を促す。

反応がないとき，大人が「くまさんがー ごはん たべてる」とモデルを示す。

筆者が作成した「動詞絵」

大人「ぼくがー」，子ども「ゴハン タベテル」と動詞と目的語が出てくる。繰り返していくうち，子ども「クマサンガー ゴハン タベテル」と多語文を獲得していく。

カードの世界だけでは不十分である。「きのう なに したの？」と聞いて説明が出ないとき，「きのう ぼくがー おかあさんとー」と頭をつくってあげると，「チュ（ス）イカ タベタ」とか，「オモチャ カッタ」と出てくる。

4. 障害児，気になる子どもの発達診断・相談活動から

1 発達の一歩先を

　障害があろうとなかろうと，その子がどんな力をもっているのか，その子の発達を知る必要がある。幼稚園，保育所での実践者は教材を多くもち，たくさんの子どもたちから子どもの育ちを学んでいる。教材や実践を通して子どもの発達をおさえることがだいじである。相談機関等で行われた診断結果を重視しつつ，その結果を実践のふるいにかけ，何をどうはたらきかけたらよいのか話し合っていく必要がある。

　その子の現在の発達水準のみではたらきかけていては，子どもは乗ってこない。「こんなこともできるんだね」と，一歩先の課題（現下の発達水準のひとつ上の発達課題）の達成をはかってこそ，子どもは遊びや課題に乗ってくる。

(1)「低発達水準の未達成課題」や「問題」をさりげなく支えつつ，一歩先の課題を

　障害児や気になる子どもの場合，知的発達や姿勢・運動発達の差，知的発達においても理解度と言葉の差，理解の仕方でも「～して～する」といった時系列的に理解することや，「～と～」「～か～（どっち？）」といった同時的（空間的）に理解する力の差など，知的にばらつきがみられる場合が多い。

　したがって，たとえば発達水準が3歳頃としても，3歳水準以下でできないことや，3歳以上の課題でも，ある課題については得意な子どもがいる。3歳以下でできない課題は障害による場合が多いので，さりげなく支え，得意なところからかかわっていくといい。さらには，「こんなこともできるんだね」と，3歳以上の，ちょっと難しいかなと思われる課題を用意し，大人が手がかりを与えて達成させる。そのことによって，子どもは遊びや課題に乗ってきて，満足感を得るにいたる。

　理解面だけでなく，たとえば知的障害児で体に障害をもつ場合も，障害のためにできない部分についてはさりげなく支えてやるとよい。

(2) 発達と障害の微妙な交錯に視点をあてて──障害を学びつつ

　障害を無視して発達ばかりみてもいけない。障害を学びつつ，その子がどんな障害をもっているのかを知り，どういう配慮が必要なのかを専門家の意見も得てかかわっていく必要がある。ただし，たとえば「自閉症スペクトラム*」と専門家によって診断されたとしても，自閉症児の障害の特徴は1人ひとり違う。どのような特徴をもった子どもなのか，いちばんわかっているのは現場の先生である。現場の先生や親の参加のもと，どういう障害傾向をもった子どもなのか，どう配慮し，何をどう働きかけていったらよいのか，発達と障害の微妙な交錯に視点をあてて子どもを見，話し合っていく必要がある。子どもの内面では，障害が微妙

＊自閉傾向をもつ重度の知的障害をともなう例から，知的な遅れがなく，自閉傾向が軽い例まで，障害が連続しているとみなす「自閉症スペクトラム」と呼ぶようになった（DSM-5，既出）。

に発達を阻害し，一方，発達することが障害を軽くしていくからである。
(3) 発達診断・相談活動の目的も一歩先の課題を見つけ出すことに

　筆者は長く障害児や気になる子どもの発達診断・相談活動を行ってきた。筆者が行う発達診断・相談では，まず筆者自身が，いろいろな遊具や課題を用意しかかわってみせる。その後，関係者で明日から何を課題として，どんな遊具や教材でかかわっていくのか，配慮すべき点は何かについて討論する。そのなかで，いちばん重視していることが，「こんなこともできるんだね」と一歩先の課題を見つけ出すことである。

2　子どもと親との信頼関係を
(1) トラウマに注意

●事例4　自閉症児・毅のトラウマ

　毅（仮名）は，いま中学校の障害児学級に通う自閉症男子生徒である。同じく障害児学級に通っていた小学校3年生の頃から不登校が始まっていたが，4年生の3月から5年生のはじめにかけて，3ヵ月間まったく学校に行かなくなった。その頃は話し言葉もなく，障害が重いと思われていた毅だが，不登校期間中，朝から部屋に閉じこもり，昼ごはんを食べに出てくるだけでまた部屋に閉じこもっていたという。そして，授業が終わる時間になると，レインコートを着，帽子を被る重装備で，3ヵ月間休職したお父さんと，やっと散歩に出ていたらしい。学校に行けない自らを苛んでいたのだ。子どもの心は繊細なのだ！

　不登校が始まった頃，筆者の前任校である大学に通ってきていたことがあるので，大学になら昼間出てくるかもしれないと思い，親や学生と話し合い，5年生の6月から毎週，大学のプレイルームに通うようになった。お姉さんやお兄さんが好きな毅は，「来週，大学あるのか」と大学の写真をお父さんに見せて確認したりしてくれていた。大学を楽しみにしつつ，2～3時限目，小学校に通いだした。

　お父さんの話だと不登校になった理由はいくつかある。その1つが就学前後に通っていたある相談機関の徹底した訓練にあって，今でもその訓練で受けたのと同じような課題が出ると，顔が引きつる。その訓練に行っていた頃は，お母さんの陰に隠れ，手に汗をかいていたという。親は訓練に通わせるのを止めさせた。しかし，トラウマ，つまり心的外傷（心の傷）として今に残っているというのである。この相談室のみならず，毅が通った就学前通園施設や幼稚園でも，毅のトラウマになったかもしれないという状況が起きている*。

＊詳細は，西村章次『自閉症とコミュニケーション――心とことば』（ミネルヴァ書房，2004）を参照。

もとより障害児の相談室等，専門機関との連携は重要である。筆者も必要な場合，相談に来た子どもの継続診断や言語治療等，専門機関にゆだねることが少なくない。連携と同時に，幼稚園や保育所での集団経験はきわめて障害児の発達に重要である。保育士が臆病であってはならない。しかし，トラウマを与えてはならない。

(2) ドクター・ショッピング

ドクターとは一般に医師を指すが，ドクター・ショッピングとは，相談機関等を含む。筆者ら*は，納得できる助言を求めて，就学頃まで12〜16カ所の相談機関をまわった2名の母親から，助言の内容や親の悩みについて聞き取り調査を行った。2児の母親とも，1歳半健診で「問題はない」といわれたが，多くの病院，相談機関をまわっている。つまり，ドクター・ショッピングをしている。その結果，通園施設等にたどりつき，受容体制（障害の受容）に入っている。

*戸田竜也・西村章次「障害乳幼児家族への子育て支援の現状とその課題」『埼玉大学紀要』50巻1号（教育科学編），pp.39-53, 2001

(3) 親との信頼関係を

幼稚園も保育所も，親子がそこに入園し，ほっとできるソフトランディングの場でなくてはならない。そのためには，入園前から入園・退園後を通して，親との信頼関係を深めなくてはならない。信頼関係は，いわゆる「理屈」で「親を説得するような姿勢」からは構築されない。まずは，確かな実践を親に見てもらう必要がある。障害や気になる子どもを抱える家族の生活のたいへんさについても知る必要がある。なにより，子どもと親の人格を対等・平等にみつめ，子どもと親，保育士自らの互いの人格発達を願って実践されなければならない。

5. 統合保育に求められる諸課題

1 幼稚園，保育所で

本章では，知的障害や自閉症，重症心身障害について事例的に述べ，肢体不自由（肢体障害）や視覚障害，聴覚障害，そしてLD（学習障害）やADHD（注意欠陥／多動性障害）についてはふれなかった。それぞれの障害について異なった配慮事項や指導課題がある。しかし共通する点は，心をこめて子どもと「かかわる」ことにある。

ここまで述べてきたことを含め，（指導者の）「かかわる力」に欠くことのできない要点を述べる。

(1) 1対1でかかわる力の大切さ

子どもは集団のなかで育つ。子ども集団を前に見事に実践を展開できるものの，障害児ないし気になる子どもと1対1になったとき，もっと子どもの力を引き出

せるはずなのに，かかわりきれていないという場面に，時折出くわす。ていねいに，1対1でかかわってみるとよいだろう。

(2) 支援者の指導力が求められている

いくつかの園で気になる子どもとかかわってきている筆者は，あらかじめ親と指導者が話し合って作成した資料をもとに子どもを診断したりしつつ，「お部屋」(教室) に入り，集団指導のなかで，その子にどうはたらきかけたらよいか実際に試み，保育士に見てもらったりしている。保育士集団で話し合いながら，集団のなかでのその子への働きかけ方を保育士自らがつかんでいく必要がある。

(3) 集団のなかでの1対1

筆者はよく，「昼寝の時間，10分でいいから，その子と1対1でかかわってあげて」という。障害児や気になる子の多くはそれを求めているのである。関係ができると，子どもは集団のなかでちらっと目で「わたしの先生」を見て安心し，子ども集団の一員となっていく。「心の基地」である。

(4) 子どもと子どものかかわりに保育士が介入を

子ども集団だけでは子どもは育たない。子どもと子どものなかに保育士が介入し，子どもどうしの関係の質を高めていく必要がある。

(5) 二項関係から三項関係へ

子どもと保育士の直接的なやりとり関係を二項関係といい，物を媒介としたやりとり関係を三項関係という。物に代わって「想い」も媒介となる。三項関係の構築が発達に重要である。

(6) 具体的な方略と心の支援

子どもができないでいるとき，「ここは先生がするからね」と手がかりを与えたり，方略（他児とのかかわり方や問題の解決の仕方）を教える必要が起こる。「先生，見ててあげるからね」といった心の支援も重要である。

(7) 人とのかかわりのなかでの自己達成感と自己有能感を

人とのかかわりのなかで，「ぼく／わたし，やったぁ」（自己達成感）と喜べるような体験，「ぼく／わたしって，みんなにとってだいじなんだ」（自己有能感）と思えるような体験を子どもは求めている。

(8) 豊かな文化を忘れない

ただ障害の軽減と発達を考えればよいのではなく，豊かな文化を通してこそ，子どもは豊かに発達していく。障害があるからといって，このことを忘れてはたいへんなことになってしまう。

2 かかわろうとする心

人は人と会うと，かかわろうとする心を抱く。ましてや，障害児や気になる子

どもを前にしたとき，かかわろうとする心を抱く。この気持ちこそが奇跡を生むのである。

【参考文献】

デイヴィッド・スミス・西村章次，他『ストーリー——力なき人たちが語る力あふれるはなし』湘南出版社，1998

岸井勇雄編『心身障害幼児の保育（改訂版）』チャイルド本社，2000

村井憲男・村上由則・足立智昭編著『気になる子どもの保育と育児』福村出版，2001

秋元美世，他編『現代社会福祉辞典』有斐閣，2003

近藤直子・白石正久・中村尚子編著『新版テキスト 障害児保育』全国障害者問題研究会出版部，2005

第6章 生涯発達における乳幼児期のかかわり（「かかわり」体験の記憶から――）

〈学習のポイント〉　①関係がよいほうが，対象喪失の悲哀から立ち直ることができる，そのメカニズムを考えてみよう。
②「気になる子」に対する大人のかかわりの特徴を考えてみよう。
③「ほめること・叱ること」と「励ますこと」の違いを考えてみよう。

1. 対象喪失と記憶

　子どもが養育者を失うことは，子どもの心に深刻な困難をもたらす。これは心理学では，「対象喪失」と呼ばれる。事故，事件，病死だけでなく，近年，離婚が増加しており，幼児期の対象喪失を社会が正しく理解し，適切な対処をする体制が求められる時代を迎えた。

　私たちは，テレビのドラマなどで，肉親を失った者が，悲しみにくれている姿をみることがある。棺に取りすがって離れることができない姿をみて，亡くなった人と残された人との愛情の深さを読みとる。悲しみから脱することが困難なのは，亡き人への深い愛情からだろう，そう解釈する。もしそれが真実であれば，子どもは，親との関係がよかった場合は悲しみから立ち直ることが難しく，むしろ，関係が悪かったほうが，悲しみから立ち直ることが容易であるということになる。

　しかし，ボウルビィ（1981）*は，親を失ういろいろなパターンのケースを分析し，喪失の悲嘆から回復するのが困難なのは，亡くなった人と残された人との関係がよくない場合だという。たとえば，次のような場合である。

＊ボウルビィ, J（黒田実郎・吉田恒子・横浜恵三子訳）『母子関係の理論Ⅲ　対象喪失』岩崎学術出版社，1981

●事例1　母親を亡くした子ども
　子どもがいつも母親を困らせることをしていたとする。父親がそれをみて母親を責め，けんかや口論が絶えない。父親が母親に暴力をふるう場面を子どもは目撃する。病弱だった母親が，看病の甲斐なくやがて亡くなる。残された子どもは，母親の遺体に取りすがって離れることができない。葬儀のあとも抜け殻のようになって，子どもらしい元気さを回復することができない。

　このような場合，子どもは，母親の病状が悪化したのは，自分が母親のいうことを聞かないで困らせることをしたからではないか，また，父親が母親に暴力を振るったのは自分のせいではないかと，自責の念にとらわれるのだという。実は，

母親の病状の悪化も，父親の暴力の原因も子どもには無関係だとしても，子どもはそのことを誰にも確かめることができずに，いつまでも思い悩み，その苦しみから抜け出すことができない。もう取り返すことができないという後悔の念にいつまでも取りつかれる。それが持続的な悲哀の反応となる。

　人は誰でも，自分の身にふりかかったできごとを解釈し，それを意味あることとして受けとめようとする。しかしながら，それがきわめて困難なことがある。たとえば，突然の事故で親が亡くなるときなどである。不意の事故に納得できる意味を見いだすことは容易ではない。亡くなった後，なぜ，自分の親が亡くならなければならなかったのか，自分はなぜ親を失わなければならなかったのかと問いかけ，長い間，納得できる説明を求め続ける。過去のさまざまなできごとが想起され，そのたびに，激しい怒りや絶望感を感じることになる。当人にとっては，そのときに想起される記憶は，冷静に距離をおいて振り返ることのできる過去の事象ではなく，想起するたびに激しい感情が生起するという意味では，現在そのものである。つまり，相互につながりのない「2つの現在＝2つの人生」を生きることになる。

　関係が悪い場合ほど，子どもは，親を失うということの意味を解釈することが困難になる。生前の親とのかかわりについて断片的に想起される記憶は，まとまりがなく，相互につながりがない。このため，自分が直面した事態について整合的な説明（物語）をつくることができない。突然の事故によって親を失った子どもとよく似た状況におかれることになる。喪失という事実をいつまでも受容することができない。それが，今という現実を生きることをも困難にする。

　もちろん，関係がよい場合でも，喪失の事態そのものが悲しいことに変わりはない。しかし，その場合は，突然，自分に理由もわからずに降りかかったことではなく，意味ある物語として受容できる。それは，今という現実を生きていく力までを奪うことはない。

　対象喪失というのは，子どもにとっては並はずれて悲しい事態である。それほどの重大な事態でないにしても，一般的に，不快な経験の記憶は断片的で整合的でなく，それを想起することは苦痛である。これは大人も子どもも変わらない。その苦痛な気持ちが現在の自分の心理をも不安定にする。一方で，こころよい記憶は，現在を生きる基盤となり，自分を支えてくれる。

　この章では，このような過去のかかわりの記憶という視点から，「人間関係と保育」の問題を考えてみる。

2.「気になる子」と記憶

　発達臨床などの専門的な観点から，気になる子や障害児などの保育を支援する制度に，巡回相談がある。私は巡回相談員として，保育所と幼稚園（以下，まとめて「園」と記す）に訪問して，保育の様子をみて，保育者と話し合いをしてきた。また，学童保育や学校でも，巡回相談員として児童の様子をみてきた。

　最近では，幼児期だけでなく学童期でも，「気になる子」という言葉が使われるようになった。保育者や教師は，その子どもの発達について何かしらの心配な気持ちをもち，特別な配慮が必要だと感じているので「気になる」のであろう。気になる子がクラスに何人もいるという悩みを聞くことが珍しくない。

　気になる子は，しばしば大声をあげたり，友達に乱暴をしたりするなどのパニックを起こす（浜谷，2004）*。自分の行動が阻止されて，思い通りにいかないときなど，パニックになった原因がわかりやすいものもある。しかし，そのときの様子をみていても，なぜパニックになったのか理解できないことも少なくない。保育者が予想もしないことがきっかけになって，パニックになることがある。後に，そのときのことを振り返ってみると，ほんの些細なことが以前に経験した嫌なことを想起させて，そのためにパニックになっていたことがわかったということもあった。彼らの過去の記憶は寸断されてつながりがなく，不快で断片的である。その記憶が，現在の心理と行動を不安定にしている。

＊浜谷直人『困難をかかえた子どもを育てる：子どもの発達の支援と保育のあり方』新読書社，2004

　その一方で，気になる子とは対照的に，落ち着いて安心してみていられる元気な子どもにもよく出会う。すがすがしい子どもらしさに接すると，よく育てられたなと感心する。そういう子どもは，年長くらいになると，昨日のことなどを，いきいきと話してくれる。毎日の楽しかった記憶が積み重なって，子どもの今の気持ちを支えて，意欲的に活動することができることがわかる。彼らの過去の記憶は，現在とつながりがあり，こころよいものとなっている。そのような記憶は，現在の心理と行動を安定させることができる。

　人間は，今現在を生きる存在だが，同時に，それまでに生きてきた過去の歴史を生きている。経験したことを思い出して，今，どう行動するか判断している大人にとっては，それはあたりまえの事実である。しかし私たちは，子どもの今の行動が，過去の経験から強い影響を受けていることに，あまり気づかない。

3.「気になる子」に対する大人のかかわり

　気になる子の日常を考えてみよう。わが子が周囲から行儀が悪いと思われるこ

とをすれば，親は子どもの行動を制止，禁止することが多くなる。同時に，子どもを叱ることも多くなる。保育者もまた，子どもの行動を制止し，叱ることが多くなる。保育者によっては，子どものわがままを直そうとか，きちんとしつけなければいけないと考えることもある。クラスの子どものなかには，そういう保育者の様子をみて，ミニ保育者のようになって，保育者以上に気になる子の行動に細かく干渉する子どもが出てくる。

毎日のようにそういう経験が繰り返され，それが積み重なることが子どもにどんな影響を及ぼすか，幼児期にはなかなかわからない。しかし，学齢になると，彼らは言葉や行動で表現するようになる。次に紹介するのは，小学校3年生の気になる子ども・Aくんの，学校での授業中のエピソードである。

● 事例2　気になる子ども・Aくん

　授業中，Aくんが後ろの席の子どもの消しゴムを無断で使おうとした。その子どもが怒って意地でも貸そうとしないので，つかみ合いのけんかになりそうになった。周囲の子どもが，Aくんの体を押さえてけんかにならないようにした。先生がなだめに入って，いったん事態が収拾されたのだが，Aくんは席に着いてからもしばらくうつむいて，自分の手で頭を繰り返したたいていた。それでも気持ちが落ち着かないようで，しばらくたってから，席を立ったりして落ち着かない様子で，誰に向かって言うわけでもなく，「どうしてみんなボクだけ怒るんだ，あ，そっか，ボクが廊下走ったから？　給食ひとりじめしたから？　宿題忘れたから？　だからかなぁ」と，繰り返しつぶやいていた。

Aくんは，後ろの席の子どもとの消しゴムのいざこざで，自分の行動が先生や友だちから責められ，体を押さえつけられた。そのことが，これまでの過去の叱られたり，失敗したりした経験をよみがえらせたものと思われる。その嫌な記憶が，子どもの心のなかをいっぱいに満たして，気持ちを不安定にする。その不安定気持ちから，長時間，立ち直ることができない。心理的に不安定な状態が持続するために，授業に気持ちを向けることができない。それがまた，先生や友だちとのトラブルを引き起こす。そういう困難をかかえることになる。

このようなエピソードに出会うと，幼児期から，子どもが心理的に安定する経験をつくることが重要だと気づかされる。園においては，保育者が，子どもの行動を叱ったりほめたりすることは，子どもの心理的な安定にきわめて大きな影響を与える。そこで，子どもを叱るということと，ほめるということについて，考えてみよう。

4. 叱ることとほめること

　たいていの保育者は，叱るよりもほめるほうが，子どもを育てるうえでよいだろうと考えている。それにもかかわらず，気になる子の行動に対して叱らざるをえないことがある。それはなぜだろうか。

　クラスのなかで気になる子が1人だけ落ち着きがない行動をしているのであれば，保育者は，それを制止したり叱ったりしないで見守ることができる。ところが，気になる子が立ち歩くと，それにつられるように立ち歩いたり，それを口実にふざけたりする子どもがいる。そういう気になる子の行動に同調する子どもが何人かいると，保育者は，気になる子の行動を長い目で見守ることができなくなる。同調する子どものなかには，自分の行動の意味を理解しながら故意にふざけたり，妨害行動をしたりすることがある。それを保育者がとがめると，なぜ気になる子は叱られず，自分だけが叱られるのかと反論する。

　また，クラスのなかに「ミニ保育者」という役割をとろうとする子どもが生まれることがある。3〜4歳頃の子どもが，ようやく理解できるようになったルールを融通なくかたくなに守ろうとして，それを周囲の子どもにも強要することがある。それは，発達の一時期にみられる過渡的な現象である。ところが，自分のことを保育者から認めてもらいたいために，気になる子がルールや決まりごとを破ることをしたときに，それを指摘したり，阻止したり，保育者に知らせにくる子どもがいることがある。これらはミニ保育者のような役割を担う。

　保育者が気になる子を叱る背景には，このような同調する子どもやミニ保育者への配慮があることがある。子どもを保育者が叱っている場面で，「ここで叱らないと，他の子どものためによくない」とか，「保育を予定通り進めていくために叱らざるをえない」というのは，そういう事情である。

　また，子どもの一見わがままにみえる行動に何の対処もしない状況を，園長や他の保育者がみれば，「自分の保育が批判される」とか，極端な場合には「自分の指導力のなさが露呈することを恐れる」という場合もある。さらに，気になる子が他児に危害を与える事件があった場合などでは，「クラスの子どもの保護者へ説明できるようにするためには，叱って行動を禁止せざるをえない」ということもある。これらの背景には，園の職員間の信頼・協力関係や，保育者と保護者間の信頼関係が不十分であることがある。

　このような叱責において注目しなければいけないことは，保育者は気になる子のためを思って叱っているつもりのように思い込んでいるが，実は，周囲の都合のために叱っているということがきわめて多いということである。

　一方，保育者は，子どもががんばったり，何かを達成した姿をみて，自然な気

持ちで「すごいね」「よくがんばったね」というように言葉をかけることが多い。つまり，ほめるときには，周囲の状況の都合でほめることはあまりない。

5. 子どもの立場に立って，励まして育てる

　私たちは，叱ることよりもほめることによって，子どもを育てることができると考える。経験的にも直観的にも，子どもはほめられることによって自己形成すると考えるからである。自分が他者から認められ，自分の行動が評価されることの積み重ねによって，自己は形成されると考える。なぜ，そのように考えるのだろうか。

　中島（2002）*は，時間の哲学から「私」や「自己」について論じ，「私とは，現在知覚しながら想起しつつあるという場面で，過去の体験を『私は……した』と語るもの」だといっている。自己とは，現在の自分が，それまでの自分を想起して，それを語ることによってはじめて立ち現れてくる。自己形成という複雑な事象を理解するうえでの，重要な一側面が指摘されている。言い換えるならば，過去を語ることができない間は，自己は立ち現れない。

＊中島義道『「私」の秘密：哲学的自我論への誘い』講談社（講談社選書メチエ），2002

　気になる子としばらくつき合ってみて，彼らがどんなことを話しているかに注目してみる。よくおしゃべりする子どもであれば，そのときに見えたこと，聞こえたことや思いついたことなどを言葉にしている。しかし，「昨日は何していたの」「どんなことが楽しかったの」などという質問をすると，答えに窮するような表情をしたり，はぐらかすような態度をしたりすることが多い。「自分が……した」と，自分の過去を語ることができないからである。おそらく，過去を想起しようとすると，気持ちが混乱したり，苦痛を感じたりするのであろう。

　「昨日は……して楽しかった」と語ることは，単に過去の経験を機械的に想起して言語化することではない。子どもが現在のありようを肯定的な感情をともなって味わいながら，そのうえで過去の自己に向き合い，その全体としての現在を生きるということである。発達的にみれば，それは子どもが最初から独力でできることではない。大人の支えと励ましによって，長い時間をかけてできるように育つ。自分の行動を叱られることばかりの子どもには，それが困難である。

　保育者が，周囲の事情のために子どもを叱った場合，子どもにとっては，叱られることは前後関係がなく突然ふりかかる災難である。そのような突然降りかかったことは，自分のなかで位置づけることが困難である。そのため，言葉にすることができない。

　一方，ほめるときには，子どもがそれまでに取り組んだ様子をみて，保育者は

ほめる。子どもにとっては，ほめられた自分の行動は，それにいたるまでの経過とつながりがある。したがって，子どもはほめられる理由を実感できる。

ほめることと叱ることの本質的な違いは，そこにある。いずれにしろ，子どもの気持ちの流れにそって，それを評価することが子どもを育てることを支える。それを忘れた場合には，ほめることも自己形成を阻害することがある。

たしかに，どんな場合でも，子どもはほめられればうれしい。子どもの気分は一時的に高揚する。しかし，それで子どもが育つかどうかは慎重に考える必要がある。年長から学齢になると，彼らのなかには，一番でいたいという気持ちが異常に強く，負けたり失敗することを認めることができずに，パニックを頻発して立ち直ることができない「一番病」といわれる子どもがみられるようになる。大人の都合でほめられることが積み重ねられることによって「一番病」がつくり出されるのである。

叱ることとほめることの言葉の違いを表面的にみて，それを対立的に理解すると，子どもへの対応を誤る。どちらであれ，それが大人の都合で行われる限りは，子どもを不安定にするという点で共通する。

ほめるのであれ叱るのであれ，子どものそれまでの取り組みを理解しながら，次に取り組もうとすることに向けて子どもの気持ちに支えを入れるような言葉かけを積み重ねることによって，子どもの気持ちを安定したものにできる。そのような言葉かけは，子どもを励ますことになるからである。

励ますとは，そういう充実感や達成感を感じるように保育することである。

充実感や達成感は，先を見通すことによって生まれるのではない。それとは反対に，現在からこれまでの過去を振り返ることによって生まれる。近い過去は，今まで遊んでいたことである。子どもは，発達とともに近い過去を超えて，昨日，その前日と，同じ遊びをした遠い過去へも考えをめぐらせることができるようになる。そして「昨日の遊びよりもこんなにできた」などと，昨日の遊びを振り返ることによる，より深い充実感と達成感によって，今の遊びに気持ちの区切りを入れることができるようになる。

そういう区切りを入れることができると，「明日はこんな遊びをしたい」という期待感をもつようになる。そういう期待感をもつことによって，今の遊びを，過去から未来へ続く，創造的に発展する大きな遊びのなかに位置づけることができる。励ますことは，そういう期待感をもてるように保育することでもある。

第7章
人間関係発展の技法

〈学習のポイント〉　①「人間関係」が成立するときの「関係把握の類型」や「かかわり方の類型」について学ぼう。
②人間関係発展の保育（集団活動）の方法について，具体的な保育場面と対応させて考えてみよう。
③子どもたちの遊びのエピソードを採取して，人間関係を育む視点から考察しよう。
④もし自分がその場にいたら，どのような働きかけをするか，グループで話し合ってみよう。

1. 人間関係発展の基礎的な考え方

1 人間関係のダイナミックス

　人間は生まれながらに「関係的存在」であり，私たちは関係のなかに生きているという命題はすでに一般的である。保育も「保育する－保育される」という一方向的な営みではなく，保育者と子どもたちとの関係性を基盤として成り立つ相互行為的アプローチであるという保育観も，今や新しいものではない。保育のすべてのプロセスにおいて遭遇するさまざまなできごとや問題も，保育者あるいは子どもの個人的な問題としてとらえるのではなく，関係的存在である人間をとりまく諸関係に位置づけて，関係自体に働きかける視点と方法が重視されているのである。

　しかし，このように人間の営みを対象とする学問や実践において「関係性」「かかわり」という言葉が頻繁に使用されているにもかかわらず，多くはその用いられ方や概念自体がはなはだあいまいであると言わざるをえない。「人間関係」を字義通りに，人と人との間（あいだ）の関係であるというような言い回しがされるが，それは一面的な解釈である。なぜなら，その考え方は，まず個人と個人が存在していて，次に関係が生じるというようなスタティック（静態的）な見方であり，人間関係については，集団なり社会なりを構成しているネットワークの一単位であり，関係優位の，関係から出発するダイナミック（動態的）＝関係力動的なとらえ方をしていくことが基本になければならない。「関係」は，人間の基本的な存在様式をあらわす概念なのである。

　本書のキーワードも「かかわる力」である。保育者と子どもたちとの関係において，そのどちらにおいても，「かかわる力」が発揮されてはじめて発展していく保育でなければならない。さらに言えば，「かかわる力」は個人の能力や資質のみに依存するものではない。関係の発展に必要な条件が，関係自体に用意され

ることを目指し、そのためにどのような条件を整えることが必要なのかを見通して、その発展が可能な状況を設定していく方法、すなわちそのような保育の技法が「かかわる力」そのものであるということができよう。

2 人間関係の発展とは

さて、本章の表題にある「人間関係が発展する」とはどういうことであろうか。

人間関係や人間の生の営みは、一見、不可測であり、成り行きしだいのように思われるが、必ずしもそうではなく、力動的に、そして法則的に発展していくという考え方がされるようになり、人間科学として発展してきたのは20世紀の半ば頃からであろうか。人間関係を含む壮大な規模で推移する人間の生涯の変遷にさえ、ある法則性を仮説することができるという理論モデルである「ライフサイクル（人生循環）理論」を、その一例としてあげておこう。

ライフサイクル論とは、「人の生涯は、時間的な変化を遂げていくが単線的に上昇していく過程ではなく、個々人の生涯の過程で起こるできごと（日常的なイベントや、非日常的な衰退、障害を含む）はさまざまでも、一定の段階区分をかたちづくって世代間に循環する図式を描くことが可能である」という生涯発達の循環的なイメージを提供したものである。しかも、個人のライフサイクルは、個別的なライフサイクルをもった家族などの集団メンバーとのかかわり、さらに文化・社会的な変化とも、相互に影響しあいながら進んでいく複合的な過程なのである。ちなみに、「発展」の語義について、広辞苑によれば、「低次の段階からより高次の段階へと転化すること。この転化は質的変化であるが、低次の段階のなかで漸次的に用意され、両段階の間には内的な連関がある」*とある。

このように、人間科学としての人間関係「発展」の理解には、増えたり、広がったりするような量的、直線的な変化のイメージとは異なり、ダイナミックなパースペクティブが必要であるとともに、さまざまな関係構成要素が相互に即しながら発展するという循環的、弁証法的思考も重要である。

*新村 出編『広辞苑 第四版』岩波書店、1991

3 人間関係発展の保育とは

さて、現在、さまざまな人間関係「学」が発展してきている。本章では、「人間関係」という目に見えない対象を相手に、人間関係の発展の法則的事実を究明し、発展を認識・具現していく方法を追求してきた「関係学」という理論モデルから、いくつかの基礎的な枠組みを記述し、それを手がかりにして「人間関係が発展する」というテーマへのアプローチを試みたい**。

（1）人間関係の基本的な存在様式

「人間関係（Human Relations）」という言葉は、広義には社会的相互作用を営

**日本関係学会編『関係学ハンドブック』関係学研究所、1994

むすべての関係を意味し，狭義には一定の集団内における対人関係（Interpersonal Relations）をさして用いられる。しかし，「関係学」では，人間関係とは人がかかわることのできるすべてを対象とする，より包括的な概念であり，関係を構成する要素，つまり関係の担い手（関係構成単位）は「自己」「人」「物」と規定する。人間関係という概念には「物」は含まれていないのが通常であるが，ここでは「物」が，関係を構成する機能において「自己」「人」と対等な位置づけがされているのが特色である。

これまで人間関係の類型についてさまざまな概念により説明がなされているが，多くは内容的あるいは現象的な側面からである。近年では発達心理学の分野で三項関係という用語や，臨床心理学で精神力動における三者関係などという関係把握概念も重視されてきているが，「関係学」では，1950年代にすでに，その人間関係が基本的に成立する次元における関係把握のしかたによる類型が提示されている*。

＊松村康平・板垣葉子『適応と変革』誠心書房，1961, p.7

①一者関係型：人間関係を自己関係的に把握する型
②二者関係型：人間関係を他者関係的に把握する型
③三者関係型：人間関係を「間」関係的に把握する型
④多者関係型：人間関係を網状的（個・集団）に把握する型

ここでいう一者，二者とはもちろん，現実に参与している人や物の数，あるいは可能なコミュニケーションの通路の数をあらわすものではない。

保育場面を例にあげよう。20人なり30人の子どもたちを対象に，保育者が一方向的な指示を与えることが必要な場面がある。それは一者関係型の保育ということができる。子どもたちの教材や物などへの自発的な取り組みをより尊重しながら進めていけば，それは二者関係型の保育ということができる。子どもたちとの応答的・対話的な保育が進められていれば，それは三者関係型の保育といえるだろう。

今日，子どもの多様な保育・教育的ニーズをしっかり受けとめて保育を進めていくために，TT（Team Teaching）制の導入が要請されてきている。2人の保育者の役割について，副担任が主担任の方向性に子どもたちを追従させる役割のみ果たしているとすれば，それは一者関係型にすぎない。副担任が子どもたちの意見や疑問を主担任の方向性にフィードバックさせる役割がとれれば，それは二者関係型といえるであろう。さらに主担任と子どもたちとを媒介する副担任の介入が新しい方向性を生み出すとか，あるいは子どもたちの自主的なグループに担任たちが介入してグループ間に連携が生じ，新しい方向性が全体に見いだされていくなど，相互媒介的な保育が展開すれば，そこに三者関係型なり多者関係型なりの状況が成立したということができよう。

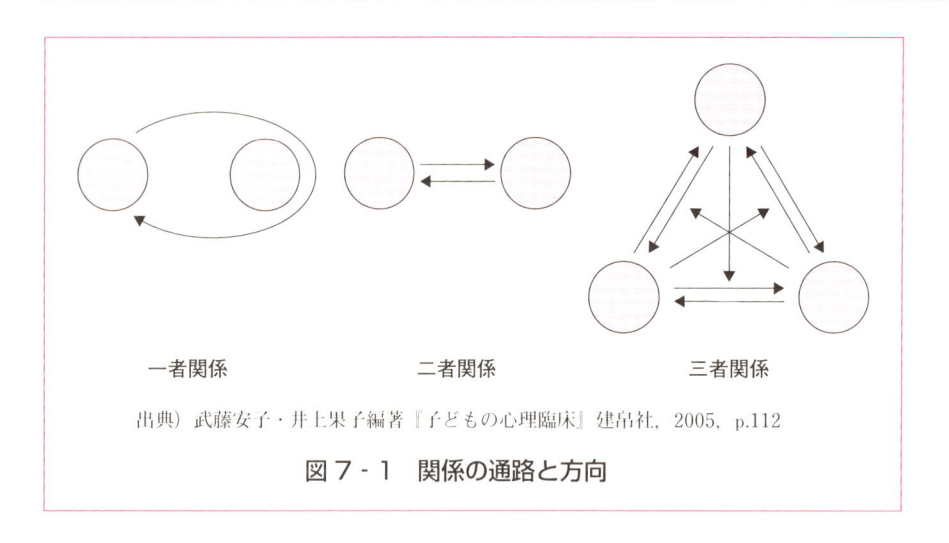

出典）武藤安子・井上果子編著『子どもの心理臨床』建帛社，2005，p.112

図7-1　関係の通路と方向

　状況に応じて適切に保育を展開していくためには，そこに動く人間関係を把握し，意図的に関係を操作することが必要である。とりわけ三者関係的把握は，家族関係における父（的役割）・母（的役割）・子（的役割），心理臨床における主セラピスト・副セラピスト・クライエント，また社会関係における協働など，さまざまな人間関係の発展を促し，それぞれの関係において参加しているどの人も主導的にふるまうのに大切な把握のしかたである（図7-1）。

（2）関係状況の担い方，かかわり方の類型と保育の方法

　私たちが，日常の人間関係において「かかわり」という言葉を用いるとき，とかく，かかわりが「ある」あるいは「ない」などと2極化したイメージを描きがちである。しかし，「関係学」では，人間関係状況の担い方，かかわり方については，大きく5つの類型に分けることができるとしている（図7-2）*。

＊松村康平・斉藤みどり『人間関係学』関係学研究所，1991，p.22

①内在的かかわり方：つつみ，つつまれて変化する関係の仕方（同心的存在の仕方）

②内接的かかわり方：即して変化する関係の仕方（共接的存在の仕方）

③接在的かかわり方：相互にかかわることで独自性が生かされ変化する関係の仕方（交又的存在の仕方）

④外接的かかわり方：相互にかかわってそれぞれに変化するかかわり方（併存的存在の仕方）

⑤外在的かかわり方：それぞれが独自にあって変化する関係の仕方（自在的存在の仕方）

　かねてから，保育の方法についても，「自由保育」か「設定保育」かなどのように，2極化した不毛な論議が繰り返されてきた。しかし，そこにどのような保育者-子どもの関係状況が成立しているのかという視点から，上記の5つのかかわり方

の違いを特色にして，保育の「枠組み」をより柔軟に転換させることもできる。

たとえば，①内在，②内接であるほど，保育者は限りなく子どもとの自発活動における共感的，一体的関係を重視することになる。また，④外接，⑤外在になるほど，保育者‐子ども関係は，課題的，客観的な「枠組み」に規定されて進む。実際の保育の過程においては，どのかかわり方も必要なものであり，とことん相手につき合うことが必要な状況もあれば，物理的な規制を優先させざるを得ない危機的状況もある。しかし，どのような状況においても，保育に，統合的視点である③の接在的かかわり方の「枠組み」が根底にあって，それが両者の関係の変化，発展の契機となるように機能することが必要である。そうでないと，対立したまま関係が断ち切れてしまったり，どちらかが「切れて」しまって混乱を引き起こしたり，それさえ回避して「燃えつき」や「引きこもり」の現象を起こしかねない（表7‐1）。

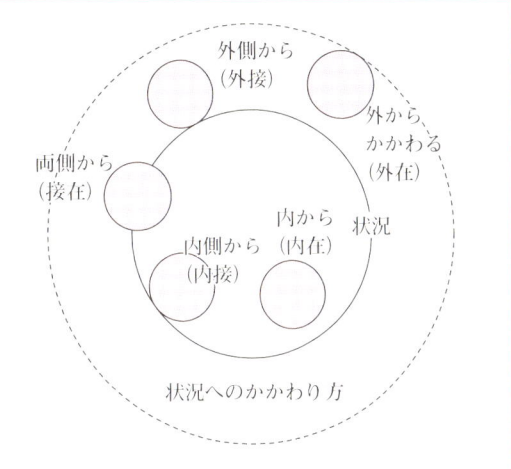

出典）松村康平・斉藤みどり『人間関係学』関係学研究所，1991，p.22

図7-2　関係状況の担い方・かかわり方

人間関係発展の技法とは，関係を担う保育者，子どもたちのそれぞれにとって，接在的かかわり方の関係体験が可能な状況をどのように設定していくかということであろう。

表7-1　集団活動発展機能と保育の諸方法

集団構造化過程	保育の方法	集団関係促進（発展）機能	重心の移動
類同構造化	自由保育法	・内容性機能（自己関係活動）が集団展開の主導的役割を担う ・動機性の尊重	個的
近接構造化	誘導保育法	・内容性機能⇄関係性機能（人媒介自己関係活動）が主導的役割を担う	
連結（交叉）構造化	集団保育法「集団指導」	・内容性機能⇄関係性機能⇄方向性機能（人間関係活動）が主導的役割を担う ・過程性の尊重	集団的
形態構造化	統制（課程）保育法	・方向性機能⇄関係性機能（人媒介物・課題関係活動）が主導的役割を担う	
閉合構造化	一斉（強制）保育法	・方向性機能（物・課題関係活動）が主導的役割を担う ・結果性の尊重	社会的

出典）松村康平，他監修『幼児の集団指導――新しい療育の実践――』日本肢体不自由児協会，1979より一部改変

2. 子どもの「遊び」にみる「かかわる力」の育ち──発達臨床の視点から

■1 「今」を生きる子どもたちの遊び

(1)「かかわる力」の源泉

　現代の子どもたちをとりまく環境の著しい変化と、それにともなうさまざまな問題が多く取り上げられて、乳幼児期からの子どもたちの心の育ちや「かかわる力」の弱さに強い危機感がもたれていることは確かである。しかし、肝心の主役である子どもたち自身は、果たして、変動する社会状況に無防備に漂う無力な存在としてのみ生きているのであろうか。子どもたちとの遊びに参与していると、いや必ずしもそうではない、「今」を生きる子どもたちなりに精一杯の、あるいは何気ない「ふるまい」から、むしろ私たちは多くの「かかわる力」を育む技法を学びとることができることに気づいている。

　子どもの人間関係力は、遊びを通して育成されるということは、これまでも多く述べられてきた。子どもの遊びのテーマは、現実に経験するさまざまな事象だけでなく、そこにおける心象にまで及ぶことがしばしばである。

　遊びは現実の直接的な拘束を離れた自由度の高い活動であるが、遊びを通して現実的な体験を象徴的に解き放つという側面をももつ。子どもは、意識するとしないとにかかわらず、遊びの世界という安全で守られた非日常的空間において、役割行為を通して現実の経験では充たされない願望や、消失されない感情を表出することができる。そこでは、封じ込められた緊張や葛藤が解き放たれ、一種のカタルシス作用の一助となる。遊びの機能には、このような治癒力が秘められていることも、その効用として十分に着目されてきたところである。しかし、そればかりではない。他者との役割関係において、「今、ここで、新しく」ふるまい、その過程で自発的に新しい役割をとることを試みることもできる。このことが、日常的空間において自分の役割を創造的に生きる態度、すなわち「人間関係力」が培われる源泉となるのである。次に、遊びのエピソードを例にあげながら述べてみたい。

(2) 遊びの心象風景

　ここ数年来、私は、幼稚園などの子どもたちの「ごっこ遊び」に頻繁にあらわれ、そして人気のある猫や犬などペットの役割について多く述べてきた*。

　ペット役割は、お母さんやお姉さん役割に丁重に世話されて、自由気ままに過ごす位置を獲得する。ペットは、きちんと話をしたり、人の役に立つことなど何もしなくても許されるし、友だちに少々思い切ったいたずらをしても「だってネコだもん」と許される。存在することそのもので価値を与えられているし、ひたすら愛玩される役割でい続けることができる。

＊武藤安子・吉川晴美編著『かかわりを育む保育学』樹村房, 1994, p.203

これまでのごっこ遊びでは，現実の大人の生活・活動に対するあこがれが，役割選択の動機であったように思う。子どもの健全なパーソナリティーの発達には，日常生活における親や身近な人々との関係において育つ肯定的な自己感，自己の確証が必須の条件であることが指摘されている。ごっこ遊びにおけるペットへの心の委託は，子ども1人ひとりの心理的充足感が少なからず犠牲にされて，成長を急がされ，「よい子」であることを求められ続けている日常的空間（現実）の不安定な自己感の形成を，非日常的空間（心的現実）にゆだねて成長を拒む子どもたちの現代社会のありようが映し出されているといえなくもない。しかし，このようにして「遊び」に秘められた治癒力が発揮されて遊ぶ子どもたちは，育っていく過程で臨床的な課題に直面することは少ないだろうし，常に「いま」を鋭敏に受けとめ，自らの生に返しつつ，新しい力を育んで発達していくにちがいない。

　大切なことは，ともにいる保育・教育者が，子どもたちが表出し，子どもたちの遊びに起こることがら——遊びのエピソード——に，発達的・治癒的意味を見いだす共感的なまなざしとかかわり方をもつことができるかどうかである。このような人間理解の構えは，心理臨床的な視点に通じるものであるが，保育者に必要な資質として重視されなければならないと考えている。

2 「大人」との遊びにおける「かかわる力」の育ち

　発達臨床において，乳幼児期の発達に遅れがある子どもたちと遊んでいて，人とかかわる力の育ちのうれしい証となるいくつかの指標があるが，その1つに「いない，いない，ばあ」遊びがある。この「大人」との遊びは，古今東西，共通して出現するものとみえて，日本内外の多くの発達研究においてその意味づけがなされている。

　発達的に子どもの人との遊びの始源と位置づけられている乳児の「いない，いない，ばあ」遊びについては，認知発達の側面から表象機能の道筋で語られることが多いが，「心理劇（Psychodrama）」や「集団精神療法（Group-Psychotherapy）」を編み出した精神科医のモレノ（Moreno, J.）は，「母」（主たる養育者）＊との緊密な愛着関係の育ちを「かかわる力」の基盤として，次のように述べている。

＊（　）内筆者注。

　「この遊びにおける『母』の一時的な消滅は，乳児にとって喪失として感じられるが，しかしそこに現前しているという二重体験が同時になされる。それは，『母』が身体的には存在しているのに，心理的には不在であるというような，後の発達過程において重い帰結（たとえば被虐待）をもたらしかねない子どもの体験とは異質である。『母』子間の『遊戯』という快適な状況をつくり出す主体として，半現実性を対等な演者として生きられたというこの遊びの体験は，『母』子間の関係表象を形成し，『母』から自立していく体験を自ら受け入れるという

ことにおいて発達的に重要な節であり、遊びの療法的なかたちの原図式となる。乳幼児はこのようにして『快適な状況をつくり出す主体として、半現実性を対等な演者として生き』る経験を繰り返しながら、後に耐え難いと思われるような体験を主体的に乗り越えていく準備をしていくのだ」*というのである。この考え方は、モレノが人間関係の発展技法として編み出した心理劇をよく特徴づけている。

なお、「いない、いない、ばあ」遊びが親的存在からの自立と関係表象の形成という視点で乳児期の発達の節とすれば、さしづめ、「かくれんぼ」遊びは、その後の仲間関係において引き継がれていくテーマであろうか。近年、「かくれんぼ」遊びができない、隠れる、隠れられる孤立感に耐えられずウロウロする児童の話が、教師からよくもち出されるのが気にかかる。

* Moreno, J.L. Psychodrma., Beacon House Inc., 1964 より筆者訳。

3 「仲間」との遊びにおける関係の危機と修復

(1) 遊びの状況における役割葛藤

さて、遊びは人間関係力の育ちの源泉であると述べてきた。とりわけ、幼児期の仲間関係における遊びの果たす役割の重要性については、改めて述べるまでもないだろう。遊びという状況を共有している仲間関係におけるすべての個々人は、今、ここに成立する状況において、さまざまな関係体験を新しくしている。だが、この状況に参加しているそれぞれのメンバーは、成立している関係の担い手であることにおいて関係体験を共有できるが、個々に成立する関係体験は異なったものである。その認識は大切である。そこには、関係体験の「落差」が存在する。関係体験の「落差」が著しく、その緊張を関係の担い手相互の関係によって変化・発展させることが困難な場合には、関係は停滞する。関係が崩壊することもある。特定のメンバーが離脱したり、そのことによる一時的な緊張の解消を必要とする他のメンバーによって、特定のメンバーが疎外されたりすることもある。このような関係の危機ともいえる問題状況が成立したとき、子どもたちはどのようにしてその関係の危機を修復しようとしているだろうか。

次にあげるエピソードのテーマは「お母さん役になりたい!!」で、「ごっこ遊び」におけるメンバー間の主役葛藤が発端である。テーマは世代間に循環するものであるが、ここにも子どもたちが生きる「今」が反映されていて、人間関係における問題解決の新しい次元を見いだすことができる。

● **事例　ごっこ遊び――お母さん役になりたい!!**

場面は、幼稚園の園庭に設えてある小屋で、年長児の仲良しグループ6～7人で「ごっこ遊び」がまさに佳境に入ったところである。いつものように「お母さん役」になったA子によって、「～っていうことにしない?」と豊かなアイディア

が次々に提供されながら進められ，メンバーも一見楽しそうな遊びの光景が展開していた。

すると突然，B子がA子に向かって「あなた，ちょっと死んで！」と低く言う。そして「いまは，私がお母さんね。ちょっと買い物に行ってきま～す」と宣言して小屋を出て行く。感性の鋭いA子は，それまでくぐもっていたがゆえにむしろ露わになったB子の強い反発を察して，「いいわ」と小屋の隅で目をつぶってうずくまった。B子は離れた園庭の鉄棒のあたりで何をするともなくブラブラしている。

小屋の中は，事態を察知して緊張感に包まれ，ややあって他のメンバーが思い思いに動き出した。C子はA子の背中をさすりながら「大丈夫？ もう治った？」とせわしなく言い，D子は「救急車を呼ぼうよ」と皆の顔を見ながら何回も急かす。ところが，E男は「ぼく，子どもだから，お母さんどっちでもいいんだ」とむしろ外側から眺めるかっこうで身を引く。F子は，A子，B子の双方を見やりながら「もういいんじゃないかな」と言う。

ここで遠くから「お集まりの時間ですよ」と先生の声が聞こえ，皆かけだして行った。

上の記述は，筆者のゼミ生が「ごっこ遊び」研究の一環として採取してきたエピソードに基づいているものである。ここでは，B子に「子ども役でなく，お母さん役になりたい」という役割葛藤が生じた。彼女は，もうこれ以上自分の気持ちを抑えたままにしておくことを望まない。遊びの場面においては，このような関係体験の「落差」による危機状況は頻繁に起こるであろうし，その解決方略もいろいろあるであろう。子どもたちは，仲間関係においてさまざまな解決方略を体験しつつ，多様な人間関係スキルを発達させていくものと考えられる。

しかし，このエピソードで注目したい点は，B子がなした役割葛藤の表出は，あくまでも「今・ここで」の「ごっこ」として扱うという暗黙の了解がメンバーに伝播し，この危機的状況を，集団内における明白な現実的対決や話し合いのかたちをとることを回避して切り抜ける解決方略がとられていることである。このような経験は，その後により発達してくる「状況認知」などのように，複雑な諸条件を察知しながら仲間と協調して生きていくのに必要な人間関係力の源泉であると考えられるので，もう少しくわしく検討してみたい。

(2) 集団による集団の解決方略

今日，切実に求められている「人間関係力」の育成に，行為法（action method）が有効であることは広く支持されるところとなっている。20世紀を通じて，人間科学と呼ばれる分野で，多くの理論と技法が生まれ，消滅していったが，モレノにより創始された心理劇は，体系的な行為法としてその応用範囲は世

界的な規模で広がり，その概念が革新されていった。その枠組み——ロールプレイングや役割技法（役割交換など）——は，精神療法，適応性を高める集団・組織などにおけるグループ・アプローチや，教育・臨床・矯正・産業などの諸領域における実践者，チームリーダーなどの心理社会的養成に多く用いられている。

このエピソードは，心理劇という即興演出法の萌芽は，モレノによるヴィーン公園での子どもたちのプレイの観察であったという逸話を彷彿とさせるものであるが，人は役演（役割を演じる）を通して成長するという心理劇法の基礎的な原理と基本的な要件を巧まざるかたちで満たしているのである。ここでは心理劇法自体の詳細には触れないが，いくつかのポイントについて言及し，集団状況において育つ子どもたちの「かかわる力」への理解を深めてみたい*。

*松村康平『心理劇——対人関係の変革——』誠信書房，1960

A.L.Grete（野村訓子訳）『人生を舞台に〜モレノの継承と発展』関係学研究所，1989

①**役割の多重性**

前述の事例におけるB子の役割葛藤は，仲間関係における役割体験の落差によるが，いくつかの重なる役割関係に起因している。モレノは，20世紀初頭に打ち出されたミード（Mead, G.H.）の役割理論については，たとえば母親，先生のように社会学的に把握された「できあがってしまっている役割」であると批判し，人のなす行為と結びつけて，より心理的世界をも重視した役割を次のような3つのレベルに設定した。

a) サイコソマティック・ロール（psychosomatic role）——自分自身の役割をとるレベル

b) サイコドラマティック・ロール（psychodramatic role）——人とのかかわりにおいてとる役割のレベル

c) ソーシャル・ロール（social role）——社会的な地位をあらわす役割のレベル

先に述べた事例のB子の場合，これにならえば，大きく次の3つのレベルの役割葛藤が重なり合っていたのではないかと解釈することができる。つまり，a) 自己関係的役割における「仲間との快体験 vs. 不快体験」，b) 対人関係的役割関係における「集団のリーダー vs. フォロアー」，c) 社会的役割関係における「お母さん役割 vs. 子ども役割」である。仲間関係のいざこざや，遊びの危機状況へ介入する場合，役割関係のどのレベルに着目するかによって，その解決方略は異なるだろう。

B子の場合，真に耐え難かったのは，実は「『子ども役』はイヤ」という，遊戯上の前記 c) 社会的役割葛藤ではなく，さりとて，前記 a) 快体験の多いこの仲間集団から離れたいということでもない。しかし，A子の「お母さん役」から象徴的に繰り出される見事なリーダーシップのもとで，いつもフォロアー役割に甘んじていざるを得ないという前記 b) 仲間集団における自分の位置関係（ソシオメトリー）に対する役割葛藤だったのではないだろうか。そう考えると，B子

のとった手段と，それを「今・ここで」の「ごっこ」として扱うという暗黙の了解のもとに対処していったメンバーに備わっている——幼児期にもすでに——人間関係スキルに驚きを覚える。

「ごっこ」の続行は，B子にとって，集団の反響によって自分の味わっている苦悩が他のメンバーによって共感されていると感じさせるのに十分な癒しの時間であったと思われる。

②場面の転換

集団力学的にいうと，集団内のソシオメトリーな位置を大きく変化させるには，その集団にとって何らかの新しく，しかも強いインパクトをもつ変化が必要である。B子の「あなた，ちょっと死んで！」のひとことは，A子に代わって自分が「お母さん役」になり，集団内のソシオメトリーな位置を転換させようという意図による場面の転換技法——どんでん返しの試み——のようにもみえる。しかし，B子は何をするでもなくブラブラして時間稼ぎをしていて，「お母さん役割」を果たしているとはいえない。つまり，「死んで！」とは，相手を抹殺するという意味ではなく，「時間よ，とまれ！」であり，とりあえず時間を止めて自分をこの息苦しさから解放し，態勢を立て直す余裕がほしいという「ごっこ」の技の1つなのであろう。

現代の子どもたちは，生まれたときから多くのメディアや仮想現実と接触して育つ。小・中学生を対象としたある調査では，約15％の子どもが「死んだ人が生き返ると思うか」の問いに「はい」と回答したという。B子の「ごっこ」の技は，このことが連想されてきわどい感じもするかもしれない。しかし，遊びには，このような時空間を超えた手法も「あり」なのだ。物語のなかで育つものと似ているが，その違いは，個人の空想の世界で起こることではなく，集団内で集団の経験としてなされるということである。なぜなら，「今・ここで」集団の他のメンバーが体験したことに基づく反響は，半現実の世界におけるストーリーであっても，同時に現実の人間関係体験として，この子どもたちの成長の糧となって刻まれていくに違いないからだ。遊びのなかでは，危機も修復も自在に起こり，傷つき癒される体験は，生きた人間関係体験として積み重ねられていくのである。

心理劇には，たとえば，参加者の過去の葛藤，現在の問題，将来の不安を解決する治療的目的のために，あるいは問題場面への対処のような教育的トレーニングのために，過去・現在・未来における時相や処を適宜に変換する「技法」が多く用いられている。

③役割の交代

さて，B子の突然の「役割交代」の宣言は，この集団にどのような反響をもたらしたのであろうか。誰よりもA子は素早く，行為で，それまでの「積極的で

有能な」立場から，B子が与えた「受動的で無能な」立場へと自ら交代した。そして持ち前の注意深さで，B子や他のメンバーの反響を感知していたに違いない。

心理劇に多く用いられる役割の交代技法は，往々にして相手の立場を理解するのに役立つというように単純に解釈されがちであるが，そうではない。他者の現実をその内側から眺め，自己の立場から見ていたことに気づくという，自分と他者の関係性を認知することに役立つのである。

④**集団における自発的な役割分担**

集団の危機的状況は，メンバーにとって，新しい反応様式をつくり出すことを必要としている新しい事態の発生である。つまり，新しい事態に適応し，それに統合しようとする反応である。メンバーはこれまで培ってきたその子なりの対処方略を駆使して，その危機を何とか脱しようと状況にかかわる。このその子なりの自発的な対処方略のバリエーションこそ，集団の危機を救い，新たな発展を育む「集団の力」として結集される。しかし，そのバリエーションは，限りなく多様であるわけではない。

心理劇では，人間関係の発展・変革には，かかわり方の異なる5つの役割機能が必要であるとの原理に基づき，5つの基本要件が構成されている。それらは，「演者」「補助自我」「監督」「観客」「舞台」と呼ばれているが，本章80～81ページで述べた関係状況の担い方，かかわり方の5つの類型と対応させて考えることができる（図7-2）。

突然の危機状況において，C子，D子は起きた流れに即して内接的にかかわり，E男はむしろ距離をおいて外接的にかかわり，F子は潮時とみて再度の場面転換を図ろうと接在的にかかわる。つまり，集団における自発的な役割分担である。

集団の発展とは，活動の展開においてそれぞれのかかわり方が力動的に生かされて，集団全体もそこに参加する1人ひとりも，ともに育っていくということである。

⑤**遊びの終結**

さて，物語が本を閉じて終わりになるように，このエピソードの「お集まりの時間」の先生の一声は，遊びの終結に対して象徴的である。このようにして遊びは余韻なく突然終わり，現実に引き戻されることもあり，子どもたちには「This is play（これは遊びなのだ）」という現実と非現実との境界のわきまえが生まれてくるのであろう。子どもたちにまかされていた遊びであったが，放任されているわけではなく，園保育に守られているという安心感があればこその「ごっこ」の展開であったと思われる。

3. 保育における人間関係発展の技法

　さて，子どもたちの活動のエピソード分析から，多くのことを述べてきた。人間関係の学問の領域では，このようなエピソード分析あるいは事例研究は，行動や事象における諸要因のダイナミズムを質的，構造的にとらえるのに有効な手法として広く用いられている。

　ここでは，人間関係発展の研究技法の1つとして例示した。大切なのは，いずれも受け取る側の感受性に富んだ「読みとり」の能力であり，また，どのような視点のもとに解釈するかという，人間関係の理論基盤があることも必要であると考える。

　本章では，保育における人間関係発展の技法として，「子どもたちとともに展開する保育技法」について述べてきた。

　また，子どものたちのなかには，日常の生活で人間関係を発展させるのに困難な役割のとり方をしなければならなくなったとき，自主的にか，他動的にか，あるいはその日常生活事態が要求する力によって治療的関係が結ばれることもある。治療場面における人間関係の体験的把握は，子どもが担うゆがんだ人間関係からの緊張の解放に役立つだけでなく，その緊張の洞察を可能にして，治療場面を超えた日常生活での人間関係への積極的な参加をもたらすものとなる。このような場面での専門的に特殊化された「発達臨床技法」も多く開発されてきている。本章79ページで述べた人間関係の基本的な存在様式に即していうと，次のような分類も可能である。

①一者関係的技法：日記・作文などを活用する方法，描画法，投影法など
②二者関係的技法：カウンセリング法，遊戯療法など
③三者関係的技法：三者面談法，役割技法など
④多者関係的技法：多者面談法（家族面談法など），心理劇法（ロールプレイング）など

　最後に，重要な保育における人間関係発展の技法は，「保育者のかかわる力の育成」であろう。近年，保育者養成や現職保育者の研修に，人間関係発展の技法の修得を目指したプログラムも多く展開されている。本章では触れる余裕はないが，「心理劇」「ロールプレイング」を用いた研修の実践・研究も長年積み重ねられてきていることを付記する＊。

＊『心理劇』Vol.1 - 10，日本心理劇学会，1998 - 2005

第8章 要領・指針にみる領域「人間関係」の変遷

〈学習のポイント〉 ①人間は社会的存在である，という点から，「人間関係」が，保育内容・領域として欠かせないことを理解しよう。
②子どもは，集団のなかで文化を習得して，社会的に成長していくことを理解しよう。
③関係をもつ相手も年長になるにつれ増え，そのかかわりも複雑になってくることを理解しよう。

　この章では，保育内容「人間関係」の変遷を述べるが，本テーマに入る前に，保育内容としての「人間関係」，および「幼稚園教育要領」「保育所保育指針」の見方について，筆者の考えを記しておこう。

1. 保育内容としての「人間関係」

1 保育内容における「人間関係」の意味

　保育内容が，健康・人間関係・環境・言葉・表現の5つの領域から構成されていることは周知のとおりである（保育内容の5領域と呼ばれる）*。この領域は「幼児の発達の側面から」「まとめ」られたものであり（「幼稚園教育要領」，以下，単に「要領」と呼ぶことがある），「保育士が援助して子どもが身に付けることが求められる事項について発達の側面から」「設けられ」たものである（「保育所保育指針」，以下，単に「指針」と呼ぶことがある）。いわば，領域は子どもの育ち（発達）をみる「窓口」・「枠」といえよう。

　さて，本書は，子どもの育ち（発達）を「人間関係」という領域＝窓口・枠からみて，保育のあり方を考えようとするものである。保育内容・領域「人間関係」（以下，単に「人間関係」という）は，要領によれば，次のように説明されている（太文字は筆者による）。

　　他の人々と親しみ，**支え合って生活**するために，**自立心**を育て，**人とかかわる力**を養う。

　　［ねらい］
　　（1）**幼稚園生活**を楽しみ，**自分の力**で行動することの充実感を味わう。
　　（2）**身近な人と親しみ**，**かかわりを深め**，愛情や信頼感をもつ。
　　（3）**社会生活**における望ましい**習慣や態度**を身に付ける。

　すなわち，子どもが育つ（発達する）にあたり，そこには自分と自分以外の

*「保育内容」という語の定義は，ともすれば，さまざまに用いられる。筆者も『保育原理──その構造理解──』（編著，萌文書林，2006），『保育内容総論──保育内容の構造と総合的理解──』（共編著，同，2005）において論じている。

人（他）の存在が前提となる，前提としなければならない，ということを示していることがわかる。

上記の要領の記述から，この点についてのキーワードをひろってみると，次の語があげられる。

　　他の人々・親しみ支え合（う）・自立（心）・人とかかわる・幼稚園生活・自分・身近な人・社会生活・習慣や態度

こうした語から，本章でテーマとする人間関係，そして集団が，この領域において主として扱われていることに気づくことは容易である。「自分」は，「他の人々」や「身近な人」と，「自立（心）」をもちながら，そして望ましい「習慣」や「態度」を身につけながら，「幼稚園生活」「保育所生活」や「社会生活」を送るのである。つまり，人間は，他の人と何らかの関係をもちながら集団生活を送る。そこには，一定の生活のしかた，きまり（文化）がある。そういう性格をもつのが大人（人間）であり，したがって，そのために子どもの育ち（発達）において，この側面が欠かせないのである。

さらにまとめていえば，人間は社会的存在（social animal）であり*，そのために子どもには社会化（socialization）が必要なのである。保育内容において，そしてその1つの領域として「人間関係」が位置づけられているのは，そのためである。

＊アリストテレスが，人間を，社会生活を離れてはありえない「ポリス的動物」（zoon politikon）と呼んだことに淵源するといわれている。

2 社会生活における「文化」

「人間は社会的存在である」とは，人間は社会（集団）のなかに生まれ出，社会（幼稚園や保育所など）のなかで育ち，社会（地域社会など）のなかで生活する，また，その社会（職場など）の一員として，いろいろな人たちとさまざまなかかわりをもって生活する存在という意味である。

人間は，自分ひとりで生きてはいないし，生きられるものでもない。他の人から働きかけられるとともに，自らも働きかけることによって集団生活を営んでいる。家族をはじめ，幼稚園や保育所，学校，地域社会，職場，さまざまな集団，サークルやグループなどに属し，そこで協力，役割分担，分業，模倣，代表，支配や服従，対立，競争などのかかわり（人間関係・社会関係）をもつのである。さらに大切なことは，そこでの共同生活の際に，一定の行動のしかたがあり，それに拠って生活をするのである。この行動のしかた，生活のしかた，さらにものの考え方を「文化（culture）」と呼ぶ。

文化とは，その社会のなかで生活をするのに（さまざまな生活欲求を充足させるのに）必要な行動様式（behavior pattern）のことである。これは，その社会のなかで一般化・標準化されたもの（その社会のより多くの人が採用・支持・参

加しているもの）であり，前の世代から受け継いできたものであり，そして学習によって後天的に習得したものである。

したがって，精神的な欲求充足のためには宗教・哲学・科学・芸術が，物質的な欲求充足のためには道具や機械など文明（civilization）が，これに該当する。しかし，これだけでは，私たちはその社会のなかで生活できない。ある社会（条件や制限）のなかで多くの人間が生活をしている（欲求を充足させる）のであるから，そこには一定の秩序が必要となる。つまり，きまり・約束・規則・ルールといった制度的なものが欠かせない。少し難しく言えば，法律や慣習などの社会規範（social norm）がなければならない。具体的に言えば，冠婚葬祭にみられるさまざまな約束ごとや，日常生活のなかの言葉や食事のしかたなどの行動様式（行動のしかた・ものの考え方）である。

社会規範は，法律などのきまりであり，したがって私たちの生活（行動）を拘束・制限するものである。しかしその一方で，社会生活という限られた条件のなかで多くの人間が欲求を充足させるためには，一定の枠が必要なのである。その枠のなかでのみ，欲求は充足させられるのである*。

これら3つの部分を含めて，広く「文化」と呼ぶ。本章のテーマからいえば，最後の制度的文化（社会規範＝行動様式としての文化）が主として問題となることはいうまでもない**。

3 子どもの社会化と集団生活

以上にみてきたように，子どもが社会的に生育していく，すなわち社会的存在としての人間に成長していくための，課題がある。それこそが，保育内容「人間関係」としてまとめられたものである。

一般的に言って，人間は，家族のなかに生まれ出てきて，幼稚園や保育所，遊び仲間や地域社会など多くの集団のなかで生活する***。そして，いろいろな人たちとさまざまな関係をもちながら，文化を習得していく。社会の一員として，かつ自立した生活ができるよう成長していくのである。自立した生活とは，誰にも依存せず（たとえば親の保護なしに），自分ひとりでさまざまな社会的・生活欲求を充足させることである。この過程は，「社会化」と呼ばれる。

子どもの社会化は，集団生活のなかで，集団生活を通して進められていく。また，子ども（人間）の生活が，集団生活を前提としているからこそ，社会化が必要なのである。では，子どもにとって，集団とはどのようなものであろうか。

子どもは，家族という集団にまず所属し，幼稚園・保育所に通う。そこで，クラスの一員となるとともに，随意に遊び仲間を形成する。また，地域のなかでも友だちを見つけて遊ぶ。このように，時系列的にも同時的にもさまざまな集団に

*文化（とくに社会規範として）には，こうした2つの機能がある。これについては，後出p.95～96にも述べている。

**日常的には，はじめの精神的なものを「文化」と呼び，物質的なものを「文明」と呼ぶことはしばしばである。

***集団は，保育において，しばしばグループと呼ばれる。集団（社会集団，social group）は，複数の人たちの集まりであるが，単なる集まりではなく，そこに一定のまとまりがみられる。そのための条件は，次のとおりである。
集団は，①ねらい（目標・目的），②その実現のためのしくみ（組織・構造）と，③具体的働き（機能）をもつ。また，そこで④メンバーにいろいろなつながり（人間関係・社会関係）があり，⑤これらを一定のきまり（社会規範）が支えている。さらに，⑥集団がいったんできると，なかなか崩壊しないというねばり（接続性）をもつ。これは⑦仲間である心持ち（所属意識）に裏打ちされる。そして，集団は⑧それが属する全体社会からの影響を受けて存在する，という性格のサブカルチュア（下位文化）をもつのである。

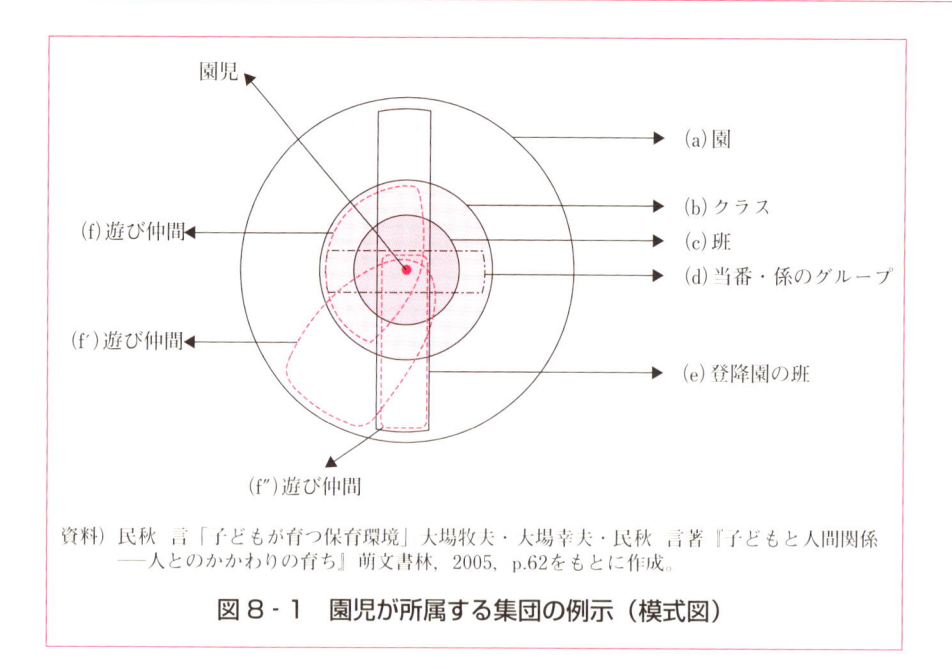

```
                    園児
                     ↖                    ──→ (a) 園
                  ┌──┴──┐
                  │     │                 ──→ (b) クラス
(f) 遊び仲間 ←──┤     │                 ──→ (c) 班
                  │  •  │                 ──→ (d) 当番・係のグループ
(f') 遊び仲間 ←──┤     │
                  │     │                 ──→ (e) 登降園の班
                  └──┬──┘
                     │
              (f'') 遊び仲間
```

資料）民秋 言「子どもが育つ保育環境」大場牧夫・大場幸夫・民秋 言著『子どもと人間関係──人とのかかわりの育ち』萌文書林，2005，p.62をもとに作成。

図8-1　園児が所属する集団の例示（模式図）

所属する。

　こうした，集団に所属することが，子どもにとってどんな意味をもつのか，集団が子どもにどんな働きをするのか。園生活に焦点を合わせて考えてみよう。

　図8-1は，園生活において，子どもの所属する集団を模式図として描いたものである。子どもは入園して，(a) 園の一員（園児）となる。年齢や発達段階，保育方針など，一定の基準で設けられた (b) クラスに配属される（最近は，同年齢に限らず，異年齢によるクラス〈縦割りクラス〉編成も多くみられる）。このクラスのなかで，いくつかの (c) 班がつくられていることもある。また，特定の役割を課せられている (d) 当番・係のグループの一員ともなる。さらに，登降園途上の安全のためにつくられている (e) 登降園の班にも属する。子どもたちは，このほか，自分たちで (f) 遊び仲間を形成する。遊び仲間は，必ずしも固定していない（〈f〉・〈f'〉・〈f''〉）。

　では，こうした集団は，子どもに対してどのような意味をもっているのであろうか。表8-1にその集団の特性を示している。

　まず，集団類型論に従って整理してみると，(a) 園から (e) 登降園の班までは，園（園長や保育者）が保育の目標や内容を実現するために，意識的・計画的につくったもの（意図的・人為的集団）であり，(f) 遊び仲間は，子どもが自分たちで自発的につくったもの（自主的集団）である*。これは，保育計画とのかかわりからみると，「与えられる」集団と「つくる」集団とに分けてみることができるものである。

＊ R.M.マッキーバーのコミュニティ (community) とアソシエイション (association) という集団類型論による（『社会学講座』菊地綾子訳，現代教養文庫，1949）。

表 8 - 1　園児が所属する集団の特性

基準＼集団	機能（働き） 対内的機能（園児への働き）	機能（働き） 対外的機能（外への働き）	形成基盤	集団の類型 成立過程	集団の類型 園児の参加	備考
(a) 園	園児の成長・発達（子どもの社会化）	文化伝達，一定の発達を遂げた子どもを小学校に送る*	園	意図的・人為的集団	「与えられる」集団	*は派生的機能である
(b) クラス	発達課題の達成	園目標の合理的・組織的達成				同一年齢だけでなく異年齢集団もありうる
(c) 班	子ども相互のかかわりの必要性を感じさせる／自主的活動の体験と自主性の涵養／保育者からの働きかけ（保育内容）の徹底理解	クラス運営の円滑化，クラス目標の達成	クラス			ー
(d) 当番・係	特定の生活課題達成	クラス活動の組織化				ー
(e) 登降園の班	登降園時の安全確保	園の安全管理	園			バス通園では送迎作業の能率化を含む
(f) 遊び仲間	「遊びたい」「一緒にいたい」欲求の充足／園生活のエンジョイと充実	園活動・クラス活動の充実		自主的集団	「つくる」集団	ー

資料）民秋言「子どもが育つ保育環境」大場牧夫・大場幸夫・民秋言『子どもと人間関係―人とのかかわりの育ち』萌文書林，2005，p.62 をもとに作成．

　次に，これらの集団がどんな機能（働き・function）をもつかについてみてみよう*．(a) ～ (e) は，子どもの気持ち・意識に直接かかわりなく，1人ひとりに働きかけてくる．

　一方，f（〈f′〉・〈f″〉）遊び仲間は，子どもの「一緒にいたい」「遊びたい」欲求を充足させるものである．

　この図8－1に従う表8－1は，集団を理解するうえの概念的な内容を示したものである．子どもの生活や育ちのための集団の意味をとらえるには，さらに現

*集団の機能は，その集団の一員への働きかけ（対内的機能）と，その集団が属する外の社会への働きかけ（対外的機能）とに分けて，とらえることができる．

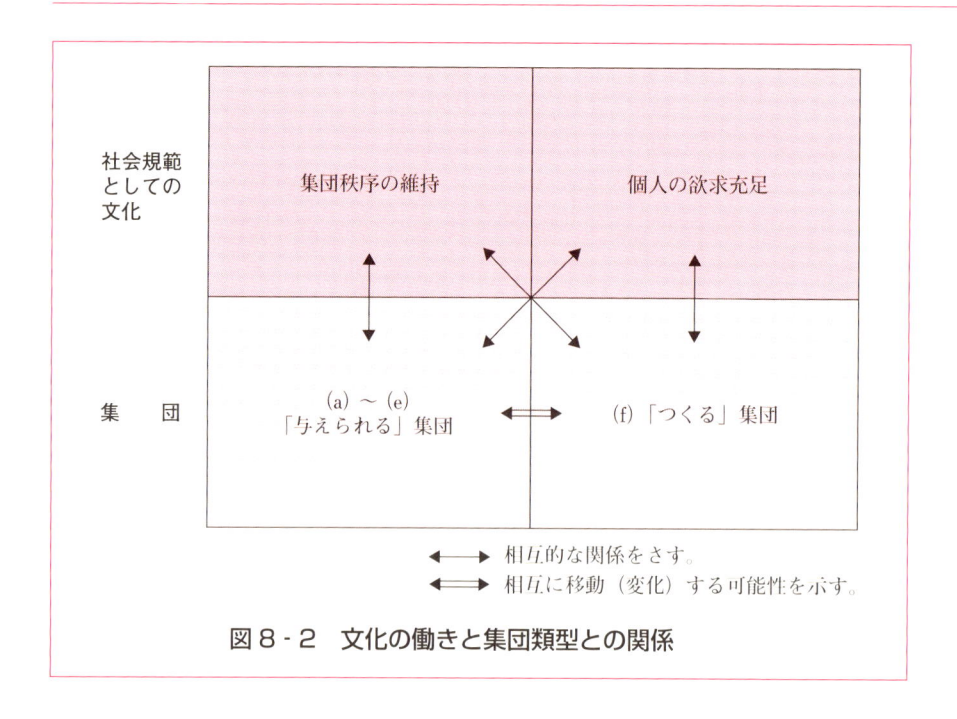

```
社会規範        |集団秩序の維持    | 個人の欲求充足
としての
文化

集　団        (a)〜(e)           (f)「つくる」集団
              「与えられる」集団
```

　　⟷　相互的な関係をさす。
　　⟺　相互に移動（変化）する可能性を示す。

図8-2　文化の働きと集団類型との関係

実の園生活にそくした検討が必要となる。

　このことを，先にあげた「文化」（の働き）とのかかわりでみてみることにしよう。

　図8-2は，文化の働きと集団類型との関係について述べたものである。この図が明らかに示すように，「『与えられる』集団」「『つくる』集団」それぞれが，1対1の対応関係（排他的関係）で，文化の働き「集団秩序の維持」「個人の欲求充足」に位置づけられるのではない。

　「『与えられる』集団」においても，子どもたちは，そこでルールを守ることによる「集団秩序の維持」を学ぶとともに，「個人の欲求充足」をも果たす。一方，「『つくる』集団」においても，この2つの働きをあわせもつ。たとえば，鼓笛隊という集団活動は，「『与えられる』集団」の活動であり，しばしば，みんなでそろって合奏する（一糸乱れずに）というような「集団秩序の維持」の側面が強調されるが，そこでは，笛を吹く楽しさ，合奏する喜びという「個人の欲求充足」も，けっして欠かすことのできない部分でもある。また，「『つくる』集団」の典型である遊び仲間において，自分で，好きな仲間と好きなように遊ぶなかで，遊びを発展させるためにルールをつくり，それを守ることの大切さに気づいていくのである（次節参照）。

　したがって，保育実践において，この2つの集団づくりにいつも配慮しておく必要があるのである。

2. 要領・指針にみる保育内容「人間関係」

1 保育内容「人間関係」におけるテーマ

　要領（1998〈平成10〉・2008〈平成20〉年）や指針（1999〈平成11〉・2008〈平成20〉年）では、保育内容「人間関係」はどのように書かれているであろうか。要領では12項目、指針では14項目（平成11年指針では、3歳児〈第7章〉8項目、4歳児〈第8章〉11項目、5歳児〈第9章〉11項目、6歳児〈第10章〉9項目）が掲げられている。これらをまとめてテーマ別に整理してみれば、表8-2のとおりとなる。（今次の改訂〈定〉では、とくに保育指針において大きな変更がなされた〈告示化と大綱化〉が、子どもの発達や保育の内容については本質的・基本的にはほとんど変わっていない。大綱化によって、記述が抽象的になっている

表8-2　保育内容「人間関係」におけるテーマ・例示

テーマ		例　示
A) 規　範	①きまり	簡単なきまりをつくり出したりして、友達と一緒に遊びを発展させる（5） 友達と楽しく生活する中で決まりの大切さに気付き、守ろうとする（保） 友達と一緒に食事をし、食事の仕方が身に付く（5） よいことや悪いことがあることに気付き、考えながら行動する（幼）
	②迷　惑	人に迷惑をかけないように人の立場を考えて行動しようとする（5）
B) 協　力	①協　力	友達と一緒に物事をやり遂げようとする気持を持つ（幼） 友達と楽しく活動する中で、共通の目的を見いだし、工夫したり、協力したりなどする（幼） 共同の遊具や用具を譲り合って使う（5）
	②共　働	遊具や用具などを貸したり借りたり、順番を待ったり交代したりする（3） 手伝ったり、人に親切にすることや親切にされることを喜ぶ（4） 友達とごっこ遊びなどを楽しむ（3） 集団遊びの楽しさが分かる（6） 遊んだ後の片づけをするようになる（3）
C) 自主性	①自　立	自分でできることは自分でする（幼） 自分で考え、自分で行動する（保）
	②模　倣	年上の友達と遊んでもらったり、模倣して遊んだりする（3）
D) 受　容	①相互理解	自分の思ったことを相手に伝え、相手の思っていることに気付く（幼） 自分の意見を主張するが、相手の意見も受け入れる（5） 外国の人など自分とは異なる文化を持った様々な人に関心を持つようになる（5）
	②感　謝	地域のお年寄りなど身近な人に感謝の気持ちを持つ（5） 高齢者をはじめ地域の人々など自分の生活に関係の深いいろいろな人に親しみを持つ（幼）
E) 相互作用	①接　触	地域の人と触れ合うことを喜ぶ（3）
	②安　定	保育士や友達などとの安定した関係の中で、意欲的に生活や遊びを楽しむ（6）

注）例示文末（　）：(幼)は幼稚園教育要領、(保)は保育所保育指針、(3)、(5)、(6)などは保育所保育指針3歳児、5歳児、6歳児の保育内容（平成11年度改訂）をそれぞれ示す。

ところもある。したがって，1999〈平成11〉年の指針をも，ここでの記述の資料として併用することが得策だと考えている。）

まず，大きく，A) 規範，B) 協力，C) 自主性，D) 受容，E) 相互作用の5つに分け，いくつかのポイントから説明をしてみよう。

A) 規範は，社会一般に「社会規範」といわれるものである。例示としては，遊び，食事の場面を掲げている。遊びが発展するためには，つまり楽しく遊ぶためには，きまりを自らつくり出すことが必要なのである。また，園生活で食事は大切な保育内容であるが，この際も食事のしかた＝テーブルマナーの習得は欠かせない。善悪の判断や他人に迷惑をかけないことも，人とのかかわりの育ちのなかで，とくに注意すべき内容である。

1999（平成11）年改訂指針では，周知のとおり，保育内容が発達過程区分*ごとにとらえられている。ここにみるきまりに焦点を合わせてみると，若干興味深い扱いがされていることに気づく（以下，傍点，太文字は筆者による）。

 3歳児（第7章） 簡単なきまりを**守る**。
 4歳児（第8章） 友達と生活する中で，きまりの大切さに気づき，**守ろう**とする。
 5歳児（第9章） 簡単なきまりを**つくり出**したりして，友達と一緒に**遊びを発展**させる。
       友達への**親しみを広げ**，**深め**，自分たちで**つくったきまりを守る**。
 6歳児（第10章） **集団遊びの楽しさ**が分かり，きまりをつくったり，それを**守っ**たりして遊ぶ。
       友達との生活や遊びの中できまりがあることの**大切さ**に気づく。

＊平成11年改訂指針では，「年齢区分」が「発達過程区分」に改められた。それは，「発達過程の区分による保育内容は組やグループ全員の均一的な発達の基準としてみるのではなく，一人一人の乳幼児の発達過程として理解することが大切」であるためである。

ここにみるとおり，きまりは，3歳の段階では単に「守る」，4歳においても大切さに気づいて「守ろうとする」のであるが，5歳の段階になると，子どもたちが自ら「つくり出」すものとなる。さらに，そのきまりは遊びを発展させたり，友達への親しみを広げ，深めたり，そして集団遊びを楽しくするための働きをもしているのである。園内において，ともすれば保育者にとっての安全管理，集団把握のために用いられがちなきまり（たとえば「先生とのおやくそく」）は，こうした，子どもの園生活をより楽しく充実したものにさせるための機能をもっていることを看過してはならないのである。

次に，D) 受容も無視できないテーマである。ここでは，D)－①相互理解と，D)－②感謝との2つに分けて説明されている。とくに，ここで注目したいのは，「外国の人など自分とは異なる文化を持った様々な人に関心を持つようになる」や

「地域のお年寄りなど身近な人に感謝の気持ちを持つ」という項目である。ここに示されているのは，まさしくノーマライゼーション（normalization）という福祉理念である*。この点を保育内容にしっかり位置づけていることは，当然ではあるが特筆すべきものであろう。指針には，「外国の人」や「異なる文化を持った人」は，4歳から登場する（太文字は筆者による）。

4歳児（第8章） 外国の人など，自分とは異なる文化を持った人の**存在に気づく**。

5歳児（第9章） 外国の人など自分とは異なる文化を持った様々な人に**関心を持つ**ようになる。

6歳児（第10章） 外国の人など自分とは異なる文化をもった様々な人に**関心を持ち，知ろうとする**ようになる。

このように，外国の人や異なる文化をもった人とのかかわりは，だんだんに深まっていくのである。

*ノーマライゼーション：この社会は，大人と子ども，男と女，老人と若者，障害をもつ人ともたない人，日本人と外国人というように，さまざまな人たちから構成されている。こういう社会がノーマル（正常）である，といった福祉（人間の幸せ，well-being）の理念。

2 子どもがかかわりをもつ相手

では，子どもたちは園生活において，どのような人たちとかかわり（社会関係・人間関係）をもつのであろうか。

先と同様，要領と指針とをまとめて整理したのが図8-3である。子どもがかかわり（関係）をもつ相手（人物）は，大きく園内の人物と園外の人物とに分けられる。園内では，①保育者・先生，②子ども・友だち，園外では，③地域の人たち・身近な人たち，④お年寄り・高齢者，⑤外国の人，文化を異にする人などがとりあげられている。

参考までに，そのとりあげられている頻度を表8-3にまとめている。当然ながら，②子ども・友だちが圧倒的に多い。①保育者・先生も多い。しかし，園生活に

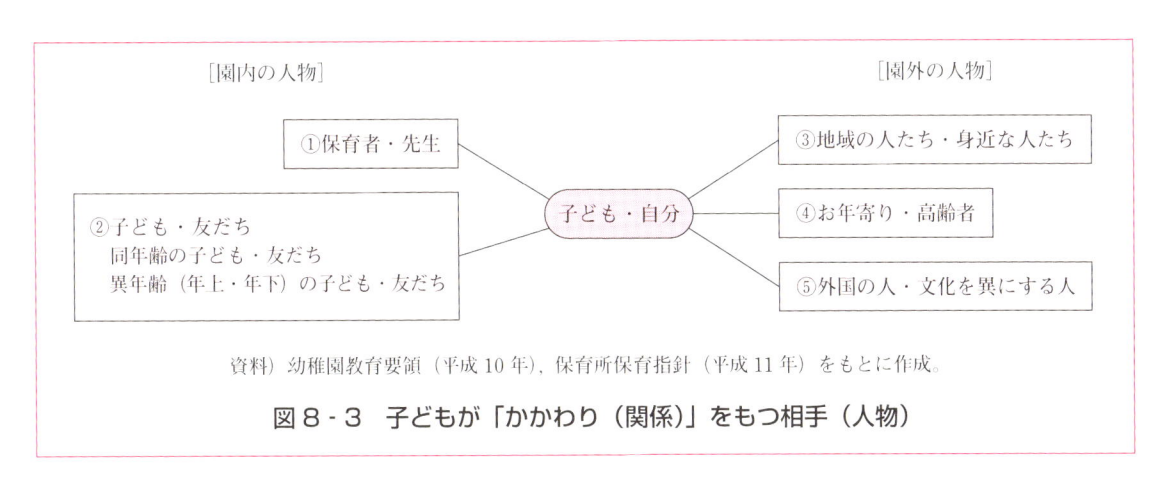

[園内の人物]　　　　　　　　　　　　　　　　　　　　　　[園外の人物]

①保育者・先生　　　　　　　　　　　　　　　　　　　　③地域の人たち・身近な人たち

②子ども・友だち
　同年齢の子ども・友だち　　　　　子ども・自分　　　　④お年寄り・高齢者
　異年齢（年上・年下）の子ども・友だち

　　　　　　　　　　　　　　　　　　　　　　　　　　　⑤外国の人・文化を異にする人

資料）幼稚園教育要領（平成10年），保育所保育指針（平成11年）をもとに作成。

図8-3　子どもが「かかわり（関係）」をもつ相手（人物）

表8-3 保育内容「人間関係」

		園　　内			園　　外			不特定
		自分	保育者（先生）	友だち（子ども）	地域の人	高齢者	外国人	
教育要領（N=14）		3	1	6	1	1	-	2
保育指針	［3］（N=8）	-	2	2	1	-	-	3
	［4］（N=14）	1	2	4	2	1	1	3
	［5］（N=14）	1	1	6	1	1	1	3
	［6］（N=10）	2	1	5	-	-	1	1

注）1）保育指針は1999（平成11）年改訂をもとに作成した。
　　2）保育指針［3］〜［6］は3歳児〜6歳児をさす。
　　3）各（N＝　）は，内容として掲げられている項目数をさす。
　　4）表中「不特定」とは「共同の遊具や用具を大切にし，譲り合って使う」（保育指針［6］），「よいことや悪いことがあることに気付き，考えながら行動する」（教育要領）など，人物が特定されていないケースである。

おいて，子どもがかかわり（関係）をもつのは，こうした園の人物だけではない。園外の人たちともかかわり（関係）をもちながら，社会的成長をとげていくのである。

しかし，ここで見落としてはならないのは，「家族」が登場してこないことである。要領では「幼児期における教育は，家庭との連携を図りながら…」（幼稚園教育の目標），また指針でも「家庭や地域社会と連携を図り，保護者の協力の下に家庭養育の補完を行い…」（総則前文）と，家庭（家族）は重要な位置づけを与えられている。

子どもの社会化，先に述べた文化の習得過程，したがって社会的成長において，家族とのつながりは不可欠なものであり，家族員（父親や母親，きょうだいなど）とのかかわり（関係）は大切であろう*。要領，指針ともに，保育内容「人間関係」として「家族」が具体的に扱われていない点はどうしてだろうか。

＊保育のなかで，母の日，父の日，敬老の日などの行事は，大きな位置を占めている。

3. 保育内容「人間関係」の変遷

現行の要領や指針は，歴史的には図8-4にみるとおり，1948（昭和23）年「保育要領──幼児教育の手びき──」（文部省〈現・文部科学省〉）にまで遡ることができる。この保育要領が改訂され，1956（昭和31）年にはじめて幼稚園教育要領が発刊された。今日の要領は三次改訂を経たものである。一方，保育所保育指針は，1965（昭和40）年に制定され，二次の改訂を経て今日にいたっている。

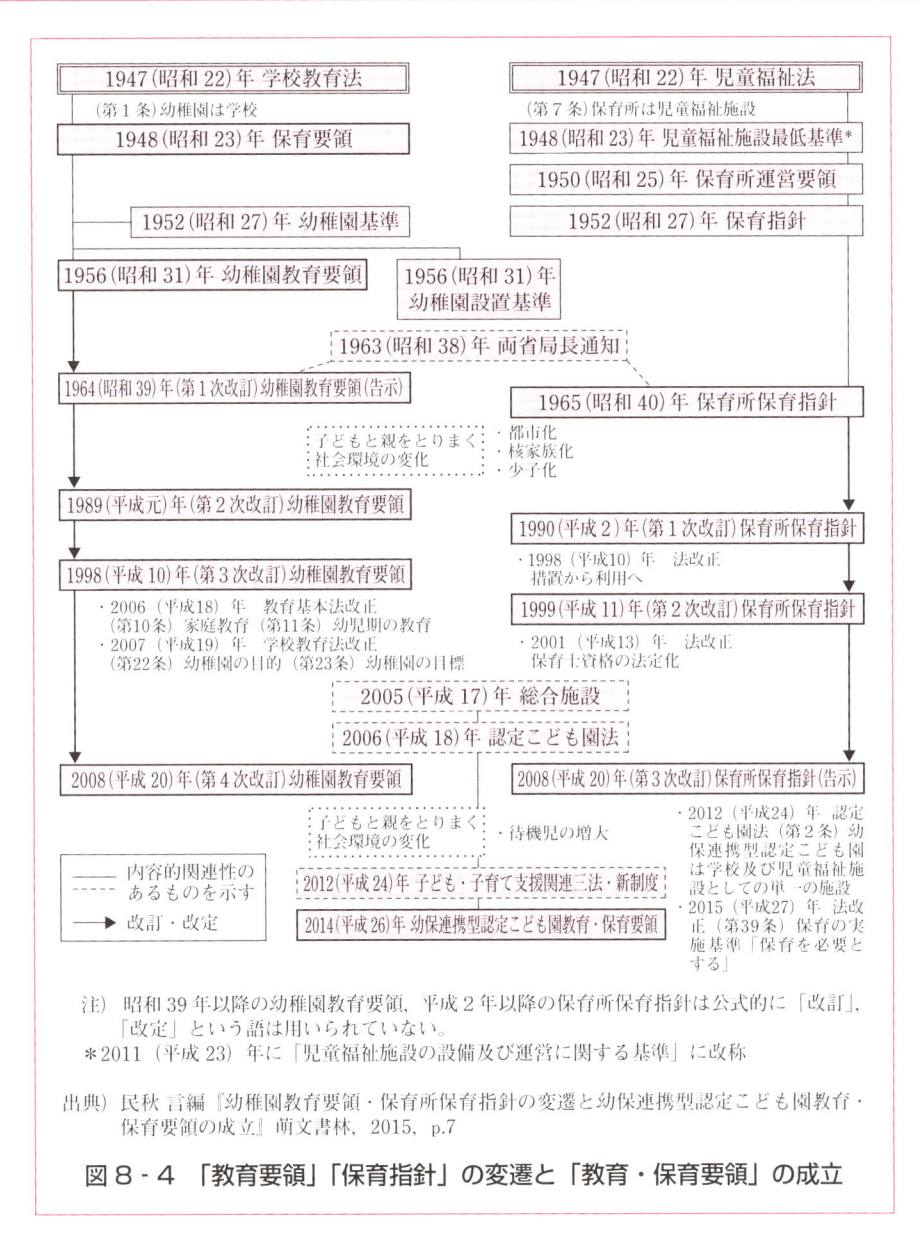

```
┌─────────────────────────────────┐  ┌─────────────────────────────────┐
│ 1947(昭和22)年 学校教育法        │  │ 1947(昭和22)年 児童福祉法        │
└─────────────────────────────────┘  └─────────────────────────────────┘
   (第1条)幼稚園は学校                    (第7条)保育所は児童福祉施設
┌─────────────────────────────────┐  ┌─────────────────────────────────┐
│ 1948(昭和23)年 保育要領          │  │ 1948(昭和23)年 児童福祉施設最低基準*│
└─────────────────────────────────┘  └─────────────────────────────────┘
                                     ┌─────────────────────────────────┐
                                     │ 1950(昭和25)年 保育所運営要領    │
                                     └─────────────────────────────────┘
┌─────────────────────────────────┐  ┌─────────────────────────────────┐
│ 1952(昭和27)年 幼稚園基準        │  │ 1952(昭和27)年 保育指針          │
└─────────────────────────────────┘  └─────────────────────────────────┘
┌──────────────────────┐ ┌──────────────────┐
│1956(昭和31)年 幼稚園教育要領│ │1956(昭和31)年    │
│                      │ │幼稚園設置基準     │
└──────────────────────┘ └──────────────────┘
              ┌─ 1963(昭和38)年 両省局長通知 ─┐
┌──────────────────────────┐  ┌─────────────────────────────────┐
│1964(昭和39)年(第1次改訂)幼稚園教育要領(告示)│  │ 1965(昭和40)年 保育所保育指針   │
└──────────────────────────┘  └─────────────────────────────────┘
              子どもと親をとりまく  ・都市化
              社会環境の変化      ・核家族化
                                ・少子化
┌──────────────────────────┐  ┌─────────────────────────────────┐
│1989(平成元)年(第2次改訂)幼稚園教育要領│  │1990(平成2)年(第1次改訂)保育所保育指針│
└──────────────────────────┘  └─────────────────────────────────┘
                                     ・1998(平成10)年 法改正
                                       措置から利用へ
┌──────────────────────────┐  ┌─────────────────────────────────┐
│1998(平成10)年(第3次改訂)幼稚園教育要領│  │1999(平成11)年(第2次改訂)保育所保育指針│
└──────────────────────────┘  └─────────────────────────────────┘
・2006(平成18)年 教育基本法改正        ・2001(平成13)年 法改正
 (第10条)家庭教育(第11条)幼児期の教育    保育士資格の法定化
・2007(平成19)年 学校教育法改正
 (第22条)幼稚園の目的(第23条)幼稚園の目標
              ┌─ 2005(平成17)年 総合施設 ─┐
              ┌─ 2006(平成18)年 認定こども園法 ─┐
┌──────────────────────────┐  ┌─────────────────────────────────┐
│2008(平成20)年(第4次改訂)幼稚園教育要領│  │2008(平成20)年(第3次改訂)保育所保育指針(告示)│
└──────────────────────────┘  └─────────────────────────────────┘
              子どもと親をとりまく ・待機児の増大  ・2012(平成24)年 認定
              社会環境の変化                    こども園法(第2条)幼
                                              保連携型認定こども園
              ┌─ 2012(平成24)年 子ども・子育て支援関連三法・新制度 ─┐  は学校及び児童福祉施
                                              設としての単一の施設
              ┌─ 2014(平成26)年 幼保連携型認定こども園教育・保育要領 ─┐
                                              ・2015(平成27)年 法改
                                              正(第39条)保育の実
                                              施基準「保育を必要と
                                              する」

─── 内容的関連性の
    あるものを示す
---- 
──▶ 改訂・改定
```

注) 昭和39年以降の幼稚園教育要領,平成2年以降の保育所保育指針は公式的に「改訂」,「改定」という語は用いられていない。
*2011(平成23)年に「児童福祉施設の設備及び運営に関する基準」に改称

出典) 民秋 言編『幼稚園教育要領・保育所保育指針の変遷と幼保連携型認定こども園教育・保育要領の成立』萌文書林,2015, p.7

図8-4 「教育要領」「保育指針」の変遷と「教育・保育要領」の成立

こうした経緯をもとに,本章のテーマを追ってみる。すなわち,保育内容・領域「人間関係」がどのように変遷してきたか,の検討である。

まず,保育内容の「領域」の変遷をみることにしよう(表8-4)。「人間関係」という名称が現れるのは,1989(平成元)年改訂の幼稚園教育要領(保育所保育指針は1990〈平成2〉年改訂のもの)からである。それまでは,1956(昭和31)年制定幼稚園教育要領,さらに,1964(昭和39)年改訂のもの,保育所保育指針は,1965(昭和40)年制定のものなどでは「人間関係」に該当する内容

表8-4　教育・保育内容の「領域」の変遷

幼稚園教育要領		保育所保育指針	
1956（昭31）制定	〈教育内容の領域の区分〉健康，社会，自然，言語，音楽リズム，絵画制作		―
1964（昭39）改訂	〈教育内容の領域の区分〉健康，社会，自然，言語，音楽リズム，絵画制作	1965（昭40）制定	〈望ましいおもな活動〉 1歳3か月未満：生活・遊び 1歳3か月～2歳まで：生活・遊び 2歳：健康・社会・遊び 3歳：健康・社会・言語・遊び 4・5・6歳：健康・社会・言語・自然・音楽・造形
1989（平元）改訂	〈教育内容の領域の区分〉健康，人間関係，環境，言葉，表現	1990（平2）改訂	〈内容〉　年齢区分3歳児から6歳児まで 基礎的事項・健康・人間関係・環境・言葉・表現 ※年齢区分6か月未満児から2歳までは上記〈内容〉を「一括して示してある」。
1998（平10）改訂	〈教育内容の領域の区分〉健康，人間関係，環境，言葉，表現	1999（平11）改訂	〈内容〉　発達過程区分3歳児から6歳児まで 基礎的事項・健康・人間関係・環境・言葉・表現 ※発達過程区分6か月未満児から2歳児までは上記〈内容〉を「一括して示してある」。
2008（平20）改訂	〈教育内容の領域の区分〉健康，人間関係，環境，言葉，表現	2008（平20）改定	〈養護に関わるねらい及び内容〉 生命の保持・情緒の安定 〈教育に関わるねらい及び内容〉 健康，人間関係，環境，言葉，表現

注）1964（昭39）年以降の幼稚園教育要領，1990（平2）年以降の保育所保育指針には公式的に「改訂」という語は用いられていない。
出典）民秋言編『幼稚園教育要領・保育所保育指針の成立と変遷』（萌文書林，2008）をもとに作成。

は領域「社会」として扱われていた。これ以前の1948（昭和23）年制定保育要領では，領域という設定はなかった。

　保育要領において，保育内容にかかわるものとしては，「三．幼児の生活指導」と「六．幼児の保育内容―楽しい幼児の経験―」（表8-5）の2つの章であろう。先の「幼児の生活指導」は，「1．身体の発育，2．知的発達，3．情緒的発達，4．社会的発達について」の4項からなる。本章のテーマである「人間関係」は「4．社会的発達について」に該当しよう（表8-6）。また，あとの「楽しい幼児の経験」のなかの「12．年中行事」は，先述の「文化」に相当するものである。

　1956（昭和31）年制定の幼稚園教育要領ならびにその改訂の要領（1964〈昭和39〉年），そして翌年制定の保育所保育指針での領域「社会」について，概観しておこう。

　はじめの1956（昭和31）年幼稚園教育要領「社会」は，「望ましい経験」として，表8-7にみるとおり8項目を掲げている。次いで，1964（昭和39）年改

訂要領では，表8-8にみるとおり，「1．個人生活における望ましい習慣や態度を身につける」，「2．社会生活における望ましい習慣や態度を身につける」，「3．身近な社会の事象に興味や関心をもつ」の3項目に整理されている。

また，1965（昭和40）年制定保育所保育指針では，「個人・社会生活」，「社会事象」の2項目に分けられている（表8-9）。

こうした表8-7～8-9の内容は，先にみた表8-2「人間関係におけるテーマ」に照らしてみると，大略同じである。ただ，ここでは，（1）かかわる人物，（2）きまりの扱いにおいて，相違点があることを指摘してお

表8-5 保育要領（1948〈昭和23〉年）にみる保育内容

六　幼児の保育内容　—楽しい幼児の経験—
1　見学
2　リズム
3　休息
4　自由遊び
5　音楽
6　お話
7　絵画
8　製作
9　自然観察
10　ごっこ遊び・劇遊び・人形芝居
11　健康保育
12　年中行事

表8-6 保育要領（1948〈昭和23〉年）にみる「社会的発達」

3歳児	4歳児	5歳児
1．手を洗う。 2．他人の注意をひくためによく質問する。 3．社会的活動の中に入りはじめる。 4．順番を待つことがわかる。 5．ごっこ遊びが多くなる。 6．自己主張が強く，反抗的になることが多い。	1．自分で着物を着たり脱いだりする。 2．排便のことは全部自分でできる。 3．歯をみがく。 4．顔を洗う。 5．多人数の中にある自分というものを意識しはじめる。 6．他の子供たちと協同的に遊びはじめるが，2人か3人のグループが多い。 7．簡単な遊戯の規則を守ることができる。 8．ごっこ遊びが最も盛んである。	1．独立的で自信を持ち，従順になるので物事をまかせられる。 2．小さい者をいたわる。 3．自分の周囲の社会生活を遊びに取り入れる。 4．2人ないし5人ぐらいのグループで協同的に遊べる。 5．友だちと遊ぶことを好む。 6．自己主張をし，他人への信頼感を持ち，社会的協同性を持つようになる。

注）色文字は筆者による。

表8-7 幼稚園教育要領（1956〈昭和31〉年）にみる「社会」

（1）幼児の発達上の特質
　　○何でもひとりでやりたがるようになる。
　　○自分のものと他人のものとの区別が，一応できるようになる。
　　○所有欲や独占欲が強い。
　　○好きな遊びや作業に熱中する。
　　○同じ事がらに対する注意や興味が長続きしない。
　　○泣いたり笑ったり，情緒の動揺や変化が激しい。
　　○集団の仲間にはいれるようになる。
　　○ひとに認められたがる。
　　○模倣的な行動が多い。
　　○試行錯誤的な行動が多い。
（2）望ましい経験
　　1．自分でできることは自分でする。

○ひとりで衣服を着たり，脱いだり，はき物をはいたりする。
○仕事や遊びに使うものは，自分で用意をしたりかたづけたりする。
2．仕事をする。
　　○仕事を熱心にする。
　　○仕事をくふうしてする。
　　○仕事を完成する。
　　○仕事をやりそこねたら，またやりなおす。
　　○進んで仕事を手伝う。
3．きまりを守る。
　　○自分の持物，幼稚園の遊具や道具などを，きまった場所に置く。
　　○遊びや仕事のきまりを守る。
　　○幼稚園に来たとき，帰るときにあいさつをする。
　　○へやのなかや廊下のきまりに従う。
　　○特別な場所へ行くときは，どこへ行くかを告げ，許しを得る。
　　○教師や友だちとの約束を守る。
　　○みちくさをしない。
　　○きめられたとおり，道路を往復する。
4．物をたいせつに使う。
　　○ひとの物を使うときは，許しを得る。
　　○仕事や遊びの道具を，正しくたいせつに使う。
　　○共同の道具や遊具は，みんなで公平に使う。
　　○色紙や絵の具など，材料をむだに使わない。
　　○物を紛失しないように気をつける。
　　○物を紛失したときは，すぐにその旨を届ける。
　　○落し物は，拾ってすぐに届ける。
5．友だちと仲よくしたり，協力したりする。
　　○友だちと仲よく遊ぶ。
　　○だれとでも仲よくする。
　　○友だちがほめられたら，みんなで喜んであげる。
　　○困っている友だちを見たら，助けてあげる。
　　○親切にしてもらったら「ありがとう」をいう。
　　○友だちの仕事や遊びのじゃまをしない。
　　○あやまって迷惑をかけたら，すぐにあやまる。
　　○友だちのあやまちを，互に許し合う。
　　○グループに割り当てられた仕事は，みんなで協力する。
　　○仕事や遊びの道具を独占しないで，みんなで順番に使う。
　　○リーダーになったり，従う人になったりする。
6．人々のために働く身近の人々を知り，親しみや感謝の気持をもつ。
　　○幼稚園には，園長その他の教師や，働く人のいることを知る。
　　○自分たちは，親や幼稚園の教師をはじめ，多くの働く人々の世話になって
　　　いることを知り，感謝の気持をもつ。
　　○郵便配達・車掌・巡査・農夫など，身近な働く人々に親しみをもつ。
　　○停車場・郵便局・消防署・工場・商店などを見に行く。
　　○ままごと・乗物ごっこ・売屋ごっこなどのごっこ遊びをする。
7．身近にある道具や機械を見る。
　　○自転車・電車・汽車・自動車・飛行機などを見る。
　　○乗物が人や物を運んでくれることを知る。
　　○建造物やいろいろな道具・機械類に関心を寄せる。
8．幼稚園や家庭や近隣で行われる行事に，興味や関心をもつ。
　　○遠足・運動会・発表会・誕生会・ひな祭りなど，幼稚園の行事に喜んで参加する。
　　○近くの小学校で催される運動会などの行事を見に行ったり，参加したりする。
　　○みんなといっしょに国の祝日などを楽しむ。

注）色文字は筆者による。

表8-8 幼稚園教育要領（1964〈昭和39〉年）にみる「社会」

1. 個人生活における望ましい習慣や態度を身につける。
   (1) 自分でできることは自分でする。
   (2) 明るくのびのびと行動する。
   (3) 物をたいせつにする。
   (4) 規律のある生活をする。
   (5) 自分の思ったことをすなおに正直にいう。
   (6) 遊びや仕事を熱心にし，最後までやりとおす。
   (7) よい悪いの区別ができるようになり，考えて行動する。
2. 社会生活における望ましい習慣や態度を身につける。
   (1) 喜んで登園し，先生に親しみ，幼稚園の生活に慣れる。
   (2) 友だちと仲よく遊んだり仕事をしたりする。
   (3) 父母や先生などに言われたことをすなおにきく。
   (4) 人に親切にし，親切にされたら礼をいう。
   (5) 人に迷惑をかけたらすなおにあやまり，人のあやまちを許すことができる。
   (6) 友だちの喜びをいっしょに喜ぶことができる。
   (7) 先生や友だちと約束したことを守る。
   (8) 自分の物と人の物の区別ができる。
   (9) 共同の遊具や用具をたいせつにし，ゆずりあって使う。
   (10) 遊びのきまりを守る。
   (11) グループを作って遊びや仕事をする。
   (12) 学級やグループの中で役割を受け持って仕事をすることができる。
   (13) 身近な公共物をたいせつにする。
3. 身近な社会の事象に興味や関心をもつ。
   (1) 幼稚園や家庭ではみんなが助けあっていることを知り，親しみをもつ。
   (2) 幼稚園，家庭，近隣などには自分たちのために働いている人がいることを知り，親しみをもつ。
   (3) 自分たちの生活と特に関係の深いいろいろな公共施設や交通機関などに興味や関心をもつ。
   (4) いろいろな人が，いろいろな場所で働いて，人々のために物をつくっていることに気づく。
   (5) 身近な世の中のできごとに興味や関心をもつ。
   (6) 幼稚園の行事に喜んで参加する。
   (7) 幼稚園内外の行事において国旗に親しむ。

注）色文字は筆者による。

表8-9 保育所保育指針（1965〈昭和40〉年）にみる「社会」

〈個人・社会生活〉
(1) 喜んで登所し，保育所の生活の流れにしたがって行動する。
(2) 自信をもって自分のことは自分でする。
(3) 自分の希望や意見をはっきりと言い，自分のしたいことはしっかりやる。
(4) 父母，保母に言われたことをきく。
(5) 友だちへの親しみを広げ，深め，きまりを守って遊ぶ。
(6) 物をたいせつにし，その準備やあとかたづけをする。
(7) 友だちと協力して，集団をつくって遊びや仕事をする。
(8) 身近な人の好意をすなおに受ける。
(9) 人に迷惑をかけないように，人の立場を考えて行動しようとする。
(10) 遊びや仕事を熱心にし，最後までやり通す。

> ⑪ 友だちへの思いやりを深め、友だちといっしょに喜んだり、悲しんだりする。
> ⑫ よい悪いを区別して、考えて行動する。
> 〈社会事象〉
> (1) 家族や保育所の人々が互いに助け合っていることがわかる。
> (2) 地域でいろいろな人がいろいろな場所で働いていることに気づく。
> (3) 身近にある公共施設や交通機関などに興味や関心をもつ。
> (4) 地域の身近な生活をとりいれた遊びをする。
> (5) 近隣の生活に興味をもち、見学する。
> (6) 家庭、保育所、地域の行事に喜んで参加する。
> (7) 身近な世の中のできごとに興味や関心をもつ。
>
> 注）色文字は筆者による。

こう。つまり、子どもがかかわる人物のなかに、父母や家族が登場していること、きまりは「守る」ことのみ求められ、「自らつくる」という扱いがなされていないこと、などである（表8-7～8-9の色文字参照）。

以上、みてきたとおり、保育内容・領域「人間関係」は、「社会的発達」（1948〈昭和23〉年・保育要領）、「社会」（1956〈昭和31〉年・幼稚園教育要領）、「同」（1964〈昭和39〉年・幼稚園教育要領、1965〈昭和40〉年・保育所保育指針）のなかで扱われ、今日にいたっている。それぞれ表8-6～8-9からわかるように、「人間関係」の対象となるものが、子どもの生活のなかに見いだされており、かつ、それらへのかかわりも日常的なものを求めている。

確かに、現行のものと比べて、従来のものには、たとえば「外国人」や「文化」といったテーマ、すなわちノーマライゼーションという概念の扱いはみられない。しかし、子どもにとって身近な存在のもの（「郵便配達・車掌……」1956〈昭和31〉年・幼稚園教育要領）がより具体的に示されている点は、注目すべきであろう。すなわち、保育をすすめていくときの手がかりが、より明確に得られるのである。

一方、現行では、この具体性にやや欠けているが、このことは、保育者によってカリキュラムを組み、子どもに働きかけるときの主体的判断の必要性、さらには、弾力的な保育の展開を課題としていることを物語っていると思われる。

最後に、「人間関係」の研究が保育学界においてどのようになされてきたか、日本保育学会の研究文献にあたりテーマ別に整理し、それぞれ時系列で配列したものを掲載する（コラム参照）。これによって、要領・指針の変遷と研究内容との関連を考察する手がかりとなれば幸いである。

column　日本保育学会研究誌にみる保育内容・領域「人間関係」

　保育内容は，子どもの「発達の側面から」設定されたものであり，子どもの育ちをみる窓口がその領域である。領域は5つある。いずれも欠かすことのできないものである。

　本書でとりあげている「人間関係」も，5領域のうちの1つである。領域「人間関係」は，すでに述べたとおり，社会的存在としての人間の成育過程において重要な位置を占める。したがって，他の領域と同じように，この領域についても，研究的取り組みがなされてきている。これによって，研究的成果だけでなく，実践的成果もあがってきているといえよう。

　ここでは，領域「人間関係」の研究の展開を，日本保育学会の研究誌（『保育学年報』1962～1990年版，『保育学研究』1991～2005年版）によって概観してみよう。

　「人間関係」にかかわっての論稿は，上記研究誌には数多く掲載されている。そのうち，保育内容・領域「人間関係」につながるものをひろい出し，先に掲げた表8-2にそって整理したのが，次ページ以下（p.108～111）に示す論稿リストである。

　論稿リストでは，幼稚園教育要領と保育所保育指針とにおいて，子どもの発達（育ち）としてとり上げられている5項目ごとに論稿を分類している。A）規範，B）協力，C）自主性，D）受容，E）相互作用のいずれの項目にも，すぐれた研究が確認できる。どの研究も，豊かな保育実践を展開するために大いに資するものである。

　少し内容をみてみよう。まず，もっとも数的に目をひくのが，E）相互作用である。これは，子どもと子どもとの人間関係を，園での生活のなかにみたものである（若干，地域社会のそれを含む）。集団のなかで，子どもたちはどのようなかかわりをもちながら成長していくかを知るのによりふさわしい論稿が多い。

　もう1点，ここで述べておきたいことは，D）受容として，ノーマライゼーションの研究が多面的に確認できることである。近年，国際社会としてわが国がよりいっそう成熟していくためには，このテーマが，保育課題としてしっかり定着していることが求められるのである。ますます実践的レベルでの研究成果が望まれるところである。

　また，この5項目の枠からあえて別にF）としてまとめているのが，「乳児」にかかわるものである。一般的にいって，たとえば「乳児の集団生活」なり「乳児の人間関係」といったテーマはあまり扱われない。しかし，保育所保育指針（第3～6章）を待つまでもなく，乳児にとっての「人間関係」の育ちは看過できない。「発達過程区分」として，6カ月未満にはじまって，6歳児までの8区分がある。それは継続したものである。3歳児（幼児）からの育ちは，乳児（2歳まで）の育ちのうえに積み重ねられるものとして理解すべきである。幸い，この点についてのすぐれた研究も多く見いだし得た。

> column **日本保育学会研究誌にみる保育内容・領域「人間関係」──論稿リスト1**

A) 規　範	[1] 神沢良輔・前田正子・亀井貞子・伊藤智恵子・足田良子・井上公子「幼児の役割遊びについての一考察（第1報告）──共通のルールの発生と発展を中心として──」『保育学年報』1964 [2] 神沢良輔ほか（[1] に同じ）「幼児の役割遊びについての一考察（第2報告）──集団間の成員の交渉を中心として──」『保育学年報』1964 [3] 神沢良輔ほか（[1] に同じ）「幼児の役割遊びについての一考察（Ⅲ）──共通ルールの発展を中心として──」『保育学年報』1965 [4] 神沢良輔ほか（[1] に同じ）「幼児の役割遊びについての一考察（Ⅳ）」『保育学年報』1965 [5] 鷲頭明美・森崎君枝・清水ミツエ「幼児の道徳観念について」『保育学年報』1965 [6] 神沢良輔ほか（[1] に同じ）「幼児の役割遊びについての一考察（Ⅴ）──共通ルールの発生と発展を中心として──」『保育学年報』1966 [7] 神沢良輔ほか（[1] に同じ）「幼児の役割遊びについての一考察（Ⅵ）」『保育学年報』1966 [8] 神沢良輔ほか（[1] に同じ）「幼児の役割遊びについての一考察（Ⅶ）──役割遊びの発展の概要を中心として──」『保育学年報』1967 [9] 神沢良輔ほか（[1] に同じ）「幼児の役割遊びについての一考察（Ⅷ）──役割遊びの発展の内容の分析を中心として──」『保育学年報』1967 [10] 神沢良輔ほか（[1] に同じ）「幼児の役割遊びについての一考察（Ⅸ）──役割遊びの一年間の一般的な内容の変化を中心として──」『保育学年報』1968 [11] 神沢良輔ほか（[1] に同じ）「幼児の役割遊びについての一考察（Ⅹ）──役割遊びの一年間の内容の変化の分析を中心として──」『保育学年報』1968 [12] 市丸成人「幼児の道徳教育（3）──その必要と可能性について──」『保育学年報』1966 [13] 市丸成人「幼児の道徳教育（4）──その有意性と計画性──」『保育学年報』1967 [14] 加藤定夫「幼児の対立関係による社会化の問題（1）──幼児の対立関係の構造分析──」『保育学年報』1968 [15] 市丸成人「幼児の道徳教育（5）」『保育学年報』1968 [16] 市丸成人「幼児の道徳教育（6）」『保育学年報』1969 [17] 石渡澄子「幼児の道徳教育における一思考」『保育学年報』1969 [18] 関口はつ江「幼児の対人行動の特性に関する一考察」『保育学年報』1969 [19] 市丸成人「幼児の道徳教育（8）」『保育学年報』1970 [20] 千羽喜代子「三歳児の集団的適応に関する研究から研究法を考える」『保育学年報』1975 [21] 小田豊「幼児教育の方法と形態──保育集団化の試み──」『保育学年報』1981 [22] 白川蓉子「幼稚園における幼児の道徳性の芽生えと人間関係──神戸大学発達科学部附属幼稚園の実践研究の検討をとおして──」『保育学研究』No.1, 2000
B) 協　力	[1] 浅田ミツ・小倉美智子「幼児期における友人結合の要因について」『保育学年報』1962 [2] 清水エミ子「積み木遊びにおける幼児集団の比較（その6）」『保育学年報』1962 [3] 清水エミ子「積み木遊びにおける幼児集団の比較（その7）」『保育学年報』1963 [4] 清水エミ子「積み木遊びにおける幼児集団の比較（その8）」『保育学年報』1964 [5] 野口はつ江「幼児集団の発達過程に関する一研究」『保育学年報』1964 [6] 石井哲夫「幼児の被影響性について」『保育学年報』1964 [7] 横山雅臣・加藤定夫「保育場面における幼児の人間関係の推移」『保育学年報』1966 [8] 藤田よし子「交友関係の調査について──郵便ごっこを利用して──」『保育学年報』1966 [9] 清水エミ子「積み木遊びにおける幼児集団の比較（その10）」『保育学年報』1967 [10] 大村篤子「幼児の生活行動からとらえた『順番』の意味」『保育学研究』No.1, 1996 [11] 野尻裕子「幼児にとって相手と『繋がる』ということの意味──うまく『繋がる』ことのできない3歳児の一事例から──」『保育学研究』No.1, 2000 [12] 増田時枝・秋田喜代美「遊び開始時の『役』発生・成立スタイルの検討──4歳児のごっこ遊びをとおして──」『保育学研究』No.1, 2002 [13] 須永美紀「友だちとの関係構築過程における『あそび志向』段階の可能性──相手と『つながる』ということに注目して──」『保育学研究』2005

B) 協　力		[14] 島田俊秀・伊藤嘉子「幼児集団に関する実験的研究（Ⅱ）―社会的地位および凝集性と生産性Ⅰ―」『保育学年報』1968 [15] 島田俊秀・宇津木貞子「集団に関する研究（Ⅳ）―生産性を高めるための要因の分析―」『保育学年報』1970
C) 自主性		[1] 加藤翠・秋田恵子・森山宏子「幼児の生活習慣の自立と家庭環境について」『保育学年報』1962 [2] 秋田恵子・森山宏子・加藤翠「幼児の生活習慣の自立と家庭環境について（第2報）」『保育学年報』1963 [3] 牧文彦「幼児の生活習慣について」『保育学年報』1968 [4] 田宮緑「事例から見る幼児期の仲間関係と自己形成」『保育学研究』No.1, 2000 [5] 宮内洋「『異文化保育・教育』とクラス編成」『保育学研究』No.1, 1999 [6] 山田陽子「N子にとって『まねる行為』の意味するものについて」『保育学研究』No.2, 1999
D) 受　容		[1] 舟木哲朗「混合保育の問題点と対策」『保育学年報』1963 [2] 稲田準子「これからの保育内容　Ⅲ保育内容の領域　これからの『社会』変貌する生活の理解を」『保育学年報』1971・1972 [3] 松村和子・松村正幸「『国際化』の視点から見る保育の展開」『保育学研究』1991 [4] 藤田博「多民族多文化保育における自己の確立」『保育学研究』1991 [5] 大場・民秋・中田「増加する外国人子女の保育の現状と課題―東京都公立保育園を中心とした実態調査からの報告―」『保育学研究』1991 [6] 村上百合子「幼児教育における国際化について―留学生の子弟を受け入れた保育園生活―」『保育学研究』1991 [7] 石川久恵・宮木初枝「保育における異文化理解と受容に関する研究―保育者のオープンマインド（open mind）の考察」『保育学研究』1991 [8] 渡辺のゆり・土山忠子「国際化時代の保育実践の試み―異質多様性の受容と尊重を目指して―」『保育学研究』1991 [9] 矢吹芙美子「異文化状況における子どもの発達と国際児としての成長を促す方法に関する研究」『保育学研究』1991 [10] 三谷嘉明「ノーマライゼーション原理からみた統合保育」『保育学研究』1993 [11] 山崎晃・白石敏行「幼児の自己実現を自己主張と自己統制からとらえる」『保育学研究』1993 [12] 久富陽子「外国人の子どもと保育者とのコミュニケーションに関する一考察」『保育学研究』1994 [13] 佐藤陽子ほか「外国人の子どもの家庭と国との相互支援」『保育学研究』1994 [14] 新井邦二郎ほか「日本と韓国の幼児の主体性の発達―『幼児の主体性の教師評定尺度』を通して―」『保育学研究』1994 [15] 関口準・岩崎婉子「幼児の自発的な遊びにおける了解としての相互交渉の発達的な考察―クラスにおける人間関係をふまえて―」『保育学研究』No.1, 1995 [16] 倉持清美・柴崎寿子「幼稚園生活を通した子どもの変容―ある問題を抱えた子どもの例から―」『保育学研究』No.2, 1996 [17] 廿日出里実「保育所における異文化間の友だち関係の微視的分析」『保育学研究』No.1, 1999 [18] 爾寛明「異文化理解とアイデンティティー形成の交差関係―保育行事の中の文化性の役割―」『保育学研究』No.1, 1999 [19] 植田都「幼児の多文化教育への提言―国際学校(附属幼稚園)における観察より―」『保育学研究』No.1, 1999 [20] 新倉涼子「外国人児童の保育への負担度および保育士の異文化理解の姿勢に影響を及ぼす要因の検討」『保育学研究』No.2, 2001 [21] 中坪史典・上田敏丈「統合保育場面における障害児を取り巻く人間関係」『保育学研究』No.1, 2000

column 日本保育学会研究誌にみる保育内容・領域「人間関係」──論稿リスト２

E）相互作用	
	［１］本田和子「近隣社会における子どもの遊び―祝祭的時空における子どもの動態―」『保育学年報』1983
	［２］加茂川美恵「地域の中の保育の集いから」『保育学研究』1993
	［３］和泉沙稚子「保育所保育指針の変遷にみられる『地域社会・活動』の扱い方に関する一考察」『保育学年報』1993
	［４］倉持清美・米坂寿子「園生活の仲間関係と降園後の仲間関係」『保育学研究』1994
	［５］吉村 香・田中三保子・柴崎正行「保育における人間関係創出過程―『問』と『問合い』に着目して―」『保育学研究』No.1, 2000
	［６］成田朋子「幼児の人とかかわる力を育む」『保育学研究』No.1, 2000
	［７］大森洋子・友定啓子「４歳男児の人間関係の変化と保育者のかかわり」『保育学研究』No.1, 2000
	［８］畠山美穂・畠山 寛・山崎 晃「仲間とうまく関われない幼児はどのように社会的スキルを学習するか？―日常の保育場面での遊びや保育者との関わりを通して―」『保育学研究』No.1, 2003
	［９］津守 真・福西百合・磯部景子・井戸匠弥生「保育園における保母とこどもの人間関係（その１）・（その２）―とくに保育者の行動について―」『保育学年報』1962
	［10］津守 真ほか（［１］に同じ）「保育園における保母とこどもの人間関係（その２）３歳児の友だち関係を分析」『保育学年報』1967
	［11］原 美智代「集団活動の一研究―物の機能と人の活動の相互関係について―」『保育学年報』1967
	［12］内藤 章ほか「３歳児のグループダイナミックス（その１）」『保育学年報』1967
	［13］利島 保「保育における集団指導の実際とその効果の研究」『保育学年報』1967
	［14］松隈玲子「保育における幼児の個性と普遍性とに関する一考察―めだたない子に対する保育者のあり方を中心に―」『保育学年報』1969
	［15］大戸美也子「幼児集団に関する一考察」『保育学年報』1970
	［16］松隈玲子「幼児の個性と普遍性とに関する研究（第２報）」『保育学年報』1970
	［17］中澤 潤「新入幼稚園児の友人形成：初期相互作用行動，社会認知能力と人気」『保育学年報』1992
	［18］関 史子ほか「幼児の人間関係の発達を促す『教育（保育）内容』としての保育者のかかわりの研究」『保育学研究』No.1, 1995
	［19］高濱裕子「保育者と自己抑制タイプ児との意図の相互調整」『保育学研究』No.2, 1995
	［20］松井愛奈「仲間との相互作用のきっかけにおける転換と一貫性―子ども２人の３年間の縦断の例をもとに―」『保育学研究』No.2, 2001
	［21］仲野悦子・後藤永子「異年齢児とのかかわり―いたわりと思いやりの心の育ち―」『保育学研究』No.2, 2002

E）相互作用	[22]	福崎淳子「『みてて』発話からとらえる他児の他者意識――見せたい相手はだれか――」『保育学研究』No.1, 2002
	[23]	上田七生・山崎 晃「乳幼児の愛着形成に関する短期縦断的研究――保育者との関係が第一愛着対象者との関係に及ぼす影響――」『保育学研究』No.2, 2003
	[24]	仲野悦子・後藤永子「異年齢児とのかかわり――いたわりと思いやりの心の育ち――」『保育学研究』No.2, 2002
	[25]	伊藤順子「幼児はいかに向社会的行動をふり返るか――向社会性についての認知との関連から――」『保育学研究』No.2, 2003
	[26]	塩路晶子ほか「保育者の中の3つの『わたし』――子どもたちとの豊かな関係性を築くために――」『保育学研究』No.1, 2004
	[27]	「保育者と子どものスキンシップと両者の人間関係との関連――3歳児クラスの観察から――」『保育学研究』No.1, 2004
	[28]	佐木みどり「幼児の日常的行動の発達と保育内容についての実践的研究――K夫の仲間入り行動の変容を捉える――」『保育学研究』No.1, 1995
	[29]	倉持清美・無藤 隆「『入れて』『貸して』へどう応じるか――一時的遊び集団における集団外からのかかわりへの対処の方法」『保育学研究』1991
F）乳児の「人間関係」	[1]	金田利子「乳児期の社会的知覚経験の効果（1）――乳児期の対人交渉の発達と集団保育経験――」『保育学年報』1967
	[2]	金田利子「乳児期の社会的知覚経験の効果（2）――乳児期の対人交渉の発達と集団保育経験――」『保育学年報』1968
	[3]	金田利子「乳児期における発達と集団――乳児期の社会的知覚経験の効果――」『保育学年報』1970
	[4]	遠藤純代「0歳後半期における子ども同士の交渉――遊具の役割を中心として――」『保育学年報』1988
	[5]	金田利子・諏訪きぬ「一歳児の個々の要求とその受容――保育指導における"間"の創出――」『保育学研究』1992
	[6]	布施佐代子「3歳未満児保育における保育者と子どもの共感的な遊びについての一考察」『保育学研究』No.1, 1995
	[7]	河原紀子「食す場面における1～2歳児の拒否行動と保育者の対応：相互交渉パターンの分析から――」『保育学研究』No.2, 2004
	[8]	中島寿子「子どもが他者に見せたい自分についての一考察――保育所1・2歳クラスにおける参加観察から――」『保育学研究』No.1, 2005

第Ⅱ部

集団のなかで「かかわる力」を育てる
―― 人間大好き・友だち大好き・園での毎日が楽しい

第9章 保育活動における共同の意味（レッジョ・エミリア実践の分析から──）

〈学習のポイント〉　①幼児にとって共同的探究とは何だろうか。ラウラの例によりながら，探究過程における主導的役割の交替と共感関係の深まりの両面から，その意味を考えてみよう。
②子どもどうしの学びの共同は，少人数のグループのなかで芽生え，プロジェクト的活動のなかで発展しやすい。その理由を考えてみよう。
③プロジェクトの発展には，大人の細かな配慮が必要である。とくに対話や相互批評への支援の仕方を，日本の伝えあいの考え方と比べてみよう。
④「互いの協力なしには解決の困難な課題を与えて，共同的探究の強化を図る」という指導方法の意義と問題点を，実践例に即して整理してみよう。
⑤集団的成果だけでなく，それへの個々人の貢献が評価されるような共同のあり方について，日本の幼保での共同制作とも比較して考えよう。
⑥最後に，学びの共同はなぜ必要なのかについて，話し合ってみよう。

1. はじめに──課題の提起

　共同性は，内発性とともに，近代幼児教育思想にとって格別の重みをもつ言葉である。20世紀初頭には，デューイが，子どもの内発的衝動としての自発的行為──遊びや探索探究などの──を社会的な共同性に導くことをもって，「フレーベルの教育原理」に基づく彼の実験学校のもっとも重要な任務とした。

　この自発性から共同性へという幼児教育の基本課題は，日本では倉橋惣三や城戸幡太郎によって継承されることになる。しかし，この課題を受けとめるにあたって，2人の間には，子ども1人ひとりの内発性を慈しみ育てることと，子どもたちを民主的な共同社会への能動的参加者に育てあげることのいずれに力点をかけるかについて，明らかな立場の相違がみられた。倉橋は，幼稚園・保育所を子どもたちが「相互的生活」を楽しみながら育つ花園として思い描き，城戸は，子どもたちが民主的な「共同的生活」の訓練を経て，たくましく未来に向かうことを期待した。もっとも，この2人の先達に影響された，その後の保育実践の多様な展開のなかでは，個と集団──親密な1対1の相互作用とグループやクラスの共同的関係──を，車の両輪のようなものとしてとらえ，そのよりよい結びつきを模索する努力がなされなかったわけではない。しかし，その理論化が十分になされてきたとはいい難い。

　以下で取り扱うレッジョ・エミリアの公立幼児学校の実践は，日本に多い生活指導的な集団づくりとは違って，幼児の学び，とりわけプロジェクト的な共同的探究学習と切り離しがたく結びついたものである。レッジョの理論的実践的指導

者であった故ローリス・マラグッチは、少なくとも活動的な教育の過程において
は、子どもの認知面の発達と人間関係面の発達は不可分であり、表裏一体をなす
ものと考えていた。また、教育は深く地域の人間関係に根ざさねばならないとし、
子育てにとって、子ども、家族、教師のコミュニケーションネットワークがもつ
重要性を、過去のどんな実践家や理論家にもまして強調した。彼は、そこでの人
間関係は、子どもに深い安心感を与えるものでなければならないが、単なる保護
膜にとどまってはならず、「共通の目的に向かって相互作用しながら進んでいく
諸力や諸要素のダイナミックな結合として理解されるべきものである」＊とした。

　以下の検討は、この認知と関係性を切り離さないことを旨とするレッジョの小
集団プロジェクトにおいて、いかに子どもと子ども、子どもと大人の対話的関係
が位置づけられ、どのように学びにおける共同性へと育てられていくのか、その
概略のイメージを描くことを目的とする。そして、できればそこに、個の自発性
を汲み尽くしながら集団の共同性を実現するための、新しい現代的な方向を見い
だしたい。いうまでもなくそれは、前述の幼児教育思想の基本問題への、1つの
仮説的な解答を手にすることを意味しよう。

＊C. Edwards, L. Gandini and G. Forman (Eds.). Hundred languages of children:The Reggio Emilia Approach-Advanced Reflections, 2nd ed., Ablex, 1998, p.68

2. 大人と子どもの共同的探究からの出発——ラウラと腕時計

　マラグッチは、あらゆる教育活動の前提には、子ども1人ひとりと教師との間
に1対1の親密な関係がなければならず、したがって、その関係づくりは教師の
なすべき「絶え間ない永続的な予備的作業」だとみていた。しかし、すべての教
育活動の基礎としてのこの1対1の関係は、相互の親密な共感関係や信頼関係で
あるのは当然だとしても、前述のマラグッチによる関係性の定義からすれば、そ
れは同時に「共通の目的に向かって相互作用しながら進んでいくダイナミックな
結合」として思い描かれる必要があるのではないだろうか。

　これに対するマラグッチの直接の回答はない。しかし、ここに、レッジョの教
師が「私たちの哲学の精髄を物語るパネルの1つ」として、繰り返し紹介してき
た4枚組みの写真がある。そこには月齢11カ月のラウラという女の子と先生と
の、共感的でしかも共同的な探究の姿が見事にとらえられている。ビデオ版＊＊
のナレーションによりながら、このエピソードを紹介しよう。

＊＊100 Languages of Children: a videotape. By S. Lyon. San Francisco, 1995

　①先生が子どもに寄り添って座り、子どもはカタログを探索している。子どもは
　　カタログの腕時計を指さし、問いかけるように先生に顔を向け、先生は子ども
　　の関心に応じて体を子どものほうに傾ける。イニシアチブをとるのは子どもで、

先生は待機している。

②先生が，腕時計のはまった腕を子どもに差し出すと，子どもはそれに指を触れる。今度は先生がイニシアチブをとり，子どもの興味を広げる番である。

③先生は腕時計を子どもの耳にあて，関係性を強めながら，チクタク音を聞かせる。先生はさらに体を傾け，子どもと一緒に音を聞こうとし，子どもの探究を支える。子どもの頭は先生のほうに傾く。

④子どもはカタログに立ち戻って見つめる。子どもの体を支えながら，先生は，子どもが何をしているかに注意を向ける。

子どもはカタログの腕時計に耳を当てる。子どもは印刷された腕時計も先生の腕時計同様，音をさせているはずだという予想ないし仮説をつくり出していたことがうかがえる。

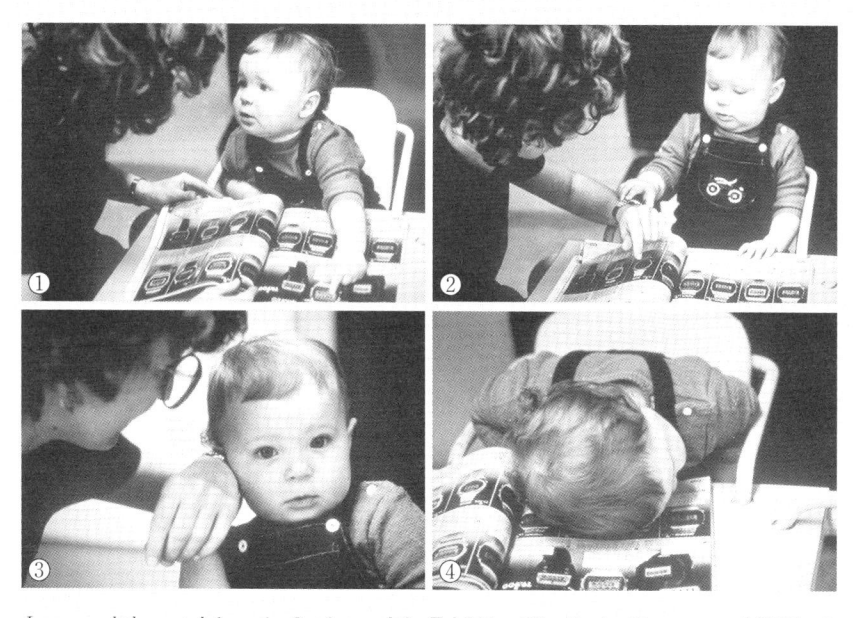

Laura and the watch from the Catalogue of the Exhibition "The Hundred Languages of Children", ©Preschools and Infant-toddler Centers−Institutions of the Municipality of Reggio Emilia, Italy, published by Reggio Children, 1996.

ナレーションは「子どもは言葉は使わないが，意図的に比較を行う探究者（researcher）である。先生は無声の対話を通して，子どもとその興味を支えてきた。彼女は子どもが関心をよせる対象についての共同研究者（co-researcher）なのだ」と続く。

B.ランキンは，学びにおける共同（collaboration）を「学びへの参加者による，教育過程の相互的先導」*と定義し，レッジョ実践のもっとも重要な特質の1つを，この共同が子どもと教師の間で絶えず繰り返されることにあるとみている。

* J. Hendrick(Ed.), First steps toward teaching the Reggio way, 1997, p.72

ランキンがいうように，この共同の学びにおいて，大人は子どもと同じことを学ぶわけではなく，子どもが何をどう学ぶのか，それに対して大人はどう応答すればよいのかなど，教師としての最大の関心事について学ぶのである。しかし，子どもが学ぶものも，決して，目前の時計やその写真の特性等々にとどまらない。共同的探究の必要に応じた対話的交流やその楽しさを，体験を通して学ぶはずだ。親しい大人との間で，ごく幼い時期から繰り返されるこのような対話的な探究の経験が，子どもどうしの共同的探究の素地を培っていくことは，想像に難くない。

3. 2人グループにおける協力——「右手」の子どもたち

　マラグッチは，レッジョでの実践的体験を通して，2名グループが子どもの小集団として格別な安定性と発達的意義をもち，ごく幼い段階から推奨可能なものであると説いた。彼によれば「子どもは，2人だけにしておく限り，お互いに接近し，いやがらせをせず，遊び，活動し，話をする」。しかも，2人グループは「子どもをもう1人の子どもに直面させることを意味し，また，子どもが，これまでとは違った自己同一性を獲得するのを助ける」。なぜならば，「人と話すときには，その人に理解できる話し方で話すことを学ばねばならず，したがって，経験の過程で多くの修正や調節をしなければならなくなる」からである。対話は言葉のみのそれには限らない。ともに粘土などの対象を操作するとき，「2人グループにともなう状況はきわめて豊か」である。そこでは，手の動きや身振りもまた，話し言葉とともにコミュニケーションの手段となる。もちろん，さまざまな対立矛盾も生じようが，2人のあいだの対立は，後述の3〜4人の場合より建設的なものに転化されやすいと彼はみていた*。

　1歳児どうしのほほえましい協力の姿をとらえた「右手」と題する短い記録を紹介しよう**。場所は，レッジョの乳児保育所。マティルデ（1歳8カ月）とロレンツォ（1歳7カ月）は，他の仲間と一緒に園庭に出ている。この子たちは，乳児保育所で一緒に生活するようになって10カ月になる。まだ言葉でのやりとりもままならない2人の交流の様子は，マラグッチのいう2人グループをほうふつさせる。

①1個の石ころ——マティルデの宝物——が，物干し台の最下部にある三角形の隙間に入り込んでしまう。マティルデは，手を差し入れて取り戻そうとするが，彼女の手はまるまると太っているので入らない。マティルデは事態をのみ込むと，一計を案じる。

* L. Malaguzzi, The importance of intentional socialization among children in small groups: A conversation with Baji Rankin. Eary Childhood Education Journal, Vol.32, No.2, October 2004

** Project Zero and Reggio Children（Eds.）, Making Learning Visible. Harvard University Press, 2001, pp.34-37

②誰かもう少し小さい仲間が役に立ちそうだ。彼女は近くにいたロレンツォに歩み寄ると、両手を広げて抱きつく。抱きつくだけで大丈夫、ロレンツォは、ちゃんとマティルデについて行く。2人は、たくさんのゲームや冒険を一緒にやってきた仲なのである。

③マティルデが感謝をこめて見守るなか、ロレンツォは手を隙間に滑り込ませる。マティルデの判断は間違っていなかった。彼女には手の大きさの違いがわかっており、問題を解決するため誰に助けを求めればいいのか、わかっていたのである。

④ロレンツォはマティルデに誇らしげに石を示し、期待に添えたことを喜ぶ。マティルデは彼を信頼しながらも、慎重な再点検を怠らない。これは、本物にまちがいない。

⑤しかし、手もとに戻ってみると宝物はさほど重要とは思えなくなり、マティルデとロレンツォは、手を取り合って、新たな挑戦に向かって歩きはじめる。新しい冒険は、お互いへの敬意とほとんどゆるぎないものとなった友情を、さらに強めてくれることだろう。

このエピソードについてティチアナ・フィリッピーニは、次のようにコメントしている。「小さな問題であっても、問題の解決の仕方を適切に決定し、さらに友だちと共同し、ともに満足できるということは、ごく幼い年齢の子どもが事物相互の関係を判断するだけでなく、仲間との有意味な関係を構成する能力をすでにはっきり示しているということなのだ」[*]と。2人グループがこの能力を最善のかたちで引き出してくれたとみるべきなのだろう。

[*] Project Zero and Reggio Children（Eds.）, op. cit., p.34

4. 小集団プロジェクトを支える対話と組織

マラグッチによれば、小グループは「関係性に基づく教育にとって、もっとも好都合な教室組織の型」である。「2人、3人、ないしは4人の子どもからなる小グループの活動は、もっとも効率的な伝え合いを準備するうえでたいへん望ましい。小グループのなかでは、複雑な相互作用が起こりやすく、建設的な矛盾対立と自己制御的な適応が生じる」と彼は主張した[**]。

しかしマラグッチは、幼児の3～4人グループが、そうしたプラスの可能性とともに、容易に解体し分裂するもろさをともなうことも指摘していた。すなわち、2人グループに比して3人グループでは、誰か1人が常にマイノリティ状態に陥ったり、2人でするほうがやりやすいゲームの妨害者になりがちだと彼はいう。

[**] L. Malaguzzi, For an education based on relationships, Young Children, 49(5), 1994

また、4人の場合は、2人が一緒になり、他の2人は別々に行動したり、能力の高い1人が取り残されて、あとの3人が一致団結したり、あるいは2組のペアに分かれたり（この場合、問題は少ないが）するという。実践に基づいて幼児のグループの可能性ともろさとを秤量した後、マラグッチは最終的に4人グループの「理想の状態」を示すことで、この問題を締めくくっている。

　「(それは) 4人全員での交流、2人での交流、そして、3人での交流が自在にできる状態だろう。最善の状況は、4人全員が循環的な、一体的な、そして複雑な特徴をもつふるまい方で遊ぶことだ。これが理想だが、しかし、それはおそらく、長い時間を経た後の到達点であり、考えてみることはできても、そんなに容易に生じるとはかぎらない状況である。」*

　変数が数倍に増え、関係性が複雑化した4人グループを、そこに内在する自発性や力動性を殺すことなく、いかにして共同へと導くかという困難な課題がそこには提起されている。

　ここで注目すべきは、レッジョにおけるこの課題は、自由な遊びや活動の場面ではなく、何よりもまず、プロジェクト活動のなかで追求されてきたことである。レッジョでプロジェクトといえば、「ある特定の主題について興味関心を共有する子どもの小グループが、教師とアトリエリスタとともに、仮説と実験、図像的表現、討論と協議、自己評価と相互評価を通して行う共同的探究」を意味する。そこでは、子どもは、自分たちの興味に従って選んだ主題を、必要な手立てを調達しながら、協力して探究し構築していく。その場合、結果よりもその過程や達成感の共有が重視されるため、子どもたちは比較的容易に「We意識」を抱くようになる。

　しかし、レッジョの実践例にみる年長児の見事な共同的探究は、すでにみたような乳児期以来の積み重ねがあるとしても、そう簡単に実現されてきたわけではない。幼児の小集団のもつ組織的な不安定性への対処を含めて、プロジェクトの展開過程に即した大人のきめ細かな注意と工夫があってこそ、それは可能にされてきたとみるべきである。以下では、それらのうち主要なもの6つをあげてみた。

【プロジェクトを支える大人の注意と工夫】
①興味のある子どもを募る

　子どもたちの興味に基づいてテーマが選定されるだけでなく、プロジェクトのためのグループもまた、本当にテーマに興味のある子どもを募ることによって編成される。プロジェクト・グループは、その意味での選ばれた子どもたちであり、チームに高いモラールが生じやすい最初の理由はこのあたりに見いだされよう。プロジェクトに参加しない子どもたちも、それぞれ自発的なグループをつくって、自分の選んだ遊びや活動を行い、もう1人のクラス担任教師およびアシスタント

＊ L. Malaguzzi, The importance of intentional socialization among children in small groups: A conversation with Baji Rankin. Eary Childhood Education Journal, Vol.32, No.2, October 2004

が活動の援助を行う。今は興味のない子も、早晩、何らかのプロジェクトに興味を示すはずで、子どもの興味が高まったときに参加できるようにしてやることが大切だと考えられているのである。

②**互いに批評し、評価し合えるようにする**

子どもたちがやさしさと思いやりのある批評の仕方を見いだせるように援助しながら、仲間どうしの対話をさせる。さらに、1日の作業の終わりには、自己評価と相互評価によるまとめが行われる。これらは、子どもに自分の作業に対するより深い反省を促すと同時に、仲間とは腹蔵(ふくぞう)のない関係でありたいという動機づけを与える。それはまた、マラグッチが期待した「建設的な矛盾対立と自己制御的な適応」を促進する手立てでもあろう。子どもは自分の考えの相対性に気づき、他者の考えを尊重することを学ぶ。また、作業後の評価は、力点が作品の出来不出来ではなく、その子の工夫や努力の独自性に向けられることによって、グループによる個人のアイデンティティーの確認の意味を帯び、各人のグループへの所属感や参加の意識を高める。

③**言葉を図像で再現する**

図像的表現——絵や粘土など——をはじめとするアートが、子どもの思考および伝えあいの重要な媒体＝象徴的言語として、話し言葉同様に重視される。マラグッチは、子どもの図像的表現の価値として、認識の明確化と仲間の思考や見通しとの連帯強化の2点をあげている。レッジョの子どもは、まず最初に自分の考えを言葉で表現することを求められた後、必ずといっていいほど、その言葉を図像で再現することを求められる。これによって、1人ひとりの子どもが自分のアイディアを修正し、明確化し、それをいっそう仲間に伝わりやすいかたちに表現し直すことができる。話し合い→図像的表現→話し合いのサイクルは、グループ活動のなかに個人による集中的な作業と思考の時間を介在させることを可能にし、これが各人の自前のアイディアを太らせて、グループ本来の対話的時間の豊かさを準備することにつながっている。

④**これまでの活動への再訪**

この再訪は、子どもたちの活動過程のヴィジブルな記録であるドキュメンテーションなどによって行われる。これによって子どもは、自分の課題や仕事の意味をより長くて広い文脈のなかに位置づけ、さらには、グループ全体の取り組みの展望やそれへの貢献の意識が芽生える。前述の自己相対化の感覚は、ここにいたって仮説感覚ともいうべきものに成長する。すなわち、自説が修正されることを否定的に受け取らず、むしろグループ全体の仮説に統合されて発展することに喜びを見いだすようになる。

⑤グループの組織を柔軟に

　プロジェクトの進展にともなうグループ・メンバーの追加，グループ内での作業の自主的再編成，サブグループに分かれての活動など，子どもたちが自発的に行う組織面でのさまざまな修正変更を最大限に尊重し，観察の仕方も，グループをひとまとまりのものとしてみるだけでなく，より多様な動きを詳細かつ具体的にとらえる方向へと転換していくこと。これは，ヴェア・ヴェッキの最近の実践報告などに顕著に示されている姿勢である。そこには，（2）〜（4）で述べた個人とグループによる作業や，相互作用の多様で複雑な展開により適合した組織面での対応への模索が示されている。

⑥クラス，学校への発展

　クラス，学校などより大きな組織へのプロジェクトの発展が図られ，その過程で，より大きな意味をもつ全体への知的貢献の意識がいっそう明確になる。

5. 子どもグループは共同学習の方法をいかに学ぶか

　以上のような配慮や工夫の他に，子どもは共同的探究の態度や技法をそれとして学ぶ機会が与えられる必要があると，レッジョの元アトリエリスタであるヴェア・ヴェッキは考えている。彼女によれば，その効果的な学習は「時間をかけて何度も繰り返される計画化された共同的状況」によって可能となる*。彼女の手がけた実践例によって，具体的にみてみよう。この実践例では，子どもは1週間の間を置いて2つの類似した制作課題を与えられる。

* Project Zero and Reggio Children（Eds.）, op. cit., pp.178-187

【前半の展開】

　最初の提案とその意図　最初の提案は，2つのテーブルに4人ずつ男女別に着席している子どもに対してなされた。それは，今この瞬間に子どもたちが置かれている状況をそっくり鏡に映したように粘土で作成すること，すなわち，「1つのテーブルを囲んで座っている4人の子どもが，同じく1つのテーブルを囲んで座っている4人の子どもの粘土像を制作している様子」を粘土で作ってみるというものであった。

　提案者は，少なくとも当初，この課題によって，子どもたちは共同の方策をとらざるを得なくなり，おのずと共同作業のコンセプトを実験し構築することに導かれるはずだと考えていた。子どもたちも，この提案をおもしろがり，ただちに自分たちのおかれた現状を制作するゲームとしてそれを受け入れた。しかし，2つのグループとも，すぐには共同の戦略を見つけ出せない（ここからは，紙数の

関係で，男の子グループにのみ触れる）。

各自ばらばらの着手とその結末　教師は，子どもに何度も最初の提案を思い起こさせたが，子どもは個々に仕事を始めてしまう。各自がテーブルと椅子を1つずつ，各1枚の粘土の床にのせて作る。後に，ある子の提案に従って，4枚の床が結合され――4人は，これをたいへん楽しそうにやり――，4つのテーブルと4つの椅子が1枚の床にのった粘土像ができあがる。

現実状況の発見と課題の理解　"鏡に映ったような状況"という最初のアイディアの意味が本当に理解されるのは，彼らが活動している部屋に，実際に（そして偶然にも）テーブルが4つあることを1人が発見した後のことである。ここではじめて，子どもは，自分たちが実は現実の状況を再現しつつあるのだと悟る。問題がリアルな状況のなかに埋め込まれたこの瞬間から，彼らははじめて，自分たちが構成したテーブルのうちの1つを選び，まわりに，彼ら（の人形）が座るための4脚の椅子を置こうという気になる。しばらく話し合ったのち，彼らはいちばん大きなテーブルを選んだ。

この経過を分析するなかで，教師たちは，主題についてはそれが抽象的でなく現実の状況（文脈）に根ざすことがいかに子どもの理解を容易にするかを再認識し，また，材料については，テーブルの上に粘土の塊を1つと各人1枚ずつの作業板を置いたことが，個人別の作業を促す誘因となったのではないかと反省する。

1週間後，教師たちは，子どもたちの前回の行動が示唆している修正点を盛り込んで，新たな提案を行うことにした。

【後半の展開】

勝ち負けの論理の露呈　新しいプロジェクトを始める前に，教師は子どもに「前回作った粘土像をよく見て，あのとき起こったことを思い出してみて」と求める。子どもたちは，床を接合する作業がとても楽しかったことを共通に思い出すが，そのあと，「勝ったのはジョゼッペだったんだ」という話になる。

「ジョゼッペのテーブルは，ちょうどいい長さだったので，ぼくたちの人形をジョゼッペのテーブルに座らせたんだよ。」「実際は誰も勝ったりしてないよ。自転車競技じゃないんだから！」「でも，最初は，誰もが自分の作ったテーブルがいいと思ったんで，僕たちは話し合ったんだ。そのあと，ぼくが，最初にジョゼッペのテーブルを選んだんだよ。」「そうだね，でも，それってあまりよくないよ。だって，1人が勝っても，他の人は負けたくないのに負けるんだから，負けた人は悲しいよ，本当に。」

教師「でも，あなたたち4人みんなでやった仕事が，結局は本当によいものだっ

たら，あなたたち4人とも全員が勝っちゃうんじゃない。」「うん，そのとおりだよ。あの仕事は結構すごかったよ。それに，ぼくたち一緒にやれて楽しかった。」

この一応の見解の一致を機に，教師は新しい提案に踏み切る。

新しい提案と状況設定　教師「4人が座っているテーブルを，教室の中の他のテーブルや椅子と一緒に考えるというアイディアは，先生たちにもいいヒントになりました。友達全員で，教室にあるもの全部を作ってみてはどう？　そうすれば，この教室の本当の模型になるでしょ」。このアイディアは承認されて，他のクラスメートにも伝えられ，クラス中の子どもを巻き込んだ新しいプロジェクトが始まる。

4人の男の子たちは，この新しいプロジェクトの一部を担って，教室に隣接するミニアトリエにくっついて並んでいる2つのテーブルと，いくつかの椅子を作ることになった。前回の反省に基づいて，今回は使用する材料（粘土，作業台，木製の道具など）がベンチにのせてあり，子どもはそこから自由に必要なものを取るようになっている。

教師の示唆による問題の再認識　4人は，前回同様，事前に言葉による意思一致をはかろうとはせず，いきなり制作にとりかかる。当初，教師は介入せずに待つが，「各人がテーブルを2つずつ作る必要がある」という子どもの発言に対して，「ミニアトリエにはテーブルは2つしかないけど」と示唆する。子どもたちは，ようやく思い込みから解放され，4人で2つのテーブルと4つの椅子を作ればよいのだということが明瞭に認識される。

制作分担をめぐる論争　しかし，次の瞬間には，そのテーブルを誰が作るのかをめぐって論争が始まった。簡単すぎる椅子づくりは，誰からも歓迎されない。テーブル制作が威信を高める要素であり続けているのである。2，3の修正案が出るが，いずれも承認されない。

ジュゼッペ「じゃあ，ぼくが別の案を出すよ。フェルッチオは，テーブルを1つ作るの。ミケーレは，椅子を2つ作り，ぼくは1つテーブルを作り，そしてダビデは，あと2つの椅子を作るんだ。そうすれば，ぼくたち，ミニアトリエにあるものを正確に作れるよ」。

ジュゼッペの仮説は，制作目標としては完璧だが，テーブルを作りたいという子ども1人ひとりの欲求を満たすのには役に立たず，したがって，議論は続行される。しかし，たとえ状況はまだ対立的であっても，子どもたちは前回の経験を踏まえて，自分たちの仕事を整理する方法を模索しつつあるというのが，教師たちの受けとめ方である。

教師「この前粘土像を作ったときのことを，あれは競争じゃないんで本当に素敵なものを一緒に作ったんだってあなたたちは言ってたけど，覚えてる？　あなたたちの意見が一致すれば，そのほうがずっといいんだけどな。」

ジュゼッペ「ミケーレがテーブルを作りたければ、それはぜんぜんよくないから、ぼくたちは議論してるんだし、さんざん時間を浪費してるんだ。だから、ぼくたちは、ぼくが言ったことに賛成かどうか決めなきゃならないんだ」。

ミケーレは「ぼくは賛成しないよ」と答え、フェルッチオは「さあ、決めなきゃ」と促す。

ミケーレ「わかったよ。じゃあ、こうしようよ。最初に、椅子を作って、次に、テーブルのことを考えることにしよう……たぶん、この前と同じようにできるよ。4つテーブルを作って構わないし、後で、そのなかから2つ選べばいいよ」。

問題はこうして当分の間、棚上げされる。

制作の終盤 子どもたちは今や、椅子の制作にとりかかり、次に、自分自身の着席した姿を作り始める。ミケーレは、粘土で大きな「S」(彼の姓の頭文字)を作り、自分の作った椅子の基盤にそれを貼り付けて作品の身元を示す。他の子もこれに倣う。

フェルッチオとミケーレが「もう作りたくない」と言い出すが、ダビデは「でも、誰がテーブルを作ろうとしてるの? ぼくが1つは作るけど」と心配する。教師も「残りはきみたち3人だけ。誰がもう1つを作るつもりなの」と言葉を添える。

ミケーレ「1人がテーブルのトップを作って、1人が2本の脚を作ってもいいよ。そして、別の1人があと2本の脚を作ればいいよ。」

ミケーレの譲歩と新提案で問題は解決に向かう。とはいえ、打ち合わせなしに構成したものなので、2つのテーブルの高さも、片方のテーブルに使う脚の長さも、違っている。

しかし、疲れを感じ始めた子どもたちは、多少のちぐはぐには目をつぶることにする。教師も、かかった時間、意見を一致させるために子どもたちがした努力のことを考えて、それ以上のコメントなしで彼らの作品を受け入れることにする。

まとめの討論 教師は、最後に次のように質問して、彼らと議論を始める。「皆が同じことをしたい場合、どうやったらいい? どうしたら意見を一致させられるかな? 誰も考えを変えなかったら、どうする?」問題を抽象的なやり方で問い直すことで、子どもたちが、協議の問題をより明瞭に受けとめてくれるかもしれない、と彼女は考えているのである。

以上のように、レッジョの子どもにとっても、プロジェクトにおける共同や協議の技能は一度や二度で身につくものではない。子どもは、それらを実際に試す機会に何度も遭遇するなかで、理解を深め、より高度に、また自然に行使できるようになっていくのである。

約1カ月後，中庭に置く陶製の橋の粘土モデルを構成する作業が必要になった。最初の自発的参加者中，仕事のリーダー役を務める2～3名のなかに，今述べたエピソードの登場人物たちの顔があった。教師たちは，意図的に繰り返し準備した共同の機会とそれにまつわる配慮とが，実を結び始めたと感じている。

6. 学びにおける個と集団

　グループ学習は「グループが同じ作品を協力して構築する場合にのみ生まれるという誤解があるかもしれないが，……作品やプロセスが個人的であっても，人間関係のネットワークの内部で構築され，それについての自己評価や評価がグループ内部で行われる場合には，それはグループ学習として定義されるべき」だとヴェア・ヴェッキは言う＊。

　「共同的探究」はレッジョ実践の根底をなす方法理念だが，そこでの「共同」の意味は，実践の発展とともに更新され深められてきた。とくに1990年代に入ってからの実践記録には，子どもたちの共同のあり方について新しい観点が姿をあらわしているように思える。

　たとえば，みんなで1つの大きなもの（たとえば恐竜）を作るといったことが少なくなり，共通の主題のもとで子どもたち1人ひとりがそれぞれ自前の構想で作品をつくり，それをもち寄って1つの共同的世界──「小鳥の遊園地」のような──を構築するといったアプローチが目立つ。また，やはり「小鳥の遊園地」にみられるように，「噴水」づくりといった共通のサブテーマにみんなで取り組む場合でも，子どもたち1人ひとりが独自の体験と知識に基づいて，それぞれ個性的な噴水をつくり出している。しかも，そういう場合に子どもたちは，仲間1人ひとりのアイディアや作品に常に関心を寄せ，その必要があると見て取ればアドバイスを与えたり，批判を加えたりして，お互いに援助し合う。それは，1つのテーブルを囲む4人の子どもの粘土像を4人で制作するときの「協力」とは，今ひとつ違ったレベルでの協力──現代のわれわれが追及すべき新しい共同の姿なのではないだろうか。それはまた，ブルーナー流の言い方をすれば，他者の主観への想像力，つまり「間主観性」の働きに根ざす共同ということにもなるのだろう＊＊。

　ヴェア・ヴェッキ＊＊＊が報告している今ひとつの実践例によって，問題をより具体的に考えてみよう。学校の中庭の壁面を飾る陶製の彫刻を創るプロジェクトのなかでのできごとである。

＊Project Zero and Reggio Children(Eds.), op. cit., p.188

＊＊J.ブルーナー「小都市の奇跡」レッジョ・エミリア市立乳児保育所・幼児学校（木下龍太郎，他訳）『イタリア／レッジョ・エミリア市の幼児教育実践記録　子どもたちの100の言葉』学習研究社，2001，pp.116-117を参照。

＊＊＊Project Zero and Reggio Children (Eds.), op. cit., pp. 163-165

壁画はクラス全員で取り組むことになっていたが，そのためのデザインづくりが子ども6人のグループに委ねられた。ここでデザインとは，本番の制作に先立ってあらかじめ作成される下絵のことである。子どもたちは，2人1組になって，各組1つずつ，合計3つのコラージュによるデザインをつくりあげた。

　さて，そこから，クラス全員で挑む最終作品にふさわしい下絵を1枚だけ選び出さねばならないが，これは，なかなかデリケートな仕事である。子どもたちは，壁面が1つしかない以上，最終デザインもまた1つに絞らねばならないことを十分承知している。そこで彼らは腹ばいになって頭を寄せ合い，一体となって問題に立ち向かう。1つだけを残して，あとの2つを切り捨てるためには，ひときわ強い連帯が必要だと感じているかのようである。しかし，子どもは概してすべてを維持したいと考えるもの。この場合で言えば，あとの2つを排除するのはつら過ぎると考える。そこで，最初はダニエレが，次にはチアラが，排除による選択という解決の仕方を乗り越えるための仮説を提案する。最終的に採用されることになったチアラの仮説は次の通りであった。

　「私，いい考えがある。みんなで一緒に新しいデザインを創りましょうよ。誰もが1枚ずつ切抜きを置いて，そのたんびに他の子たちに『これでいい』って聞くの。そうやってけば，最後は，みんながおあいこになるでしょ。」

　このアイディアを実現するために，子どもたちは列をつくる。1人ひとりが順番に，コラージュ・デザインのために切り抜いておいた動物や植物の線画を1枚ずつ選び，それをつたの絡まる壁を写した写真パネルの上に置いていく。そして，グループの他のメンバーに「これでいい」と同意を求める。みんなが「うん，いいよ」と答えるのを待って，その子は，列の最後尾に戻り，次にまた自分の番がくるのを待つ。

　教師たちは，この時間のかかる退屈な儀式に当惑していることを率直に子どもたちに伝えた。子どもたちは一応同意したようであったが，しかし，大人の言葉に動じることなく儀式を続ける。そして，こう説明するのである。「こうやれば，みんなが自分の仕事を壁画に残せるし，みんなが自分以外の人が選んだ置き方に賛成や反対を言うことができるんだよ」と。

　ヴェア・ヴェッキは，このような行動の背景として，子どもにしばしばみられる強い公平の感覚と，共同作品に自分の個人的寄与の痕跡を残したいという願望とをあげている。これら2つの要求を同時に満たすために，子どもは上記のような解決策にいたったのであって，こうした傾向は，一般に，5歳半に達するころから目立つようになるという。彼女は，このような行為を子どもたちの"知的な社会的個人主義"のあらわれとしてとらえようとする。

「社会的個人主義（social individualism）という言葉で私たちがあらわしたいのは，グループ全体の成功によって生まれる，個々人の利益を含めた，肯定的獲得——努力による獲得（それに子どもは非常に敏感です）および社会的関係や友情の質についての獲得（これには子どもはもっと敏感です）——に子どもたちが気づいているように思われるということです」。

　「こういう個人的成果と社会的関係の質的深化への気づきは，集団における学びの過程および概念と不可分なものに思える」と彼女は結んでいる＊。

＊ Project Zero and Reggio Children（Eds.），op. cit., p.162

7. 結論に代えて──幼児期における共同学習の意義

　マラグッチは「こんな時代だけに，……幼い子どもが親密に共同して作業する能力をもつという事実は，人命救助のいかだのように貴重」だと述べている＊＊。そこには，分断され孤立を強いられがちな現代の子どもや家族への深い憂慮がうかがわれる。さらには，迫り来るグローバル市場経済の大波のなかで，市民社会とそれがもつ参加と共同の伝統をどこまで保てるか，それを危ぶむ気持ちも働いていたに違いない。それだけに，プロジェクトに参加し協力して学ぶ子どもたちの姿は，学校運営への参加と協力に労を惜しまない親たちの姿とともに，レッジョの市民社会を補強し存続させる能動的市民の，確かな成長を約束するものであったろう。乳幼児期からの共同的探究が重視される理由の1つはそこにある。

　しかし，それに優るとも劣らない今一つの理由がある。それは，子どもたちは，仲間との対話的な学びや共同的な学びを通してこそ本当に学び方を学ぶことができ，学ぶ楽しさを体験できるのだということへの確信である。学ぶ楽しさもまた，遊ぶ楽しさと同様，仲間との交わりや共同を必要とする。

　レッジョの実践は，見事にそのことを立証している。そして，この学ぶ楽しさを幼い子どもに体験させるということは，レッジョの方式によるか否かは別として，学びの崩壊に歯止めのかからない日本の学校教育にとって，そして，その土台を受けもつ保育・幼児教育にとって，今や正面から取り組むべき重要課題となっているのではないだろうか。

＊＊ C. Edwards et al. (Eds.), op. cit., p.94

【参考文献】
Municipality of Reggio Emilia Infant-toddler Centers and Preschools. Catalogue of the Exhibition "The Hundred Languages of Children", Reggio Children, 1996.
〔レッジョ・エミリア市立乳児保育所・幼児学校（木下龍太郎，他訳）『イタリア／

レッジョ・エミリア市の幼児教育実践記録　子どもたちの100の言葉』学習研究社，2001〕

木下龍太郎「子どもの声と権利に根ざす保育実践――レッジョ・エミリア・アプローチの意義と特徴（上下）」『現代と保育』50号，52号，ひとなる書房，2000，2001

J. ヘンドリック編著（石垣恵美子，他監訳）『レッジョ・エミリア保育実践入門』北大路書房，2000

C. エドワーズ，L. ガンディーニ，G. フォアマン共編（佐藤 学，他訳）『子どもたちの100の言葉』世織書房，2001

【写真提供】

REGGIO CHILDREN s.r.l.

　Via Bligny, 1/a - C.P. 91 Succursale 2, 42100 Reggio Emilia, Italia

　website: www.reggiochildren.it

第10章 3歳未満児保育における「人とかかわる力」

〈学習のポイント〉 ①人間の一生の発達からみて，生まれてから3歳までの時期がどんな意味をもっているかを考え，この時期に「人とかかわる力」を保育のなかで育てていく意義を理解しよう。
②子どもどうしかかわる力の基礎となる「大人との信頼関係」をていねいにつくることの大切さを，具体的な保育実践を通して理解しよう。
③子どもどうしかかわる力は，すでに0歳児のときからめばえ育っていくことを，具体的な保育実践を通して理解しよう。
④3歳未満児保育のなかで「人とかかわる力」を豊かに育てていくための楽しい遊びや，配慮すべきことを考えてみよう。

1. 3歳未満児にとって「人とかかわる力」とは？
── 人の間で「人間」として育つ ──

　人間は，子どもの時期だけでなく，一生かけて発達していく。3歳未満の子どもは，まさにその人生を歩み始めたばかりである。これから人間として生きていく力の大切な基礎が築かれる生後3年間に，その力を構成する1つの柱としての「人とかかわる力」は，どのようにめばえ育っていくのだろうか。

　おっぱいを飲ませてもらったり，おむつを替えてもらったりというように，人間の赤ちゃんは，大人に守られ世話される受け身的な存在にみえる。しかし，実は，世話をしてくれる大人をじっと見たり笑いかけたりなど，大人の笑顔や語りかけを誘い出すような働きかけもしているのである。生まれて間もない頃から，このような社会的相互交渉（コミュニケーション）への志向性がみられることは，それに対するまわりの大人の気づきや読みとり，適切な反応が求められるということでもあるといえよう。人間の子どもは，自ら人や物とかかわろうとし，大人から愛情豊かな働きかけを受けながら，人に対する基本的信頼感を獲得し，自らやろうとする気持ちをふくらませていくと考えられる。

　大人との安定した関係に支えられ，子どもどうしの関係も育っていく。0歳児でも，身近にいる仲間（peer）に関心をもち，互いにみつめ合ったり，後を追って這っていったり，カーテンで「いない，いない，ばあ」遊びを楽しんだりする姿がみられる。1～2歳児では，互いの要求がぶつかり合って，おもちゃの取り合いなども多くなる反面，友だちと同じことを言ったりしたりして笑い合ったり，追いかけ遊びやかくれ遊びを楽しむ姿もよくみられるようになる。3歳未満児たちは，こうした他児とのトラブルや共感的なやりとりのなかで，大人の適切な仲立ちにより，子どもどうし互いの思いや要求に気づき，受けとめ，認め合えるよ

うになっていく。

　3歳未満児保育の実際の場面では、大人（保育者）や他児とかかわる力は、具体的にどのように育つのだろうか。保育所での実践をいくつかあげて考えてみよう。

2. 0歳児の保育実践にみる「人とかかわる力」の育ち

1 0歳児も一緒にいる仲間を感じている

　となりに寝ている子をじっと見たりさわったり、すでに他児への関心のめばえがみられる4カ月児。7～8カ月頃からハイハイが始まると、「まてまて～」と最初は大人が追いかけて遊んでいるが、1歳前後になると、子どもたちだけで楽しそうに追いかけて遊ぶ姿がある。まだ歩けない子も、その姿を目で追いニッコリ笑って「マテマテ～」と、しっかりそのなかに参加しているようである。どの子も、一緒にいる仲間とのかかわりをこころよく感じているのだろう。

　社会のなかでさまざまな人とともに、人間として生きていくうえで「人とのかかわりをここちよく感じる」ことは、まず基本的に大切なことである。乳児期に大人と確かな信頼関係を築きながら、人とかかわるここちよさをたっぷりと感じることで、友だちにも目が向き、その存在やしていることに興味をもつようになる。友だちとかかわる楽しさを知り、どの子もやがて「友だち大好き」な幼児に育ってほしいものである。

2 はじめての集団生活と安心できる大人（保育者）の存在

　家庭での生活から保育所での集団生活にはじめて入るとき、たいていの子どもは環境の変化を感じとり不安になる。大泣きしたり抱っこを求めたりしながら少しずつ慣れていくが、なかには緊張や不安が強く、人とかかわるここちよさを感じることが困難で、慣れるのにとても時間がかかる子もいる。保育者に抱っこされていても不安で泣き、食べられない眠れない日が続いたYちゃんの事例をみてみよう。

●事例1　Yちゃんに安心感を育てたいな

　Yちゃんは、食事のときも不機嫌で泣くことがよくあり、食べられる物も少なく、食べさせようとしても口を閉じてかたくなに応じようとしなかった。またこの人が好きという気持ちも弱く、保育士にみてみて～と視線を送ることもなく、一人離れて遊ぶ様子などが気になっていた。(中略)そこでまず、食べることは無理強いせず大人や友だちとの関係を深めることと合わせ長い目で見ていこうと、Yちゃ

んが食べられる物（ごはんをお汁につけると食べる）を中心にゆっくり時間をかけて食べるようにしていった。食べる場所もおちついて食べられるようゆっくりペースのMちゃん、Fちゃんと同じテーブルにしていった。

【Yちゃんの少しの変化】

食事は最初食べる気にならず、口を閉じたり手でスプーンを払いのけていたので、しばらく様子を見る。そばでUちゃんが食べっぷりもよくモグモグしているのを見ながら、少しずつ食べる気になる。"Yちゃんもどうぞ"とスプーンを持っていくと、口を開けてパク。"おいしいね、モグモグやね"と言いながらほんの少量ずつスプーンの先にのせてあげると、結局ごはんを少し残しただけで全部食べられ気分のいい顔。"Yちゃんすごい、空っぽやね"と拍手すると、じっと見ている。（中略）

毎日毎日"Yちゃんお肉も食べようか！""いやなのおいしいよ。じゃお野菜は？"とくりかえし働きかけながら少しでも食べられたときは、"Yちゃんひじき食べられたね、すご～い！"と保育士もうれしくて大喜び。（中略）保育士とのゆったりしたやりとりのなかで、家で食べていた物が保育所でも食べられるようになっていった。そして自分から口を開けて食べるようになり、好きな物は自分で手づかみで食べたり、友だちが口に入れてくれた酢の物をうれしそうに食べたり、意欲が出てきた*。（後略）

＊山崎秀子「あそびや生活を通し安心感や自分で！という意欲を育てたいな」『季刊 保育問題研究』212号、新読書社、2005、pp.59-60

Yちゃんはその後、担任保育者に対し自分から甘えて抱っこを求めたり声をかけたり、絵本を上手に棚に片づけ「みてみて～の視線」を送ったりする姿が少しずつみられるようになる。さらに、特定の保育者が主に意識的にかかわりをもつことで、安心して生活し、保育者や友だちと楽しく遊べ、表情も硬さがとれ子どもらしい笑顔が出るようになったという。

Yちゃんのような不安の強い子に対して、保育者は子どもがゆったり落ち着いて安心して過ごせるように、信頼関係づくりと環境づくりに心を砕く。そんななかで、不安な思いをしっかり受けとめ笑顔であたたかくかかわってくれる保育者が、子どもにとって安心できる大切な存在（心の支え）となっていく。時折振り返っては、保育者に見守られていることを確かめながら遊びを楽しみ始め、自分から口を開けて食べたり、泣かずに眠れるようになるなど、気持ちが安定し、余裕をもってまわりを見、意識的に行動できるようになる。

自分から人を求め視線を送る力が育っていくとき、友だちがいつも身近にいて一緒に生活していることも、大切な環境の1つとなる。事例1のように同じテーブルで食べるなど、友だちの存在やしていることに気づけるような配慮も、保育現場ではよくなされている。それにより、大人だけでなく友だちにも気持ちが向

き，同じ遊びを一緒に楽しもうとする姿につながっていく。「人とかかわる力」は，こうしてたくわえられる安心感に支えられながら，育っていくのである。

3 人とかかわるここちよさ・楽しさを知る

集団生活にはじめて入るとき，初日から泣かずにすんなり親と別れる子もいる。1歳1カ月で保育所に入ったA君の事例をみてみよう。

●事例2　人へのこだわりをつくる
【「このままではいけないよね」──話し合いのなかから】
　"何か違う……"経験のない保育士1年目の私にもどこかでそんな思いがあった。まわりの子どもたちが，新しい環境の不安から，少しずつ担任に心を許してこだわり，求めるという姿を見せるなか"抱っこして"と甘えることも，"これが嫌"と泣くこともないA君。私の心のなかで何かひっかかるものはあっても，ではこの先どのようにかかわっていけばよいのか，どのようなことが必要か，その見通しは私にはまだわからなかった。同じクラスの担任に教えてもらったことは"人へのこだわり"ということだった。一見，大人がついていなくても，自分から遊びや楽しみをみつけ，誰にでも心を開き大人との関係もしっかり築けているように見えるA君。しかし，今のA君は"この人がいい""この人じゃなきゃダメ"という人へのこだわりがなく，ただ楽しいこと，興味あるものを追いかけ，歩き回っているのだということに気がつかされた。

　まずはスキンシップから始めようと考え実践する。「まてまて～」と追いかけると，「キャッキャッ」とはしゃぎ"早く追いかけてきて～"といわんばかりの期待する目。A君の遊び心がくすぐられたようだ。「こちょこちょ」とくすぐると体をよじらせ「キャハハハ」と笑いころげるA君。"楽しい"というA君の気持ちと私の気持ち……確かに心が通じ合う瞬間だった。このような触れ合い遊びやくすぐり遊びを意識的に行う毎日をくり返していった。

【「先生がいいよ～」】
　少しずつ見られるようになったA君の変化。体をピタッとくっつけ甘えたり，思い通りにならないと泣いて抱っこを求めるなど，今まで出さなかった感情とともに"先生がいい"というこだわりも出しはじめ，また担任にこだわることで担任のいる0歳児の部屋がA君にとっての居場所となり始める。今までのように他クラスへ遊びに行っても行きっぱなしにならず，部屋に戻り担任を見つけては，また安心して遊びだしたり，積み木やシール貼りでじっくり遊ぶ姿も見られるようになる。（中略）友だちが遊ぶ姿を見ては"何してるんだろう""楽しそうだな"と見つめる表情……少しずつ遊びの内容にも変化が見られ始め，自分の興味ある

ものだけを追いかけていた A 君も，みんなが楽しんでいるおままごとや砂遊びをするようになった。そして，友だちのやることを見て同じことをやってみようとするなど，友だちを意識し"自分も！"という思いがしっかり出てきた。

「キャア〜」という歓声から始まる子どもたちの追いかけっこ。今では A 君も仲間に入り満面の笑みで走り，友だちと顔を見合わせてはキャッキャと大はしゃぎ。"友だちと一緒が楽しい！うれしい！"という思いが全身から伝わってくるようだ*。（後略）

＊伊勢ひろ子・大垣夏菜子「安心した生活づくり」『第37回全国保育団体合同研究集会要綱』2005, pp.65-66

入園当初「人へのこだわり」がない点に，A 君の「人にかかわる力」の弱さが感じられたが，大人（保育者）の意識的な働きかけにより，A 君は人とかかわるここちよさ・楽しさを知っていく。一緒に楽しく遊んでくれる保育者が大好きになり，安心して甘えられるようになり"先生がいい"という特定の大人への愛着が育っていく。大好きな大人と自分の居場所がある安心感により，気持ちが十分に満たされると，身近に生活する友だちにも目を向け，自分も同じようにやってみたい思いがふくらんでいくのがわかる。

このように，安心できる大人の存在を支えに，人とかかわるここちよさ・楽しさを知り，特定の大人から他の大人や友だちへと少しずつ０歳児の世界は広がっていく。言葉にならないまなざしのサインに気づき，ていねいに読みとり，思いを受けとめ理解してくれる保育者や，身近で興味深い行動をしている「気になる存在」の友だちと，日々かかわりながら一緒に過ごす保育所での安定した楽しい生活のなかで，子どもたちの笑顔は輝きを増し，いっぱいに広がる。

3．1歳児の保育実践にみる「人とかかわる力」の育ち

1 ふくらむ自分なりの思いを大人に受けとめてもらいたがる

表象（イメージや言葉）の成立や自我の拡大に伴い，自分なりの思いや「つもり」（意図）が明確になり，持続するようになる1歳児。スプーンで食べる，パンツをはくなど，それまで大人にやってもらっていたことも自分でやってみようとし始める。まだ大人にやり方を確かめたり，できないところはやってもらったりすることはあるが，自分でしようとしているときに大人が一方的にやってあげようとすると，「ダメー」と抵抗や拒否をする。自分なりの思いや「つもり」をしっかり受けとめてほしいのだろう。行動の主体としての育ちがうかがわれる姿である。

毎日の生活のなかで，自分の行動や身のまわりの物事について，身近な大人と

伝え合おうとすることも多くなる。散歩の途中，犬をみつけて「ワンワン」と目を輝かせながら指さして大人に伝えたり，散歩から帰ってくつ箱にくつをしまい「クック，ナイナイ」と大人を振り返り見たりする。それに対して大人は「ワンワンいたね」「クック，ナイナイしたね」と子どもの思いを受けとめ，共感し，言葉を返していく。

このように大人と場面を共有しながら伝え合い，共通の関心や目的をもって一緒に活動をつくり出していくところに，1歳児の大人とかかわる力の育ちがうかがわれる。

2 友だちと思いがぶつかりながら育ち合う

「〜したい」と自分なりの思いが育ってくる1歳児にとって，友だちの存在は大きい。友だちが持っている物は，とてもいい物に思えて欲しくなり，友だちのしていることは自分もまねしてやってみたくなる。そんな思いが互いにぶつかり合うことも多くなる。次の事例3で，その様子をみてみよう。

●事例3　ケンカを通して

友だちと同じ物で同じことをして遊びたい思いがふくらむと，同時にケンカも起こります。時にはかみついたり，ひっかいたりと，相手を傷つけてしまうこともあります。しかし，そのケンカの質も月齢や1人ひとりの心の成長とともに変化していきました。

春の頃，月齢の高い1歳半から2歳までの子たちは，物の取り合いや場所の取り合いなど，ちょっとしたいざこざからケンカになったり，その子の不安定な心の状態から友だちに対して攻撃したりということがよく起こっていました。その頃，まだ1歳半前の子どもたちは，それほど大きなトラブルはなく過ごしていました。2歳を過ぎた子が半数になった秋頃には，遊びのなかでも，友だちと共通のイメージがもてるようになっていたり，みんなで歌うことが楽しくなっていたり，大人が入ると会話が楽しめたりと，言葉が急速に発達していきました。

そして獲得した言葉を使って相手とのコミュニケーションをもつようになり，言葉を媒介に共感し合える関係もできてきました。

子どもどうしでは十分に伝え合えない思いを，大人が1人ひとりの言葉や表情に込められたさまざまな思いを受けとめて相手に伝えていくこと。"カシテ""カーワッテ"と言葉で返すことや，"一緒やね""おんなじやね"という言葉のもつさまざまな思いも伝えていくことで，解決できるケンカも増えてきました。

この頃，1歳半を超えていった月齢の低い子どもたちが，また自分の要求を一直線に相手にぶつけてかみつきなどのケンカが始まり，月齢の高い子どもたちが，

いろいろなつもりになって遊んでいる物を断わりもなく持って行き相手を怒らせるなど，一難去ってまた一難！という状況でした。

　大人の役割としては，1人ひとりの思いに時間をかけてつき合い，自分で決めて次の行動へ移れることを大切にしてきました。そのなかで子どもたちは"オイデー""○○ショウ""○○チャンノ車モチョウダイ"と友だちの分もほしいと要求するなど，友だちと一緒に同じことをするための言葉を使うようになってきました＊。（後略）

＊西林正美「一人ひとりの思いが，みんなに伝わる保育を!!」『季刊 保育問題研究』212号，新読書社，2005, pp.72-73

　このように，友だちと同じ物で自分も同じことをして遊びたいという思いの育ちを，大人（保育者）がしっかり受けとめ共感し，ていねいに子どもどうしの「橋渡し」をしていくことで，1歳児たちは相手の思いや要求に気づき，しだいにイメージを共有し共感し合って遊ぶことも可能になる。友だちとのトラブルもたくさん経験しながら，友だちと一緒に遊びたい思いはふくらんでいく。

　かみつきやおもちゃの取り合いなど友だちどうしのトラブルが頻発するときは，保育者は子どもたちが落ち着いて安心して過ごせるように，ゆったりとしたかかわりを心がけたり，ストレスをためないように，リズム遊びなど体を動かす遊びを通して，友だちと遊ぶ楽しさを感じられるよう配慮する。そんななかで，1歳児たちの遊びや子どもどうしのかかわりがどう変化していくか，次の事例4にみてみよう。

● 事例4　友だち大好き！

　1年という月齢の幅があるなかで，年間を通してみんなで一緒に楽しめた「箱あそび」。はじめの頃は箱を1人1つ持っていることで"みんなと一緒"ということが感じられてうれしくて，ただ，広いお部屋の中を押して走り回ることが楽しかった子どもたち。それがだんだんと，箱がジャンプ台や歌を歌うみんなのステージへと変身し，「ジャ～ンプ！」と1人飛んではまた1人が飛んで見せてくれ，1人が箱の上に立って歌を歌い始めると，みんなもまねっこして15人の大合唱になったり，箱が1つに連なった長い電車やバスになったりと，箱を通していろんな共感遊びも盛んになっていきました。保育者の「お外いくよ～」の声で一斉に片づけをし始め，終わるとうれしそうに外に出るのを今か今かとドアにくっついてニコニコ待っている子どもたち。その勢いで「隠れ身の術～！」（子どもたちの大好きな体操のなかの言葉）と言うと，隠れたつもりになって「シー！」と声をひそめ合いその緊張感を楽しんでみたり，いろんなつもりまで，同じようにイメージして友だちどうしで共感しあって遊ぶようになっていきました。（中略）はじめはうまく言葉で伝えられなかった子どもたちも，いろいろな楽しいあそびやかかわ

りを通して，だんだんと思いを言葉で相手に伝えられるようになってきて，友だちどうし「○○のー，やーめーて！」，「ごめんね」「いいよー」などと気持ちのよいかかわりができるようになりました*。(後略)

事例4の1歳児たちも，4月当初は，ただその場所にいられるだけで気にくわず，友だちにかみついたり，1日に何度も同じ子がトラブルになったり，保育者は対応に追われ悩んだという。しかし，1人ひとりの「自我のめばえ」や「育つ気持ち」を大切に，心を寄せてしっかり向き合っていねいにかかわるなかで，子どもたちはしだいに落ち着き，気持ちのよいかかわり方を知っていく。安心して自分の気持ちを伝えようとし，互いのイメージを共感し合って箱遊びを楽しむようになる。

このように，1歳児は生活をともにする仲間に親しみの気持ちを示し，「○○チャン」と友だちの名前を覚え呼び，一緒に行動する存在として友だちをとらえていく。互いの思いのぶつかり合いも経験しながら，相手を自分と同じように要求をもつ存在として認識するようになる一方，友だちとかかわる楽しさを共感し合い，友だち1人ひとりを認識していくのである。

*村上佳緒里「みんなと一緒が"うれしい""楽しい"〜1人1人の思いがみんなの『楽しい』に〜」『第37回全国保育団体合同研究集会要綱』2005, pp.70-71

4. 2歳児の保育実践にみる「人とかかわる力」の育ち

1 大人に「見てて」もらいながら「自分で」

自分なりに「〜したい」という要求や思いが育ってきて，大人の手を借りずに自分でしたい気持ちが強くなる2歳児。パジャマのボタンを1人ではめようと一生懸命取り組むなど，生活や遊びのいろいろな場面で，「自分でする」ことを大切にする姿がみられる。

衣服の着脱や食事など，身のまわりのことは何でも1人でやろうとし，大人が手伝おうとすると「自分デ」と怒って手をはらいのけ，自分でやろうとする。しかしそのとき，2歳児は「見テテ」と大人に見てほしがる。保育現場では"みてみてコールの2歳児"などとよく言われるが，身近な大人からあたたかく見守られている実感のなかで「自分でする」と自己主張する姿である。そして自分でできるととても喜び，「デキター！」と大人に言いに来ては認めてもらいたがる。その満足そうな表情には，やり終えたという達成感とともに，できるようになった自分に対する誇りも感じられる。

自分でやってみてできないときは「デキナ〜イ」「手伝ッテ」と大人の助けを求め，できないところを手伝ってもらいながらも自分でやろうとする。その一方

で，できることでも「デキナ～イ」「手伝ッテ」と甘えたように言ってくることがある。「自分でする」ことをとても大切にする2歳児ではあるが，同時に，やってみようとする自分を見守り認めてくれる大人との交流を求め，それを心の支えとして活動に取りかかり，やり遂げようとするのである。このように，大人に依存しながら自立の方向へ歩んでいく。

2 自分の思いを守りつつ，友だちとの楽しいかかわりを求めていく

　大人とのかかわりのなかで自分自身が認められ，自分の思いをしっかり受けとめてもらったという経験を積み重ねることで，2歳児は他者である友だちを受け入れられるようになっていく。自分の思いが出せないK君の事例で，その様子をみてみよう。

　2歳児クラスのK君（4月生まれ）は，0歳児クラスに1歳で入園。0歳児クラスのとき，おもちゃを取られても取られっぱなし。表情も乏しく，K君からの要求はほとんどなく受け身的な姿が目立った。1歳児クラスでも「イヤ」という感情がみられず新しいことに尻込みすることが多かった。家庭では気に入らないと暴れ，泣き叫んでいた。

　そんなK君の姿を保育者は「園で自分の思いを出し切れない分，家庭で暴れるのではないか」ととらえ，K君が保育所をいごこちがよいと感じ，自分の思いを出せるようにと願って，K君の思いを汲み，それをどのように子どもたちのなかに出させるか悩みながらK君にかかわっていく。

●事例5　僕がもっと乗りたい

　園庭で三輪車に乗っていたときのこと（この時期クラスの半数がこげるようになっていた），Kくんも得意顔で乗っていたところへAちゃんがやって来て三輪車に手をかけました。すると，Kくんはすぐに三輪車をゆずってしまいました。それを見ていた保育士はすかさずそばにより「Kくん，今，Aちゃんにすぐかわってあげたけどよかったの？　もっと乗りたかったんじゃないの？」と聞きました。

　するとKくんは「いやじゃ，いやなんじゃ」と泣くだけでなく保育士の胸に頭を押し付けドンドンたたき始めました。Kくんのこの姿に保育士はびっくりしたと同時に，Kくんが保育士に自分の思いを体全体でぶつけてきたことに感激すら覚え，Kくんの思いをとことん汲んでみようと思いました。そこでKくんを落ち着かせ，Aちゃんとの話し合いをもちました。Aちゃんも「乗りたかったのに」と三輪車に乗ったままでした。

　「そうなんだ。でもKくんも今乗ったばかりやし，もっと乗りたいみたいよ」と，まわりによってきた子どもたちも巻き込み話を聞いてもらいました。そうして，A

ちゃんが「あとでかしてよ」と言い、「いいよ」というやりとりがあり、Kくんがまた三輪車に乗ることになりました。

　保育士に満面の笑みで手を振るKくん。思いを汲んでもらった喜びがそうなったのか、Kくんにとって何か1つのからをやぶったような場面でした。

　その後、Kくんの表情が明るくなり、朝の母親との離れがすっきりできるようになりました。遊びのなかでも大きい声で笑ったり、ひょうきんなポーズをとったり、保育士に「おかわりちょうだい」「ちょうめんよんで」と話しかけてきたり、Kくんからの働きかけがとても多くなりました。(中略)また家庭でも「以前のように暴れることがなくなった」と報告がありました*。(後略)

*山中万美「2歳児の保育を通して見えてきたこと」『季刊 保育問題研究』212号, 新読書社, 2005, pp.63-64

　保育者や友だちに思いを汲んでもらう経験が、Kくんの自己主張を引き出すきっかけとなり、安心して自分の思いを出し、その「思いをわかってもらえる」という信頼関係ができたのだろう。

　三輪車をめぐるやりとりでは、「あとでかしてよ」の約束どおり、K君はAちゃんに三輪車を貸し、Aちゃんも後で乗ることで満足できたという。K君は、保育者の仲立ちにより、自分自身の乗りたい思いに気づき、自分と同じようにAちゃんにも乗りたい思いがあることを理解する。またAちゃんも、待っていたら約束どおり、友だちが本当に貸してくれたといううれしい経験を経て、友だちとのかかわりで「間」がもてるようになった。

　このように「友だちが使っている物で遊びたい」とか「この遊具を使ってこのように遊びたい」という要求が明確になる2歳児は、それを実現しようとして、友だちと要求がぶつかりあうこともあるが、自分の思いを主張するだけでは通らない事態のなかでは、自分の活動を実現するために「待つ」ことも可能になってくる。今使っている相手の要求を受けとめ、終わったら貸してもらえるという見通しがもてるようになり、友だちに対する信頼感も育っていくものと考えられる。

　一方、貸してくれる子どもからは「○○チャンが終ワッタラネ」とか「イッパイ使ッタラカシテアゲルネ」などという言葉も聞かれる。今の自分の活動を大切にする気持ちと、友だちの要求を受け入れる気持ちの両方がうかがわれる2歳児らしい姿である。

　友だちがオニになって保育者を追いかけるのを見て、自分も追いかけ始めるなど、2歳児は、友だちがしていると自分もしたくなり、友だちも一緒にしているとなお楽しくなるようである。友だちどうしでカーテンの中に隠れ、「イッショダネー」とニコニコしていたり、持ち物を見せ合って「オンナジダネー」と共感するなど、一緒に遊んでいる仲間どうしという気持ちのつながりが感じられる、ほほえましい場面もよく見うけられる。

保育者が子どものそれぞれの思いやイメージを読みとり、伝えながら遊びをつなげたり、一緒に遊んだりするなかで、"みんなで楽しかったね"と思える活動経験の積み重ねが、友だちと一緒にやろうとする姿になっていく。日常の保育のなかで、保育者がまず1人ひとりの思いをていねいに引き出し受けとめ、相手に伝えていくこと。トラブルのときは、相手にも思いがあることを伝え、友だちの思いを理解し受けとめられるよう配慮していくことが大切である。

友だちの思いに気づき寄り添っていく力がついてくると、「ダイジョウブ、コワクナイヨ」と励ましの声をかけたり、なぐさめようとしたり、「○○チャン、イッショニヤロウ」と遊びに誘ったり、友だちとのかかわりを積極的に求めていくようになる。

5.「人とかかわる力」を豊かに育てるために、3歳未満児保育で大切にしたいこと

近年、とくに0・1歳の低年齢で、保育所入所待機児の増加が目立っている。そのため、年度途中に入所する子どもが全国的に増え、乳児クラスの人数が多くなる傾向がみられる。また、子育ての孤立化や育児不安の高まりなど、子育ても難しくなってきている。

そんななかで、保育所での3歳未満児保育は、1人ひとりの子どもを大切にていねいに受けとめながら、子どもどうしの関係を育て、仲間づくりをしていくこと、親と連携・協力しつつ、保育の内容や方法をきめ細かに工夫していくことが、これまで以上に求められているといえよう。

本章では、保育所での具体的な保育実践を通して、3歳未満児の「人とかかわる力」が育つ様子を学んできたが、「人とかかわる力」を育てるために、3歳未満児保育で大切にしたいことを、最後にまとめてみると次のようになる。

①友だちとのかかわりを豊かにしていくためには、0歳児期からの大人とのあたたかい安定した信頼関係づくりがその土台となる。

②大人との関係づくりでは、相手に自分の思いや要求を受けとめてもらったという実感をともなう経験の積み重ねが大切で、それにより友だちにも気持ちが向き、友だちを受け入れられるようになっていく。

③落ち着いてここちよく楽しく過ごせる生活をつくりながら、子どものまなざしや表情、動作などに込められた思いをていねいに読みとり、大人（保育者）との共感関係（安心できる居場所）をしっかり築く。

④③と平行して、子どもが友だちを意識し接することのできる環境づくりを工

夫していく。
⑤子どもを取り巻く大人たち（保育者どうし，親と保育者，親どうしなど）のよい関係づくり（共同の子育て）のなかでこそ，子どもの「人とかかわる力」は豊かに育つ。

【参考文献】
心理科学研究会編『育ちあう乳幼児心理学』有斐閣，2000
神田英雄『0歳から3歳──保育・子育てと発達研究を結ぶ（乳児編）』全国保育団体連絡会，1997
乳児保育研究会編『新版 資料でわかる乳児の保育新時代』ひとなる書房，2005
堀内里子「初めての0歳児保育で学んだこと」『季刊 保育問題研究』212号，新読書社，pp.46-49，2005
井口美砂・鈴木理恵「子どもの思いによりそって」『季刊 保育問題研究』212号，新読書社，pp.50-53，2005
倉繁恵里奈「ピタッとくる瞬間を大切に──0歳児保育を通して感じたこと──」『季刊 保育問題研究』212号，新読書社，pp.66-69，2005
西元郷子「ダメー，ダメー，Mチャンノー── Mちゃんのこだわりや自己主張を考える」『季刊 保育問題研究』212号，新読書社，pp.74-77，2005
勝見朱子「子どもの発達の要求と心に寄り添って」『第37回全国保育団体合同研究集会要綱』pp.61-62，2005
佐々木直子・柳 由美「楽しいな!! みたてつもりがいっぱいだ〜!!」『第37回全国保育団体合同研究集会要綱』pp.72-74，2005
松原さつき・高木千嘉子「2歳児の友だちとの関わりについて」『第37回全国保育団体合同研究集会要綱』pp.74-75，2005
内川美千代「子どもたちと向き合うという事……」『第37回全国保育団体合同研究集会要綱』pp.76-77，2005
木場統子「落ち着ける環境と楽しいあそび」『第37回全国保育団体合同研究集会要綱』pp.119-120，2005
北村奈緒子「友だち大好きな子どもたちに」『第37回全国保育団体合同研究集会要綱』pp.120-121，2005
井手隆子「子どもたちの『おおきくなりたい』という願いにこたえた保育を」『第37回全国保育団体合同研究集会要綱』pp.63-64，2005

第11章 幼児保育における「かかわる力」

〈学習のポイント〉　①3～6歳頃の子どもたちの「かかわる力」の発達的特徴を，思考のスタイルと関連づけて，すじみち立てて理解しよう。
②大人からみて「困る」「わがまま」な姿のなかに，子どもたちのどんな願い（発達への要求）がこめられているのかを理解しよう。
③子どもたちの「かかわる力」を引き出し育む保育実践の工夫について，考えてみよう。

1．3歳児クラスの子どもたちの「人とかかわる力」と保育

1 「ハンタイ確かめ」する3歳児

●事例1　どっちやねん!?
　くしゃみをしたゆっくん，「エンフルンザ？」。「インフルエンザのこと？　よく知ってるねえ」「ユックン，サンサイ（だ）モン！」「じゃあ，おっきくなったしお医者さん行けるね」「イヤ！　ユックン，チッチャイ」「赤ちゃんのお医者さんだから大丈夫」「チガウ！　ユックンオッキイノ！」。

　どっちやねん!?　とつっこみたくなるのが3歳児である。手助けしようとすると「ジブンデ！」，できるでしょ，～しなさい，と言われると「デキナイ！」「シナイノ！」と切り返すなど，「大きい（自立したい）自分」と「小さい（甘えたい）自分」の両極を揺れ動き，葛藤が起こりやすいという発達的な特徴がある。
　力だめししてデキル自分を確かめたいし，同時に「今の自分でいいよね？」とも確かめたい。「依存しながら自立していく」時期といわれるように，大人に体当たりしながら「いいこと-悪いこと」，「できること-できないこと」を知り分け，自分の思いをぶつけることで「対話する」ことを学んでいく時期といえる。とことんアマノジャクな姿に大人はほとほと疲れはてるのだが，この「ハンタイ確かめ」を通して，ほかでもないジブン，受けとめてもらっているジブンを実感していくことが必要な年頃なのである*。

2 頼り頼られる関係をつくる「2人組」

■実践例1　仲よし2人組**
　岸田先生たちは，「お互いが安心して自分を出せる」ことを願い，3歳児クラス

＊服部敬子「子どもたちに確かな信頼感を③──どっちやねん!?"ドッチモ"」『みんなのねがい』2月号，2004，pp.32-33

＊＊岸田康恵・山口眞貴子「仲良し二人組」『季刊 保育問題研究』212号，2005，pp.90-94

のはじめに2人組をつくってみた。この2人組で一緒にトマトやイチゴの水やり当番をしたり，給食の配膳当番をしたりするのである。生活リズムが乱れていて，いろいろなことに気持ちが向きにくいAちゃんは，給食のときもなかなか戻ってこない。するとペアのMちゃんが「いっしょに食べよう」と誘ったり，Aちゃんが「今日の給食きらい…」というと，「じゃあ，Aちゃんの分，少ないのんにしてって言おう！」とやさしく接して待ってあげたりする。AちゃんはそんなMちゃんを心のよりどころにして，そこからいろいろなことに向かっていくことができたのだった。

「1対1の私とあなた」というペアの関係は，「大人と子どもの二者関係」から「子どもどうしの三者関係」への間に「子どもどうしの二者関係」という疑似きょうだい関係をつくるものであり，三者以上のグループなどの対人関係を学ぶ基礎にもなると考えられる*。

3 「対」の関係を理解し遊ぶ

この時期の子どもたちは，「いま‐あと」，「おもい‐かるい」，「ぜんぶ‐ちょっと」，「まえ‐うしろ」，「ひとりで‐みんなで」のように，時間や状態，物の量や向きなどの「対」の関係を言葉で理解・表現できるようになってきている。対の関係を言葉で理解し表現する力とともに，2つの活動のつながり，すなわち，「～してから～する」「～したら～になる」という見通しがもてるようにもなる。それゆえに，お買い物ごっこ（売り手と買い手），オオカミとヤギ（追いかける役‐逃げる役），逃げ場と安全基地，のように役割や空間に対の関係を取り入れたごっこ遊びや簡単なルール遊びが楽しくなるようである。ルール遊びのおもしろさは，「ルールを守る」ことや「ひきうけた役割を遂行すること」にあるのではなく，「対立する関係」を遊べるかどうかがポイントなのである**。

■実践例2-① 園庭が火事に !? ──ごっこ遊びの吸引力***

ホールのどこからか「たすけてぇ」という声が聞こえる。そのほうを見ると，はあちゃん，あづちゃん，ひろくんの3人が肋木と積木の「家」の中から手を伸ばし，助けを求めているではないか。「あそこに人がいる！」と消防隊が助けに行くと，はあちゃんが「ワタシの子からおねがいします」とあづちゃんを押し出す。「消防車」のつもりのマットの上にあづちゃんを連れていくと，いつの間にか救急隊になっていたマーくんが「ハイ，クスリです」とやってきた。

まさに火事現場での救出劇であるが，実は3歳児くま組の子どもたちが遊んで

*宮里六郎『「荒れる子」「キレル子」と保育・子育て──乳幼児期の育ちと大人のかかわり』かもがわ出版，2003

**河崎道夫『あそびのひみつ』ひとなる書房，1994

***後藤直子「好きなことからはじめよう」『季刊 保育問題研究』170号，1998

いるホールであった。くま組は22名で2人担任のクラスである。この場面で最後に登場した「なりきり救急隊」のマーくん，実は，水が苦手でプールが始まる夏には部屋をとび出していってしまう男の子だった。どうしたらみんなと遊べるようになるかと担任2人で思案していたところ，9月はじめの避難訓練で保育園に消防自動車がやってきた。子どもたちは消防車を見るだけでなくサイレンの音を聞かせてもらったり，運転席に座らせてもらったりして，マーくんは消防士さんの服を着せてもらって照れ笑い。最後にはホースまで持たせてもらってとても喜んでいた。これだ！と思いたち，消防士ごっこをやってみることにしたのだった。

「消防士ごっこ」というと，どういう遊び方を思い浮かべるだろうか？ 新しいことに挑戦するときに，立派な服装や道具を買いそろえることから始めると「カタチから入るタイプ」といって笑われることもあるが，このころの子どもたちにとって「カタチから入る」のはとてもだいじなことである。

■実践例2-②　園庭が火事に⁉ ——ごっこ遊びの吸引力*

後藤先生らはまず色画用紙で消防士の帽子を，次いで新聞を丸めて長いホースを作ってみようと誘いかけた。早くにそれを作り終えた子どもたちはさっそく「火，ないかなあ」と部屋を見回し始めた。保育者が「あっ，ベランダに火が！」と指さすとホースを向けて「シューッ‼」。次々に作り終えた子どもたちが加わって，あっちこっちにホースを向けて消火活動が始まり，廊下や隣の部屋まで見回りに行く子も出始めた。

担任らの当初の予定は，園庭にある小屋を消防車に見立てて遊ぼうというものであったが，「ただ帽子ができたから外へ行こうというのではおもしろくない」と思った担任の1人が，後藤先生に「ちょっと電話鳴らすし」と耳打ちして隣の部屋から「プーッ」と電話をかけてきた。ぴんときて電話をとった後藤先生は，険しい顔になって「えっ？ はい，はい，わかりました」と言って電話を切り，「みんな大変！ 園庭が火事だって」と叫んだ。すると，子どもたちも真顔になって「園庭が火事だって」と伝え合い，部屋を出て行った。

そこで，後藤先生も，「ただ後から園庭に行くだけではおもしろくない」と思い，電話をかけてきた保育者に「火になって行く」とだけ伝え，教材室から赤い布を探し出し，頭や体にはおって園庭に向かった。「ボーボー，メラメラー。全部燃やしてやるー」と言ってマントをなびかせる保育者に「シューッ，シューッ」とホースを向ける子どもたち。しばらく追いかけっこをした後，「冷たいー，たすけてくれー」ともだえながら「火」は消えていったのだった。

＊　　　＊　　　＊

*後藤直子「好きなことからはじめよう」『季刊 保育問題研究』170号，1998

ここまでくれば舞台装置は万全である。朝も夕方も子どもたちのほうから「消防士ごっこしよー」と声があがるようになり，園庭の遊び小屋を消防車に見立てるだけでなく，ホールで肋木やマットなどを組み合わせて遊ぶようになっていった。はじめは子どもたち全員が消防士だったが，そのうち「火になる」という子が現れ，子どもたちだけで「消す-消される」ごっこを楽しむようにもなっていった。そして，冒頭で紹介したように，気づくとマーくんもクラスのごっこ遊びの渦に巻き込まれていたのだった。

　後藤先生たちの「消防士ごっこ」は，2人担任という条件を活かして「対」の関係がダイナミックにつくり出されている点におもしろさの秘密がある。まず，火事を知らせる電話がかかってくるという設定によって子どもたちは見えない相手と対話することになり，「だから行かなきゃ！」という共通の目的意識が生みだされた。園庭に出てみると，「火」があばれている。「火」と「消防士」という対の関係がわかりやすく，子どもたちはまさに一丸となって消火活動にはげむことになった。体験したての消防士なので，イメージをみんなで共有しやすいというのももちろん重要なポイントである。肋木やマットといった大道具は，「家」や「消防車」の内と外を明確にする役割を果たしてくれる。内にいる子どもから外にいる子どもへ，外から内へ働きかけるという空間的な対の関係ができあがり，3歳児にとって対話が生まれやすい環境になったと考えられる。

4 自分のイメージに寄り添ってほしい

　3〜4歳頃というのは，積極的に相手のやることを見たり取り入れたりする4〜5歳児とは異なり，一緒に絵を描いていても「ゆきちゃん（自分のこと），ヘビにょろにょろかけたー。はるちゃんもかいてみ（かいてごらん）」などと，自分のしていることを相手にさせようとする傾向が強い*。あまのじゃくな行動も多いが，決して対立していたいわけではなく，ハンタイのことをしながら相手に受け入れてもらいたいという欲求を強くもっている。

＊服部敬子「幼児期中期の「自我」の発達と保育の課題」『京都大学教育学部紀要』42号，1996，pp.133-143

●事例2　ボクにはボクのつもりがある！ ケド……

　アキくんは何度言っても三輪車にのる順番を替わろうとせず，「いや〜！ ボク，トーキョー駅までいくんだもーん！」などと言って乗り続けている。「かわって〜〜〜」と叫ぶ子どもたちを前に，保育者も困って叱り口調になっていた。
　そこへ，それを見ていた年長の女の子が大型積木を抱えてきて，「はい，ここがトーキョー駅だよー」。するとアキくんは，一瞬「ん？」という表情になったが，「とーちゃく，とーちゃーく‼」と言ってすんなり三輪車からおりた。

アキくんにたくさん乗ったという満足感もあったのだろうが，自分のイメージに寄り添ってもらえたことでうまくキリをつけられたようだ。部屋から出て行ってしまう子ども，集団の遊びに入ってこない子どもがいる場合，いかに「みんなの輪」の中に「入れる」か，「戻れる」ようにするかと考えることが多い。しかし，先に紹介した「消防士ごっこ」のように，遊びの中心をその子どもの好きなこと，できることにもっていく，つまり，「みんな」をその子の遊びやイメージに引き寄せるという発想も必要である。

5 魔法のコトバ

やりたいことができなくなる「ジュンバン」というコトバは受け入れられないが，「だれの次にやる？ ジュンバンにしようね」と言われると「アキくんの次にする！」と待てることも多い。1人ひとりの気持ちを受けとめる配慮のもとに教えてもらう「かして」「入れて」「ジュンバン」といったコトバは，子どもどうしをつなぐ「魔法のコトバ」になっていく。ものごとの手順や因果関係を言葉で理解し，「〜だから〜する」という必要性がわかって，行動する力の土台がつくられていくのもこの時期である。

2. 4歳児クラスの子どもたちの「人とかかわる力」と保育

1 モノとモノ，人と人の「間」をつなぎ始める4〜5歳児

●事例3 もうすぐ5歳──やさしさと機転と＊

　週末の休み明け，月曜日の朝のこと。3歳児クラスのトモコがお母さんと別れるのが悲しくてずっと泣いていた。園庭に出ようとしていた4歳児クラスのアユミとメグが通りがかり，「お母さんになってあげるから」とトモコの手をとる。しかし，トモコは動こうとしない。

　そこへ，きつい言い方をよくするマミが，「トモちゃん，うるさいなー」と言いながらやってきた。筆者が「トモちゃん，お母さんが帰っちゃうのがかなしいの」とわけを話すと，ワカッタという表情でトモコの手をとる。そこを通りがかったショウタ，「トモちゃん，泣き虫やなあ」とあきれ顔で言う。すると，マミはむきになって「ちがうで。おかあさんが帰らはるのが，さみしいからやで！」。

　この間にトモコは泣きやみ，マミ，アユミらに手をひかれて部屋にむかった。マミは私のほうを振り返り，「今日は，トモちゃんとあそんであげるねん」と笑顔。そして，「なあー」とアユミを見て首をかたむけた。

＊服部敬子「5, 6歳児」心理科学研究会編『育ちあう乳幼児心理学』有斐閣，2000, pp.183-205

アユミ，マミは，間もなく5歳になる。状況をみて他者の気持ちを察するやさしさと，その場にふさわしい役をとる機転，自分や他者の思い違いに気づいて修正し，間に入って仲をとりもつような力が備わってくることがわかる。
　ここで，4歳児クラス「すみれ組」の実践を紹介しよう。

■**実践例3　もうすぐ運動会──子どもたちの「やる気」はどこから？？**＊

　すみれ組は男の子14人，女の子が4人で，11月以降に生まれた子が3分の2を占める元気いっぱいのクラスで，担任は，絵本大好き，ごっこ遊び大好き，歌大好きでオリジナルの歌までつくってしまう齋藤先生である。折り紙の製作をするときにも『どろぼう学校』が始まったりする。保育者が"くまさかとらえもん先生"になって「いいか，みんな，わかったかぁー」とやると，「はーい」「へーい」「ほーい」「わかりやしたー」「がってんでござんすー」と続く子どもたち。園庭のすべり台やうんていは山んばに追いかけられる舞台にもなる。
　さて，プールが終わる頃に「運動会で何をやりたい？」と聞いてみると，一斉に「そら，すみれ（組）はのぼり棒や！」という声が返ってきた。去年のセンパイたちの姿が目に焼きついているようである。「ただ上をめざしてのぼるだけではおもしろくない」と考えた齋藤先生は，子どもたちの「読んでコール」が多い『じごくのそうべえ』の軽わざ師を登場させようと思いたった。保育者が「しっかり！がんばれ！」と叱咤激励するよりも，ごっこ遊びの延長として楽しく取り組めたらという思いであった。
　翌朝，紙製の「針」をのぼり棒のロープにつけて「これ針の山に見えへん（ない）？」と聞くと，「あぁーわかった，そうべえか！」と気づいた子どもたち。登れなくて砂場に行っていた子どもたちも全員寄ってきて「やろうやろう！」。待っている間も「とざい，とざーい，軽わざ師のそうべえ，一世一代の……」と口上が始まる。しかしやっぱり高さに震えて「（そうべえになっていても）こわいもんはこわいんやー」を叫ぶ子もいた。そんなとき，てっぺんまで登ったこうすけくんが「おーい，てっぺんに行くと保育園の屋上が見えるぞ！ぴかっと光る丸いもんがあるぞ！」と大発見をみんなに伝えると我先にと登りはじめ，それぞれ新しい発見をしてくるようになった。
　友だちに励まされて毎日のぼり，ようやくコツをつかんだゆうきくんが10日目に見事のぼれるようになると，みんな大喜び。するとうれしい連鎖反応が起こり，みんなの声援に応えてりょうくんがのぼれるようになり，りょうくんの姿を見て奮起したしょうたくんまでがのぼれるようになった。子どもたちは口ぐちに「できるやん，すごいな，しょうた！」「おーい，しょうたがのぼったぞー！」とふれまわる。そうべえになるのもいいが，やっぱり一緒に生活する友だちの励ましが

＊齋藤えり子「じごくのそうべえ」京都保育問題研究会編『保育びと』12号，1997，pp.12-29

すっと胸におちるのだなあと実感し、また、このように友だちに声援を送れる子どもたちの姿をとてもうれしく頼もしく思った齋藤先生であった。

4歳半ばを過ぎると、「○○シナガラ□□スル」のように、2つの方向に注意を向けて2つの行動を1つにまとめあげるようなコントロールができるようになってくる。利き手で道具を操作しながら逆手を調整する（ハサミ、金づち）、足でふんばりながら手を持ち替える（のぼり棒）、考えながら話す、話しながら聞く、「まえ」のことを思い浮かべながら「いま」の状態を見る（変化をとらえる）、といったことができるようになる。ホントとウソッコの2つの世界を自由に行き来して楽しめる。友だちがやるのを見ナガラ自分のやり方を工夫したり、相手のやり方に寄り添いナガラ教えてあげたりできるようになっていく*。

このような関係のなかで、「～したら～になる」ということをあらためて発見し、友だちとも確かめあいながら、「～なのは～だから」「～になるのは～したから」という理解を深めていくことができる。自分のことだけでなく、友だちのことに関しても、「～できるようになった」という変化を見のがさない。全部できたというのではなくても、少しでもできるようになったというプラス方向の変化をみつけて伝え、喜び合う。細やかな部分に着目して他者との共通理解を深め、相手が「わかる」過程に重点をおいて、その変化をとらえて共感し合う年中児たちの姿に、「教育」の原点をみる思いがする。

*子安増生・服部敬子・郷式 徹『幼児が「心」に出会うとき——発達心理学から見た縦割り保育』有斐閣、2000

2 ルールを遊ぶ4歳児

身の回りのできごとについて「～したら～になる」という因果関係を発見していく4～5歳児たちは、「～のときは～すること」「～したら～になること」というルールのある遊びを楽しむようになる。歩道と車道の区切りの上をバランスをとって歩きながら「ここから落ちたらトロルに食べられるんやで」。大人までがその上を歩かされてしまう。「ここは玄関、な、だから、ゴメンクダサーイっていうんやで」「ゴメンクダサーイ！」……など、ある種の約束ごとをつくり、それに向けて調整することが、楽しさのもとになっていることがわかる。

追いかけっこや順番交代、役割交代など、もっと幼い時期から生活のいろいろな場面で慣れ親しんできた要素をもとに、勝ったり負けたりするおもしろさが理解されてくる。大人から、「～したらだめ」「～しないように」と言われるのはおもしろくなくても、自分たちがその時どきで提案する「～したらだめなこと、ね」というのは、楽しいごっこ遊びやルール遊びにつながるのである。

【しりとり遊び】

しりとりは、いわば、言葉と言葉の「間つなぎ」遊びといえる。1つの単語を

きちんと音節に分けて考え，1つの音を共通項にして他の言葉をつなげていくことができなければならない。1つひとつの音に自覚的になってくることは，話している最中に言葉を言い直したり言い換えたりする姿にもあらわれる。

●**事例4　しりとり遊び──「ン」がついたら負け，だけど……***

　ある日のこと，もうすぐお昼ご飯というときに，部屋の一角で先生に教えてもらったしりとり遊びが始まった。7人が集まっている。「いーい……いーイルカ」「カ？　んーと，んー……カミ！」と続いて「ミ…ミ…ミカンあっ，ちがう！」。みかん，と言いかけたが，「ん」がつくことに気づいて，途中で言うのをやめたユキちゃんであった。すると，次の番を待っていたタミコちゃんがまゆをあげ，大きく目をひらいて，「ミカ，ってミカだけだったら，ひとのなまえやし，いいよ」。

　タミコちゃんの発見に，まわりの友だちは少しあっけにとられながらも「ミカ，や（だ）ってー」と笑って，そのまま続けることになった。

　「ンがついたら負け。おしまい」というのがしりとりのルールだが，タミコちゃんのフォローは気が利いていた。ユキちゃんはもちろん，周りの友だちも，このフォローを喜んで受けとめたのである。ルールに忠実に合わせる一方で，「～だからいいよ」と，寛容に受け入れあえるのが4～5歳児のいいところである。勝ち負けにこだわるようにもなるが，みんなで知恵を出し合いナガラ続けていくという過程そのものが，このころの子どもたちの遊びの要素として重要なのである。

　では，再び「すみれ組」の様子をのぞいてみよう。

3 遊びながらつくっていく──劇遊びから劇づくりへ

■**実践例4　配役を決める──民主的な解決****

　生活発表会が近づいたある日のこと，齋藤先生が「みんなで何をする？」を相談をもちかけると，「そぉら，そうべえにきまっているやん！」「そうべえ！」と満場一致で決定。「なんで？」と聞くと「おもしろいもん！」「えんまさんが，"じごくゆきじゃあー"っていうとことか」「人呑み鬼が，うぇー歯抜けにしよったーとか」と，場面とセリフがもうすでに頭に入っている子どもたちが口々に理由を言う。どの役になりたいか聞いてみると……やはり，18人中11人が"そうべえ"がいいとのこと。これまたそれぞれにしっかり理由がある。

　ここで，「じゃあジャンケンね」と切り出す保育者もいるだろうが，齋藤先生は違った。"遊んでいくうちに気持ちも変わるだろう。まずはそうべえごっこをいっぱい楽しもう"。この話は登場人物が個性豊かで楽しく，それぞれの役がそれぞれ

*子安増生・服部敬子・郷式 徹『幼児が「心」に出会うとき──発達心理学から見た縦割り保育』有斐閣，2000

**齋藤えり子「じごくのそうべえ」京都保育問題研究会編『保育びと』12号，1997，pp.12-29

の場面で必ず活躍するから、という確信があった。そして、何より子どもたちが好きな場面からやってみることにした。なり手のない役はどうするかって？ すべて齋藤先生がやるのである。

　しばらく遊んでいくと、鬼も役もエンマの役も、それをやらなかったら劇が進まないということに子どもたち自身が気づきはじめた。自分たちのほうがうまい、という思いもあったかもしれない。「じゃあもう1回なりたい役聞こうかな」と保育者。すると今度は「ぼく、そうべえもええけど歯抜き師するわ、だって歯抜けるもん！」と歩くん。「そうべえとふっかいするわ」とゆうたくん。1人が2つの役を言い始めると、あ、それええのかと思ったみんなが次々にダブルキャストを言い出した。小さいときから緑色が大好きで緑鬼をやりたがっていたりょうくんは、保育者がいくら「ちくあん先生しない？」と提案しても「絶対緑鬼！」と目をうるませて主張していたのだが、友だちから口々に「りょう、うまいしやったら？」「そうや！"あーこわー"とかうまいこと言うやん」と認められると、「うん！」とうなずいたのであった。

　4歳児たちは、やりナガラ考え、矛盾にも気づいていく。大人に説得されて「〜ねばならない」と自己抑制するのではなく、通じ合える仲間関係のもと、自分たちで考え、必要性がわかって「〜するほうがいい」と自分を変えていける、それがこのころに育ってくる「自制心」なのである。「自励心」ともいえるだろう。

3．5歳児クラスの子どもたちの「人とかかわる力」と保育

◼ 年長児との出会い

　「アンタ、だれ？」「なまえなんていうの？」「なにしにきたん？」——はじめて訪れる保育所に足を踏み入れたとき、ちょっとえらそうに、興味津々のまなざしでまっすぐにたずねてくるのはたいてい、年長クラスの子どもたちである。「なまえは、はっとりけいこ、っていうの。みんなとあそびにきたの」。「ふーん、はっとりー？」。何やら考えているな……と思っていると、ニヤッと笑って「はっとり、かっとりせんこーや！」。集まってきていた子どもたちも口ぐちに「ばっとりぶっとりバカせんせー」「はっとりハナげー、ぶ〜」などと、美しく韻を踏むきたない言葉を投げかけてくる。

　5歳になった保育所の「主（ぬし）」たちは、大人であろうと新参者とみるや、さまざまな場面をとらえて園や組の案内や人物紹介をしてくれる。一緒に歩きながら、子どもたちの「きまり」や「ひみつ」、友だちの妹弟や障害がある友だちのこと、

自分たちのお当番のこと，前の年長児から伝え聞いた保育所の「七不思議」などを教えてくれる。自分の身のまわりのことは後にまわしても，まかせられた「保育所まわり」の役割は嬉々として責任をもって果たそうとし，小さい子のお世話をするとなると大はりきりの5歳児たちである。

とはいえ，こうした頼もしい姿が4月当初からみられるわけではない。ここで，保育者が困りはてるほど「幼い」姿をみせ，「荒れている」ようにみえた5歳児クラスの実践を紹介しよう。

2 「荒れる」子どもたちの変化

実践例5の野村先生が出会った子どもたちは，「すねすねマン，ガオレンジャー狂，座って話を聞けない子」などなど，とても年長児とは思えない姿の子どもたちぞろいだった。「おはようの時間にするよー」といくら声をかけてもそれぞれ好き勝手に遊び続けて集まらないし，散歩もバラバラになり，危なくて引き返す始末。いったいどうすればいいの???と登園拒否したいほど悩んだ末に，野村先生はまず"5歳児なのに……"という見方をやめ，よくも悪くもパワーのある目の前の子どもたちをよく知り，好きなことに寄り添って信頼関係をつくることにしようと考えた。そして，「させる」のではなく，子どもたち自ら「やりたい」という気持ちを引き出そうと，地の利を活かして「山の探検」にくり出すことにした。

■実践例5 山の探検に行ってみよう！*

【5月9日のクラス通信より】

保育園から少し歩くと周りには小さな山がいくつかあり，天気さえよければ，それーっと出かけました。「下界」では，「あれー，また○○ちゃんおらんにー」「はよおいでー」「××ちゃん，プイって怒って行って（し）まったよ」など，みんながそろうのは難しかったのですが，ひとたび山に入ると，"ここにいるのは自分たちだけ""センセはいるがあんまり頼りにはならん感じ"というわけで，自分たちで，「オーイ，ダイジョウブカー？」「ユウー，オルカー？ アルケルカー？」などと，声をかけあっていました。

「センセ，どっちいくといいやろう？」という時，わざと「はて？ さあ？ どっちやろねえ」なんて答えると，自分たちで「ちょっと，○○見てきて！」「オレが行ってみてくるさ」など，行き先を相談したりもしていました。男の子が後ろに回って女の子を守るナイト役をかってでたり，手をかしたり，枝をよけてやったり，普段は見えない姿もみたりして，ヘェー！ やるじゃん，と内心ウシシという気持ちでした。

*野村和美「ワクワクドキドキ探検あそびで結束」渡邉保博・加用美代子・上月智晴・西川由紀子・服部敬子・平沼将博（保育計画研究会）編『保育計画のつくり方・いかし方』ひとなる書房，2004，pp. 218-230

いつもプイとすねる子も，山の中ではすねて逃亡する勇気はおきず，いつもみんなの中に入らない子も，この時ばかりと自ら先頭をきって道案内役をはりきっていました。そういう中で，子どもたちの中でも，あれ？ ○○ちゃんって案外やさしいところあるじゃん……とか，へー，こいつわりと頼りになるやんか……と，新しい面を発見しあうことになったのではと思います。

＊　　　＊　　　＊

野村先生は毎回何かひとつ「探検の山」に仕掛けをつくった。リュックにはいつも小道具を入れていき，「あっ！ 今，向こうのほうで何か黒い影が走ったような気がする！」などと言って子どもたちの視線をそちらへくぎづけにしておいて，そのすきに墓の前や石の下など雰囲気のありそうな場所へササッとおく。

そんな探険を繰り返すうち，ある日，藪の中から出てきたところに偶然「三木久庵翁」と彫ってある小さなお墓をみつけた。もともと空想好きの子どもたちであった。それからの山の探険では，何か謎めいたことのあるたび，「ミキキュウアンさんのしわざや」とか，おきみやげ（保育者が仕掛けた）があると，「ミキキュウアンサンがくれたんや」などと結びつけ，あれこれ考えて楽しむようになった。ある日は，「おかしももらったで何かお礼をするほうがいい！」と誰かが言いだし，「お餅とかやろうよ」「おとなの人やで（だから），花とかまんじゅうとかブドウがいい」「でもブドウはくさる」「キュウアンってひとは年寄りやで（だから）コンブアメとかは？」と話し合いが続いた。

この偶然の出会いがあってからというもの，お菓子と一緒に手紙が何度も発見されるようになった。結婚式の祝儀袋（野村先生が実際にもらって大切にとってあったもの）に毛筆で年寄りじみた震える字体で書かれているのだ。行事の前にはみんなを励ましてくれる。秋の盛りには1畳分ほどもある大きな地図が園に届けられ，それを頼りに片道2時間かけての山歩きに出かけたこともあった。

生活発表会を1週間後に控え，大雪の降った次の日，子どもたちは「ミキキュウアンさんのお墓，雪がいっぱいではっぴょうかい見に出てこれんかもしれん」と言いはじめた。そんならどうする？ ということで話し合い，早速，手にスコップやバケツ，なぜかソリまで持って，久庵さんの墓へ雪除けに行ったのだった。

このころには，「すねすねマン，ガオレンジャー狂，座って話を聞けない」といった姿は影をひそめ，それまであまり自信のなかった子が突拍子もないことを言ってみんなを笑わせたり，急にみんなをアッと言わせることを考えついたりするようになり，そのアイディアをみんなで話し合って実行するというクラスに育っていたのだった。

野村先生の実践は，毎回仕掛けが練られつつ，子どもたちの関心や偶然のでき

ごとを取り込んでいくものだった。「～せねば」と縛られるのではなく、子どもたちの声と、そのときどきの条件を活かして、保育者も一緒にワクワクしながら、ねらいに向けて新たな計画を生み出していくという「発生的カリキュラム」が、「荒れる」5歳児たちの潜在的な力を引き出したのだといえる。

❸ 「間」の世界をつくりだす5歳児

　身体活動や制作などでも、さまざまな工夫をしながら一所懸命に調整し、いろいろな変化を楽しんでいく5歳児たちは、目標と結果との「間」をとらえ、力強く表現し始める。歩いた長い山道や、海を渡って行ったおばあちゃんの家までの経路を「～してな、それから、電車でズーッと行って、そこから船にのってまたズーッと行ったら～」と何度も息つぎしながら話し、絵でも途中の目印を入れて表現するようになる。話したり描いたりしている途中で、「あ、そうや、ここで～した」と思い出した場面を挿入するなど、「間」の世界を豊かにしていく。

　このころにはまた、連れだって少し遠くの友だちの家に遊びにいくなど、生活圏を広げ始める。その一方で、すべり台の下や物置のすみ、近所の公園の一角に「ひみつ」の場所をつくって大切にすることがみられる。家庭と保育所との「間」に、いわば、「第3の世界」をもつことで、「えっと…あのね、そしてね」と接続詞が間に入り、話し言葉が筋道をつくって豊かに展開されていく。先に紹介した実践例5の「山の探検」では、ワクワクドキドキの「第3の世界」が、現実（日常）と虚構（非日常）の「間」を楽しめる舞台としてつくり出されたことで、子どもたちの心が強く結びついたのだと考えられる。

　そして、このような経験をもとに、5歳頃の子どもたちは、大きい‐小さい、いい‐悪い、好き‐きらいといった二分的な対比的関係から、「間」の世界をつくり始める。両極の間に、「ちょっとだけ」、「ふつうくらい」、「どっちでもない」と表現される世界が広がってくる。ものの見方・感じ方が、生理的な基盤の成熟ともかかわって、細やかに変化してくるのである。お泊まり保育で出会った山んばを「こわかったけど、ファイヤーの火つけてくれたし、ちょっとだけやさしかったで」と評価したり、忍者村で修行していることになっている筆者ハットリくんに「じゅつ、できるようになったか？」とたずね、「まだできてなーい」と答えると、「ちょっとずつしかレンシュウしてないんやろ」と指摘したりする。「間」の価値をすくいあげ、自ら理由づけて納得することによって人との共感の幅を広げ、「まあ、いいよ」「しゃあないなあ」と寛容に認め合える人間関係を結び始める5歳児たちである。

4 「第3の道」を考え出す力——話し合い

　3歳児クラスで「消防士ごっこ」(実践例2)を楽しんだクラスの子どもたちが，後藤先生のもち上がりでいよいよ年長児になった。時は7月，夏祭り前のできごとである。

●事例5　話し合い——汽車は何色？*

　夏祭りを前に，全員で紙を貼って作った「汽車」のおみこしを何色に塗るかを決めることになった。最初，22人中17人が「クロがいい」と主張。先生が1人ずつその理由を聞いていく。「汽車らしいから」「かっこいいから」……理由を出し合うなかで，21人が「クロ」派になった。ところが，なおみだけ「ピンクがいい」「かわいいし，きれいだから」と言ってゆずらない。クロ派の子どもたちは，「そんなんヘンや！」「みんなクロがいいの！」「なおみのバカ！」とだんだん個人攻撃を始める。

　そこで先生，「なおみがピンクがいいって言う理由もあるの。みんなでどうやってぬったらいいか考えて」と提案。非難ゴウゴウのざわめきが一瞬静かになった。

　しばしあって，さちこが，「いいことかんがえた！」と勢いよく手をあげる。

　さちこ「上のところはピンクにしてあとはクロにするの。」

　なおみ「そんなん，いや。」

　……みんなしばらくだまってしまう。すると，

　たくま「じゃあ，よこのところもちょっとだけピンクにしたら？」

　ちずこ「こっちからみたらピンクのきしゃになるよ。」

　この後，行きつ戻りつ20分もの大議論になり，結局，屋根をクロにして側面はピンクに塗ることになった。

＊服部敬子「5，6歳児」心理科学研究会編『育ちあう乳幼児心理学』有斐閣，2000, pp.183-205

　できあがった「汽車」を見ると，「ピンク」の主張が1人だったとはとても思えない。この実践の根底には，1人ひとりの要求をどこまでも尊重しようとする保育者の信念と，年長児集団によせる大きな信頼とがある。理由づけから始めて1人対多数の「間」に合意をつくることができたのである。アイデアいっぱい，「〜けど，〜だったらいいよ」と条件をつけて「間」をつくりだしていく年長児の力が，いかんなく発揮されているといえる。

　3〜5歳児クラスの間に子どもたちは，相手と「対立」する関係を確かめ楽しみ，人と人との「間をつなぐ」ようになり，そして，このように他者と合意できる「間の世界」をつくっていけるようにもなっていく。勝ち負けの意識が現れ，ルールを守れるようになる力を，「だれが早くできるかなー？」「早くできた人は

次にこれをあげまーす」「じゃあジャンケンして」などと保育者に従わせるために用いるというのはどうだろうか？ いつもうまくいくとは限らないが，ものごとの過程を楽しみ，数の論理ではない合意づくりの道を子どもたちとともに追求したいと思う。

【参考文献】

田中昌人・田中杉恵著，有田知行写真『子どもの発達と診断4　幼児期Ⅱ』大月書店，1986

田中昌人・田中杉恵著，有田知行写真『子どもの発達と診断5　幼児期Ⅲ』大月書店，1988

岸田康恵・山口眞貴子「仲良し二人組」『季刊　保育問題研究』212号，2005

宮里六郎『「荒れる子」「キレル子」と保育・子育て―乳幼児期の育ちと大人のかかわり』かもがわ出版，2003

河崎道夫『あそびのひみつ』ひとなる書房，1994

後藤直子「好きなことからはじめよう」『季刊　保育問題研究』170号，1998

齋藤えり子「じごくのそうべえ」京都教育問題研究会編『保育びと』1997

子安増生・服部敬子・郷式徹『幼児が「心」に出会うとき 発達心理学から見た縦割り保育』有斐閣，2000

野村和美「ワクワクドキドキ探検あそびで結束」渡邉保博・加用美代子・上月智晴・西川由紀子・服部敬子・平沼将博（保育計画研究会）編『保育計画のつくり方・いかし方』ひとなる書房，2004

第12章 保育における集団と個の関係

〈学習のポイント〉
①子どもの心を深く知ろう。
②一見わがままや困ったことと思う言動のなかにある「自発的につながる芽」があることを知ろう。
③個と集団がつながる保育の指導について考えてみよう。
④「人間らしくつながるとは？」を考えてみよう。

1. 個の心を知る──子どもは，生活や社会をかかえて生きている

　子どもは，この世に生まれ1人として同じ人間はいない。子どもを理解していくとき，「5歳児だから」とか「この時期には」とひとくくりに個をとらえるのではなく，5歳児のAちゃん，この時期のAちゃんと1人ひとりをていねいにとらえることが大切である。
　そのことが，集団と個をつなぐ大切な役割をもつ保育者と子どもの信頼関係をつくるうえで重要な，個の理解につながるからである。

●事例1　子どもの心いろいろ
［時期］4歳児の2月
［場所］園庭

　2月といってもあたたかい，ある日のこと。
　部屋で遊んでいたるんちゃんが「どろんこやろう」と保育者に声をかけてきました。その声を聞いていたまなみちゃんも「まな，やる」といってきたので，3人でとろとろ

みんなといっしょはたのしい

のクリーム作りが始まりました。やわらかい土を探し，水を入れ，また具合をみながら土を入れ……と繰り返して，ぽた～んとしたクリームを作っていくのです。そんなとき，手を動かしながら，おしゃべりがはずみます。

　まなみ「まな，ゆうべ，ねられなかった。だって，さやか（妹）泣くんだもん，大きい声で。パパがきても泣いている」
　保育者「そうかあ，ねられなかったんだあ。ママ，病院にお泊りの日だったのかな？」
　まなみ「うん。パパ，さやかのところへ行ったんだけど，泣いてる。まな，ね

　　　　　られなかった」
　　保育者「そうかあ，まなちゃん，がんばってるんだね。すごいねぇ。ママが夜お仕事でいないとき，まなちゃんと，さやかちゃんと，パパで，お留守番しているんだあ」
　　まなみ「いつもは，ママとさやかとねるんだけどね。パパ，さやかのところへ行ったんだけど，泣いてた」
　まなちゃんが三度も，パパがさやかちゃんのところへ行ったことをいうので，「まなちゃんは，ほんとうにがんばっているんだもんね。まなちゃんも，ねられないから，パパにきてほしかったねえ」というと，「うん」とにっこりした顔を見せてくれました。すると，クリーム作りの手を動かしながら，るんちゃんが「るんだって，お父さんがいなくてさみしいけど，がまんしなきゃあ，いけない」というのです。るんちゃんは，12月にお父さんとお母さんが別れて，お母さんとお兄ちゃん，弟と4人で暮らしているのです。
　そこで「ほんとうにそうだねえ。るんちゃんも，がまんしているんだもんね。ママもがんばっているし，るんちゃんもがんばっているんだもんね。2人ともすごいねえ」というと，急にまなちゃんが「どろが，服によごれると，着替えるのめんどうだなあ」というのです。るんちゃんは「いいじゃん，服あるから」というけど，まなちゃんは納得しない顔です。「すごくがんばっているし，岡ちゃん（岡村のこと）よりもえらいもんねえ。特別に，お着替え手伝ってあげるよ」というと，るんちゃんは「るんはいいよ。自分でできるから」といっていたのですが，まなちゃんはとてもうれしそうでした。
　そんなとき，途中からあそびのなかまに入っていたまゆこちゃんとめいちゃん。「めいだって，かあちゃんが洗濯干しているとき，ゆうた（0歳）としょうた（2歳）のめんどうみる。イヤだけどがまんしてるんだあ」とクリームを混ぜながらそんな話をするのです。そのときは，頭のなかで言葉が見つからず，とっても子どもが大きく見えました。
　　保育者「すごいんだねえ。みんなはほんとうにすごいんだね。岡ちゃんより，すごいえらいんだね」
　　まゆこ「ようちえん，楽しい！」
　　めい「めいも，そうだよ」
　　るん「るんも！」
　　まなみ「どろんこ，楽しい！」
　　るん「そう，家族ごっこもねえ」
　ニコニコといい顔のみんなに思わず，「そう，先生も楽しいなあ，みんなといると。顔を見ないとさびしいねえ」といいました。

そのあと，クリームをケーキにして，飾って食べて……と続いていきました。そして，着替えのときになると，子どもたちはどんどん自分で着替えをしているのです。

保育者「あれ～，お手伝いしなくっていいの？」
まなみ「へへへ，もういい。着替えちゃったもん」
保育者「せっかく，お手伝いをしようと思ったのに」
すると，肩をトントンとたたく，りさちゃん。
保育者「なあに？」
り　さ「(耳元で) りさ，お着替え手伝ってもらいたい気分なんだあ」

りさちゃんはこおり鬼ごっこをしながらも，ときどき抜けてきて「こおり鬼している」といいながら，何度もみんなの話を聞いていました。だから，なんにもいわないけれどりさちゃんも考えるところがあるのかなあと思い，「そうかあ，りさちゃんもそういうときがあるもんねえ」とぎゅっと抱きしめながらお手伝いをすると，とろけるような笑顔になりました*。

*岡村由紀子・金田利子『4歳児の自我形成と保育』ひとなる書房，2002, pp. 28-31

「4歳児」といっても，子どもの心はいろいろであることがわかる。日常保育場面に向かい合う子どもは，1人ひとり違って生きていることを理解することが，個と集団をつなぐ保育者の信頼関係をつくる一歩である。

2.「集団」のなかで育つ自己信頼感──ありのままの自分が出せる

人間が育っていくときの愛着行動について，心理学者ボウルビィは，「子どもが3歳を過ぎますと，母親との関係においても，もはや密接な身体接触の必要はなくなり，軽い接触か思いやりのある視線で十分になる。しかしそのためには，3歳までの愛着行動が，子どもにとって満足すべきものであったかどうかが非常に重要なことである」**と愛着行動の大切さを述べている。

しかし，子どもたちのおかれている現代社会は，バブル崩壊後，倒産，リストラなどによる失業問題，大気汚染や環境問題など，大人自身が生きにくい時代である。そんななかで，親子の安心感，信頼感など十分に育ちにくい現状がある。

生まれてはじめての集団保育場面において，本来の愛着行動ではないが，どんな自分も受けとめてもらえる経験を積み重ねていくことが保育に求められる。そしてそのことは，かかわりを育てるうえで，とくに重要となっている。

**辰見敏夫・永井千恵子・西澤幸子・渡邉真一『領域 人間関係（第二版）』同文書院，2000, p.28

●事例2　そういうこともあるよね！
[時期]　4歳児9月
[場所]　保育室

　お昼になって，グループごとに当番が配膳の準備をすることになりました。ところが，テントウ虫グループだけが進みません。ふうや君が「やりたくない，つかれた」といって，机に伏せてしまっているからなのです。同じグループのゆうき君も「イヤ，きのうやったもん！」といっているし，いくみちゃんも「あたし，その前」といって，3人とも動きません。そのうち，ほかのグループの支度ができ，食べ始めてしまいました。それを見てゆうき君は「おいしそう」と元気なくつぶやいています。いくみちゃんは自分のご飯を一粒ずつ食べ始めてしまいました。

　午前中おにごっこをしていて，ずっと走りまわって遊んでいたふうや君。「つかれたー」という声を何回か聞いていて，ほんとうに疲れているのは分かっていたのですが，保育者も月並みに「いくみちゃんもゆうき君も困ってるよ，おなかすいたって」と声をかけました。すると，「イヤだもん，やりたくないもん」と怒ってしまいました。そんなやりとりを聞いていた隣グループのりなちゃんが，「そういうこともあるんだよね，ふうや君」と声をかけています。それがゆうき君に聞こえたらしくて，ゆうき君がすくっと立って，「じゃあ，ゆうき，やるよ」といったのです。それで保育者は「じゃあ，いくみちゃんの分と自分の配膳だけやるの？」というと，ふうや君は怒りながら，「イヤ！ それじゃあイヤ。今，やりたくないの，あしたやる！」と強くいったのです。想像してなかったふうや君の言葉に感心して，「へえ，そうなんだ，ねえ，そういっているけど2人はいいの？」と聞くと，2人とも「いいよ」と承諾してくれ，この日はやっとお昼になったのです。よかった！ よかった！ もちろん次の日，ふうや君は，はりきって当番をやったのです＊。

＊岡村由紀子・金田利子『4歳児の自我形成と保育』ひとなる書房，2002，pp. 36-37

　当番の日に「当番はやりたくない」という個をめぐって，集団がわがままにも似た個の要求を受け入れていく姿である。こうしたとき「決まったことだから」「規律が壊れるから」と個に当番をやらせるよう，保育者は説得しやすい。しかし，保育者が個の思いを受けとめ集団を信頼することで，集団のなかで個を深く理解する姿が生まれる。それは，個にとっては，ありのままの自分を受けとめられる経験であり，自己肯定感が育ち，個と集団の関係が深まっていくことになる。

3. 個から「集団」に自発的にかかわる力——内面を見つめる

　集団が自分のありのままを受けとめられ「安心できる居場所」と感じると、個は自主的自発的に集団に働きかけて、かかわりをつくろうとする姿がみられる。

●事例3　パーティーやりたい
[時期]　4歳児9月
[場所]　保育室

　今週のはじめ、たいようさん*が誕生会で駿府公園に行くパーティーを計画しました。朝、園庭で、「行ってきまーす」「バイバーイ」というのを聞いていたせいご君が部屋に戻ってきて、数人の子どもと工作をしていた保育者にくっついていうのです。

*5歳児のたいよう組。

きもちいい〜。プカプカうきわ

せいご　「パーティーしたいなあ、せいごも」
保育者　「どんなパーティー？」
せいご　「せいご、泳げるようになった」
ゆうか　「ゆうちゃんも、そう」
保育者　「だけどそらさん**、みーんなが泳げるようになったかなあ」
み　わ　「えー。みわちゃん泳げないもん」（少し離れたところで遊んでいたのですが聞いていたんですね！）
保育者　「じゃあ、だめだねえ」
せいご　「いやいや、パーティーやりたい、やりたい」
保育者　「それじゃあ、みんなが集まったとき、みんなにも聞いてみようか」

**4歳児のそら組。

　このことばにひとまず納得したせいご君でした。そのあと、あそびがおもしろくなって忘れていたせいご君が、パーティーのことを思いだしたのは、お昼を食べる時間になったときでした。せいご君が話をすると、やっぱり「泳げないもーん」の声と、「パーティーしたい」の声になるのです。

　そこで保育者が「ねえ、みんなはお水が好きかなあ？」というと、「好き、好き」と、どの子もうれしそうに返事をしました。このごろは、浮輪を使って「天然の流れるプール」を川で楽しんでいる子どもたちなので、「じゃあ、浮輪に乗って、プカプカするのはどう？」と聞くと、どの子もニコニコ顔になって、「好き」「楽しい」という気持ちがぴったりになり、パーティーは、お水大好きプカプカパー

ティーになったのです。そして，パーティーのときは，カレーを作る，スイカ割りをする，浮輪で遊ぶところを見せてあげる，川で遊ぶという中味が決まったのです*。

*岡村由紀子・金田利子『4歳児の自我形成と保育』ひとなる書房，2002, pp. 169-170

　パーティーは，集団でなければ楽しめない活動である。「パーティーやりたい」と，集団にかかわりたい気持ちを自らが決めて働きかけてきた事例である。「泳ぐパーティーがしたい」という個の要求と，「泳げない」と言うみわを代表する集団の違った意見のなかで，内面を見つめている。それは，他者との関係で，個に自ら自己をコントロールする力が芽生えてきている姿ともいえる。

4.「集団」のなかで豊かにかかわる ── 悲しいこと，つらいこともうれしさに変わる

　個と集団のかかわりが深まると，「悲しい」「つらい」などのマイナスの事実を，個も集団も共有し，それを乗り越えようとする姿がある。

●事例4　コマができなくてくやしい

[時期] 5歳児1月
[場所] 保育室

　朝，男の子たち6人がコマで遊んでいるので，保育者も仲間入りさせてもらいました。遊びは，回っているコマをひもで押し出して，「どちらが長く回っているか？」を競うものです。ワーワー，キャアキャアやっているところへ

みてて。こうやってまわすんだよ

　　め　い「教えて欲しい，コマ回すの」
　　保育者「誰に教えてもらいたいの？」
　　め　い「おかちゃん」（保育者〈筆者〉のこと）。
　　保育者「いいよ，教えてあげる」
と言っていると，それを聞いていたけんやくんが「俺も教えて欲しい」（そういえば，さっき回っていなかった）。
　　保育者「いいよ，誰がいいの？」
　　けんや「あきらくん」。

保育者「そう言ってるけど，あきらくん」
　あきら「いいよ，こっち，こっちでやろう」
と早々始めています。このやりとりを聞いていたけんたろうくん，「同じ〈け〉がつくから教えたかったのに－」とブツブツ不満顔。この後，ままごとをする女の子たちのところへ行って，「コマ教えて欲しい人いない？　コマ教えてやりまーす」と宣伝です。その声にのって，りさちゃん，まなちゃん，まゆちゃん，るんちゃんがやってきました。めいちゃんは，投げ方をちょっと変えるとすぐ回ってしまい，大喜びです。
　めいちゃんが「教えてやりたい！　めいも」と言うと，まなちゃんが「教えて－」。だいしくんは「りさちゃん教えてやる」とりさちゃんに，るんちゃんは，しんたろうくんとけんたろうくんに，そしてまゆこちゃんは「岡ちゃんに教えて欲しい」と言うので，教え始めました。コマが回ると抱き合う子どもたち。そんなとき，あきらくんが「できた。けんやくん！　年の数だけ（6回回った）」とうれしそうに教えてくれたのです。それでみんなが集まって，けんやくんのやるのを見て大拍手。すかさず，あきらくんが「先生は，いそがやあきらです」のおまけも。めいちゃんも「あ！　あたしもやってなかった」とみんなの前でやって，もちろん「先生はおかちゃんです」と言わせてもらいました。
　そのうち，まなみちゃんもできてみせると，「教えてあげたい，まなも」と，まゆこちゃんに教えるまなみちゃん。そうしているうちに，まゆこちゃんができ，りさちゃんができ，拍手していると，ワーンとるんちゃんが大泣きしています。
　る　ん「しんちゃんが教えてくれない。るんだけできない」。
しんたろうくんは，ひさしくんと3人で積み木の家で遊んでいます。
　しんたろう「だって，つかれちゃった」。
ウン，それもわかるなあと思っていると，そのやりとりを聞いていたまなみちゃんが，「いい考えがある，みんなで教えてあげよう」と言ったので，みんなもパッと気持ちが1つになった感じでした。けんたろうくんの「みんなができたら対決したい」と言う声がはずんでいました。
　さあ！　それからはすごい！　るんちゃんを囲んで，投げ方やら，顔つきの応援です。るんちゃんは，くやしくて泣いています。
　り　さ「失敗は，成功のもとだよ。がんばれー」
　けんや「ゆっくりすぎるよ。投げ方だよ，投げ方。強くこうね！　こうやって投
　　　　　げる！」
　る　ん「できなくて，くやしいよー」
　あきら「泣くと力がなくなる」
　まゆこ「ゆっくり，みててよ」（ずっと後ろから見ている）

まなみ「まなのみてて，こう！　こうやるんだよ。足をこう！　みて」
　しんたろう「笑顔でやろう，そのほうがうまくいく」
　けんたろう「笑顔がいいんだよ，笑顔でね。こう，こうするんだよ」
　だいし「うまくいくよ，うまく。そうそう，そうだよ」
　ひさし「いそいでぬく，ひも，ひもをぬくんだよ！」
　めい「ゆっくり，ゆっくり。るんちゃん，いい，できるからね。がんばって」

　それでもまわらないコマ。それを見ていて，あきらくんが「わかった！　たたくからだよ」と言います。ひさしくんも「そうだよ，そういう音しないよ，コマ回すときには」。たたきつける投げ方が悪いことに気づき，それから何回もやると，なーんと！　るんちゃんのコマが回ったのです。るんちゃんに飛びつき，山のようになって喜ぶみんな。「すごい」「すごい」「おめでとう」「パチパチ」と拍手の嵐。

　こうやって回せたら，コマ遊びも楽しくないはずはないですよね。回せるようになりたい！　教えてあげたい！　回せなくてくやしい！　どれもすごいね。

　それから1週間後，グループ対決をして遊んでいるときのことでした。るんちゃんは，自分の番になってコマを回そうとすると，回らなくなっています。

　ひさし「るんちゃん，へただねえ」
　あきら「弱いしね（コマの回る勢い）」

　そんなこと言ってどうかなあ？　泣かないかなあと思ったのですが，るんちゃんが何も言っていないし，2人の言い方もさらっとしているので，黙っていました。その後，るんちゃんは列を離れ「練習する」と言って，1人みんなの横で回しています。

　あきら「どうして，るんちゃんのコマ回らないのかねえ」
　ひさし「うん」
　まゆこ「るんちゃん，がんばってよ」。

少したって，るんちゃんが列に戻ってやろうとすると，
　ひさし「がんばるんだよ！」
　あきら「回るといいねえ」

と言っています。そして，やったらなんと回り，るんちゃんはもちろん，ひさしくんもあきらくんも大喜びでした。

　「へただねえ」「弱いし」という言葉を聞くと，「そんな言い方は，しないほうがいい」「がんばってと言おう」など，保育者は声をかけがちである。しかし，個と集団が深くつながっているなかでは，事実を個も集団も共有して，ともに乗り越えていく姿がある。だからこそ，コマが回ったときの喜びは，個も集団も同じように喜びに変わるのである。

5. 保育者の指導——ゆっくり，じっくり，待つ

個と集団のかかわりを豊かに育てる保育者の指導について，金田利子の作成した表がある（図12‐1）。

「縦軸のうえに目指す子ども像の方向として「自立」を置き，下にその対極として「依存」（自分だけの要求——この場合は他者との関わり誰かに依存せざるをえないという意味）をおく。横軸に保育者の姿勢として，右側に「共感的」（内的共感）をおき，その対極として左側に「管理的」（外的管理）をおいた」＊とあるように，徹底的に子どもの思いや考えを共感的に受けとめ，自立の方向に向かう視点の指導である。

さらに，その視点に立ち，個と集団のかかわりを育てる指導をあらわしたものが表12‐1である。

個が，はじめての集団でありのままの自分を出し，わがままにも似た要求を集団で受けとめられることにより，自主的，自発的に集団に「かかわりたい」気持ちを育てる。

そして，悲しいこともつらいことも個と集団が受けとめ，乗り越えていく深いつながりを育てるには，子どもの時間を保障し，ゆっくり・じっくり・待つ指導

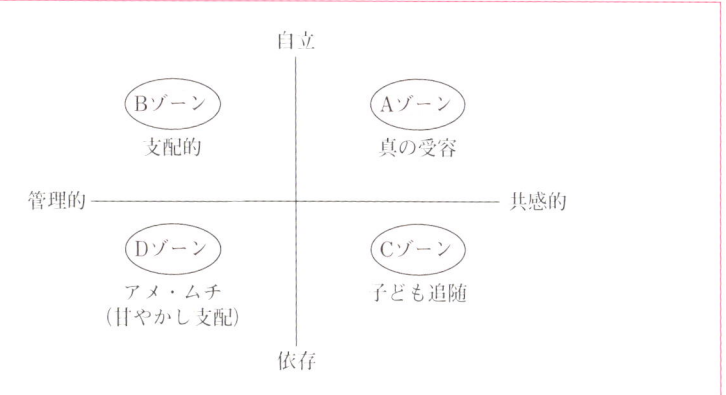

＊岡村由紀子・金田利子『4歳児の自我形成と保育』ひとなる書房，2002，p.197

	指導の視点・方法	子ども像
Aゾーン	自立・内的共感（民主的）	自律的自己コントロール
Bゾーン	自立・外的管理（支配的）	他律的自己コントロール
Cゾーン	依存・内的共感（追随的）	自分だけの自己充実
Dゾーン	依存・外的管理（矛盾型）	不安定

出典）岡村由紀子・金田利子『4歳児の自我形成と保育』ひとなる書房，2002，p.198

図12‐1　保育・教育の指導の傾向

表12-1　個と集団のかかわりを育てる指導

期	保育者の指導
自己主張期	個の充実のために時間を十分確保する。 集団の意識化と，個の自己充実の仲立ちをする。
集団への働きかけ期	集団に働きかけていく個を支援する。 1人ひとりをていねいにみる。 話し合い活動では，集団と個の間に「間」をとり，考える時間によって内面を見つめさせる。
個と集団のかかわりを豊かにする時期	共感し，見守り，気持ちを整理しながら「間」をとり，内面を見つめさせていく。 集団が自立的，自治的な質をもつ方向に育てる視点をもつ。

資料）岡村由紀子・金田利子『4歳児の自我形成と保育』ひとなる書房，2002，p.200より作成。

が求められる。

6. 人間らしい集団と個の関係──自己肯定・違いを認める

　現代は，「きちんと」「きっぱり」「自己責任」という時代で，あいまいは許され難い時代である。しかし子どもは，失敗やふざけなどなど……あいまいの時間のなかで大きく人間になっていくのである。

●**事例5　好きなカッコすればいいじゃん！**
　先日の大きくなる会（学年の卒園式）にみえたぎんくん（4歳児）のお母さんから，こんなお便りをいただきました。ぎんくんは，1カ月前に途中入園してきたばかりです。ピンクやスカート，きれいなものが大好きな男の子です。この会話は，5歳児のちさとくんと，ぎんくんのママの会話です。
　ちさと「ぎんちゃん，女なのにチンチンついているの？」
　ぎんくんのママ（以下，ママ）「男の子なんだよ」
　ちさと「男だけど女のカッコしているの？」
　ママ　「ウン。ピンクとかフリフリとかキレイなものが好きなんだよ」
　ちさと「フーン。じゃあそういう服着てくればいいじゃん」
　ママ　「そう？　着て来てもいいかなあ？」
　ちさと「ウン。いいさ。何で？　好きなカッコすればいいじゃん」

ママ　「おかしくないの？（そう思わないの？）」
　ちさと　「そう思わないよ。いいと思う」
　すごいでしょう‼ 大感激……。

　ぎんくんは，男の子だけれどスカートが好きで，ぎんくんのことを「女の子」だと思っていたちさとくんが，本当は男の子だったと知ったときの会話である。彼は「女の子」ではなく男の子であった違いを認め，自分で決めればいいと発言している。

　幼児期に育てるだいじな力は，「自己のなかに，揺るぎない，だいじにされる（自己肯定感）力」を感性的土台に育てることである。なぜなら，そうしたときはじめて個は，他者を肯定し，「やさしさ」が生まれ，人間らしく人とかかわり生きていく力が生まれるからである。ちさとくんの言葉は，違いを認め，自己決定し，ぎんくんを「おかしい」「かわっている」と見るのではなく，仲間として個と集団がかかわる力が表現されている。どんな違いも人格否定することなく，自己肯定し，他者肯定する，人とかかわる力が，21世紀，地球的視点で生きていく子どもたちには，とくに必要な，だいじな力である。

【参考文献】

ルソー『エミール　上・中・下』岩波書店（岩波文庫），1962

大田　堯『教育とは何か』岩波書店（岩波新書），1990

山田洋次『寅さんの教育論』岩波書店，1982

岡村由紀子・金田利子『4歳児の自我形成と保育――あおぞらキンダーガーデン・そらぐみの1年』ひとなる書房，2002

金田利子編著『育てられている時代に育てることを学ぶ』新読書社，2003

金田利子・齋藤政子編著『家族援助を問い直す』岸井勇雄・無藤 隆・柴崎正行監修，同文書院，2004

辰見敏夫・永井千恵子・西澤幸子・渡邉真一『領域　人間関係（第二版）』同文書院，2000

岡村由紀子「5歳児1年間の集団保育に見る自我の変容と形成――集団的な活動における合意形成の葛藤場面に焦点化した実践的研究――」『日本保育学会第58回大会発表論文集』pp.350-351，2005

第Ⅲ部

大人の人間関係と子どもの育ち

第13章 親子関係を問い直す

〈学習のポイント〉　①子どもの問題が親の人間関係とどうかかわるかを考えよう。
②親の離婚に直面した子どもの心を理解し，子どもにどのような支えが必要か考えてみよう。
③虐待が子どもの心身の発達にどのような影響を与えるか理解しよう。
④喪失体験から立ち直り，関係性の修復・再形成をしていくプロセスについて考えよう。

1. 子育て相談の実践から

1 子どもに関する親の悩み

　人間は1人では生きていくことができない，とよくいわれる。「人間」とは「人と人の間」と書く。ある人は「人間」という文字を「じんかん」と読み，「人間は人と人との間で生きる存在である」と表現した。ギリシャ時代の哲学者であるアリストテレスは，人間を「社会的動物である」と言った。たしかに，人間は社会の多くの人との交流によって生き，またお互いに支え合って生きている存在である。しかし，昨今の子どもたちのなかに，自分以外の人にかかわりをもたない，いわゆる「ひきこもり」の現象が起きている。家から外に出ない，また，自分の部屋から出ない子どももいる。このような子どもについて，ある人たちは，このような子どもは，おとなしい，やさしい子どもである，という。この評価は一定程度，的を射ていると思われる。一方，このような子どもに対して，「人間関係」がとれない子どもであると，論評する人もいる。前者の場合にはよいが，後者の論評にあてはまる子どもの場合には，親にとっては悩みの種である。子ども自身も不安を感じながら生活している。

　たしかに，子どもの人間関係に関する親の訴えは多様である。たとえば「子どもが幼稚園に行きたがらない」「園で友だちができない」「友だちに乱暴する」「かみつく」「誰とも話したがらない」「私になぐりかかってくる」「いや，といえない」「いじめられている」「甘えん坊で私にぴったりくっついている」「あいさつができない」などである。

　こうした訴えが深刻な悩みでないうちはまだよい。登園拒否をしたり，不登校になったり，人間関係が希薄になり，それが原因で非社会的行動や，反社会的行動になっていくと，親も悠長に構えてはいられない。だが，子どものいわゆる問題行動を落ち着いて考えてみると，その原因，背景は親の人間関係にあることが多い。さらにいうと夫婦関係，祖父母との人間関係が子どもに影響している場合

があることもわかってきている。

2 子ども期の特徴と親子関係の重要性

いうまでもなく，生物的な特徴として，子どもは周囲の影響を受けて成長する。年齢が小さいほどもっとも身近な親の影響を受けて成長を遂げていく。言葉，生活習慣，行動の仕方，ものの考え方，他者に対する自分の行動のとり方など，何といっても子どもは毎日，親の生活のなかでのふるまいを見，さまざまなことを聞いて学ぶのである。

筆者は，他者との関係のとり方の力を，かなり以前から「人間関係調整力」と呼んできた。現在ではこの呼び方が用いられるようになってきている。子どもの人と「かかわる力」は親の日常の，他者との「かかわり方」を見聞きすることによって身につくといってよい。また，親がわが子にどのように接するかが，子どもの「かかわる力」の育ちに影響するのである。

ところで，親に関しての評価は多様である。子どもに対して「やさしい親」「ほめる親」「甘い親」「過保護の親」「しかる，怒る親」「たたく親」「厳しい親」「しつけに厳しい親」「友だちを大切にする親」などである。このように親の評価はさまざまであるが，考えてみると，子どもへの親のかかわり方に，親自身の性格が反映していることも私たちは認めなければならない。やさしい性格の親，あたたかい性格の親，がまん強い性格の親，わがままな性格の親，自己主張の強い性格の親，人を責める性格の親などである。

このように，親の子どもへの接し方，親自身の性格によって，子どもの他者へのかかわり方は影響を受けるのである。このことから，親子関係はかなり重要な意味をもっているといえる。

3 親子関係を見直すということ

この章は「親子関係を問い直す」というタイトルである。そこで「親子間を問い直す」ということについて少し，考えてみよう。まず，「親子関係の何を問い直すのか」ということである。親子関係に含まれる問題，課題は多い。たとえば，「育児能力の低下」「幼児虐待」「体罰」「しつけ方」「夫婦の育児の役割り分担」「親のものの考え方」などである。現在では「育児放棄の時代である」という言葉を使って，現在の育児の様子を表現する人もいる。このような社会的に大きな問題も指摘されているが，ここでは，1つひとつの，狭い「親子関係」に焦点をあてて，事例をもとにして考えてみたい。もちろんそうはいっても，一家庭の親子関係を社会の状況を無視して語ることはできない。このことを了解しながら，考えてみたい。

2番目に考えてみたいことは「どう問い直すのか」ということである。親子関係を問い直す際に深く注意しなければならないことは，問い直す人の価値観である。ここでは深入りできないが，たとえば子どもに「かかわる力」を育てたいというときに，「かかわる力」の質，程度をどう考え，その子自身の人間性と，性格と，その「かかわる力」の質，程度がどう関係するのか，という問題を考えなければならない。

　また，このことを異なった視点でいうならば，その子のその時点での幸せの保障と，「かかわる力」を育てることとがどう結びつくのかをも考えてみたい。また，かなり難しいことだが，「かかわる力」を育てることが，その子の将来の幸せとどうつながるかをも考えておくことも必要である。「かかわる力」を育てること自体と，子どもの「幸せ」との関係を考えておかないと，誤った育て方に陥ってしまうことにもなりかねない。たとえば，「どの子とも仲良く遊べるように」という要求を強引にしてしまうと，それが無理な子どもには，かなりの負担になってしまうのである。こうしたことも考えながら，「親子関係を問い直す」ことが必要であると思う。

　3番目に考えたいことは「誰が問い直すのか」ということである。ここでは保育者が第三者として問い直すことが要求されている，ということがまずある。しかし，それだけではよくない。保育者，園の他の職員が問い直すことはまず必要だが，それだけでは十分ではない。親も自分で問い直し，また，園の保育者と一緒になって問い直すことも必要である。そうでないと，保育者の個々の見直しが，親子関係によりよく反映されにくいと思うのである。親自身が自分で深く納得し，自分で自分を方向づけることが大切なのである。このことを押さえておいたうえで，「親子関係を問い直す」ことをしていきたい。

4　子育て相談の実践から

　筆者は以下のような子育て相談の実践を自分なりにやってきた。K幼稚園で25年，A幼稚園で10年，東京の青梅市で20年，親の子育ての勉強会をやってきた。また，10年前に「日本キリスト教子育て・教育センター」を独自に設立し，電話などで子育てや教育の相談にのってきた。親による相談はもちろん，小中学生や大学生，一般の人の相談にものってきた。その内容は多岐にわたっている。ここでは主に「親子関係からみえる子どもの人間関係」の事例をとり上げ，考えてみたい。

●事例1　しゃべらないA子ちゃん
　年長のA子ちゃんは，幼稚園でひとこともしゃべらない子であった。園では1

人で遊ぶことが多かった。たまに友だちとも遊ぶこともあるが，たいしてうれしそうでもない。そうかといって，すべての行動が1人であるということでもない。先生や他の友だちのいうことは理解できているようだ。園に来ることもいやでもなさそうだ。母親にＡ子ちゃんの言語面について聞いたところ，特別に言語相談に行っているということでもなかった。

　7月のある日，担任の先生が園から出て帰宅しようとして外を歩いていたそのとき，遠くから当のＡ子ちゃんが「先生！　今プールに行ってきたの！」と声をかけてきたのだ。先生は当然びっくりした。その後，筆者と担任は母親を呼んで話し合いをした。Ａ子ちゃんがなぜ幼稚園でひとことも話さなかったのか，理由がそのときにわかった。

　夫の母親（Ａ子ちゃんの祖母）はかなり強い人で，Ａ子ちゃんのお母さんは，おばあちゃんにひとことも反抗できないで小さくなって生活をしてきたそうだ。くやしい思いでいっぱいの母親は，Ａ子ちゃんを遠くの公園に連れて行って「ババーのバカ！」と大声で叫んでいたそうだ。そのことを幼稚園でいわれるとまずいので，母親はＡ子ちゃんに，園では何もしゃべってはいけないと，きつく言っていた。その命令を守って，Ａ子ちゃんは園では何もしゃべらなかったのである。母親は涙を出して語ってくれた。

　その後は，母親は自分の悩みを聞いてもらった安心感もあってか，Ａ子ちゃんに園で話してもいいよ，と言ったそうだ。その後，Ａ子ちゃんは友だちと話すようになった。

　この事例のＡ子ちゃんは，子どもらしく他の子と話をしたり，楽しく遊べていなかった。園に来ること自体には，強い不満をＡ子ちゃんは感じてはいなかった。子どもの人間関係からすると，不自然である。その背景には，母親と祖母との人間関係が存在していた。そして，その関係がもとになって，母親とＡ子ちゃんの関係は，園では何もしゃべってはいけないという命令の関係となって存在していた。

　Ａ子ちゃんの園での人間関係に，祖母と母親とＡ子ちゃんの関係が反映していた事例である。子どもの園での人間関係に，子ども自身の家での人間関係が反映しているということを，私たちは知らなければならない。保育を進めるために，1人ひとりの園以外での生活，人間関係が存在することを知ることが要求される。

●事例２　心を開かないＢくん
　年中クラスのＢくんは，年長クラスの子どもたちが年中・年少クラスの新入園児のために植えたチューリップを，小さなシャベルで次から次へと切り落とした。Ｂくんは幼稚園に来ても，いつも勝手に自分1人で遊んでいた。幼稚園にも行き

たがらなかったので、Bくんのお母さんは、悩んで相談に来られた。

家での生活をくわしく聞いてみたところ、どうもBくんは父親を怖がっているとのことであった。厳格な父親は、自分の思うとおりにならないと、すぐBくんをたたいていたそうだ。心が晴れないBくんは、人に自分の心が向く余裕がなく、園に行きたがらないし、行っても人に自分を合わせて生活したり、遊ぶことができなかった。私たちは父親に来ていただいて、Bくんの園での生活を知っていただいた。そして、このままだとBくんが心を開かず、友だちもできないということを話した。そして、気にくわないことがあってもすぐにぶたないでいただきたいと話し、協力をしてもらうことにした。父親は理解をしてくれ、それからはぶたなくなった。

Bくんは徐々に心を開き、友だちと遊べるようになっていった。集団活動もできるようになり、運動会ではみんなと力を合わせて、リレーや大玉転がしに取り組んだ。父親も父親の綱引きに参加をし、親子で楽しく過ごせるようになった。

この事例では、Bくんが人間関係を結べない原因として、厳しすぎる父親の存在があった。子どもは親から普通に接してもらえれば安心し、心を開いて、余裕をもって友だちに気持ちが向くものだ。逆な場合には、自分の満たされない気持ちを何かにぶつけることで発散しようとする。Bくんも自分をどうしてよいかわからないまま、何もいわないチューリップに怒りをぶつけてしまったのだ。

この園では父親と話し合った後も、男の園長先生をBくん係としてつけて、彼を見守った。父親がたたかなくなったことと、自分が勝手にやることを、あたたかく大目にみてくれる人がいることを知ったこと、園長先生が一緒に遊んでくれること、クラスの友だちもBくんのことを少しずつ受け入れてくれるようになったこと、Bくんはこれらのことを通して、気持ちが落ち着き、余裕も出てきて、仲間と行動が取れるようになったのだ。

この事例から学ぶことは、1人ひとりの子どもの、他の子どもを無視し勝手と思える行動には、必ずその背景があるということである。この事例では、背景として父親の存在があった。そして、園側は父親に、彼の成長にとって「ぶつ」行為ははよくないということを話し、理解してもらい、ぶたないことを実行してもらった。このことがBくんの心を友だちに開かせたのである。

この事例では、父親が理解してくれたからうまくいった。そうでない場合には、そう簡単にはうまくいかない。父親が理解してくれた背景に、日常の園の保育が信頼してもらえているということがあるのだ。日頃、保育や子どものことを親に話し、園で勉強会を丹念に行うことによって、地道な保育が積み重ねられ、親に信頼されるということを知っておきたい。

● 事例3　母親に暴力をふるうCくん

　幼稚園児。年長のCくんの母親が相談に訪れた。なんとCくんは，母親に灰皿をぶつけたり，ガラスをたたき割ったり，家庭内で暴力をふるうのだそうだ。園でも友だちと遊ばず，1人で過ごしていることが多い。その頃は登園もいやがっていた。相談に来たとき，母親の顔は何か怯え，心配しきって憔悴しているようにみえた。私は，これはCくんの心がすり減ってストレスが溜まりにたまっていると推測したので，「おけいこごとはどうなさっていますか？」と聞いてみた。母親の返事は「はい，週に5種類通わせています」というものだった。「遊びはどうなっていますか？」「はい，おけいこや塾に行く前に，1人で遊んでいますが」という答えであった。「せめて，2種類くらいに減らしませんか。かなりの無理があって，神経が疲れてお母さんに暴力をふるうと思うのです」。そのことをすすめて，私たちはそのときは別れた。

　1カ月たった相談日に，お母さんが来られた。そして，「他の相談所にも行ってみましたが，先生と同じことをいわれましたので，おけいこごとを2つに減らしました。そうしたら少しずつ元気が出て，乱暴をしなくなり，園でも友だちと一緒に遊ぶようになったようです」とのことであった。

　この事例から学ぶことは，5種類もおけいこごとに通わせるという，母親のCくんへの対応関係が，Cくんへの抑圧となっていたということだ。親の一方的な，一見愛情に思える考え方や行為も，当の子どもにとっては抑圧でしかないということである。

　自由に遊ばせてもらえないCくんは，気持ちに余裕がなく，自分1人でストレスを解消することもできず，園に行っても一緒に遊ぶ気持ちにもなれなかったのである。登園をいやがることは自然である。母親と，普通の親子の親子関係になれないCくんの気持ちはしぼみ，他者に向く余裕はなかったのである。その晴れない，母親としっくりいかない寂しさの思いが積み重なって，解決をみないまま，ストレスがたまり，ついに怒りが母親に向けられたのである。

5 私たちに問われていること

(1) 保育者の人間性

　保育を進めるときに，必ずといってよいほど「気になる子ども」がいる。遊べない子ども，しゃべらない子ども，登園をいやがる子ども，乱暴な子どもなどである。そのような子どもについて，考えてみよう。

　そこで「洞察」という言葉を紹介したい。この言葉の意味は，暗くて見えにくい洞窟の中に入りじっと観察をし，よく見るということである。見えにくい洞窟

の中で，じっと周囲を見ていると，わずかずつ見えてくるのである。普段から，子どもたちの内面を，心を，じっと見ていると，少しずつ見えてくるのである。しかし，子どもの内面的な寂しさや，悲しみ，心の要求をみてとる私たちの人間としての内面が育っていないと，子どもの内面はみえない。私たちの人間としてのやさしさや，愛情が問われるのである。日々生活をしているときの，人間としてのあり方が問われるのである。これは保育者以前の問題である。社会で起きているさまざまなことに関心をもち，日頃の生きる姿勢やものごとについて考えることが要求されることになる。

(2)「生きる力」と「かかわる力」について

　わが国の学校教育，保育の世界では，現在「生きる力」が強調されている。いうまでもなく，人間は，人とかかわる力がないと日常生活を過ごすことは難しい。しかし，その子その子の人間としての内面，感性，性格は，1人ひとり異なるということを私たちは知っておかなければならない。「かかわる力」の質，程度は1人ひとり違ってよいのである。いろいろな子どもの「かかわる力」がハーモニーを生み出して子どもの世界は成り立ち，進んでいくのである。そのことを私たちも知り，子どもたちにも伝えていくとよいと思う。このことは，人間1人ひとりを大切にすることに通じる大切なことである。

(3)「いのち」と「生きていることへの感謝の心」について

　子どもに「かかわる力」を育てることは大切である。子どもにさまざまな力を育てることも必要である。考えてみると実は，そうした力は子どもたちが「幸せ」に生きていくためのものである。

　そこで，一般的にはあまりいわれないことではあるが，私は「いのち」があることへの感謝の心を考えて，子どもに伝えてほしいと願うのである。なぜならば，人間の「幸せ」は，まずは「いのちがあること」であるからである。このあたりまえのことが基本的に意識されることによって，「幸せの基本」が理解されるようになると思うのである。

　子どもたちの「かかわる力」を育てるときにも，このことを意識しながらいつも保育に取り組んでほしい。見えないカリキュラムの内容として，子どもたちに地下水のようにしみこんでいくと思うのだ。

2. 家裁の窓から

1 家庭裁判所について

　家庭裁判所は家庭に関する問題を専門に扱う裁判所であり，家事部と少年部が

ある。

　家事部では、夫婦関係や親子関係、離婚や相続など、家族間で起こるさまざまな紛争を扱い、主に調停*で解決を図っていく。子どもの福祉にかかわる問題や戸籍に関する問題などの審判**も行う。

　少年部では、非行少年の審判を行う。非行の背景にはさまざまな家庭の問題や精神的な未熟さがひそんでいる。このことを考慮し、単なる処罰ではなく、どのような処遇が立ち直りに必要かを検討して、審判官が最終的な決定をする。

　家族間にどのような紛争があるか、非行少年がどのような問題を抱えているかを調査するため、家庭裁判所には家庭裁判所調査官が特別に配置されている。

　ここでは、家族間の紛争でもっとも多い離婚をとり上げ、子どもに与える影響について考えてみたい。さらに、子どもの福祉を極端に害する児童虐待についても検討してみたい。

2 離婚と子ども

(1) 離婚について

　夫婦は協議によって離婚することができる。2007（平成19）年には25万4,832件の離婚があり、その88％が協議離婚であった（表13-1）。

　子どもがいる場合は、親権者***を父母どちらにするか、子どもの養育費をどのように負担するかなどを決める必要がある。子どもが少なくなった現在、父母双方が親権者になりたいと主張して対立するケースが多くなっている。親権者が決まらないと、協議離婚届は受理されない。

　この場合、家庭裁判所に離婚の調停が申し立てられる。調停の場で調停委員をまじえての話し合いが重ねられ、父母双方が合意した場合は調停離婚が成立する。合意ができないと調停は不成立で終了するが、あくまで離婚を求める場合は、家庭裁判所にあらためて離婚の裁判を起こすことになる。裁判では、離婚原因****があると裁判官が認めたときに離婚の判決が下される。父母のどちらを親権者にするかについても、裁判官が判断する。

　離婚を決心するまでの紛争の時期も含めると、夫婦は離婚に大きなエネルギーと時間を費やさなくてはならない。生活の維持に必死になり、家族崩壊に追いやった相手への憎しみにとらわれたり、自分自身の動揺を処理できなかったりする。子どもに目を向ける余裕がなくなり、子どもも家族崩壊に直面して動揺していることを忘れがちである。

　子どもにとって、家庭は自分の世界そのものである。家庭が崩壊して自分の世界がなくなってしまう恐怖感、不安感は、親が考えている以上に大きい。子どもは同居する親との絆をこれまで以上に強くして、少しでも安心したいと願う。親

---

*調停：民間人の調停委員2名と審判官（家庭裁判所の裁判官のこと）で構成された調停委員会が間に立ち、当事者が互いに譲り合うことを求めつつ紛争を解決していく。調停が成立すると、その結論は判決と同じ効力をもつ。

**審判：家庭裁判所が家庭の事件や少年事件について行う決定を審判と呼ぶ。

***親権者：父母は未成年の子に対して監護し教育する権利と義務をもっており、子の居所を指定したり、懲戒したり、職業の許可を与えたりする権限が民法818条以下に規定されている。子の親権を行う者が親権者で、父母が婚姻している場合は共同して親権者になる。離婚の場合は父母いずれか一方を親権者とする。

****離婚原因：民法770条で、離婚の裁判を訴えられるのは、①配偶者に不貞な行為があったとき、②配偶者から悪意の遺棄をされたとき、③配偶者の生死が3年以上明らかでないとき、④配偶者が強度の精神病にかかり回復の見込みがないとき、⑤その他婚姻を継続しがたい重大な事由があるときに限られている。

表13-1 離婚件数（種類別）

年次＼件数	離婚総数	協議離婚 届出数	協議離婚 百分比(%)	調停離婚 件数	調停離婚 百分比(%)	審判離婚 件数	審判離婚 百分比(%)	判決離婚 件数	判決離婚 百分比(%)	和解離婚 件数	和解離婚 百分比(%)	認諾離婚 件数	認諾離婚 百分比(%)
平成10年	243,183	221,761	91.2	19,182	7.9	76	0.0	2,164	0.9	—	—	—	—
11年	250,529	229,126	91.5	19,291	7.7	77	0.0	2,035	0.8	—	—	—	—
12年	264,246	241,703	91.5	20,230	7.7	85	0.0	2,228	0.8	—	—	—	—
13年	285,911	261,631	91.5	21,957	7.7	81	0.0	2,242	0.8	—	—	—	—
14年	289,836	264,430	91.2	22,846	7.9	74	0.0	2,486	0.9	—	—	—	—
15年	283,854	257,361	90.7	23,856	8.4	61	0.0	2,576	0.9	—	—	—	—
16年	270,804	242,680	89.6	23,609	8.7	152	0.1	3,008	1.1	1,341	0.5	14	0.0
17年	261,917	233,086	89.0	22,906	8.7	185	0.1	3,245	1.2	2,476	0.9	19	0.0
18年	257,475	228,802	88.9	22,683	8.8	121	0.0	3,047	1.2	2,805	1.1	17	0.0
19年	254,832	225,215	88.4	23,476	9.2	97	0.0	2,786	1.1	3,243	1.3	15	0.0

注）厚生労働省「平成19年　人口動態統計」による。和解離婚及び認諾離婚の項目は，平成16年4月からの集計である。
出典）最高裁判所家庭局『家裁月報』61巻1号，2009，p.168

へのしがみつきが起きたり，親の言いつけを先取りしたよい子になったりする。

　本来，子どもはよほどのことがない限り父母どちらも好きである。一方の親を失った悲しみは深い。しかし，その気持ちを出すと，同居している親から嫌がられ，見捨てられるのではないかという不安（「見捨てられ不安」と呼ばれる）も強い。子どもは自分の気持ちを抑えてがまんするしかないのである。

　2つの事例を紹介して，離婚という事態に直面した子どもに起こりやすい心の動き及び親の態度が子どもの心にどのように影響するか，親が子どもの心に気づくことがいかに重要かについてみてみたい。

（2）離婚に直面した子どもの心

●事例4　壁をクレヨンで塗りまくったDくん

　Dくんは小学校1年生，父親は歯科医，母親はピアノ教師，紛争の原因は母親の浮気であった。暴力をふるわれた母親は，Dくんを連れて実家に戻ってしまった。父親はDくんを渡すよう求めて，母親の実家に何度も押しかけた。警察を呼ぶ騒ぎも起きた。Dくんが父親に連れ去られることを心配した母親は，登下校に付き添い，単独で外に出ることも禁じた。もともと内弁慶のDくんは，転校先の小学校で友だちと遊ぶこともなく孤立していた。目をしきりにパチパチさせるチック*症状も出ていた。

＊チック：大きなまばたきや口のひきつれなど，顔や首肩などの筋肉が起こす不随意けいれん。子どものチックは心因性のものが多い。

父母とも離婚には同意していたが、Dくんの親権をめぐって鋭く対立し、話し合いはつかなかった。家庭裁判所に調停が申し立てられたが、調停でも、父親は浮気した母親に子どもを育てる権利はないと主張し、母親は暴力をふるうような父親に子どもは渡せないと主張して、対立し続けた。

　Dくんの気持ちを調査するよう命じられて家庭訪問した家庭裁判所調査官は、Dくんの部屋の壁一面が、赤と黒のクレヨンで乱暴に塗りまくられていることに気づいた。まるでDくんの抑えきれない怒りが壁にたたきつけられているようであった。少しずつ心を開いたDくんは、「お父さんとよくキャッチボールをした。お父さんとたまには遊びたいなと思う。でも、お父さんに会うと連れていかれてしまう。お母さんがそう言っている。お母さんと一緒にいたいから、僕は言いつけを守って家の中で遊んでいる。いつもびくびくしていて友だちと遊べないのがつらい」とぽつりぽつり心境を述べた。常にがまんと緊張を強いられているDくんは、限界にきているようであった。

　家庭裁判所調査官から報告を受けた調停委員会は、Dくんの親権者を母親にして、父親とは定期的に面会交流＊の機会をもつことを提案した。しかし両親は、Dくんをそのような状態に追いやった責任は相手にあると互いに非難するのみであった。調停は不成立となり、両親は裁判で「親権者を母親にして離婚」との判決が出るまで争い続けた。

　離婚の判決が出たとき、Dくんは小学校3年生になっていた。この間、父親と会う機会は一度もなかった。父親はDくんとの面会交流を求める調停を申し立て、拒否する母親との紛争が続いている。Dくんは学校で孤立したままである。

＊子どもと別れて暮らす親が、定期的または継続的に子どもと会ったり、文通したりして交流すること。
2011（平成23）年に、民法の一部改正が行われ、協議離婚の際に父母が取り決めるべき事項として「面会交流」と「養育費の分担」があることが、民法第766条に明記された。

　Dくんは、母親の前では、父親の話も以前住んでいた家の話もしたことがない。母親の言いつけを守って外にも出ない。Dくんの年齢は、友だちや教師とのかかわりのなかで積極的に生活空間を広げながら、自分はこんなことができるという自信を育て、人間関係を豊かにしていく時期である。しかし、Dくんはその機会を奪われてしまい、孤立せざるを得ない。チック症状を示したり、クレヨンで壁に怒りをぶつけたりするしかなくなっている。

　心が無理をしているとき、チックや頭痛、夜尿や爪かみなどの身体症状があらわれることがある。乱暴な言動や多動、登園・登校拒否などの問題行動も出たりする。このようなとき、親は自分自身の言動を振り返り、子どもに無理を強いていることがないか点検しつつ、子どもの気持ちに耳を傾けなくてはならないのであるが、Dくんの父母は、自分こそ子どもに愛情をもっていると主張し続けているものの、相手への憎しみや負けたくないという意地に支配されているため、Dくんの気持ちを受けとめることができないままである。紛争が長期化すると、D

くんは人間関係を豊かにする機会を奪われたまま成長することになる。思春期になって家庭内暴力や登校拒否などの問題行動が出てくるかもしれない。Dくんの父母が自分自身の感情を整理し，Dくんのために親として何をしてやれるかを考えて，互いに譲歩する姿勢になることを祈らずにいられない。

●事例5　傷害事件の審判で大泣きをしたEくん

　Eくんの父親は転職を繰り返し，母親も居酒屋で働いていたが，家計は苦しかった。Eくんの幼い頃から父母はけんかばかりしていた。Eくんはお茶目な言動で父母を笑わせ，母親が働きに出ている間は妹の面倒をみる，けなげな子であった。母親が暴力をふるわれるとき，Eくんは布団をかぶって，震えるしかなかった。

　小学校4年生に進級した直後，Eくんは母親から「お父さんと別れるかもしれない。お前はどうする？」と質問された。Eくんは，「友だちと別れたくないから僕はお父さんと暮らす」と答えた。これまでもときどき，Eくんは母親から同じような質問を受けていた。自分が父親と暮らすと言っている限り，母親が家を出ていくはずはないと考えていたEくんは，いつもの軽い調子で答えたのであった。

　翌日，学校から帰宅したEくんは，父母が協議離婚をし，母親が妹を連れて家を出たことを知った。父親は，今後Eくんと連絡をとらないことを母親に約束させていた。それでもEくんは，自分と暮らすために母親は必ず戻ってくるとひそかに信じていた。

　父親の実家で暮らすようになったEくんは，転校先でつっぱり，けんかに強い奴と一目置かれるようになった。中学3年生の夏，つっぱり仲間のリーダーになっていたEくんは，他校中学生との決闘で相手に大けがをさせて，逮捕された。Eくんは傷害事件で審判を受けるまで少年鑑別所に収容され，さまざまな心理テストや事情聴取を受けることになった。

　Eくんは，「父が母を殴っても，僕は震えているだけで母を助けられなかった。弱虫で頼りにならないから，僕は母に捨てられたのだと思う。今度のことで，父にも捨てられると思う」と投げやりであった。家庭裁判所調査官からEくんの気持ちを聞いた父親は，考えたあげく母親に連絡をとった。母親は再婚していたが，Eくんの審判の日に家庭裁判所に出頭してきた。Eくんは母親の顔を見たとたん，大声で泣き出してしまった。父親と母親の間に座って，「ここまで追いやった責任は親にある」と両親が審判官に話すのを聞きながら，Eくんは審判の最後まで泣き続けた。長い間こらえていたものが一瞬に溶けたようで，泣いているEくんの顔は幼児のようであった。

　Eくんは初等少年院に送られたが，母とも連絡をとりあい，少年院退院後は祖父の仕事を手伝って，落ちついて生活している。

Eくんのように児童期後半の年齢になると，父母の紛争や離婚について自分なりの意見をもち始め，想像力もついてくる。自分が何とかすれば父母は仲良くなるはずだと夢想（「和合ファンタジー」と呼ばれる）したりする。

　Eくんは，父母が笑ってくれればけんかが止むだろうと考えて，お茶目な言動を繰り返していた。自分が父親と暮らすと言えば，母親は家を出ていくはずがないと思いこんでもいた。いずれもEくんの和合ファンタジーであった。そして，離婚という事態に直面したとき，父親も母親も好きで怒りをぶつけられないEくんは，父母の離婚も母親に見捨てられたのも，弱虫の自分のせいだというファンタジーをつくりあげてしまった。弱虫の自分自身への怒りも一因となって，Eくんはつっぱりだしたのである。

　Eくんの父母は，協議離婚に際し，Eくんの気持ちを尊重したつもりでいた。しかし，Eくんの和合ファンタジーには気づかなかった。父母が離婚はEくんのせいではないこと，別々に暮らしても，お母さんと会いたいときはいつでも会えることをEくんに伝えることができたならば，Eくんはこれほど荒れなかったかもしれない。

　Eくんが傷害事件で審判を受ける事態になったとき，父母ははじめてEくんの粗暴な行動の背景に潜んでいる気持ちに気づき，ここまでEくんを追いつめた責任が自分たちにあると自覚した。そして相手に対する感情を整理して乗り越え，父親・母親として何ができるかを考えて実行することができた。それによって，Eくんもまた，母親に見捨てられたという思いこみを整理し，変化することができたのである。

(3) 離婚した両親に子どもが求めるもの

　事例4のDくんも事例5のEくんも，別れた親との絆を保ちたいと望んでいた。別れた親と子どもの面会交流が，子どもの心の安定に役立つという考えが一般化し始め，離婚の際に取り決めをするケースが増加してきている。

　しかし，Dくんの父母のように，相手への恨みや憎しみが整理されていないままでは，親は面会交流の機会に子どもから相手の様子を聞き出そうとしたり，相手の悪口を言ったりしがちになる。子どもは基本的にはどちらの親も好きなので，一方の親の意に添うと，もう一方の親を傷つけるジレンマ（「忠誠葛藤」と呼ばれる）に陥り，罪悪感を抱いたり自己嫌悪に陥ったりして不安定になってしまう。面会交流がさらに子どもの心を傷つける結果になりかねない。面会交流が子どもの心の支えになるためには，親がまず，自分自身の心をしっかり見つめ直し，親としての役割に徹するよう自分を抑制する努力が必要となる。家庭裁判所では，面会交流の際に心がけてもらいたいことを，別れて暮らす親と同居する親の双方に説明し，子どもの心への配慮を求めている（図13-1）。

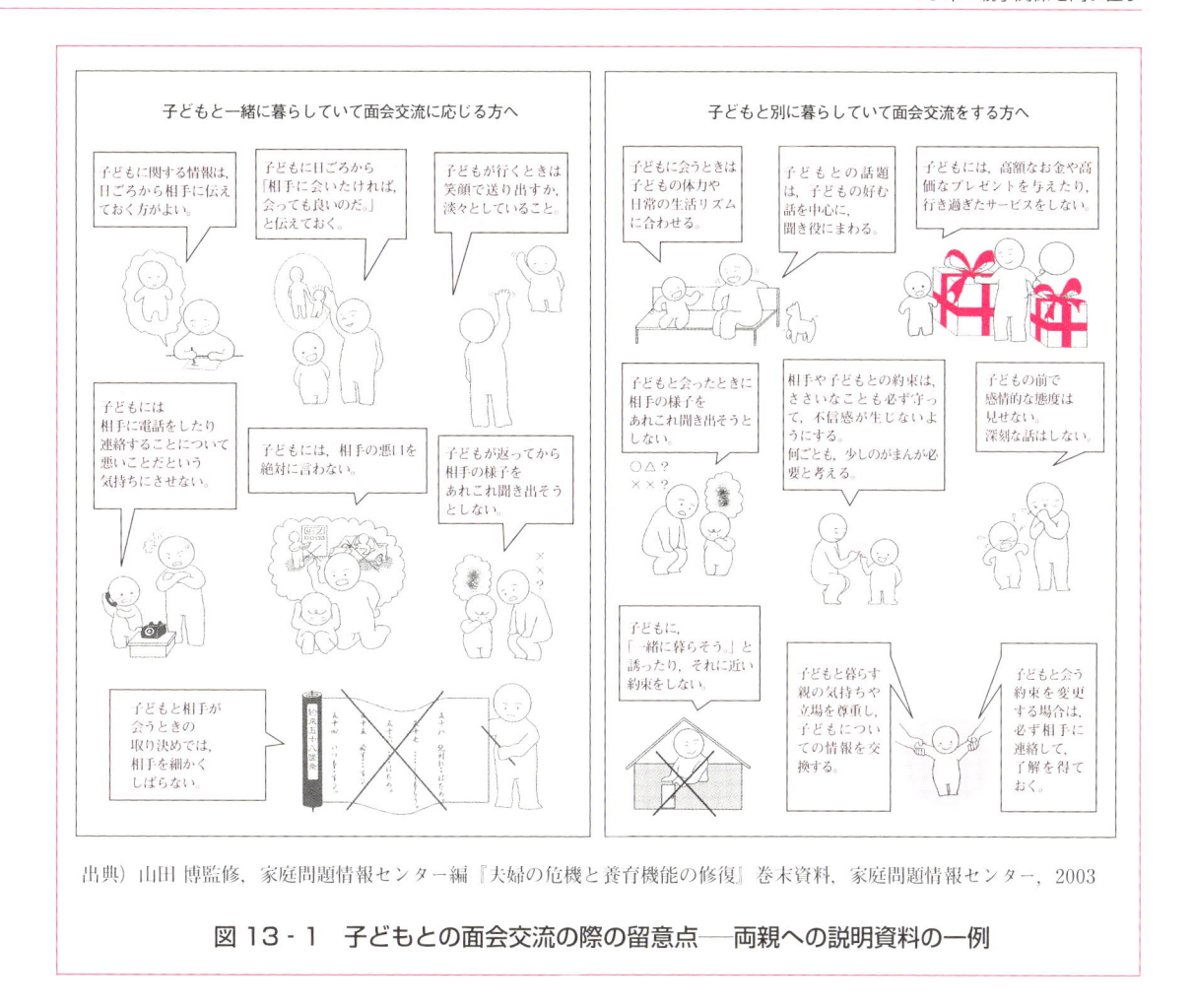

出典）山田 博監修，家庭問題情報センター編『夫婦の危機と養育機能の修復』巻末資料，家庭問題情報センター，2003

図13-1　子どもとの面会交流の際の留意点――両親への説明資料の一例

　別れて暮らす親は，子どもの養育費をきちんと支払わなくてはならない。子どもが安心して暮らしていくためには，経済的な安定が欠かせないし，養育費は子どもにとって，自分が見捨てられていないことの具体的なあかしでもある。このことを，別れて暮らす親は肝に銘ずる必要がある。

　同居している親は，「子どもに無理を強いていないか」を常に自己点検する必要がある。子どもは同居している親とのつながりを強くして安心したいために，親の気持ちを先取りして自分を抑え，無理にでもよい子になろうとしがちだからである。親の心が安定していないと，子どもは積極的に自分の世界を広げていくことができない。「経済的に辛い思いをさせたくない」とがんばって余裕をなくす親もいるが，子どもが求めるのは親とのゆとりをもったつながりであることを，心にとめておきたい。

3 子どもの虐待

(1) 児童虐待について

　児童虐待は，身体的虐待，性的虐待，保護の怠慢・拒否（ネグレクト），心理的虐待の4種類に類型化されている*。横浜市児童相談所の統計では，身体的虐待とネグレクトが多く，全体の80％を占めている（表13-2）。年齢別にみると，乳幼児が全体の48％（表13-3），虐待者は実父母が90％となっている（表13-4）。

　児童虐待を扱う中心的な機関は児童相談所である。児童虐待を受けたと思われる子どもを発見した者は，速やかに児童相談所に通告する義務がある。2007（平成19）年に，全国の児童相談所が受けた児童虐待に関する相談対応件数は4万639件**であり，「児童虐待の防止等に関する法律」の施行以後，急増している。

　相談を受けた児童相談所は，親や子どもの調査をし，関係者からも情報を集める。緊急性がある場合は強制的な立ち入り調査を行う権限を与えられている。子どもを一時保護することもある。

　調査の結果，子どもを親もとに置いたまま児童福祉司の指導に付す措置，親から切り離して児童養護施設や乳児院などに入所させる措置，里親に養育を委託する措置などが決められる（表13-5）。

　親から切り離す措置をする場合は，親権者の同意を得なくてはならない。親が親権をたてにして同意しないこともある。親権者の意向に反してでも施設入所をさせなくてはならない場合，児童相談所は児童福祉法第28条に基づいて，家庭裁判所に施設入所の承認を求める。家庭裁判所は子どもの福祉を守る観点に立って，親権者の意向に反しても施設入所をさせる必要があるかどうか判断することになる。2007（平成19）年に，全国の家庭裁判所で受理した施設入所の承認事件は305件***であるが，内容的には深刻なものが多い。

　児童虐待そのものを扱う施設入所事件以外にも，家庭裁判所が扱う事件のなかには児童虐待がしばしばからんでくる。非行少年には虐待された生育歴をもつ者が多い。児童虐待を理由にして離婚の調停が申し立てられたり，離婚して子どもと別れて暮らす親から，子どもが虐待されているので引き取りたいとして，親権者変更の調停が申し立てられたりすることもある。

(2) 児童虐待が子どもの心身に与える影響

　乳幼児期の親とのあたたかな相互交流によって，心身が発達する基盤がつくられ，人とかかわる力も発達していく。それでは，その時期に親から虐待された子どもは，心身の発達にどのような影響を受けるのであろうか。

　実父母に虐待されたFちゃんの事例をとりあげて考えてみたい。

---

*児童虐待の定義と類型：2000（平成12）年11月20日に施行された「児童虐待の防止等に関する法律」第2条で，児童虐待は，親権者など現に児童（18歳に満たない子どもをいう）を監護している者が，その監護する児童に対して下記の行為をすることと定義づけられた。
①身体的虐待（児童の身体に外傷が生じ，又は生じるおそれのある暴行を加えること），②性的虐待（児童にわいせつな行為をすること又は児童をしてわいせつな行為をさせること），③ネグレクト（児童の心身の正常な発達を妨げるような著しい減食又は長時間の放置その他保護者としての看護を著しく怠ること），④心理的虐待（児童に著しい心理的外傷を与える言動をすること）。

**資料：厚生労働省（政府広報オンライン http://www.mhlw.go.jp/seisaku/20.html）

***最高裁判所家庭局『家裁月報』61巻1号，2009，p.155

表13-2　新規虐待把握件数（虐待種別）

(単位：件)

	平成17年度 年間	平成18年度(A) 年間	平成19年度(B) 年間	構成比	対前年度増減率 (B−A)÷A×100
身体的虐待	266	246	276	39.4%	12.2%
保護の怠慢・拒否	235	265	288	41.0%	8.7%
性的虐待	14	21	18	2.6%	▲14.3%
心理的虐待	162	151	119	17.0%	▲21.2%
合計	677	683	701	100.0%	2.6%

・18年度683件から19年度701件で18件増加しました。
・構成比では保護の怠慢・拒否（ネグレクト）が2年連続で身体的虐待を上回りました。
・心理的虐待が前年度から32件減少しました。

出典）「平成19年度 横浜市中央，南部，北部児童相談所 事業概要」2007

表13-3　年齢別件数

(単位：件)

	平成17年度 年間	平成18年度(A) 年間	平成19年度(B) 年間	構成比	対前年度増減率 (B−A)÷A×100
0～2歳	160	150	160	22.8%	6.7%
3～5歳	171	175	177	25.2%	1.1%
6～8歳	152	135	128	18.3%	▲5.2%
9～11歳	97	98	120	17.1%	22.4%
12～14歳	64	86	88	12.6%	2.3%
15歳以上	33	39	28	4.0%	▲28.2%
合計	677	683	701	100.0%	2.6%

・0～5歳の児童の件数が48.0%と全体の約半数を占めています。
・9～11歳の児童の件数が22件増加しました。

出典）「平成19年度 横浜市中央，南部，北部児童相談所 事業概要」2007

表13-4　虐待者別件数

(単位：件)

	平成17年度 年間	平成18年度(A) 年間	平成19年度(B) 年間	構成比	対前年度増減率 (B−A)÷A×100
実父	143	147	150	21.4%	2.0%
実父以外の父	18	39	48	6.8%	23.1%
実母	473	474	483	68.9%	1.9%
実母以外の母	8	7	8	1.2%	14.3%
その他	35	16	12	1.7%	▲25.0%
合計	677	683	701	100.0%	2.6%

・実母が全体の約7割弱で引き続き高い割合を占めています。
・実母以外の父の件数が増えています。
※実父母以外の父・母＝養父・母，継父・母，内縁の父・母

出典）「平成19年度 横浜市中央，南部，北部児童相談所 事業概要」2007

表13-5 虐待対応件数
(単位：件)

	平成17年度末時点	平成18年度末時点(A)	平成19年度末時点(B)	構成比	対前年度増減率 (B−A)÷A×100
自立援助ホーム委託	2	3	2	0.1%	▲33.3%
里親委託	22	21	31	1.5%	47.6%
施設入所	315	291	312	14.8%	7.2%
継続指導	918	1,159	1,458	69.2%	25.8%
一時保護	48	32	60	2.8%	87.5%
児童福祉司指導	13	13	17	0.8%	30.8%
調査中	418	350	226	10.8%	▲35.4%
合　計	1,736	1,869	2,106	100.0%	12.7%

・在宅での継続指導が299件増加しました。

出典）「平成19年度 横浜市中央，南部，北部児童相談所 事業概要」2007

●事例6　施設入所を承認されたFちゃん

　4歳のFちゃんは脱水症状で意識不明になり，救急車で病院に運ばれた。Fちゃんの背中には棒で殴られたような痕があり，おむつかぶれもあった。Fちゃんが元気を取り戻すとすぐ，父母は強引に退院させてしまった。児童虐待の疑いをもった病院は児童相談所に通告をしたが，父母は児童相談所の調査に応じようとしなかった。家に閉じこめられたFちゃんの状態はわからないままであった。児童相談所は警察の応援を得て立ち入り調査に踏みきり，異臭が漂う閉めきりの部屋で，糞尿まみれになって寝ているFちゃんを一時保護した。Fちゃんの体格は2歳児程度，栄養失調で腹部はカエルのようにふくらみ，無表情で泣くことも話すこともなく，よちよち歩きしかできなかった。

　40歳の父親は障害年金を受給する身体障害者であった。パチンコ好きでサラ金からの借金が膨らんでいた。母親は22歳で，軽度の知的障害があった。17歳で家出し，パチンコ店で知りあった父親のアパートに転がり込んで，18歳でFちゃんを出産した。父母ともに実家とは断絶していた。サラ金の取り立てを避けるため部屋を閉めきって暮らし，近隣との接触もなかった。

　両親は施設入所には応じず，一時保護中のFちゃんを返せと連日のように児童相談所に押しかけた。児童相談所は家庭裁判所に施設入所の承認を求めた。

　家庭裁判所での事情聴取で，父親は「4歳にもなるのにFはトイレに行けない。Fを殴ったのはしつけのためである。おむつを交換しなかったのも，トイレに行かなければどうなるかわからせるためだった」とあくまでしつけと言いはって，虐待を認めようとしなかった。母親は「Fが泣くと世話してくれと催促されるような気

がしてイライラする。私は親から何ひとつ世話してもらえなかった。何で私が子どもの世話をしなくてはならないのかと思う」とネグレクトを認めるような発言をした。誰からも育児の方法を教えてもらえないまま，未成年で出産した母親は，Ｆちゃんをどのように世話したらよいかわからず，困っているようにもみえた。

父母は，「今後はきちんと世話をするからＦちゃんを返して欲しい」と望んだが，家庭裁判所はＦちゃんの状態を調べ，病院や児童相談所の意見も聞いた後，父母の主張を退けて施設入所を承認した。

児童養護施設に入所したＦちゃんの体重は急速に回復し，歩行もしっかりしてきた。入所当初，Ｆちゃんは無表情で自分から求めることはなく，奇妙なほど従順であったが，保育士に慣れるにつれて何度も抱っこを要求するようになり，徐々に言葉が出始めた。しかし，入所後１年たっても，父母との面会を泣いて嫌がる状況が続いている。

身体的な暴力は子どもを傷つけ，ときには生命を奪うことすらある。親に全面的に依存するしかない事例6のＦちゃんのような乳幼児の場合，ネグレクトも生命の危険性と結びつく。児童虐待を受けた乳幼児には，低身長，低体重などの身体的な発達異常が目立っている。

心への影響も深刻である。乳幼児の表情の変化や動作には，親だけでなく，まわりの大人の微笑みや手出しも引き出してしまうほどの強い力が本来的にある。子どもの表情や動作に敏感になっている親は，ごく自然に笑い返したり，あやしたり，抱きしめたりして呼びかけに応える。泣いたり笑ったりして表現した欲求が親にきちんと受けとめられ，適切な世話によって欲求が満たされたとき，満足感が子どもを包み込む。このような相互交流によって，情緒的な絆がつくられていき，それを基盤にして子どもは自分が受け入れられていることに自信をもち，人とかかわる力や人を信頼する力を育てあげていくのである。

Ｆちゃんも最初は泣いたり笑ったりしたに違いない。しかし，泣いて欲求を表現しても，母親を苛立たせるだけであった。欲求が満たされないだけでなく，ときには父親から暴力も受けさえした。Ｆちゃんは生命が脅かされる恐怖を肌で感じたであろう。幼くて自分自身を守る力のないＦちゃんは，生命が脅かされる恐怖に凍りついてしまい，「泣く」という交流手段を放棄して親への働きかけをあきらめ，親を刺激しないように無表情になって，自分のなかに閉じこもるしかなかった。人とかかわる手段である言葉も運動能力も，育てることができなかった。父母との面会を泣いて嫌がるＦちゃんから，心がどのくらい深く傷ついたかを理解することができる。

Ｆちゃんのような無表情や凍りついた目，言葉の遅れといった特徴は，児童虐

待を受けた子どもにはしばしばみられる。滝川一廣ら*は、全国の情緒障害児短期治療施設に入所中の、虐待された児童の調査をしているが、特徴として、自分を大切にできない投げやりな態度、自分に対する自信のなさ、人間不信が強く、子どもどうしで傷つけあったり大人を奪いあったりして親密な友人関係が育ちにくいこと、大人に対して強い攻撃性を示したり揺さぶりをかけてためそうとしたりする傾向があり、安定したかかわりをもちにくいことを指摘している。虐待を受けたことにより、人とかかわる基盤が壊れてしまったことの影響がいかに大きいかを示すものである。

*滝川一廣、他「児童虐待に対する情緒障害児短期治療施設の有効活用に関する縦断研究」（中間発表1）『子どもの虹情報研修センター紀要』No.1, 2003, pp.100-122

(3) 子どもの心の修復と親への支援
①子どもの心の修復

人とかかわる基盤が壊れ、心を閉ざした子どもに対して、周囲の大人はどのようなことができるであろうか。

事例6のFちゃんは、児童養護施設で安定した生活リズムでの生活ができるようになった。特定の保育士がFちゃんの世話をする体制がとられたことも効果を生んだ。Fちゃんは、あたたかな配慮と安全な環境が与えられ、もう一度最初から育て直しをされたのである。Fちゃんは、徐々に人とかかわる意欲を示し始め、保育士に過剰なほどべたべたするようになり、冬眠していた芽が芽吹くように言葉が出始めた。Fちゃんの例は、人とかかわる力は根源的なものであり、適切な環境が与えられさえすれば必ず芽吹くものであること、かかわる対象は親に限られないことを示している。

しかし、同年齢の子どもたちに比べて、Fちゃんは運動能力の面でも知的な面でもはるかに遅れてしまっている。人とかかわる力も芽吹いたばかりである。この遅れを取り戻すのはかなり困難である。Fちゃんはいずれ知的障害児施設に移り、専門的な援助を受けることになっている。

児童虐待を受けた期間が長いほど、修復は困難になる。早期発見がいかに大切であるか、強調しておきたい。

②親への支援

児童虐待で通告された子どもの約7割は、親と引き続き暮らしている。虐待を繰り返さないために親をどう指導援助するかは、重要な課題である。施設に入所した場合も、親子関係の再構築を目ざすために、親への指導援助が欠かせない。

親の抱える問題はさまざまである。経済的な困難や就労の不安、夫婦の不和などがしばしばみられるが、その背景には、アルコールやギャンブルへの依存、精神疾患などの病気、劣悪な住環境、父親の長時間労働と育児を一手に引き受ける母親の育児疲れなど、いくつもの要因が複雑にからみあっている。事例6のFちゃんの母親のように、親自身の育ち方に歪みがあり、その傷が刺激されてしまって

育児拒否に陥ることもある。育児に対する知識が不足している場合もある。

　問題を抱えている親は孤立していることが多く，周囲から責められるのではないかとかたくなになっていて，指導や援助に警戒的である。親とかかわりをもつことにも困難がともなう。

　このような親への指導援助を単独で行うのは負担が大きすぎる。児童虐待への関心が深まりだした現在，児童相談所を中心にして，福祉事務所や保健所などの行政機関，保育所や病院などの地域の施設，民生委員や児童委員，親の会や断酒会などの地域で支援する人たち，保育士や看護師，保健師，カウンセラーなどの専門家が連携しあう支援態勢が整えられつつある。チームを組んで支援する態勢がさらに充実することが望まれる。

　なかでも，親が自分たちを援助してくれる場と認識しやすいのは，保育所や病院である。被虐待児童の約48％が乳幼児である（表13-3）ことを考えると，保育所の重要性はきわめて高いといえる。保育所や病院の相談機能や援助機能が一層充実し，かたくなな親の心をほぐしていけるようになることを期待したい。

4 子どもの問題は親の問題

　家庭裁判所で非行少年や夫婦間の紛争に巻き込まれた子どもたちに接していると，親に愛され，だいじにされているという安心感が，いかに子どもにとって大切なものか痛感する。子どもの問題はそのまま親の問題であることを，最後にもう一度強調しておきたい。

3. 関係を立て直す──喪失体験と親子関係

1 喪失体験とその受容

　人は大切な人を失うなどの喪失体験によって深い悲しみを感じる。その経験に伴い，怒りや落ち込みなどのさまざまな感情体験をする。その時に適切な心のケアがなされないと，心的外傷体験として残存することになる。深く閉じ込められた感情が，本人も予期せぬときに無意識的に突然動き，怒りや不安が不適切な行動となってあらわれる。多くの場合，悲しみの原因とは異なる人や事象に対して感情はぶつけられる。したがって，周囲の人はその行動が理解できず，人間関係がこわれることもしばしば起こるのである。

　大なり小なり誰もが喪失体験をしている。大切な物をなくす，転居によって慣れ親しんだ住居や親しい友人と離れる，地震などの天災や人災による喪失体験もある。親の離婚や離別，あるいは死別によって，子どもがかけがえのない親を失

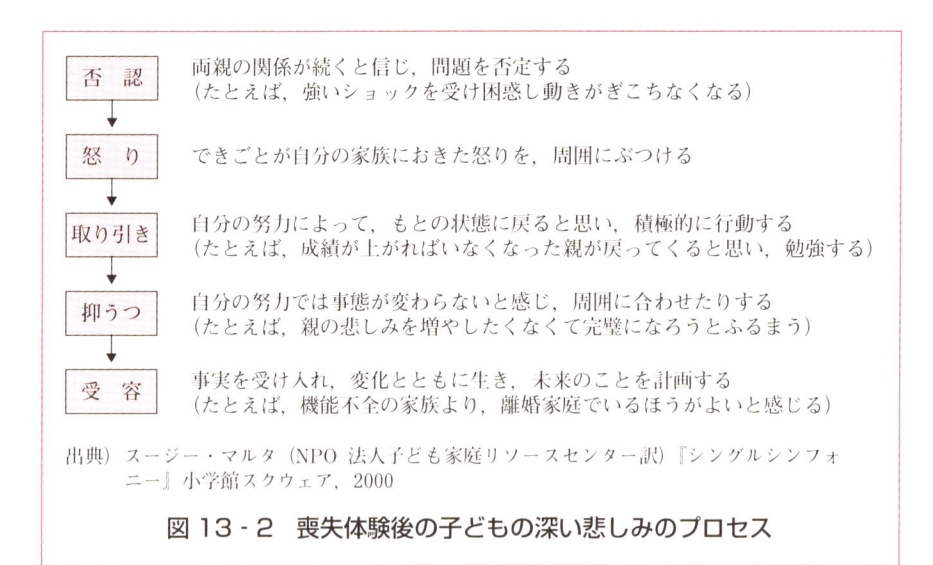

否　認	両親の関係が続くと信じ，問題を否定する （たとえば，強いショックを受け困惑し動きがぎこちなくなる）
怒　り	できごとが自分の家族におきた怒りを，周囲にぶつける
取り引き	自分の努力によって，もとの状態に戻ると思い，積極的に行動する （たとえば，成績が上がればいなくなった親が戻ってくると思い，勉強する）
抑うつ	自分の努力では事態が変わらないと感じ，周囲に合わせたりする （たとえば，親の悲しみを増やしたくなくて完璧になろうとふるまう）
受　容	事実を受け入れ，変化とともに生き，未来のことを計画する （たとえば，機能不全の家族より，離婚家庭でいるほうがよいと感じる）

出典）スージー・マルタ（NPO法人子ども家庭リソースセンター訳）『シングルシンフォニー』小学館スクウェア，2000

図13-2　喪失体験後の子どもの深い悲しみのプロセス

う体験は，深刻な影響を与えるものである。その別れは，子どもだけではなく夫婦にとっても，描いていたパートナーや家族像を失うという大きな喪失体験となる。子どもが障害をもつ，低体重で誕生するなども，親が思い描いたわが子像と異なるという意味での喪失となる。

　人が，期待しない事態や状況を受け容れることは容易ではない。受容までのプロセスは，否認，怒り，取り引き，落胆，受容の5段階（図13-2）であらわされる。この5段階は順次起こるとは限らず，行きつ戻りつしながら，徐々に受容にたどりつくものである。それには，人の心に深い理解をもつ支え手，ともに悲しみをわかち合う人（伴走者）の存在が不可欠となる。誰も，受けた心の傷をなくすことはできないが，伴走者とともに悲しみに向き合う体験によって，とらえ方・視点を変えることが可能となる。

2　低出生体重児とその親

　人が生理的に親になることと，親として適切な養育行動が取れることは同じではない。

　養育行動は学習によって身につくものであり，親子相互のコミュニケーションの体験を重ねて，親子の関係性が形成されるのである。したがって，出産直後の父子・母子の出会い方や養育体験は，その後の関係性に大きな影響を与える。

(1) イメージしたわが子と異なる喪失体験

　わが子の誕生を待つときには，誰もが五体満足で健康な赤ちゃんをイメージする。しかし，病気，障害あるいは低出生体重児で生まれ，救命治療のために，誕生の早期から長期間母子分離を余儀なくされることがある。これらは，親にとっ

表 13-6　低出生体重児と親における関係性の発達モデル

	ステージ0	ステージ1	ステージ2	ステージ3	ステージ4	ステージ5
関係の特性（親の児についての認知・解釈）	児に向き合えない	「生きている」存在であることに気づく	「反応しうる」存在であることに気づく	反応に意味を読み取る 肯定的・否定的	「相互作用しうる」存在であることに気づく	互恵的（reciprocal）な相互作用の積み重ね
親のコメント	「これが私の赤ちゃん？」「本当に生きられるのだろうか」「見ているのがつらい，怖い」「腫れ物に触れるよう」「将来どうなるのだろうか」「かわいいとは思えない」「これで人間になるのだろうか」「夢であったらいいのに」	「生きていると思えた」「がんばっているんだ」	「○○ちゃん」（そっと名を呼ぶ）「お目開けて」「目が合う」「側に立つと，目を開ける」（児が）「じっと見ている」「顔をしかめる」「足を触ると動かす」	肯定的：「呼ぶと，こちらを見る」「帰ろうとすると泣く」「手を握り返す」 否定的：「触るといやがる」「目を合わせようとすると，視線を避ける」	「本当に目が合う」「泣いても，私が抱くと，泣きやむ」「上手におっぱいを吸ってくれた」「吸ってくれるとおっぱいが張る」「眠ってくれないと，帰れない」	「顔を見て笑うようになった」「お話をするんです」（クーイング）
親の行動 — 接触	触れることができない	促されて触れる 指先で四肢をつつく	指先で四肢をなでる	掌で躯幹をなでる 頬や口の周りをつつく	掌で頭をぐるりとなでる 接触に抵抗がない	くすぐる 遊びの要素を持った接触
親の行動 — 声かけ	無言	（涙）	呼びかけ そっと静かな声	一方的な語りかけ 成人との会話の口調	対話の間を持つ語りかけ 高いピッチ	マザリーズ（母親語）
親の行動 — 注視	遠くから〈眺める〉	次第に顔を寄せる	児の視線をとらえようとする	児の表情を読み取ろうとする	見つめあう	あやす（と笑う）
児の状態・行動	（急性期）生命の危機 筋肉は弛緩し，動きがほとんどない	顔をしかめる ときどき目を開ける	持続的に目を開ける 四肢を動かす 泣く	眼球運動の開始（33週） 自発微笑の増加 呼びかけに四肢を動かす 声のほうへ目を向ける 差し出した指を握る 差し出した指を吸う 声をあげて泣く	18～30cmの正中線上で視線を合わせる（38週） 力強くおっぱいを吸う alertの時間が長くなる 語りかけに，動きを止めて目と目を合わせる	社会的微笑の出現（人の声に対して42～45～50週，人の顔に対して43～46週～漸増）

出典）堀内勁・飯田ゆみ子・橋本洋子編著『カンガルーケア』メディカ出版，1999

て思い描いた子ども像と異なるという喪失体験となる。親は悲嘆にくれ，普通に産んであげられなかった自責の念や怒りをもち，その事実を受容するのは容易なことではない。ほとんどの親がわが子と向き合えない。表13-6は，低出生体重児を出産した母親の行動観察から母子関係の発達段階を示したものである。ステージ0～1は，子どもを1人の人間として認識するまでにいたっていない。この状態のまま養育が始まると，子どもへの拒否感が強く，あたたかい親子関係を形成しにくい。筆者の臨床経験では，このような初期の困難は乳幼児期の数年間にわたり親の心理に影響し，親子関係に大きな影響を与えることが多い。

(2) 入院中の関係性形成──カンガルーケア

　赤ちゃんにとって，新生児集中治療室（NICU）が生後はじめての生活環境となる。そこでは，泣いて不快を訴えても，そのつど応じてもらうことは困難であり，治療をともなう養育は，人とのあたたかい関係を育みにくい。退院後の家庭は，入院中に赤ちゃんが慣れていた環境とは異なる（表13-7）。NICUにいた赤ちゃんは，人の姿や声によって感情がなだまる体験を積み重ねていないので，家庭での母親の育児行為が赤ちゃんに安心感を与えるものとならない。生活環境に慣れるまでの間，赤ちゃんからすれば，不安や恐れを解消する何の手立てもなく，この世界に1人で立たされている状態である。今まで経験したことのない夜の静けさは，赤ちゃんにとって恐怖だろう。他方，親はやっと退院したわが子に十分な愛情を注ぎたいと意気込んで育児を開始するが，赤ちゃんがその行為を快として受け入れにくいために，親子の歯車がかみ合わず，スムーズな親子関係を育めない。赤ちゃんの夜泣きに親は疲れ，愛情を築きにくいのである。

　入院中に少しでも母子関係・父子関係を形成し，退院後の養育をスムーズにするための1つの方法が，カンガルーケアである。入院中に，親が赤ちゃんを素肌の胸に抱く体験をする。肌のぬくもりを感じ，赤ちゃんと視線を合わせることで，親が子を反応しうる存在としてとらえなおす。一生懸命生きている命を感じ，子どもへの情がわいてくる。このカンガルーケアをした後に家庭での生活に入ると，

表13-7　新生児集中治療室と家庭の環境の差異

	新生児集中治療室	家　庭
明るさ	治療機器の照明が常時あり昼夜の明暗が不明瞭	昼夜の明暗が明瞭
音　量	常時，機械音がある	昼は生活音があるが夜は静か
人　間	必ずしも，不快を取り除く存在ではない	不快を快にする存在

親子関係がスムーズに形成される。

これらのことは，親がわが子を客体としてとらえず，主観的な感情をもてるような病院や周囲の配慮が，その後の親子の関係性形成に大きく影響することを示している。初期の関係形成に困難をもつ親子に対し深い理解を示し，子どもの欲求に応じた的確な対応を根気よく続け，人への信頼関係を育める保育者となりたいものである。

3 離婚・死別による喪失体験

(1) 喪失体験後の子どもの心理

離婚や死別などで大切な人と別れる喪失体験は，子どもに大きな影響を与える。日本では子どもが小さいから理解できない，あるいはかわいそうという理由で，状況の説明を避けがちである。しかし，子どもにわからないようにしているつもりでも，親の様子から子どもは家族の状況を察知する。

大人からきちんと説明をされていないと，子どもは事実と異なる推測した恐怖感に脅かされる。残された親も失うのではないかとの不安をもち，子どもは自分の感情を親にスムーズに表現できない。むしろ大人の期待に応じようと，過適応をする子どももいる。子どもは疑問を大人にすべて投げかけられるわけではない。自分が原因ではないか，誰が自分を守ってくれるのかなど，もっとも大きい不安や疑問を1人で抱え，子どもは不安を増大させる傾向がある。おねしょをしたから阪神・淡路大震災が起こったと何年間も自分を責め続けていた子どものように，

表 13-8 喪失体験後の年齢による深い悲しみの表現

	子どもの反応	求められる大人の対応
誕生～18カ月	睡眠パターンの乱れ 食事習慣の変化 養育者へのしがみつき 無気力（不活発）	環境と養育の一貫性を維持する 雰囲気を静かに保つ（言い争わない） ライフスタイルを徐々に変化させる 第一養育者からできるだけ離さない
18カ月～3歳	いらいら，性格的な変化 身体的な攻撃：ぶつ，かむなど しがみつき，愛情・承認要求 毎日，いないほうの親を求める	たっぷり抱き上げ，抱きしめる養育 愛情の一貫性を保つ 日課の一貫性を保つ 敵意や不満の適切な解消の仕方を教えるなど
3～6歳	行動の退行：おねしょ，指しゃぶり いらいらしやすい 攻撃性と敵意 養育者でない親が帰ってくると思い込む	関心を向ける，いっしょに過ごす 抱きしめながら育てる 敵意，攻撃性を解消するための方法を教える

出典）スージー・マルタ（NPO 子ども家庭リソースセンター訳）『シングルシンフォニー』小学館スクウェア，2000 より一部抜粋

自分が原因で事態が起こったと思い込んでしまうこともよくあることである。

喪失体験をしたときには，乳児から大人まで，どの年齢でも恐れや怒りの感情が起こり，さまざまなかたちで表現される。たとえば，18カ月～3歳では，強い愛情要求や身体的攻撃などの行動を示す（表13-8）。

（2）関係性の修復

人は怒りなどの感情から，不適切な行動をとることがある。その原因となった人や事柄とは無関係の対象——ときには保育者——に向けられることがあり，向けられたほうは身に覚えがなく，混乱しやすい。このような事態は双方にとって苦しく，安定した関係が壊れることもみられる。保育者には，親子がサインを出したとき，それらの行動の背景にある喪失体験や不安，怒りを理解し，親子が自分の感情に気づき，適切な表現の仕方を学べるように援助していく役割がある。

周囲の適切な支えがあれば，子どもが事実を受容していけるのは大人と同じである。保育者には，子どもの問題となっている表面的な行動を変える働きかけではなく，その行動を引き起こす感情への対応が必要である。子どもの年齢によって対応の仕方は異なる（表13-8）。共通なのは，一貫して愛情を示し，子どもが自分の素直な気持ちを表現できるよう，保育者は子どもに関心を向けていくことである。そして，子どもの心のサインを読み取り，共感的な理解を示し，子どもとともに歩める人となりたい。また，怒りや悲しみの感情をもつのは自然であることを子どもに伝え，その感情の適切な出し方を子どもが学べるよう，保育者が手本を示していく。また，子どもが楽しんで体を動かすなど，気持ちを十分発散できる保育内容を工夫することもよい。

子どもの置かれている状況に関して，保育者は親との共通理解と協力とを心がけたいものである。家族の変化で子どもも大きな影響を受けている，との理解に立って，親と子どもが話し合い，子どもの思い込みによる誤解や不安を軽くしていく。たとえば，いっしょに住めなくても，いなくなった親も子どもの親であることには変わりはないこと，原因は子どもではないことなどを，子どもの理解に応じた言葉で親が説明をすれば，子どもの気持ちは軽くなる。また，家族や離れた親の批判などを子どもに聞かせることは避け，子どもの感情を受けとめつつ，感情の適切な出し方を体得できるように，大人どうしが協力することが望まれる。家庭内に緊張関係があり，親には出せない感情を子どもが保育所で出した場合には，保育者が受け止める役割を積極的に果たすと，子どもの親との向き合い方が変化する。保育者の役割も，相手の状況によって変えていく柔軟性を培っていってほしい。

また，喪失体験をした親の心も深く傷ついており，その心のケアが求められる。しかし，現在ではその必要性すら社会的に十分には認知されておらず，喪失の怒

りの感情をもったまま生活を続けている人が多い。保育者は、喪失体験に伴う心理を理解しておきたい。親の感情に寄り添える保育者に出会えると、親は子どもに対してもやさしさを発揮できるようになっていく。

(3) ステップファミリーの人間関係

喪失体験をもっている人がステップファミリー*をつくるとき、「今度こそは失敗したくない」と思うのは当然である。それだけに、新しい家族への期待は高い。ステップファミリーを築く以前の家庭が親にも子どもにもあり、それらの家庭のやり方とは異なる新しい家庭を築いていかねばならない。以前の家族との別れ、新しい家庭を営むための転居や転校、転職など、複数の喪失体験をもつことが多い。新しい家族としてなじむには、家族1人ひとりの努力と年月が必要である。自然体で家族が生活できるようになるまで、平均7年、早い家族でも4年かかるといわれている。

一緒に生活をはじめた初期の段階ではお互いに遠慮があり、衝突は表面化しにくい。しばらくすると、予想していたようには実子と継親との関係が深まらない焦り、パートナーとの価値観や生活様式の違いが明らかになり、衝突が生じはじめる。子どもを新しいパートナーに早くなれさせようと、パートナーや継子との関係を優先し、実子に無理をさせがちである。たとえば、子どもに新しいパートナーを「お父さん」と呼ばせるなどである。子どもにとっては別れた親も大切な人であり、心の整理がつかない段階でこのような強制をすることは、かえって関係を悪化させる。大人だけの時間や、実の親子だけで過ごす機会も大切にしながら、新しい家族で共通の時間をもってその家族の歴史をつくっていくことが望まれる。

保育者は、ステップファミリー特有の困難があることを理解して、親子に向き合うことが必要であろう。

*ステップファミリー：夫婦の一方、または両方が子どもを連れて再婚、あるいは共同生活を始めたときに生まれる家族。

【参考文献】

武田京子『わが子をいじめてしまう母親たち——育児ストレスからキレるとき』ミネルヴァ書房、1998

鈴木秀子『愛と癒しのコミュニオン』文藝春秋、1999

鷲田清一『「聴く」ことの力——臨床哲学試論』TBSブリタニカ、1999

山田 博監修・家庭問題情報センター編『夫婦の危機と養育機能の修復』家庭問題情報センター、2003

「特集：子育て支援」『臨床心理学』第4巻第5号、金剛出版、2004

『子どもの虹情報研修センター紀要』No.1、子どもの虹情報研修センター（日本虐待・

思春期問題情報研修センター），2003

渡邉浩子，他「児童福祉法第28条事件の調査方法に関する研究」『調研紀要』第76号，家庭裁判所調査官研修所，2003

スージー・マルタ（NPO法人子ども家庭リソースセンター訳）『シングルシンフォニー』小学館スクウェア，2000

椎名麻紗枝・椎名規子『離婚・再婚と子ども』大月書房，1989

野沢慎司・茨木尚子・早野俊明，SAJ編著『Q&Aステップファミリーの基礎知識』明石書店，2006

ヴィッキー・ランスキー（中川雅子訳）『ココ、きみのせいじゃない』太郎次郎社，2004

堀内 勁・飯田ゆみ子・橋本洋子編著『カンガルーケア』メディカ出版，1999

Stepfamily Association of Japan. The handbook of stepfamilies. SAJ, 2002.

クレール・マジュレル（日野智恵・日野健訳）『おうちがふたつ』明石書店，2006

第14章 幼稚園・保育所における大人の関係と子どもの育ち

〈学習のポイント〉①大人の育ち合う関係は，子どもの育ちをありのままの姿で伝え合うことから始まることを理解しよう。
②保護者の疑問や意見のなかには，必ず子ども理解の要求があり，幼稚園・保育所の財産となることを確認しよう。
③子育て支援は，子どもを真ん中に，ともに育ち合う力として大人の輪をつくることから広がることを理解しよう。

　子どもの育ちを大人の関係からみることは，子どもにかかわる大人の質を問うことになると考える。筆者の勤務する保育園では，「保育実践，運営，運動の3つの課題でいつも子どもを軸にして考え，民主主義を貫き，鍛えあっていく保育園をつくろう」という目標で，子どもの育ちを共通項にして取り組んでいる。それは，1人ひとりの子ども理解を深めることによって，職員1人ひとりが自らを見つめ，そのことが，親や保育者どうしの理解となり，子どもの育ちを真ん中にして大人の輪ができて，より人間らしくかかわりあえる歩みだったといえる。

1. ありのままの姿を子どもの育ちとして，細かくていねいに伝え合う

　以下は，1歳児クラスの保育者がそれぞれの子どものそのときの感情に共感することが不十分で，1人の子どもに「噛みつき」をさせてしまい，その後の親とのかかわりの経過を記録したものである。

●事例1「噛みつき」の理由
【佳代の「噛みつき」】

　カブトムシの絵本を和人（2歳1カ月）が持ってきて，保育者に「よんで」と言う。読んでいると，佳代（2歳3カ月）も来て一緒に見る。読みすすめていると，和人が絵本のなかのカブトムシをたたき始める。それを見た佳代が「たたかないで」と言う。保育者に「佳代ちゃん，すごいね。ちゃんとお口で言えるねー」と言われると，うれしそうな表情で和人を見る。和人は「パンパン！」と言ってたたく。これを2～3回繰り返す。そのとき，保育士のななめ後ろで他の子どもの体の体勢が崩れたのが視界に入り，その子のほうを向く。このときに佳代が和人の手を噛む。

　佳代にどうして噛んだのかを聞くと「痛いから」と言う。和人に「痛いからた

たかないでだって。和人くんは，どうしてたたいたの」と聞くと，「こうやってぺんぺん」とたたき方を話してくれる。「そうか，こうやってぺんぺんたたいたのか。きらいきらいってたたいたの。すきすきってたたいたの」と言うと，少し考えてから「すきすきってたたいたの」「でも，佳代ちゃんは，たたいたらカブトムシが痛いからやめてほしかったんだって」と言うと，「わかったよ」と和人。

【「噛みつき」の原因は──佳代の父親との会話】

このような話をしているとき，佳代の父親が帰ってきた。父親が「あー，またなんか悪いことしたのか」と佳代に言い始めたので状況を話し，佳代が言葉で何度も和人に言っていたが，和人と佳代の気持ちを保育者が受けとめられないまま，他の子に目を向けてしまったことが原因ということを話す。帰るしたくが終わった頃，父親に「お父さん，帰ってから佳代ちゃんのこと怒るかな」と聞いてみる。「怒るつもりでいる」と父親。「さっきも話しましたけど，今日のことは私が原因です。佳代ちゃんには噛ませてしまってかわいそうなことをしました。保育園でのことは保育園で話は終わっているから，お願いします，怒らないでください」と言うと，「わかりました」と笑顔で父親が言ってくれた。

【噛まれた和人の場合──和人の母親との会話】

迎えに来た和人の母親へ経過を話して，佳代が噛んだ原因は，保育士が和人と佳代の気持ちに共感できなかったことだと説明して，謝罪する。和人の母親は，「お互いさまだから大丈夫ですよ。でも，あー，じゃ昨日の和人のこともそういうことだったのかな」と話し始める（その日の連絡帳には，母親の顔を何度も思い切りたたいたので叱ったということが書かれてあった）。

「いきなりたたいたり，つねったりしたから，やめて，痛いよと何度も言ったけど，ちっともやめないから目いっぱい怒ったんです。泣きやんでしばらくしてから，今度は『ママ』って呼んだと思うと，米びつの中からカップにお米を入れてきて，和室まで行ってまた『ママ』って呼んでから，じゃーってお米をたたみの上に撒いたのよ。やることがすごいっていうかほんとに頭にきちゃって，さんざん怒って，パパが帰ってくるまでそのままにしておいて，パパに手伝ってもらって和人が自分で片づけたんですよ」という内容であった。

保育者「たたき始める前になにかあったのかな。」

母　親「別に何もなかったのに。ただ，遊園地に行ったからお昼寝しようって言ったけど，寝ないで遊んでいたから，寝ないのねと言って，私だけ横になっていたら，しばらくして私の横にゴロンとなったんです。寝るのかと思ったらまた起き出すから，寝ないんでしょって言ったんです。そんなことしかなかったな。」

保育者「寝ようよって言ったとき，何をしていたのかな。」

母　親「ブロックで遊んでいて，和人が『まだなの』と言ったんです。」

保育者「じゃ，もしかしてそれを自分でおしまいにしてから，寝るつもりだったのかな。それとも，もっと遊びたかったのかな。寝ないんでしょと言われたことがいやだったのかな。とにかく，そのときの気持ちが晴れないから，お米までいったのかもしれない。しっかり訴え続ける和人くんは，2歳の育ちまっさかりということですね。」

母　親「そんなに気持ちをもち続けられるのですか。すごいことですね。今度は，そんなときは，何が言いたいか聞いてからにしなくちゃね。怒ってばっかりじゃだめですよね。」

保育者「でも，親子だから真剣にぶつかりあうことが必要じゃないかなと思いますよ。」

母　親「なんか，すっきりした。どうしちゃったんだろうって思っていたから。」
母親にもう一度謝っておしまいになる。

【「噛みつき」その後――佳代の母親との会話】

その後，1週間ぐらいたってから，佳代の母親と話す。「ただいまー」と母親が佳代に声をかけたが，佳代はそれには応えずブロックで遊び続ける。「佳代，帰るよ」とまた母親が言うと，佳代は「ケーキたべたら，かえるの!!!」とはっきりと言う。それを聞いた母親は，「ほんとになんでこんなに強く言うんだろう。まったく」とつぶやく。

保育者「おかあさん，そう思うよね。でもね，はっきりとした口調になるのは，こうしようという思いが今まで以上にはっきりしてきたということだと思うよ。ケーキ食べたら帰るというように，自分でおしまいを決められるのだから。」

母　親「育っているということはわかるのだけど，今すごく困っていることが噛みつくことなの。噛むでしょ？」

保育者「そうですね。伝えたいことはあるけれど，まだ言葉の表現は難しいですからね。」

母　親「この前，和人くんを噛んだときもそうでしょ。先生からの話をお父さんに聞いていたけど，前の日に噛まないと約束したばかりなのに噛んだから，お父さんは怒らなかったけど，私はすごく怒ったんです。」

保育者「佳代ちゃんが噛んだのは，私が原因だったからなんですよ。」

母　親「お父さんから聞いて，育ちということもよくわかったけど，でも噛むのはいけないことだから。和人くんのお家に電話させてもらったんです。和人くんのお母さんに謝ったら，『お互いさまだからね』って言ってくれたから，ほっとしちゃった。それから，電話でこの頃の子ど

　　　　　の様子などを話して，自我が芽生えるってすごいことだねー，がんば
　　　　　ろうねって話したんですよ。」
　　保育者「私が原因で起きたことなのに，ていねいに電話までしていただいてあ
　　　　　りがとうございました。佳代ちゃんは，必ず理由があるから，そこを
　　　　　聞いてあげてから一緒に考えていけるといいですよね。また，よろし
　　　　　くお願いしますね。」

　自分の失敗の謝罪から始まり，自分と子どもとの行為の事実と原因を，子どもの育ちに触れながら，ありのままに親に伝えることによって，親がわが子の育ちを理解し，家庭の状況をも関連して伝えてくれて，保育者とともに2歳の育ちの内容を深められる。そのことが喜びとなり，他の親とも子育ての連帯感として広がっていくという事例である。このやりとりのなかには，わが子への思いが十分にくみとれる。

　子どもは，日々育つ。それだけに，子ども1人ひとりの育ちの変化を細やかに，ていねいに大人どうしが伝え合うことによって，子育ての共感が生まれ，育ち合う関係ができると思われる。子どもが育つ喜びを真ん中にして，子どもの育ちをよりあたたかく見つめることや見守ることが可能になり，大人どうしの子育ての輪も広がっていくのではないだろうか。

2．父母の率直な感想，意見，質問は園の財産

1 自治体実施の父母へのアンケート結果より

　自治体が実施した施設のあり方を問うアンケートで，現在通っている保育所の特徴を父母にたずねたものがある。当園の親は，次のように記入をしていた。
・子どもがどう思ったか，考えているかを尊重してくれている。
・子どもがその年齢になったことの実感をもたせてくれるような働きかけをしてくれている。
・子ども間での育ち合う力を育ててくれる。
・保育者が保護者との会話にきちんと向き合って聞いてくれている。
・保護者と親が一緒に子どもを育てるという考えに基づいた保育。
　多くの親の回答が，これらの内容に分類されるものであった。このことは，保育が親にみえるようになってきたととらえることができて，職員にとっては大きな励みになるものである。

2 園実施の生活実態調査より

　当園は、「子ども1人ひとりをしっかりつかむ」という保育実践目標を長年掲げ、取り組んできた。それは、子ども1人ひとりの発達を深くつかむなかで、家庭の悩みを聞き、父母の願いや思いを受けとめ、保育者と父母の願いを一致させて共感関係に高め、問題点は何か、子育ての協力関係をどうつくるかについて、視点を深めてきた歩みだった。

　まず、子どもをしっかり見つめるというとき、父母の生活実態をも含めて理解する努力をしてきた。そのために、そのときどきに生活実態調査をして、その時代にともに生きている子どもについて理解を深め、子どもたちの共通の課題から保育所に求められる役割を引き出してきた。最近の実態調査からは、次のような内容がとらえられている。

(1) 生活実態調査の結果
①父母との生活
　仕事、通勤時間が長い父母のあわただしい生活のなかで過ごしているものの、少しの時間に子どもとのかかわりをつくろうと奮闘している様子も伝わってくる。外食の回数も、調理済み食品の利用も、極端に増加している。
②生活リズム
　起床も就寝もその年齢にふさわしい時間に集中するのではなくばらつきがあり、早い時間と遅い時間帯の幅が大きくなり、睡眠時間が乳児も幼児も少ない状況である。
③家庭での習慣
　歯みがき、手洗い等は前回よりよくなっているが、テレビの視聴時間が長くなり、ジュース等の飲み物が非常に増えている。

(2) 園の取り組み
　この結果を踏まえて、園での生活との関係で、家庭と園をどう結ぶかから考えていくことが確認され、取り組みを行っている。保育者は、大人の厳しい生活のなかで生きている子どもたちへの共感から、今の時代をともに生きる存在として、子ども1人ひとりを見つめることをより深めることとなった。

・今まで以上に個別把握と個別対応が求められている。
・生活サイクルを1日の生活サイクルとして押さえ、夕方から寝る時間をどうみるか、親とともに取り組みについて検討する。
・安全な食材や食文化の伝承を親とともに深め、子どもの「食」について再構築する。
・あいさつ、顔洗い、歯みがきなど、積極的な習慣の確立については、発達とのかかわりで、それぞれの習得時期を明らかにして取り組む。

・親への提起にあたっては，父母の生活の厳しさに共感しながらも，1日の子どもの生活サイクルや子どもの育ちについて共通になる努力をしつつ，園，家庭のそれぞれの工夫を考えられるようにする。

3 父母からの率直な意見を財産に

日頃，父母と気軽に子どもの発達のことや家庭のことが語られ，親の思いや子育ての心情をつかみながら保育がされるようになると，父母から保育に対しての感想や意見，質問が率直に出されることが多くなってきた。それは，親から園や担任に対しての，手続きや会のもち方の疑問であったり，保育の内容についてであったり，さまざまな内容であるが，これらの1つひとつの事例の内容を深めることは，当園の保育をすすめるうえでの財産となった。

●事例2　親からの意見とその対応
【親からの意見】

毎年実施している父母との「保育を語る会」事前アンケートで，3歳クラスの達郎くんの父親から「担任と連携がとりにくい」と意見が出された。

2歳までの乳児クラスでは，お迎えの時間，ほとんど毎日保育者が声をかけて様子を伝えている。幼児クラスになると，人数も多く，お迎えの親が時間的に重なって，1人ひとりの親に伝えるのは困難である。しかし，連絡帳はお互いが必ず記入している。それなのになぜだろうという疑問から，その子の様子や育ちの変化をつかみ直し，親に答えるべき内容を検討した。

【検討内容・経過】

達郎くんのお迎えはほとんど毎日父親で，お迎え時間は紙芝居をみている時間である。父親は先に0歳の妹を迎えて抱っこをして，兄の達郎を迎えに来る。達郎は「お迎えが来たら帰る」という約束はわかっているようで，みんなに「さようなら」をして，カバンを持って靴をはいてから，父親をたたいたりしながら泣いて何かを訴えている姿が最近とくにみられる。

父親は，「なにが言いたいの。お話しして」と声をかけたりしている。そして「こうなのああなの」と探る。しかし，なかなか達郎の言いたいことと重ならず，達郎はよけいに泣き，父親は「お兄さんでしょ」「先に帰るね」となってしまう。

今までの達郎は，紙芝居の途中でも帰っていたが，育ちの変化として，紙芝居のおもしろさがわかり，終わりまでみたい気持ちになってきていた。達郎には紙芝居をみたい気持ちと，お迎えに来たから帰らなければならないという気持ちがあり，彼なりの見通しはあるものの，自分で大人に伝えることができない。

そこでまず，父親に紙芝居が終わるまで待つことが可能かどうか，話してみる

ことにした。また，達郎に迎えに来たことを告げた後，妹の迎えを済ませてから再び迎えに来てもらうことで，達郎が「もう迎えに来る」という心の準備ができるよう，父親に提案した。その際，達郎の園での様子を伝えると，父親から家での様子も伝えられ，大きくなった達郎の成長をお互いに確かめられた。

その後は「紙芝居が終わったら帰る」という約束もされて，スムーズに帰る日も多くなった。また，父親が「なかなか連れて帰れなくて」と言いながら門のところでつきあっている日もあるが，達郎の成長過程の姿を見守る余裕が，表情に感じられるようになった。

【今後に向けた園の対応】

園としては，2歳児クラスから3歳児クラスに進級する子をもつ親に，わが子の育ちが予測できるように，今まで以上に子どもの発達変化をていねいに伝える工夫が必要である。

この家庭は，2歳児クラスの最後の懇談会では母親が出席していた。この事例から，懇談会への出席者が両親のどちらかも考慮に入れ，個別の対応が必要であることを学び，次年度の取り組みの配慮点とした。また，きょうだいがいる場合の親の送迎については，それぞれの子どもの育ちの変化から，それぞれの担任で話し合って，細やかな個別の対応と園としての共通の対応を考えることとした。

以上は，子どもの親から「担任と連携がとりにくい」という意見として出されたものだが，そのときのわが子の育ちの変化を，担任と共通のものにしたいという願いであったことがわかる。意見を出されたことは，保育者にとって，子どもの育ちの変化について父母と理解を深めるチャンスであり，お互いにその子の今がみえてくることで，より愛しむことにつながっていく。

このような親の疑問，意見は，保育実践の深まりによって生まれ，子どもの健やかな成長を願う親たちの保育所への期待として受けとることがだいじである。保育者が，子どもの育ちのポイントを適切な時期に父母に伝えることによって，多くの父母が，わが子の育ちとの関連で，保育に対して率直な感想や意見，質問を投げかけることができるようになる。

そのうえで，子どもの姿に立ち戻ることを意識し，子どもの育ちから説明することによりお互いが学ぶことができ，以前にも増して親との手の結び方が深まるといえる。言いかえれば，それぞれの年齢の育ちが父母にみえないときや予測がもてないときに，感想，意見が態度や手続き，会のもち方への疑問となっていくことがよくわかる事例でもある。

筆者の勤務する保育園では，父母からの，わが子の育ちとの関連での率直な感想や意見，質問のどんな些細なことでも，1つひとつていねいに受けとめること

が，保育や運営の課題を深め，子育てをともにすることについて学び，父母との手つなぎを以前にも増して結ぶことにつながる，ということを確信して取り組んでいる。本園の現在の保育や運営の到達点は，父母とともに築いてきた財産といえる。

3. 子育て支援からともに子育てを

●事例3　育児困難家庭への子育て支援

　育児困難家庭として支援をしているA子ちゃんの家庭は，中学生と小学生の兄が不登校で，父親が不況の影響で職を失ったまま，母親が夜の仕事をして家庭崩壊にならないでいる。しかし，親子ともどもとじこもりがちで，地域の人は，この家を訪ねても応答がないので，ネグレクトではないかと心配していた。

　児童相談所の呼びかけで，小学校と中学校，児童民生委員，市役所健康課，保育園が集まり，関係者会議が開かれた。そして，子どもたちそれぞれの行く場所をつくることで，一致して取り組むことになった。保育園としてはまず，A子ちゃんが保育園生活をできるよう，送迎をすることにして，民生委員と協力して続けている。しかし，月のうち2〜3日は来るが，休みになって連絡もとれなくなり，登園がなかなか定着しない状況がある。園としても再三家を訪ねるが会えない日が続き，電話で「行きます」と連絡はくるものの，登園はないという状態であったが，根気よく「待っている」ことを伝えることで，少しずつかかわりをもてるようになった。そして今では，朝は保育者が迎えに行くが，帰りは父親が迎えに来るまでになった。A子ちゃんは「保育園に行きたい」と親にせがむようになっていると，父親は保育者に報告する。しかし，なかなか自らの登園は継続しない現状であり，支えが必要である。

　この家族の両親は，子どもへの生活上の世話は難しいようであるが，子どもをかわいがっていることは伝わるので，安心している。久しぶりに登園してきた際には，お風呂に入れたり，園の洋服を着せたりする援助が必要なものの，子どもは確かに育っている。このことからも，家族が兄の不登校の問題や生活の苦労があるなかでも，たくましく生きていることがわかる。すでに，3年のつきあいとなっているが，保育者と親の関係も，子どもの育ちを喜ぶことで，お互いの緊張がほぐれてきた。今では，「A子が紙パンツだから行きたくないと言っている」と話す父親に，4歳の育ちの話をして「そういうことがわかってきたということだから，今がだいじよ」と真正面から言えるようになってきた。

　当初，送迎までするのは，という意見もあったが，子どもを家の中だけでなく

友だちのなかで過ごさせたいという思いから、この取り組みが始まった。A子ちゃんが保育園に来ると、子どもたちが大歓迎する。どの職員も声をかけて喜んでくれる。他の子の親たちにも伝わり、そのまなざしはあたたかい。A子ちゃんの親も励まされているだろうが、職員も他の親も励まされる。

このことから、職員はそれぞれの家庭の状況をまるごと受けとめることの意味や、親と手を結ぶ内容を学んでいるといえる。はじめは支援だが、ていねいにかかわることによって、今では子どもの育ちを真ん中に、ともに育てることになっているのではないだろうか。

4. 保育者どうしの連携が、安定した生活空間をつくる

職員1人ひとりは、「かかわる大人の子どもの見方は、それぞれ違いがあってあたりまえ、違いがあるから目の前の子どもをつかむことが深まる」という視点で、経験年数や担任かどうかにかかわらず、1人の人間として、すべての子どもに自らが積極的にかかわる。そして、子どもの姿のいろいろな場面を見つめたり、かかわったことを職員どうしが日常的に語り合うように努力している。

以下は、「真紀ちゃん（1歳6カ月）がたびたびベッドの下に入る」という場面をめぐって、かかわった保育士どうしが、その子の発達的な姿としてどう共通にしたか、まとめたものである。

●事例4　保育者どうしの連携

真紀ちゃんがベッドの下に入る姿をみて、A保育士には「なぜ、この子は、最近ここに入るのだろうか」という素朴な疑問が生じ、B保育士に問いかけたことから、保育者どうしのその子をつかむ試みが始まった。

A保育士「ベッドを支えている棒をくぐったり、またいだりするのが楽しいのかな。それとも、狭いところが好きで、自分の場所にしているのだろうか」

B保育士「友だちのまねかな。友だちとの共感が楽しいのかな」

C保育士「遊びだったら遊びの内容だけれど、どんなときに入ったの？」

A保育士「外遊びから帰ってきたばかりのとき、『おしっこに行こう』と声をかけたけれども…」

C保育士「それかな、おしっこ（オムツをとりかえる、トイレに行く）がいやなのかも」

B保育士「おしっこや、寝る前だったら、何かを大人にあらわしているかもね」

と議論をすすめ、真紀ちゃんは、「やだー」とはあらわさないけれど、ベッドの下に入ることで、「いや」と自我をあらわしているのではないかと仮説を立て、「どんなときに入るのか、そのときの姿をみる」という視点を共通にして、確かめることにした。その結果、おやつ後にもトイレに誘うと同じような姿がみられ、「やっぱりそうだね」と保育士どうしが確認することができた。

そして、「"愛着の保育士"*と他の保育士に対してとでは、どうあらわし方が違うのだろう」ということも知りたくなり、愛着の保育士がかかわったあとに、他の保育士がかかわってみることになった。すると、他の保育士が「真紀ちゃん、おしっこに行こう」と誘うと、すぐに手をだして、トイレに行くことに応じてしまうが、愛着の保育士だと、なかなか行こうとしないで、「いや」とあらわし続けている姿がみえてきた。

そこで、今の時期は、「愛着の保育士がかかわることで、安心して『いや』と言えることをねらいにしよう」ということを、保育士どうしで共通認識にした。このことで、ベッドの下から出させたいのではない、おしっこにむりやり行かせたいのではない、その子が「いや」とまっすぐに訴え続けることができるように、保育士どうしで取り組むことが大切だと確認することができた。

*愛着の保育士：筆者の勤務する保育園では，子どもにとって「心も身体もゆだねられる」保育士という意味で，その子どもの担当の保育士を，このように呼んでいる。

このように、1人の子どもについて深めることから、「あ、ちょっと変わってきたね」と、育ちの少しの変化を保育者どうしがともに喜びあうことができる。そして、次の発達を予測して、愛着の保育士が支える存在だけではなくなってきて、対応しきれなくなったときに、他の保育士が「私がかかわってみようか」「あなたがかかわってみて」など、その子の姿に寄り添うことで、保育者どうしがより連携することができる。

こうした保育者どうしの連携があることで、子ども自身がありのままの自分を出し続けることができ、育ちに寄り添う大人がいることで、安心して自我や能力、感情を育むことが可能になるのではないかと思われる。1人の子どもの姿をいろいろな視点から深めることは、「大人みんながみているよ」というあたたかい空気をつくり、大人にも子どもたちにも、安心した生活空間をつくる。

5. 大人の子どもを見つめるあたたかい輪が連帯へ

前節で述べたように、職員どうしの関係では、保育実践目標の「子ども1人ひとりをしっかりつかむ」ことによって、職員1人ひとりがすべての子どもにかかわるなかで、子どもの姿に感動し、その内容を事例で伝え合い、子どもの発達理

論と目の前の子どもの姿とを結びつけて考え，子ども理解の到達点として共通にしながら実践を深めてきた。それは，その子がもつ発達の特徴や感情・能力を，生活面も含めて，深く細かく，ていねいにみることであり，その子特有の表現のなかから微妙な変化をも見落とさず，目の前の子どもを発達の過程としてみるなかで，発達要求と抱えている問題をもつかむことであった。

　また，大人が1人ひとりの子どもとかかわる際，個性をもった1人の人間として向き合うことによって，その大人の人間観が広がることも実践のなかでみえてきた。このことから，ある子ども像や人間観を園の目標としてもって，それに子どもをあてはめるのは，子どもと保育者の関係を崩してしまうなど，実践においては無理なことなのではないかと考えられるようになってきた。

　そこで，子どもたちの共通課題は，①身体をだいじにする，②お友だちといっぱい遊ぶ，とした。園の子ども像の理念について統一したしばりをなくすことによって，職員それぞれが子どもをつかみ，自分の人間観を豊かにするということが共通認識となって，1人ひとりの子ども個人を大事にする保育実践がより深まる一歩となったと考える。

　自分の人間観を「子どもを1人ひとりしっかりつかむ」ことによって深めることは，目の前の子ども，父母のありのままの姿をまるごと受けとめて，父母と職員がともに子育てを考えるという内容を深めることになった。それは，子どもをめぐる保育者と父母の日常の小さなやりとりを通じて確かめられ，親たちと職員どうしのかかわりをも豊かにしてきた。

　子どもを軸に共通項をつくることは，子どもにかかわる大人の人間観（子ども観）を鍛え，大人の子どもを見つめるあたたかい輪をつくることだといえる。このことが，子どもたちの健やかな成長を願う地域の親たちの子育ての連帯へと広がっていく。

第15章 地域における世代間交流と子どもの育ち

〈学習のポイント〉　①人間関係の発展における世代間交流の意義について、振り返ってみよう。
②保育の現場でどのように世代間交流に取り組めるか、構想してみよう。
③世代間交流を豊かにしていく取り組みは、保育内容・人間関係とどのようなかかわりがあるか、考えてみよう。

1. 人間関係の希薄化と世代間交流の意義

　人間関係には、縦・横・斜めと多様な関係がある。横は、同世代や異文化への広がりを意味する。斜めは、家族でいえばきょうだい関係のように、年齢幅は小さいが、同年齢ではない関係をいう。縦を代表するのが親子関係であるが、血縁のある・なしを超えて、世代の異なる縦の関係の人間対人間としての交流を「世代間交流」と呼ぶ。

　今日、人間生涯において人々を取り巻く人間関係は、こうした縦・横・斜めの関係が豊かではなくなってきている。生産世代においては、職場の関係では年齢のバランスが考えられているため、必然的に縦の関係があるが、子どもと高齢者からは切り離されている。そして、子どもと高齢者は、比較的同年齢が集められて生活している。幼稚園・保育所でも学校でも、縦割りの生活集団の実践が少しずつ発展してきたり、また、高齢者との交流に意識的に取り組んでいるところもかなり出てきてはいるが、相対的にみれば、やはり同年齢を主にしたクラス集団が生活や学習の中心になっている。高齢者もまたしかりである。多世代共同住宅ではなく、老人ホームには老人だけが暮らしている。いくらグループホームなどを試みても、同一世代のみの暮らしであることには変わりない。もし、老人ホームの「ショートステイ」に学生が下宿できるようにすれば、それだけで活気づくし、学生にとっても、ただ生活しているだけで高齢者から学ぶことが多くなり、双方が同時に必要とされ合うことで存在価値が確かめられ、双方ともに存在感、すなわち生きがいを感じることができる。

　「必要とされるとき人は輝く、そこから本当の笑顔が生まれる」。これは、後に紹介する富山市にあるデイケアハウス「このゆびとーまれ」*の実践理念である。世代間交流の意義の中心は、まさに相互に必要とされる関係、互恵性の創出にある。そのことはまた、1＋1＞2という相乗効果を生み出す。また、関係が多角化、しかも価値体系の異なる要素をもつ人たちの関係の多角化が行われるため、「間」ができ、そのことによってどの世代も、来し方行く末を見通しつつ、自分

＊1993年7月、富山市豊岡町にて自宅運営の民営デイケアハウス（施設長・惣万佳代子）として開設された。

自身の意思決定をする場合などに，他を介しつつも自主的に考えることが可能になる。

　外国人が日本にかなり定住し，幼稚園・保育所・学校などにその子女が入ることが多くなってきて，異文化理解の重要性が認識されるようになり，大学にも異文化理解教育なる講座や学科も立ち上げられるようになった。このことは，文化の面で横に豊かな人間関係を築いていくうえで，たいへん喜ばしいことである。同時に，縦の関係においても，異世代理解教育がもっと普及してもよいと考えられる。しかし，異世代理解教育という講座も学科も，まだ登場してきていない。これからの課題だといえる。

　とはいえ，先進的な実践は徐々に増えつつある。そこではどんな関係が芽生えつつあるか，今後の子どもの育てやすい，また育ちやすい地域づくりとかかわらせて次節で述べる。

2. 世代間交流の先進的取り組みに学ぶ

　世代間交流というのは，単に高齢者と子どもの交流をいうのではない。できれば，すべての世代の交流が望まれる。しかし，契機はどこであっても，その地域，その部署によって，実践しやすいところから交流の機会をつくることが，もっとも自然で無理がない。そこで，どのような学び合いが可能になってきているか，まだまだその本格的な実証はこれからだと思われるが，その芽生えについてふれておきたい。

　ここでは，学校での取り組み，高齢者のデイケアからの発展，地域での実践，そして大学における取り組み等について，取り上げることにする。

1 学校での取り組み

　学校の敷地に生活道路が通っていることから，地域の利便と，多くの目で子どもを見守ることが一致し，そこから日常的交流へ位置づけている学校がある。「余裕教室」を利用したコミュニティールームがあり，世代間交流が当然のこととなっている。校長先生は「学校を地域に開くことが最も学校を安全にすること，地域の人たちが子どもを守ってくれますから」と語る*。

　ここでは，筆者の身近な，筆者自身も何度か足をはこんだことのある学校での取り組みについて，少し詳しく述べる。筆者の所属する大学のある東京都小平市では，教育委員会が，学校を中心に繰り広げる地域教育活動に取り組んでいる**。その取り組みのなかには，どこにも世代間交流の姿がみられるが，世

＊千葉県鎌ヶ谷市立初宮小学校

＊＊坂井康宣編（小平市教育委員会委員長）『競争から共創の教育改革へ——地域で育てよう すこやかな子ども』万葉舎，2004

代間交流自体に視点をおいた活動を 8 年間続けてきたのが，小平第六小学校（以下，小平六小）の「ふれあいマンデー」の実践である。

■**実践例 1　小平第六小学校「ふれあいマンデー」**

　「ふれあいマンデー」というのは，毎週月曜日午前中の 30 分の休み時間に，学校内の一室（広さ 24 畳ほどの和室）を使い，地域の大人たち（40 ～ 70 代の，小平六小地区民生委員や児童委員を中心とした地域のボランティアで，毎回 10 人くらい）が遊びの相手をするというものである。子どもたちは毎回 30 ～ 50 人で，多いときには 100 人くらいが集まってくるが，必ずしも固定していないし，学年もまちまちである。

　ボランティアの大人たちは，オセロ，将棋，碁など，勝負のある個人対個人を中心とする「ゲーム」的遊びや，折り紙，お手玉，おはじき，毛糸編み，あやとり，トランプ，けん玉，コマ，竹トンボ（これは隣の多目的室で遊ぶ）など，比較的伝統的な遊びに必要な物を用意しておいて，子どもたちと遊ぶ。

　遊びの種類，用意する物は，いつもほとんど変わらない。それがリズムになっており，子どもが遊びの目当てをもってやってくるための役に立っている。しかし，七夕やクリスマスなど，季節によって変化をもたせるように配慮し，それが遊びのアクセントになるようにしているものと思われる。

　子どもたちは，あるときは「よし，今度こそあのおばさんに将棋で勝ってやるんだ」ともくろみ，またあるときは，のんびりと編み物をしながらおじさんおばさんに話を聞いてもらいたい，また同年齢児のなかで傷ついた心をいやしたいと願い，そしてあるときは，折り紙のレパートリーを増やしたいと望むなど，同年齢の子どもではない大人と，こんな遊びを，あるいは交流をしようと思ってやってくる。同年齢児とドッジボールなどに興じることに夢中な子どもはやってこないが，同じ子どもでも，ときによって，ふれあいの場のほうを好むこともある。

　子どもたちはめいっぱい遊ぶと，教室に戻ることをせかさないように配慮した大人たちの間接的な支援によって，後片づけをしてから，大人たちにさまざまなやり方で挨拶をして戻っていく。こうした実践が 1998（平成 10）年 5 月から取り組まれ，2009（平成 21）年の 5 月でまる 11 年になる。

　4 年目の 2001（平成 13）年には，東京学芸大学に学ぶ現職教員の大学院生（小笹氏*）が入り，実証的に研究していた。それによると，民生委員・児童委員の細谷初江さんが『ふれあいマンデー：世代を超えた遊びの輪』というレポートをまとめており，その中に，ボランティアグループが「心がけること」として次の 5 点があげられている。

*小笹 奨（川崎市立小学校教諭）研究報告「『世代間交流』から『参加型教育社会』へ──学校教育に世代間交流を取り入れることの意味と可能性」に，小平第六小学校の「ふれあいマンデー」についても取り上げられている。

①おしゃべりの聞き役になる

②学校や家庭に関する話題には十分に配慮する

③親しみやすいように名札を付ける

④挨拶や片づけの指導をする

⑤記録をとる（人数，内容など）

　こうしたことから，ボランティアはいろいろなことに気配りし，自分たちの役割を意識化しながら取り組んでいることがわかる。

　最後に，子どもたちにとって，また参加した地域の大人たちにとって，どんな成果があったかについてふれておきたい。

　この計画は，先の小笹論文によると，市の教育委員会としては1998（平成10）年の第16期中央教育審議会（以下，中教審）答申の一環である「高齢化社会に対応する教育の在り方」を受けて成されているものである。そのねらいは，児童・生徒にとっては，「①高齢者を思いやる気持ちやいたわる気持ちを育むこと，②高齢者への感謝や尊敬の気持ちを育むこと，③豊かな経験，知識，技能を有する高齢者から生きた知識や人間の生き方をまなぶこと，④地域における伝統行事などの伝承による地域文化の継承」にあり，高齢者にとっては，「①ふれあいや教えることにより，心の充足や生きがいを得ること，②日々の生活に活力をもたらす機会になること」があげられている。

　しかし筆者は，世代間交流は，中教審がねらうような「高齢者理解のために高齢者と子どもの交流を」というものではなく，多世代が豊かにかかわる結果として，諸世代相互の理解が深まるものと考えてきた。実際は，中教審のねらう型どおりのものを超えており，「高齢者だからいたわる」というステレオタイプのものではないことがわかる。

　小笹氏は，中教審のねらいに即して考察し，次のように記述している。「（前略）『思いやる』『いたわる』という気持ちより，親しみやすさの気持ちに近いと思われる」。その例証として，ボランティアからの発言である「学校外であったときの子どもからの挨拶」をあげている。それでいいのだ，いやそれだから徳目的ではなくて，子どもが地域の人々との内発的な関係づくりの態度を自然に身につけていくことができ，そこにこそ意味があるのではないかと筆者も考える。

　中教審のねらう4つ目の課題についても，型どおりの「地域の伝統行事による地域文化の継承」などというレベルにはいたっていないが，日本の昔からの遊びを，途切れることなく子どもたちが継承していることは確かである。子どもが自ら，「今度はあの遊びを，あのおじさんあるいはあのおばさんと」と思ってやってくること自体，日本の伝統的な遊びが子どもたち自身のものになっていることを物語っているといえる。欲をいえば，子どもの新しい遊びを，子ども自身が地

域の大人たちに教える場面もあるといいと思われる。それこそが、世代間の双方向の交流といえるからである。

一方、地域の大人たち（中教審では「高齢者」としているが、小平六小での実践では40～70歳くらいの大人であり、それだからこそ世代間の交流になっている）にとっての効果は何か。ここでも中教審のねらい以上のものが読みとれる。すなわち「教える」でも「ふれあう」でもなく、対等に「かかわる」（人間関係を結ぶ）ことによって世代を超えた友だちができ、本章の「1．人間関係の希薄化と世代間交流の意義」で述べたように、生活に「間」ができ、個々人が主体的になっているという点である。その例証としていえるのは、大人たちが喜んで子どもと遊び、街で出会うなど、その場所だけでない出会いを望んでいること、また、この取り組みを通してボランティアどうしが交流し、アフター「ふれあいマンデー」を楽しんでいるということだ。ちなみに、同じ小平市にある筆者の勤務校で開く「世代間交流広場」に進んで参加する人たちも出てきている。

こうしたことは、単に「心の充足や生きがい」とか、「生活に活力」などがなかったところに、それが得られるようになった、などというものではなく、むしろ、こうしたエネルギーの拡大再生産につながるとともに、世代を超えての地域づくりの主人公・主権者としての人格形成につながっているのではないかと思われる。

さらに、この11年の追跡調査をきちんと研究的に行うのは、これからの課題だといえる。その際、当事者どうしの発展だけでなく、それらを巡る関係自体の発展までも、視点に入れる必要があるのではないかと思われ、その方向が期待できる。

この実践は、「地域の風が行きかう学校」をテーマに、他のさまざまな取り組みとともに行われているものであるが、学校が中心になって進めてきた世代間交流の1つのモデルとしてとり上げた。

2 高齢者のデイケアハウス等からの取り組み

これにもいくつかの先進例がある。ここでは2つの事例をあげる。

（1）「痴呆性高齢者の残存能力改善計画」実践にみる進歩

これまでは、高齢者の知恵を活かすというとき、伝承遊びであるとか、生活における知恵袋であるとか、高齢者が若いときに普通にしていたことが現在はたいへん貴重になってきているため、かつての生活から学ぼうという傾向が高かった。そのことは、否定するべきことではなく重要なことであるし、それを通して老若が交流するとき、新たな創造が生まれていくことも確かである。しかし、それだけではなく、一般に痴呆性（認知症的）高齢者には無理と考えられていた力を引

き出す実践が、生まれてきている*。ここでは、三重県桑名市の、医療クリニックをもつ社会福祉法人自立共生会「ウェルネスグループ」の試みを紹介しよう。

■**実践例2　社会福祉法人自立共生会「幼老統合ケア」**

　認知症だからといって、すべてを忘れてしまっているわけではない。算数も国語も十分にできる人もいる。認知症が軽度なうちはいっそう可能であるし、進行を抑える働きもする。そのことに気づいたウェルネス医療クリニックの院長・多湖光宗氏が中心となり、学童保育と高齢者のデイケアの居間を共通にし、出入りを自由にし、子どもが高齢者に宿題をみてもらうことを含めた交流を仕掛けた。

　すると、宿題をみる「先生」役が十分に可能な「痴呆性」高齢者がいて、いきいきと教える。たまに間違えることもあるが、子どもが気づき、逆に高齢者を気遣う姿もみられる。学ぶ態度や姿勢についても、親の世代は子どもに遠慮するような面もでてくるが、高齢者は子どもが左手でノートを押さえずに書いていたりすると、ぴしっと手をきちんと添えるように言うなど、てきぱきしている。子どもも素直に従うなど、かなりの効果、しかも双方にとっていっそうの相乗効果があらわれたという。もちろん、これまでのような中庭での栽培や竈（かまど）をつくってのご飯炊き、かるた取りやケーキ作り、目隠ししてのスイカ割り等々も行う。

　ここでもっとも新しく進歩をもたらしたのは、認知症の高齢者の知的な残存能力を活用し、それによって、生きがいだけでなく認知症自体も改善に導くという点である。ここでは、高齢者と乳幼児という組み合わせだけでなく、高齢者と学童との交流が生まれ、その2世代を中心に、高齢者のなかの異年齢、スタッフを含めて考えると、かなりの世代間交流がなされているといえる**。

(2) 施設から地域へ

　もう1つは、すでに全国的に知られている、デイケアハウス「このゆびとーまれ」***の事例である。

■**実践例3　デイケアハウス「このゆびとーまれ」**

　「このゆびとーまれ」では、本章のはじめにあげた「必要とされるとき人は輝く。そこから本当の笑顔が生まれる」の考え方が貫かれている。

　認知症の高齢者が乳幼児を養育し、乳幼児は高齢者に活力をもたらし、互恵的関係とともに相乗効果を生み出している。そして障害をもつ人もまた、役割を果たす。高齢者の家族や乳幼児の家族も加わると、さらに関係が豊かになる。一般に、スタッフはこうした互恵的関係から除外して語られるが、スタッフという創造的生産労働（第1章参照）の立場の人たちが含まれてこそ、2世代だけでない多様

*社会福祉法人自立共生会「痴呆性高齢者残存能力改善計画（素案）」（平成15年度独立行政法人福祉医療機構（長寿社会基金）助成（事業）報告書）

**多湖光宗（ウェルネスクリニック院長）「幼老統合ケア―高齢者が輝き子どもたちの自立につながる『高齢者ケアと子育ての相乗効果』」「特集・地域で育てようわれらの在宅ケア」『月刊総合ケア』Vol.15 No.2, 医歯薬出版, 2005

***デイケアハウス「このゆびとーまれ」: p.209脚注を参照。

な世代の世代間交流になる。

　印象に残るのは，こうした関係のなかで，血縁関係にある家族を超えて認め合う関係ができ，「みんなのなかで誕生日を祝ってもらうのははじめて」というように，年齢を越えて新たな体験をし，社会性を養い，それによって生きている喜びをかみしめていく姿である。

　大学の授業のなかで，NHKで放映されたこの取り組みを紹介した番組のVTR「笑顔の大家族」*をみたある学生は，次のような世代間交流の意義を考えさせられる質問をした。「とても感動したが，どうして施設の中でしかこういう取り組みができないのか？」と。この質問に，筆者は，「施設が世代間交流の場になったとき，そこはすでに施設ではなく，地域である」と答えた。とっさに答えたのであるが，この質問は，世代間交流の重要な点を明確にする契機になった。

　地域と施設の違いは何か。本章の「1. 人間関係の希薄化と世代間交流の意義」で述べたように，一般に施設は，高齢者は高齢者の，障害者は障害者の，というように，似たものどうしの共同生活の場になっている。だからこそ，地域ではなく施設ということになっている。障害者のなかには，施設を出て地域で暮らしたいと願う人が出てきている。ノーマライゼーションへの願いである。それはやはり，施設が地域になっていないからである。もし，仮に，はじめは施設であっても，そこに老若男女が血縁を超えて多角的に生活しているのであれば，そこはすでに施設とはいわず，地域なのではないか。

　ここに，世代間交流の大きな意味がある。地域という概念は，社会科学的にはそう簡単な概念ではない。しかし，生活者として地域を考えるとき，その1つの不可欠な要素が，多世代が共存しているということである。

　施設を互恵性豊かな場にしていくとき，少なくともそこは，かつての施設にある似たものどうしの場ではなくなり，地域化していくことになる。逆に，地域が似たものどうしの集まりではなく，老若男女が生活していても「隣は何をする人ぞ」というような疎遠な関係で活性化していなければ，地域は施設化してしまう。

　子どもの育ちは，活性化した人間関係のなかでこそ実現される。そこで次に，地域においての，互いが分かち合える場づくりの実践をとりあげる。

3 地域のなかでの「ふれあいの場所」

　北海道札幌市藤野に「むくどりホーム」**がある。「ある」というより，つくられたこのホームは，「障がいのある人もない人も赤ちゃんからお年寄りまで，だれもが気軽に立ち寄ることのできる友だちづくりの家」***である。

＊NHK「笑顔の大家族」（2002年5月9日放映『にんげんドキュメント』）

＊＊独立行政法人福祉医療機構「地域子育て事業支援事業」助成作品VTR「むくどりホーム―《ふれあい》はぐくむ日々」（39分）2005年3月，「むくどりホーム　むくどり公園―心のバリアフリーをめざして」（16分），2004年8月

＊＊＊「むくどりホーム」ホームページ http://www.geocities.jp/mukudori1995/index.htm

■実践例4　ふれあいの場所「むくどりホーム」

　「むくどりホーム」は，毎週火曜日と土曜日に開かれ，メンバーは毎回異なる。誰が来てもよい。その日集まった人で，その日の過ごし方を考える。自由で家庭的で，ぬくもりのある場所である。

　赤ちゃんを連れた母親が来れば，総合学習で訪れた小学生たちが，その赤ちゃんを取り囲んで，世話をしたりあやしたりする。母親の目が不自由な場合，そこに来た人たちが，赤ちゃんと目を合わせる役になる。近所の高齢者ものぞく。同じ子どもが来た場合には，その成長に驚いたり，子どもたちと一緒に歌を歌ったり踊ったりして帰る。目の不自由な子どもに手芸を教える先生は，教え方を子どもから学ぶと言い，少し年配の女性は，小さい子どもも大人も，同じレベルで話し合っていると言って楽しんでいる。掃除や後片づけも，みんなで行う。料理づくりも会食も，和気あいあいと進む。これまで，公園ができてもそこで遊べなかったという子も，今は楽しく遊べているという。

　この「むくどりホーム」についてまとめたVTRの最後は，「そこには出会いがあります。笑顔があります。友だちがいます。小さいけれど，大きく輝くこの場所の未来を，私たちみんなで考えていきたいと思います」と結ばれている。

　前述の2－**2**－（2）の例が「施設から地域へ」であるのに対し，この実践例は，さまざまに異なる人が生活しているのに，疎遠になりがちな地域に自分らしく集える「ふれあいの場（拠点）を」と取り組んできた1つのモデルである。

　「障害児も一緒に遊べるように」と公園ができても，手放しにしていると，結局障害児は遊べなくなってしまう。公園に公園センターがあって，少しだけ人と人の間を結ぶ支えをする専門家がいれば，そんなことにはならないのではないか。自宅の前に市が公園をつくると知った柴川明子さんは，障害児もともに遊べる公園であってほしいと願った。その思いを市が受けとめ，市民参加で設計し，テニスコート2面ほどの小さい公園であるが，障害者も遊べる，みんなの使いやすい「むくどり公園」をつくることになった。そして，公園が本当にみんなのものになるために，自宅を開放し，公園センターとして，またふれあいの場としていこうと柴川さんは考えた。これに呼応した仲間が運営に参加し，今ではこの町のあたたかな人間関係を自然にリードする場所になっている，それが「むくどりホーム」である。

4 保育者養成の大学のなかでの「世代間交流広場」

　社会人入学の学生が増えたとはいえ，大学もある面では，まだまだ似たものどうしの集まる場である。しかし，これからの保育者は，園児の両親の相談にも乗

り，地域の子育て支援と連携し，親と子を結んでいくコーディネーターとしての役割も期待されている。

そうしたことから，多くの大学では子育て支援の場を設けている。筆者らは，そこに親子だけの広場ではなく，世代間交流の広場をゼミ生とともに設けてきた。

■実践例5　大学のなかの「世代間交流広場」

大学で，筆者らは，地域の高齢クラブやデイサービスと連携し，まず，シニア（高齢者といわず，親しみと尊敬の念を含めてこう呼んでいる）と学生がかかわりをもった。そして，まだ年に3回ほどしか開けなかったが，大学祭などの機会に，大学に「世代間交流広場」をつくった。若い父母も参加して，シニアに昔の遊びを教えてもらったのだが，竹トンボや竹での水鉄砲作りは，多くの人気を集めていた。学生たちはかなり遠くまで竹を取りに行くなどの体験もした。また，若い母親と高齢者が集う場をつくって，嫁姑の関係を超えた同性の世代間の交流を企画したり，世代を超えた落書き板をつくったり，世代ごとの3つの願いを書いて木につるし，後で願いを整理してみる場を設けたりした。

学生たちは，はじめは何を話していいかわからず，比較的若い「高齢者」からぴしぴし言われ，こわがったりしていた。しかし，学生たちのほうから高齢クラブの文化祭を見に行くなどの交流をしていくなかで歩み寄り，道で会うと，シニアのほうから学生の名をファーストネームで「〜ちゃん」と呼びかけてくれるようになったりと，変化してきた。

参加した市民からも，「竹トンボづくりが楽しかった。（20代）」「竹の切り方や仕組みがわかってよかった。（20代・10代）」「様々な年代ともっと交流してみたいと思った。（高校生）」「親子4人で参加しました。お手玉や竹トンボがとても楽しかったです。（40代）」「みんながそれぞれできることをすればいいのかなあと思いました。（30代）」「子どもや老人の気持ちがよくわかった。率直に交

図15-1　学生たちの考える世代間交流広場の一例

流していたので感動し驚いた。(60代)」など，肯定的な感想が多く寄せられた。

　学生たちのなかには，回を重ねるごとに，授業との関連を考える者や，自分たちだけで地域での多世代調査の交渉をしたりという社会性を身につけていく者が多くなった。こうした力は，やがて保育者となったときにも，子どもとは遊べても「親は苦手」ということにならないことにつながるのではないかと思われる。
　この「世代間交流広場」に参加した学生たちは，「地域を大家族化していく方向をさぐりたい」との意を強くし，「地域に世代間交流のこんな拠点ができるといい」と，彼/彼女らの理想とするたまり場案をつくってみている（図15-1）。

3. 地域における世代間交流と子どもの育ち

　人は人のなかで育つ。「人のなか」というとき，それは多彩な人間関係を意味する。老若男女，さらには障害のある人・ない人，東西南北，さまざまな人からなっている。多種多様な人間で構成されているのが地域社会である。言い換えれば，人は人間社会のなかで育ち，人格になると考えられる。
　そこには，本章のはじめに述べたように，横の関係と縦の関係，斜めの関係がある。「世代間交流」は，世代という縦の関係を軸にしながら，横（男女の平等や異文化理解）も斜め（同世代異発達など）も含めた，人と人のつながりをいう。それは，類似語でいえば，「ソーシャル・キャピタル」という言葉に通ずる。ソーシャル・キャピタルは，直訳すれば「社会的資本」となるが，それは「人的資本」（技術，教育など）を意味し，さらには「人と人がつながる，社会的ネットワークとそのネットワークから生まれる互酬性の規範と信頼」ととらえられる。そして，ソーシャル・キャピタル度の高い社会ほど殺人率が低く，教育力が高いという研究がある*。
　世代間交流の豊かな社会は，ソーシャル・キャピタル度の高い社会だということができる。子どもが育ちやすく，命が守られる社会を求めることは，管理を徹底し，悪者が入ってこないように錠を堅くしていくことよりも，本来は人と人の交流を密にした社会をつくることにある。
　この「関係が密になる」ということを深めるには，個の人間発達の側面から言うならば，第1章で述べたように，それぞれの発達期の主導的な活動が，どのように発達的な互恵関係を生むのかについて，きめ細かくみる必要がある。統計的には，人間関係の密な社会においては，教育力が豊かになるということであっても，実際の世代間交流の場合，各世代がどのような関係になっていくことによっ

＊宮川公男・大守 隆編『ソーシャル・キャピタル』東洋経済新聞社，2004
調査概要http://www.npo-homepage.go.jp/report/h14/sc/gaiyou.html

て，それぞれの世代がどう人間的に発達していくのかをていねいに吟味していくことが，今後の研究課題になるといえる。

　すでに，本書と同じシリーズの『家族援助を問い直す』の第5章*にとりあげたが，次のような研究をいっそう発展させていく必要があろう。たとえば，遊びは幼児の主導的活動であるが，高齢者が高校生に昔の遊びを教え（これは「省察労働」であり，高齢者にとって主導的活動にあたる），高校生は高齢者に学びつつ，一緒に幼児に接し，幼児とかかわることを学び（これは「学習」であり，高校生にとっての主導的活動にあたる），大学院生はこうした取り組みを実験的授業で行う（これは「研修的生産労働」であり，大学院生の非主導活動ではあるが，この期の発達課題の1つにあたる）。また，高校教員と大学院生の研究指導にあたる筆者は，その広い意味で指導を行う（これは「創造的生産労働」であり，教師や研究者にとっての主導的活動にあたる）。それら各世代が1つの活動を互いに成就させ，達成感を互いに感じ，それぞれの活動のなかでそれぞれの能力を高めることができた**。

　人は時間の系のなかで生活している。乳幼児はいつまでも乳幼児ではない。生涯発達のなかでその時期を生きている。世代間の人間関係が肯定的なものであるとき，人は年齢を重ねていくことに希望がもてる。高齢者や大人たちの人間関係があたたかいものでないとき，子どもたちは何をモデルにして生きていったらよいかわからない。

　子どもが育つということは，子どもが未来に展望をもてることを意味する。世代間交流の場を家族の枠を超えて地域につくっていくことは，子どもが，仮に自分の身のまわりが失望に満ちているときでも，他からの力を得て身のまわりを変革していく主体に育っていくことにつながる。たとえば，両親の平等でない関係をみていて，小さいときに結婚の夢がもてなければ，結婚したくないと思う子どもが増える。それでも，多くの関係のなかで過ごすと，「こんな関係もあるのか」と学ぶ。もしかしたら，その両親にもよい関係が連動するかもしれない。いきいきと，はつらつと生きる高齢者をみることによって，夢のある高齢者像を描くことも可能になる。

　先にあげたように，学校や幼稚園・保育所に地域の風を送りこみ，施設を（世代間の交流を豊かにして）地域のようにし，地域に人と人のあたたかい関係の拠点をつくるなど，世代間交流を豊かにし，身近にそうした関係を築いていくことは，子どもたち自身や，直接子どもの養育にあたる親たちにとっても，展望を開くことにつながる。

　こうした地域における人間関係を豊かにしていくことは，保育内容「人間関係」にも反映し，子どもに乳幼児のうちから多世代とかかわる機会を保障し，かかわ

*金田利子「生涯発達・異世代・異文化の相互理解と新たな共生」金田利子・齋藤政子編著『家族援助を問い直す』同文書院，2004, pp.93-112

**発達と各活動との関係は，第1章の図1-1を参照。

る体験をするという保育内容にも発展する。そして，乳幼児なりにさまざまな世代の特徴を肌で感じ，その感覚を記憶に残して自分の将来像につなげ，内面の発達に組みこんでいくことを可能にしていくものと思われる。こうした豊かな地域づくりと保育内容との関係を，きめ細かに追究していくことが，今後の課題となろう。

　子どもたちの生活に，時間・空間・仲間という三間がなくなってきて久しい。しかし，これは子どもだけでなく，子育て中の親世代においても同じであり，子どもとかかわる技術の伝承も切れているゆえに，子育てがつらいものになってきている。大人の仲間関係がなければ，それはまた，子どもにも反映する。それゆえ，老若男女の仲間関係をとり戻していくことから始める必要がある。それがまさに，世代間交流だと言える。

【参考文献】

坂井康宣編『競争から共創の教育改革へ——地域で育てよう すこやかな子ども』万葉舎，2004

多湖光宗「幼老統合ケア——高齢者が輝き子どもたちの自立につながる『高齢者ケアと子育ての相乗効果』」「特集・地域で育てようわれらの在宅ケア」『月刊総合ケア』Vol.15 No.2，医歯薬出版，2005

宮川公男・大守 隆編『ソーシャル・キャピタル』東洋経済新聞社，2004

山本健慈「家族援助と地域づくり——主体形成の視点から——」金田利子・齋藤政子編著『家族援助を問い直す』同文書院，pp.77-92，2004

金田利子「生涯発達・異世代・異文化の相互理解と新たな共生」金田利子・齋藤政子編著『家族援助を問い直す』同文書院，pp.93-112，2004

惣万佳代子『笑顔の大家族』水書坊，2002

小出まみ『地域から生まれる支えあいの子育て』ひとなる書房，1999

金田利子・山路憲夫・瀧口美智代「大学での『世代間交流広場』の実践——地域における子育て支援・相互発達をめざして——」白梅学園大学・白梅学園短期大学教育・福祉研究センター『研究年報』pp.4-23，2005

森田 朗，他編『新しい自治体の設計』第1～6巻（1．分権と自治のデザイン／2．都市再生のデザイン／3．持続可能な地域社会のデザイン／4．自立した地域経済のデザイン／5．創造的コミュニティのデザイン／6．ユニバーサル・サービスのデザイン），有斐閣，2003

汐見稔幸編著『世界に学ぼう！子育て支援』フレーベル館，2003

Index 索引

── あ 行 ──

愛着　22, 25, 44
愛着関係　83
愛着行動　22, 159
アイデンティティー　44, 121
遊び　82
アタッチメント　15, 23
安心感　18, 132
安全基地　24
安定性　34
生きる力　177
育児困難家庭　204
異世代理解教育　210
依存　139, 165
依存性　22
依存要求　25
一語文　22
1対1の関係　116
一番病　75
1歳児　135
一者関係型　79
一者関係的技法　89
いない，いない，ばあ　4, 7, 83
イメージ　146
インクルージョン　55
ヴィゴツキー　8, 12, 13
栄養士　39
エリクソン　5, 8
エリコニン　5
援助　50
エントレインメント　17
応答的関係　44, 54

親子関係　171

── か 行 ──

外在的かかわり方　80
外接的かかわり方　80
介入　59
かかわりの質　23
かかわる力　41, 59, 77, 82, 177
課業　4
学童期　8
かくれんぼ　84
家族　6
課題活動　4
学校教育法　55
葛藤　50, 52, 143
活動＝援助的関係　50
家庭　178
家庭裁判所　177
悲しみ　190, 193
嚙みつき　197
カンガルーケア　192
関係　77
関係学　79, 80
関係活動の系　6, 10
関係体験　84
関係的活動　5
関係的存在　77
看護スタッフ　40
間主観性　18, 126
間主観的関係　50
感情交流　62
記憶　69, 71

疑似きょうだい関係　144
気になる子　60, 64, 71, 176
規範意識の芽生え　47
基本的信頼感　44, 45, 131
きまり　47, 98
虐待　184
共感関係　141
共感性　34
教授＝学習的関係　50
共同　115, 117, 126
共同学習　122, 128
共同性　115
共同注意　22
共同的　43
協同的活動　44, 45, 46, 47, 50
共同的探究　116, 120, 126, 128
共同的探究学習　115
協同的学び　29, 46, 50, 54
共鳴動作　17, 61
協力　126
勤勉性対劣等感　8
クーイング　17
具体的操作期　8
グループ学習　126
ケンカ　136
言語期　18
研修の生産労働　9, 219
原初模倣　17
個　30, 126, 157
合意形成能力　12
行為法　85
交渉能力　28
交流　55

221

互恵性　209, 215
5歳児　30, 46, 151
子育て支援　41, 204
子育て相談　171
こだわり　25
ごっこ遊び　8, 27, 30, 82, 84, 144
言葉　24, 44, 61, 74
言葉の遅れ　187
子ども期　9
子ども - 子ども関係　36
コミュニケーション　61, 131
コミュニケーション能力　60
孤立　179, 180
孤立感　84
5領域　14, 43, 91
コンピテンス　15

――― さ 行 ―――

サイコソマティック・ロール　86
サイコドラマティック・ロール　86
最初の保育者　42
サラマンカ声明　55
三項関係　20, 22, 67
三語文　24
3歳児　143
3歳未満児　54, 131, 141
三者関係型　79
三者関係的技法　89
三間　220
自我　11, 25, 138
視覚　17
叱る　73, 74
自己　3, 74, 79
自己形成　74
自己肯定　166
自己主張　25, 138
自己信頼感　159
自己達成感　67
自己調整　29
自己点検　183
自己内省　10
自己内対話能力　29

自己有能感　67
思春期　8
自制心　28, 29, 151
施設　214, 219
指導　165
児童虐待　184
児童相談所　184
自発性　50, 115
自発的　50, 52, 161
自発的微笑　18
自分探し　9
死別　193
社会化　15, 92, 93
社会的個人主義　127
社会的参照　19
社会的相互交渉　131
社会的存在　92
社会的微笑　18
社会的矛盾　12
集団　30, 92, 94, 126, 157
集団生活　92, 93, 132
集団精神療法　83
集団づくり　12, 44, 47, 48, 115
修復　84, 188, 194
主存在動詞　63
主体的　43
主導的活動　6, 219
受容　189
受容性　34
巡回相談　71
障害　55, 64
障害児　56, 64
障害児保育　56
障害児保育事業実施要綱　56
障害者基本計画　55
生涯発達過程　10
小グループ　119
省察労働　10
職業・学習活動　9
叙述的伝達行動　62
自立　139, 165
しりとり　149
人格　218

親権者　178, 184
新生児期　18
心的外傷　65, 189
信頼感　18, 24, 140
信頼関係　140, 157
心理劇　83, 85, 86, 89
図像的表現　121
ステップファミリー　195
ストレス　176
生活　3, 13
青少年前・後期　8
生理的微笑　18
世代間交流　209, 215, 217, 218
接在的かかわり方　80
0歳児　132
前言語期　18
相互作用　15
喪失体験　189
創造的生産労働　9, 219
壮年前・後期　9
ソーシャル・キャピタル　218
ソーシャルリファレンシング　19
ソーシャル・ロール　86
ソシオメトリー　86

――― た 行 ―――

対象活動の系　6, 10
対象喪失　69
対象的活動　5
第二次性徴　8
第4の思春期　10
対話　47
対話的関係　30
対話的保育　30
多語文　63
多者関係型　79
多者関係的技法　89
他者肯定　167
だだこね　25
縦割り保育　37
担当制　34, 42, 45
地域　41, 50, 209, 214, 219

地域化　215
地域社会　218
地域づくり　210，213，220
チームワーク　33
チック　179
中央教育審議会（中教審）46，54，55，212
忠誠葛藤　182
聴覚　17
調理師　39
直接的情動的交流　7
陳述語　62
陳述行動　62
対の関係　144
つもり　7，24，135
低出生体重児　190
デューイ　115
登園しぶり　32
統合保育　55，66
洞察　176
動詞絵　63
道徳性の芽生え　47
ドクター・ショッピング　66
特定の保育士　44，54
特別支援教育　55
トラウマ　65
トラブル　27，137

―― な 行 ――

内在的かかわり方　80
内接的かかわり方　80
内発性　115
仲間　84，132
仲間関係　27
泣き　18
喃語　19
二項関係　67
二語文　24，63
2歳児　138
二者関係型　79
二者関係的技法　89
乳児　15

乳児期　7，17，45
乳幼児　15，54
乳幼児期　43，69
人間関係　16，77，209
人間関係調整力　172
人間関係力　16，42
人間として生きる力　43
ネグレクト　184，187
ノーマライゼーション　55，99，215

―― は 行 ――

パート職員　40
バウアー　15
励ます　75
初語　61
発声　62
発達　3，5，11，13，64
発達課題　43
発達過程　5
発達診断　64
発達の踊り　17
発達の最近接領域　12
発達要求　11，13
発達臨床技法　89
話し合い　52，121，155
話し言葉　63
パニック　71
場面の転換技法　87
ピアジェ　5，8
ひきこもり　171
微笑　18
人とかかわる力　15，16，17，43，44，50，131，134，141，143
人とのかかわり　15，16，17，50
人へのこだわり　134
人見知り　22，61
不安　133
ファンツ　15
2人組　143
2人グループ　118
フレーベルの教育原理　115
プロジェクト　115，120

保育　3，11，13
保育アイデンティティー　38
保育観　52，77
保育実践　49，50，52，132，135，138
保育者　31，165
保育者アイデンティティー　34
保育者-子ども関係　34，50
保育者-保育者関係　33
保育者-保護者関係　35
保育所保育指針　13，43，45，47，49，52，91，100
保育要領　100
暴力　176
ボウルビィ　15，22，69，159
保護者-保護者関係　36
ほめる　73，74
ホワイト　15

―― ま 行 ――

間　140，147，154
待つ　140，165
学び　126
マラグッチ　116
マルティプル・アタッチメント　23
見捨てられ不安　179
みたて　7
見通し　144
ミニ保育者　73
矛盾　11，13，50，52
無表情　187
面会交流　180，182，183
モノトロピー・アタッチメント　23
模倣　17，51
模倣要求　51
モラトリアム　10
モレノ　83，85，86
モロー反射　17
問題行動　171，180

―― や 行 ――

役割遊び　7, 8
役割葛藤　84
役割の交代技法　88
役割分担　88
指さし　22, 61
要求　3, 13, 50, 52, 140
要求語　62
幼児前・後期　7
幼稚園教育要領　13, 43, 45, 47, 49, 54, 91, 100
要領・指針　43, 49, 91, 97
抑圧　176
4歳児　147, 157

―― ら 行 ――

ライフサイクル論　78
リーダーシップ　39
離婚　178, 193
領域「社会」　102
領域「人間関係」　13, 43, 91
臨時スタッフ　40
ルール　30, 149
ルール遊び　144
レッジョ・エミリア　115
恋愛　9
連携　205
連帯　206
連絡帳　35

労働　6
老年前・後期　9
ロールプレイング　86, 89

―― わ 行 ――

わかる力　59
和合ファンタジー　182
ヲ抜き文　63

Primary Caregiver Approach　42
TT制　79
We意識　120

保育・教育ネオシリーズ［17］
保育内容・人間関係

2006年4月30日　第一版第1刷発行
2009年4月1日　第二版第1刷発行
2016年4月15日　第二版第5刷発行

編著者　金田利子・齋藤政子
著　者　諏訪きぬ・加藤繁美
　　　　西村章次・浜谷直人
　　　　武藤安子・民秋 言
　　　　木下龍太郎・布施佐代子
　　　　服部敬子・岡村由紀子
　　　　岡本富郎・渡邉浩子
　　　　永田陽子・竹谷廣子
DTP　　内田幸子

発行者　宇野文博
発行所　株式会社　同文書院
　　　　〒112-0002
　　　　東京都文京区小石川5-24-3
　　　　TEL (03)3812-7777
　　　　FAX (03)3812-7792
　　　　振替　00100-4-1316
印刷・製本　中央精版印刷株式会社

Ⓒ Toshiko Kaneda & Masako Saito, et al., 2009
Printed in Japan　ISBN978-4-8103-1332-1
●乱丁・落丁本はお取り替えいたします

《幼稚園教育要領 改訂
保育所保育指針 改定
幼保連携型認定こども園教育・保育要領 改訂》について

無藤　隆　監修

同文書院

目　次

第1章　幼稚園教育要領の改訂について　3
　1. はじめに　3
　2. 幼稚園教育要領改訂のポイント　6
　3. 新しい幼稚園教育要領の概要　8

第2章　保育所保育指針の改定について　12
　1. はじめに　12
　2. 保育所保育指針改定のポイント　14
　3. 新しい保育所保育指針の概要　17

第3章　幼保連携型認定こども園教育・保育要領の改訂について　19
　1. はじめに　19
　2. 幼保連携型認定こども園教育・保育要領改訂のポイント　20
　3. 新しい幼保連携型認定こども園教育・保育要領の概要　22

資料　幼稚園教育要領　27
資料　保育所保育指針　36
資料　幼保連携型認定こども園教育・保育要領　53

第1章　幼稚園教育要領の改訂について

1．はじめに

　新幼稚園教育要領（以下，新教育要領とも）は，2016（平成28）年12月の中央教育審議会による答申「幼稚園，小学校，中学校，高等学校及び特別支援学校の学習指導要領等の改善及び必要な方策等について」を踏まえ，幼稚園の教育課程の基準の改正を図ったものである。2017（平成29）年3月31日告示され，1年間の周知期間を経た後，2018（平成30）年4月1日から施行されることになる。

(1) 中央教育審議会による答申

　今回の中央教育審議会による答申のポイントは，現行の学習指導要領で謳われている知（確かな学力）・徳（豊かな人間性）・体（健康・体力）にわたる「生きる力」を，将来子どもたちがより一層確実に育むためには何が必要かということにある。

　今後，人工知能（AI）のさらなる進化によって，現在，小・中学校に通う子どもたちが成人となる2030年以降の世界では，現在ある仕事の半数近くが自動化される可能性があるといわれている。また子どもたちの65％が今は存在しない職業に就くであろうと予測されている。インターネットが地球の隅々まで普及した現代において，さまざまな情報が国境や地域を越えて共有化され，グローバル化の流れはとどまるところを知らない。今後，社会の変化はさらに速度を増し，今まで以上に予測困難なものとなっていくであろう。

　こうした予測困難な未来社会において求められるのは，人類社会，日本社会，さらに個人としてどのような未来を創っていくのか，どのように社会や自らの人生をよりよいものにするのかという目的意識を主体的に持とうとすることである。そして，複雑に入り混じった環境の中でも状況を理解し，その目的に必要な情報を選択・理解し，自分の考えをまとめ，多様な他者と協働しながら，主体的に社会や世界と関わっていくこと，こうした資質・能力が求められている。

　また近年，国際的にも忍耐力や自己制御，自尊心といった社会情動的スキル，いわゆる非認知的能力を幼児期に身につけることが，大人になってからの生活に大きな差を生じさせるといった研究成果が発表されている。非認知的能力とは，「学びに向かう力や姿勢」と呼ばれることもあり，「粘り強く取り組んでいくこと，難しい課題にチャレンジする姿勢」などの力をさす。従来はその子どもの気質，性格と考えられていたが，現在では適切な環境を与えることでどの子どもでも伸ばすことが可能な能力（スキル）として捉えられるようになっている。

　そのため，今回の答申では，こうした資質・能力を育むための「主体的・対話的で深い学び」（アクティブ・ラーニング）の実現の重要性を強調している。その上で「何のために学ぶのか」という学習の意義を共有しながら，授業の創意工夫や教科書等の教材の改善を引き出していけるよう，すべての教科等また幼児教育について，①知識及び技能，②思考力，判断力，表現力等，③学びに向かう力，人間性等，の3つの柱に再整理している（図1－1）。

(2) 幼稚園を取り巻く環境

　わが国の幼稚園児数は，1978（昭和53）年の249万7,895人をピークに減少し続けており，2009（平成21）年163万336人，2013（平成25）年158万3,610人，2016年133万9,761人，2017年

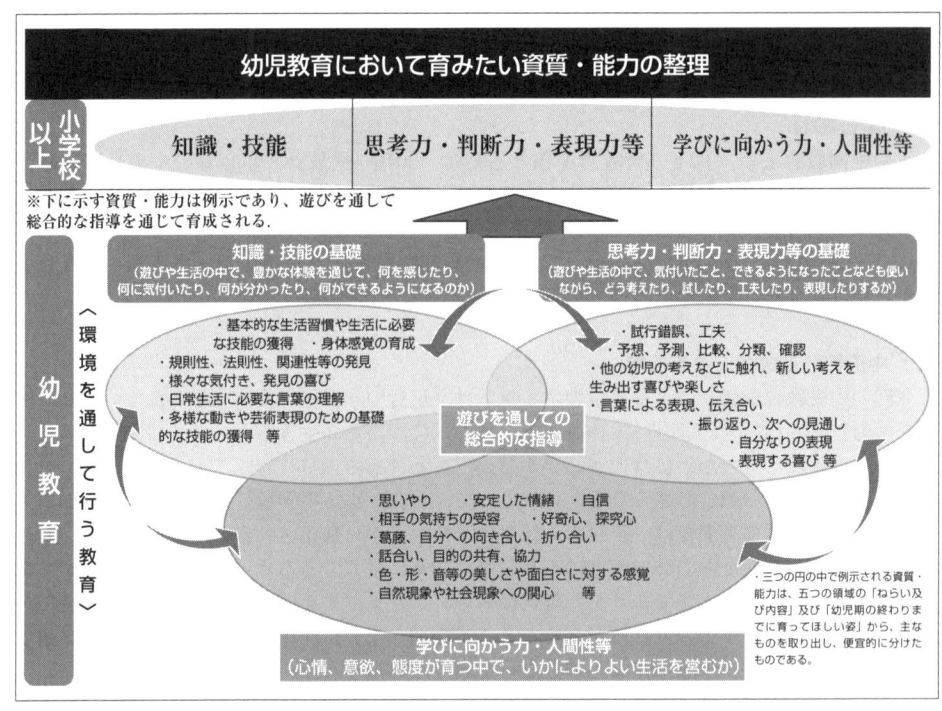

図1-1 幼児教育において育みたい資質・能力

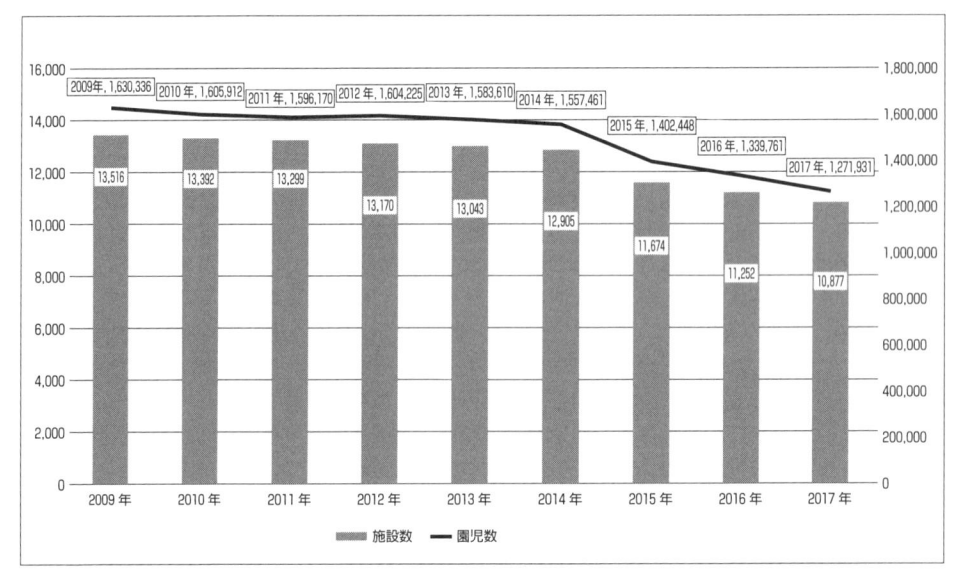

図1-2 幼稚園数と園児数の推移

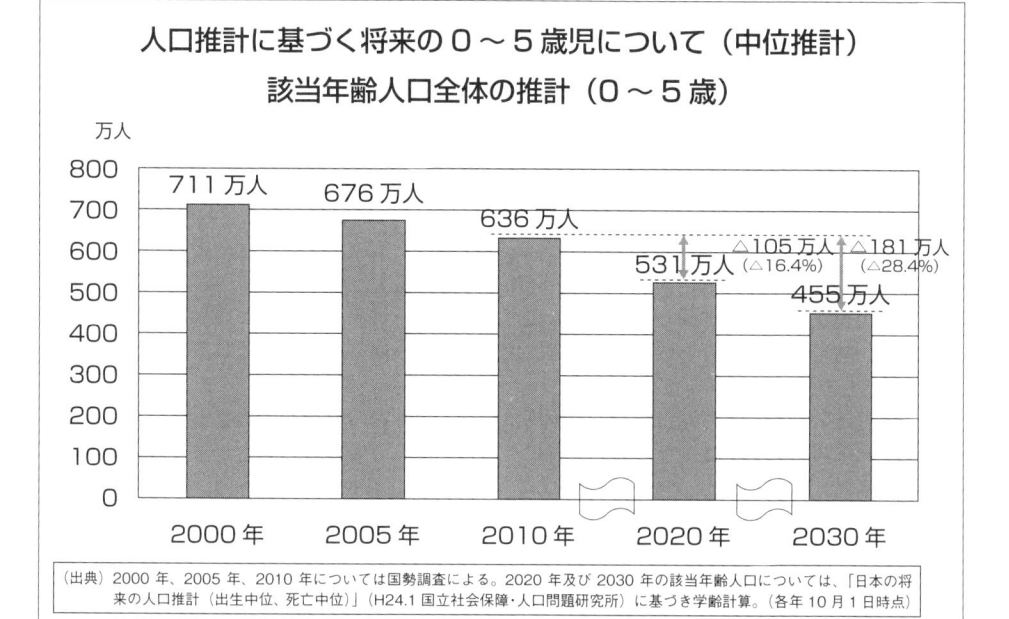

人口推計に基づく将来の０～５歳児について（中位推計）
該当年齢人口全体の推計（０～５歳）

年	人口
2000年	711万人
2005年	676万人
2010年	636万人
2020年	531万人（△105万人、△16.4%）
2030年	455万人（△181万人、△28.4%）

（出典）2000年、2005年、2010年については国勢調査による。2020年及び2030年の該当年齢人口については、「日本の将来の人口推計（出生中位、死亡中位）」（H24.1 国立社会保障・人口問題研究所）に基づき学齢計算。（各年10月1日時点）

図１－３　０～５歳児の人口推移

では127万1,931人となった。また幼稚園の設置数も、1985（昭和60）年の１万5,220園をピークに減少し、2009年１万3,516園、2013年１万3,043園、2016年１万1,252園、2017年では１万877園となっている（図１－２）（なお、2015年から2017年に認定こども園に移行した幼稚園は1,454園。詳細は『第３章　幼保連携型認定こども園教育・保育要領について』を参照）。一方、保育所等の入所児数は1980（昭和55）年まで増加し続け（1978年191万3,140人）その後一旦減少したが、1996（平成８）年から再び増加し、2009年には204万934人、2013年221万9,581人、さらに子ども・子育て支援新制度がスタートした2015年には237万3,614人、2017年は254万6,669人となっている（2015年からの数値は幼保連携型認定こども園、幼稚園型認定こども園等、特定地域型保育事業を含む、第２章図２－１参照）。

このように保育所利用児童の増加の一方で、わが国の０～５歳児の人口は2000（平成12）年の711万人から2030年には455万人まで減少すると予想されており、少子化傾向に歯止めが掛かる兆しは見えていない（図１－３）。全国的に幼稚園児数が減少し続けるのに対し、保育所等のニーズが増え続ける背景には、女性の社会進出に伴い乳幼児を持つ母親の就業が増えていること、長期化する景気の低迷から共働き家庭の増加や長時間労働の蔓延などがあげられている。なかでも３歳未満の待機児童数は毎年２万人前後で推移しており、この年齢層の保育ニーズはさらに増えていくものと見られている（第２章図２－３参照）。

日本総合研究所の調査によると、出生率が現状のまま推移し、乳幼児を持つ母親の就業率が過去10年間と同じペースで上昇する出生中位・就業中位の場合、保育所ニーズは2015年の233万人から2020年には254万人に増え、その後2040年までほぼ横ばいとなるとしている。一方、幼稚園ニーズは2015年の151万人から2040年には64万人に減少すると見ている。また、出生中

位のまま母親の就業率が2倍のペースで増え続ける就業高位では，保育所ニーズが2040年に1.4倍の334万人と増える一方，幼稚園ニーズは2040年には35万人と2015年の4分の1に激減するとしている。

　もし幼稚園が従来の3歳以上の子どもを対象とした教育時間内の幼児教育にのみ特化するならば，幼稚園を取り巻く環境が今後，好転することは難しいだろう。しかし，共働きの保護者の希望に応え，教育時間外に子どもを保育する「預かり保育」を積極的に実施している施設は増えている。私立幼稚園の預かり保育の実施率は，1997（平成9）年度には46％だったが，2014（平成26）年度には95.0％とほとんどの私立幼稚園で実施している（平成26年度幼児教育実態調査，文部科学省）。また，子ども・子育て支援新制度の開始により，3歳未満児の保育を行う小規模保育施設を併設した幼稚園も出てきている。従来の幼稚園という枠にとらわれることなく，幼児教育・保育をトータルに考え実践する幼稚園のみが生き残れる時代になったといえよう。

　また教育という観点から見た場合，幼稚園には長年にわたる幼児教育の蓄積があり，保護者が幼稚園に求めるところは少なくない。特に今回の中央教育審議会の答申が求める①知識及び技能（の基礎），②思考力，判断力，表現力等（の基礎），③学びに向かう力，人間性等，の3つの資質・能力の基礎を育む場として，幼稚園の果たす役割はさらに重要度を増すものと考えられる。

　本章では，新教育要領に記載されている今後の幼稚園教育に求められる「幼児教育において育みたい資質・能力」「幼児期の終わりまでに育ってほしい姿」などの具体的な内容について概説する。

2．幼稚園教育要領改訂のポイント
(1) 学校教育における幼稚園教育の位置付けの強化

　新教育要領において重要なことは，前回の改訂よりもさらに踏み込んで，幼稚園を学校教育の始まりとすることを強調している点である。現在の教育要領では，2008（平成20）年の学校教育法の改正により，幼稚園が学校教育の始まりとしてその存在が明確化され，幼児教育が公的な教育として捉えられている。さらに新教育要領ではその旨を新設した前文に明記している。

　この背景には，幼児教育がその後の学校教育の基礎を培う時期として重視され，さらに今回，幼稚園・保育所・幼保連携型認定こども園がともに幼児教育を実践する共通の施設として，その基礎を形成する場として強調されたということがある。なかでも幼稚園はその幼児教育のあり方を先導してきた施設なのであり，今後もそうであることが期待される。

　新教育要領で新設された「前文」には，「これからの幼稚園には，学校教育の始まりとして，こうした教育の目的及び目標の達成を目指しつつ，一人一人の幼児が，将来，自分のよさや可能性を認識するとともに，（中略）持続可能な社会の創り手となることができるようにするための基礎を培うことが求められる」とし，「幼稚園教育要領が果たす役割の一つは，公の性質を有する幼稚園における教育水準を全国的に確保することである」と記載されている。これは取りも直さず，より質の高い幼児教育の重要性の強調にほかならず，幼稚園教育（ひいては幼児教育）と小学校教育との円滑な接続が求められている。

(2) 幼稚園教育において育みたい資質・能力および「幼児期の終わりまでに育ってほしい姿」

　では，ここで述べられている「幼稚園における教育水準」とは何を意味するのであろうか。それは小学校以降で行われる文字の読み書き，計算といった小学校教育の先取りではない。本来の意味は，幼児の自発的な活動である遊びや生活を通して，「幼稚園教育で育みたい3つの資質・能力」を育成し，その具体的な現れとして「幼児期の終わりまでに育ってほしい10の姿」を実現していくことにある。

　なお，この3つの資質・能力は，これまでの幼稚園教育要領で規定されてきた5領域（「健康」「人間関係」「環境」「言語」「表現」）に基づく遊びを中心とした活動全体を通じて育まれていくものである。

① 豊かな体験を通じて，感じたり，気付いたり，分かったり，できるようになったりする「知識及び技能の基礎」
② 気付いたことや，できるようになったことなどを使い，考えたり，試したり，工夫したり，表現したりする「思考力，判断力，表現力等の基礎」
③ 心情，意欲，態度が育つ中で，よりよい生活を営もうとする「学びに向かう力，人間性等」

　つまり，気付くこと，考えること，試し，工夫すること，また心動かし，やりたいことを見出し，それに向けて粘り強く取り組むことなどを指している。それらは相互に結びついて一体的に育成されていく。

　そして，この3つの資質・能力が育まれている幼児の幼稚園修了時の具体的な姿「幼児期の終わりまでに育ってほしい10の姿」が以下の10項目である（詳細は「新教育要領」第1章 第2を参照）。ここで，実際の指導ではこれらが到達すべき目標を示したものではないことや，個別に取り出されて指導されるものではないことに十分留意する必要がある。

① 健康な心と体　　　　　　　　⑥ 思考力の芽生え
② 自立心　　　　　　　　　　　⑦ 自然との関わり・生命尊重
③ 協同性　　　　　　　　　　　⑧ 数量や図形，標識や文字などへの関心・感覚
④ 道徳性・規範意識の芽生え　　⑨ 言葉による伝え合い
⑤ 社会生活との関わり　　　　　⑩ 豊かな感性と表現

(3) カリキュラム・マネジメント

　幼稚園では，教育基本法および学校教育法その他の法令ならびに幼稚園教育要領に基づき，それぞれの園の運営方針，指導方針の基礎となる教育課程を編成することが義務付けられている。教育課程や預かり保育の計画等を合わせて，全体的な計画と呼んでいる。新教育要領では，「幼児期の終わりまでに育ってほしい姿」を踏まえて教育課程を編成し，この教育課程を実施，評価し，改善を図っていくこと（PDCAサイクル），また教育課程の実施に必要な人的または物的な体制を，家庭や地域の外部の資源も含めて活用しながら，各幼稚園の教育活動の質の向上を図っていくカリキュラム・マネジメントの考え方が導入されている。幼稚園等では，教科書のような教材を用いずに，環境を通した教育を基本としており，また幼児の家庭との関係の緊密度が他校種と比べて高いこと，ならびに預かり保育・子育ての支援などの教育課程以外の活動が多くの幼稚園で実施されていることなどから，カリキュラム・マネジメントはきわめて重要とされている。

(4)「主体的・対話的で深い学び」(アクティブ・ラーニング)の実現
　新教育要領では,「指導計画の作成上の留意事項」に「主体的・対話的で深い学び」(アクティブ・ラーニング)の考えが加わった。
　中央教育審議会の答申で述べられているように,これからの予測困難な未来を切り開いていくためには,学ぶことに興味・関心を持ち,見通しを持って粘り強く取り組み,自己の学習活動を振り返って次につなげる「主体的な学び」,子ども同士の協働・教職員や地域の人との対話・先哲の考え方を手がかりに考えるなどを通じて,自己の考えを広め深める「対話的な学び」,そして得られた知識を相互に関連付けてより深く理解したり,情報を精査して考えを形成したり,問題を見出し解決策を思考したり,自分の思い・考えを基に創造へと向かう「深い学び」のアクティブ・ラーニングの実現が求められている。教育要領では,従来から重視されてきた,体験の多様性と関連性を進める中で,この3つの学びを実現していく。様々な心動かされる体験をして,そこから次にしたい活動が生まれ,さらに体験を重ねていき,それらの体験がつながりながら,学びを作り出す。その際,振り返ったり見通しを立てたり,考え工夫して様々に表現し対話を行い,さらに身近な環境への関わりから意味を見出していくのである。
　幼児教育における重要な学習である「遊び」においても,この主体的・対話的で深い学びの視点,すなわちアクティブ・ラーニングの視点に基づいた指導計画の作成が必要となる。

(5) 言語活動の充実
　新教育要領の「指導計画の作成上の留意事項」では「主体的・対話的で深い学び」とともに,「言語活動の充実」が新たに加えられた。これは「幼児期の終わりまでに育ってほしい10の姿」の9番目にある「言葉による伝え合い」および第2章「ねらい及び内容」の5領域の「言葉」とも関連する項目であるが,言語能力の発達が思考力等のさまざまな能力の発達に関連していることを踏まえ,絵本や物語,言葉遊びなどを通して,言葉や表現を豊かにすることで,自分の経験・考えを言葉にする思考力やそれを相手に伝えるコミュニケーション能力の発達を促していこうとの狙いが読み取れる。

(6) 地域における幼児教育の中心的役割の強化
　前回の改訂から幼稚園の地域における保護者の幼児教育のセンターとしての役割が求められるようになった。さらにこの10年間では貧困家庭,外国籍家庭や海外から帰国した幼児など特別な配慮を必要とする家庭・子どもの増加,また児童虐待の相談件数の増加など,子どもと保護者を取り巻く状況も大きく変化している。このため新教育要領では,「心理や保健の専門家,地域の子育て経験者等と連携・協働しながら取り組むよう配慮する」との記載を追加することで,その役割のさらなる専門化を図っている。

3．新しい幼稚園教育要領の概要(中央説明会資料による)
(1) 前文の趣旨及び要点
　今回の改訂では,新たに前文を設け,次の事項を示した。
　① 教育基本法に規定する教育の目的や目標の明記とこれからの学校に求められること
　②「社会に開かれた教育課程」の実現を目指すこと
　　教育課程を通して,これからの時代に求められる教育を実現していくためには,よりよい学校教育を通してよりよい社会を創るという理念を学校と社会とが共有することが求めら

る。
　そのため，それぞれの幼稚園において，幼児期にふさわしい生活をどのように展開し，どのような資質・能力を育むようにするのかを教育課程において明確にしながら，社会との連携及び協働によりその実現を図っていく，「社会に開かれた教育課程」の実現が重要となることを示した。
③ 幼稚園教育要領を踏まえた創意工夫に基づく教育活動の充実
　幼稚園教育要領は，公の性質を有する幼稚園における教育水準を全国的に確保することを目的に，教育課程の基準を大綱的に定めるものであり，それぞれの幼稚園は，幼稚園教育要領を踏まえ，各幼稚園の特色を生かして創意工夫を重ね，長年にわたり積み重ねられてきた教育実践や学術研究の蓄積を生かしながら，幼児や地域の現状や課題を捉え，家庭や地域社会と協力して，教育活動の更なる充実を図っていくことが重要であることを示した。

(2)「総則」の改訂の要点

総則については，幼稚園，家庭，地域の関係者で幅広く共有し活用できる「学びの地図」としての役割を果たすことができるよう，構成を抜本的に改善するとともに，以下のような改訂を行った。
① 幼稚園教育の基本
　幼児期の教育における見方・考え方を新たに示すとともに，計画的な環境の構成に関連して教材を工夫することを新たに示した。
② 幼稚園教育において育みたい資質・能力及び「幼児期の終わりまでに育ってほしい姿」
　幼稚園教育において育みたい資質・能力と「幼児期の終わりまでに育ってほしい姿」を新たに示すとともに，これらと第2章の「ねらい及び内容」との関係について新たに示した。
③ 教育課程の役割と編成等
　次のことを新たに示した。
・各幼稚園においてカリキュラム・マネジメントの充実に努めること
・各幼稚園の教育目標を明確にし，教育課程の編成についての基本的な方針が家庭や地域とも共有されるよう努めること
・満3歳児が学年の途中から入園することを考慮し，安心して幼稚園生活を過ごすことができるよう配慮すること
・幼稚園生活が安全なものとなるよう，教職員による協力体制の下，園庭や園舎などの環境の配慮や指導の工夫を行うこと
・「幼児期の終わりまでに育ってほしい姿」を共有するなど連携を図り，幼稚園教育と小学校教育との円滑な接続を図るよう努めること
・教育課程を中心に，幼稚園の様々な計画を関連させ，一体的に教育活動が展開されるよう全体的な計画を作成すること
④ 指導計画の作成と幼児理解に基づいた評価
　次のことを新たに示した。
・多様な体験に関連して，幼児の発達に即して主体的・対話的で深い学びが実現するようにすること
・幼児の発達を踏まえた言語環境を整え，言語活動の充実を図ること
・幼児の実態を踏まえながら，教師や他の幼児と共に遊びや生活の中で見通しをもった

り，振り返ったりするよう工夫すること
・幼児期は直接的な体験が重要であることを踏まえ，視聴覚教材やコンピュータなど情報機器を活用する際には，幼稚園生活では得難い体験を補完するなど，幼児の体験との関連を考慮すること
・幼児一人一人のよさや可能性を把握するなど幼児理解に基づいた評価を実施すること
・評価の実施に当たっては，指導の過程を振り返りながら幼児の理解を進め，幼児一人一人のよさや可能性などを把握し，指導の改善に生かすようにすることに留意すること

⑤ 特別な配慮を必要とする幼児への指導
次のことを新たに示した。
・障害のある幼児などへの指導に当たっては，長期的な視点で幼児への教育的支援を行うための個別の教育支援計画と，個別の指導計画を作成し活用することに努めること
・海外から帰国した幼児や生活に必要な日本語の習得に困難のある幼児については，個々の幼児の実態に応じ，指導内容等の工夫を組織的かつ計画的に行うこと

⑥ 幼稚園運営上の留意事項
次のことを新たに示した。
・園長の方針の下に，教職員が適切に役割を分担，連携しつつ，教育課程や指導の改善を図るとともに，学校評価については，カリキュラム・マネジメントと関連付けながら実施するよう留意すること
・幼稚園間に加え，小学校等との間の連携や交流を図るとともに，障害のある幼児児童生徒との交流及び共同学習の機会を設け，協働して生活していく態度を育むよう努めること

(3)「ねらい及び内容」の改訂の要点

「ねらい」を幼稚園教育において育みたい資質・能力を幼児の生活する姿から捉えたもの，「内容の取扱い」を幼児の発達を踏まえた指導を行うに当たって留意すべき事項として新たに示すとともに，指導を行う際に「幼児期の終わりまでに育ってほしい姿」を考慮することを新たに示した。

① 領域「健康」
見通しをもって行動することを「ねらい」に新たに示した。また，食べ物への興味や関心をもつことを「内容」に示すとともに，「幼児期運動指針」（平成24年3月文部科学省）などを踏まえ，多様な動きを経験する中で，体の働きを調整するようにすることを「内容の取扱い」に新たに示した。さらに，これまで第3章指導計画作成に当たっての留意事項に示されていた安全に関する記述を，安全に関する指導の重要性の観点等から「内容の取扱い」に示した。

② 領域「人間関係」
工夫したり，協力したりして一緒に活動する楽しさを味わうことを「ねらい」に新たに示した。また，諦めずにやり遂げることの達成感や，前向きな見通しをもつことなどを「内容の取扱い」に新たに示した。

③ 領域「環境」
日常生活の中で，我が国や地域社会における様々な文化や伝統に親しむことなどを「内容」に新たに示した。また，文化や伝統に親しむ際には，正月や節句など我が国の伝統的な行

事，国歌，唱歌，わらべうたや伝統的な遊びに親しんだり，異なる文化に触れる活動に親しんだりすることを通じて，社会とのつながりの意識や国際理解の意識の芽生えなどが養われるようにすることなどを「内容の取扱い」に新たに示した。
④ 領域「言葉」
　言葉に対する感覚を豊かにすることを「ねらい」に新たに示した。また，生活の中で，言葉の響きやリズム，新しい言葉や表現などに触れ，これらを使う楽しさを味わえるようにすることを「内容の取扱い」に新たに示した。
⑤ 領域「表現」
　豊かな感性を養う際に，風の音や雨の音，身近にある草や花の形や色など自然の中にある音，形，色などに気付くようにすることを「内容の取扱い」に新たに示した。

(4)「教育課程に係る教育時間の終了後等に行う教育活動などの留意事項」の改訂の要点
① 教育課程に係る教育時間の終了後等に行う教育活動などの留意事項
　教育課程に係る教育時間終了後等に行う教育活動の計画を作成する際に，地域の人々と連携するなど，地域の様々な資源を活用しつつ，多様な体験ができるようにすることを新たに示した。
② 子育ての支援
　幼稚園が地域における幼児期の教育のセンターとしての役割を果たす際に，心理や保健の専門家，地域の子育て経験者等と連携・協働しながら取り組むことを新たに示した。

＜参考文献＞
文部科学省『幼稚園教育要領』2017.3.31
厚生労働省『保育所保育指針』2017.3.31
内閣府・文部科学省・厚生労働省『幼保連携型認定こども園教育・保育要領』2017.3.31
中央教育審議会『幼稚園，小学校，中学校，高等学校及び特別支援学校の学習指導要領等の改善及び必要な方策等について（答申）』2016.12.21
文部科学省『学校基本調査』
無藤　隆『今後の幼児教育とは　幼稚園教育要領，保育所保育指針，幼保連携型認定こども園教育・保育要領，小学校学習指導要領の改訂を受けて』2017.1.16 国立教育政策研究所　幼児教育研究センター発足記念　平成28年度教育研究公開シンポジウム
淵上　孝『私立幼稚園を取り巻く現状と課題について』2016.1.28 全日本私立幼稚園連合会 平成27年度第2回都道府県政策担当者会議
池本美香，立岡健二郎『保育ニーズの将来展望と対応の在り方』JRI レビュー Vol.3, No.42 ㈱日本総合研究所
文部科学省『平成26年度幼児教育実態調査』2015.10
東京都教育委員会『小1問題・中1ギャップの予防・解決のための「教員加配に関わる効果検証」に関する調査　最終報告書について』2013.4.25

第2章　保育所保育指針の改定について

1．はじめに
(1) 中央教育審議会の答申と保育所保育指針
　2017（平成29）年3月31日，新保育所保育指針（以下，「新指針」とも）が告示され，これに続き，新指針の解説書『保育所保育指針解説書』の発行が通知された。

　今回改定された新指針は，1965（昭和40）年に保育所保育指針が策定されてから4回目の改定となる。なかでも2008（平成20）年の前回の改定からは，それまでの局長通知から厚生労働大臣による告示となり，遵守すべき法令となっている。

　今回の改定の特徴は，「第1章　幼稚園教育要領の改訂について」でも述べた2016（平成28）年12月の中央教育審議会による答申「幼稚園，小学校，中学校，高等学校及び特別支援学校の学習指導要領等の改善及び必要な方策等について」を踏まえ，新たな保育所保育指針においても「幼児教育を行う施設として共有すべき事項」として，3つの「育みたい資質・能力」ならびに10の「幼児期の終わりまでに育ってほしい姿」が記載されていることである。また，0歳から2歳児を中心とした3歳未満児の保育所利用児童数の増加といった保育所等における独自の問題への取り組みの積極的な対応も図られている。

(2) 保育所等を取り囲む環境
　図2-1に示すように，保育所等の利用児童数および設置数は，2009（平成21）年から2017年までの間いずれも増加している。特に子ども・子育て支援新制度がスタートした2015（平成27）年からは幼保連携型認定こども園，幼稚園型認定こども園等，特定地域型保育事業（小規模保育事業，家庭的保育事業，事業所内保育事業，居宅訪問型保育事業）が加わったことで，2017年には利用児童数254万6,669人，施設数では3万2,793施設と大きく拡大した。これは女性の社会進出に伴い乳幼児を持つ母親の就業が増えていること，また長期化する景気の低迷から共働き家庭の増加，長時間労働の蔓延など，小学校入学前の乳幼児の保育ニーズが高まっていることによる。

　なかでも3歳未満の乳幼児の利用数は多く，少子化が進んでいるにもかかわらず，2017年の保育所等を利用する3歳未満児数は103万1,486人と2009年の70万9,399人に比べ45.4％増，30万人近い増加となっている（図2-2）。また，3歳未満児の保育所等の待機児童数を見てみると，2009年から2017年にいたるまで毎年ほぼ2万人前後で推移している（図2-3）。これは保育所等の施設が近隣に新設されたことで，それまで出産を機に就業をあきらめていた女性たちが就業を目的に乳幼児の入所を希望するという，これまで表にあらわれなかった保育ニーズが顕在化しているためといわれている。産前産後休業後の職場復帰を考えている女性たちが子どもを預けるための保育所探しに奔走する「保活」という言葉が一般化しているように，3歳未満の乳幼児の保育ニーズが解消する兆しは見えていない。

　このため新指針では，乳児，1歳以上3歳未満児の保育についての記載の充実を図ることで，今後さらに増えていくであろう3歳未満児の保育の質的な向上を目指している。また，2016年12月の中央教育審議会による答申「幼稚園，小学校，中学校，高等学校及び特別支援学校の学習指導要領等の改善及び必要な方策等について」を踏まえ，新幼稚園教育要領との整合性を図ったより質の高い幼児教育の提供，食育の推進・安全な保育環境の確保などを訴えて

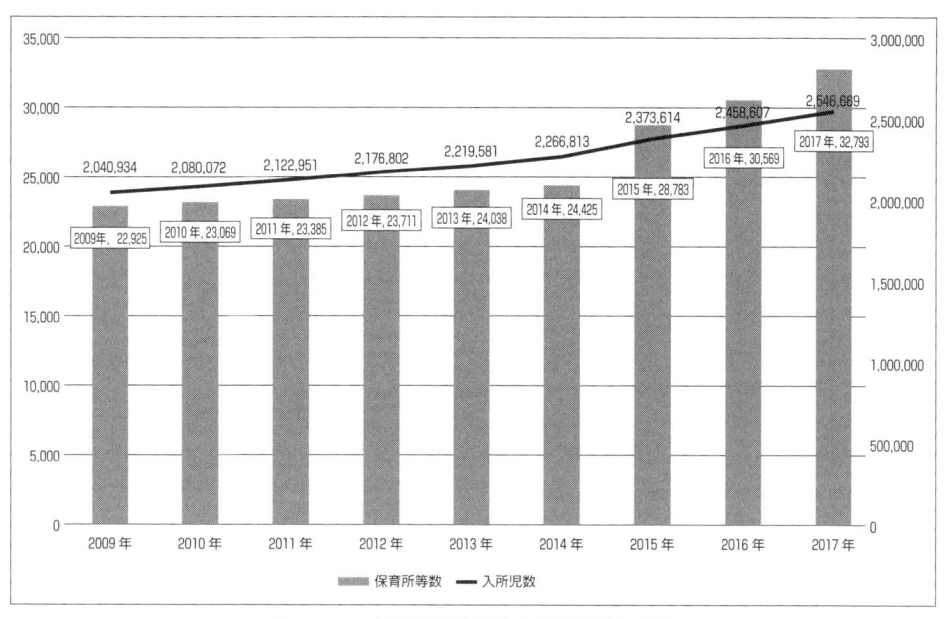

図2－1　保育所等施設数と入所児数の推移

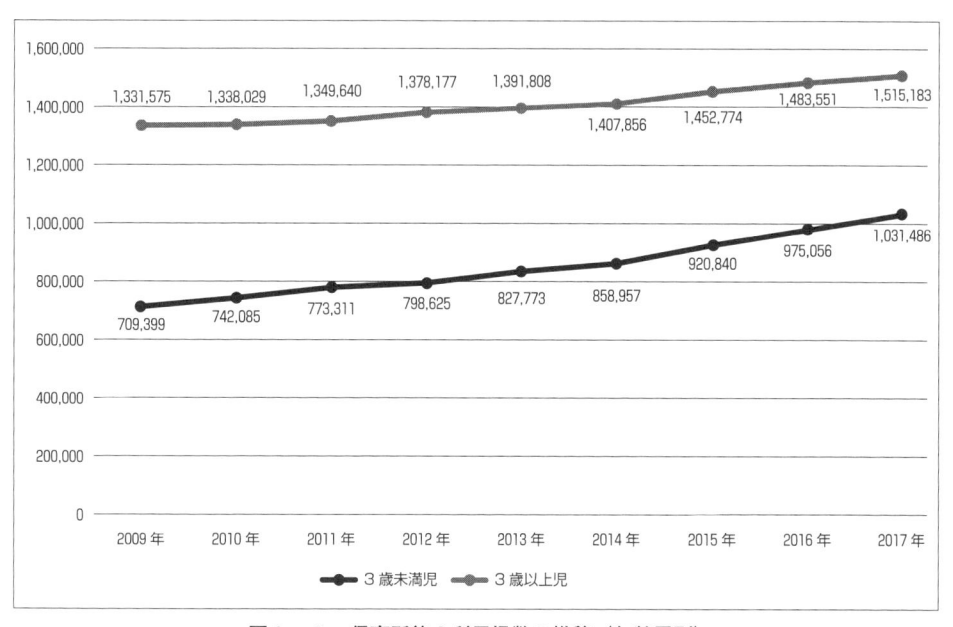

図2－2　保育所等の利用児数の推移（年齢層別）

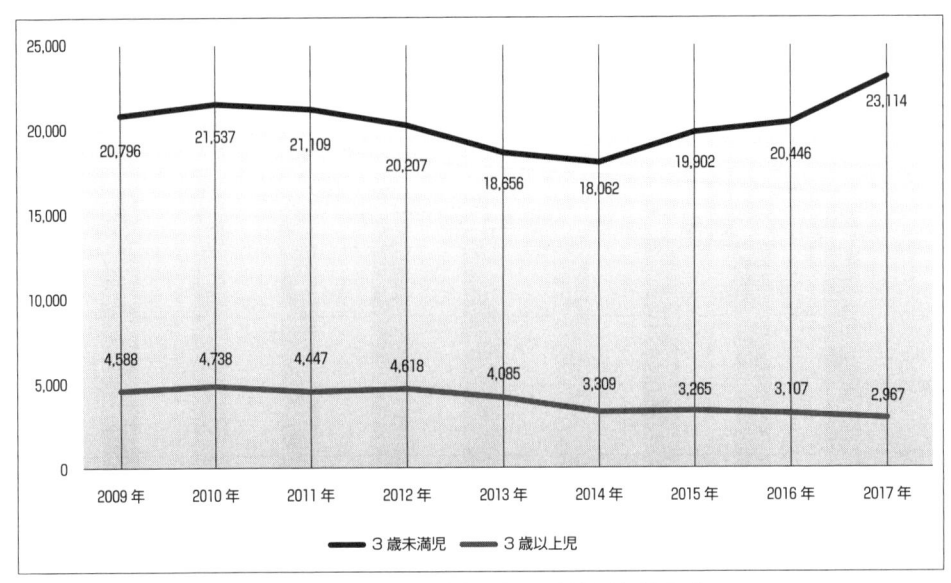

図2－3　保育所等待機児童数の推移（年齢層別）

いる。さらに，子育て世帯における子育ての負担や不安・孤立感の高まり・児童虐待相談件数の増加など子育てをめぐる地域や社会，家庭の状況の変化に対応し得る保育士としての専門性の向上など，今日的な施策を見据えた改定がなされている。

2．保育所保育指針改定のポイント
(1) 乳児・1歳以上3歳未満児の保育の重要性

　2017年の就学前児童のうち保育所等利用率は42.4％で，このうち3歳未満児は35.1％，さらに1・2歳児は45.7％を占めるまでになっている（2017年4月1日時点）。これに対し，2008年の全体の保育所等利用率は30.7％，このうち1・2歳児の利用率が27.6％であった。また前述したように，2017年の3歳未満児の保育所等の利用児童数は，2008年の前回の改定時に比べ52.5％増の103万1,486人となっている。このことから前回の改定から幼児保育を取り巻く環境，特に3歳未満児の保育所保育の重要性が大きくなっていることがわかる。なかでも乳児から2歳児までの時期は，保護者や保育士など特定のおとなとの間での愛着関係が形成されると同時に，周囲の人やもの，自然などとの関わりから自我が形成されていく，子どもの心身の発達にとって非常に重要な時期である。

　そのため，新指針では「第2章　保育の内容」を大きく変更している。前回の改定では，発達過程を8つの年齢に区分し，すべての年齢を通じた共通の記載となっていたが，新指針では「乳児」「1歳以上3歳未満児」「3歳以上児」の3年齢に区分している。そして各年齢における保育内容を5領域に則り，それぞれの年齢区分における成長の特徴を詳細に記載する内容となった（乳児に関しては，「健やかに伸び伸びと育つ」（健康の領域へ発展する），「身近な人と気持ちが通じ合う」（人間関係の領域へ発展する），「身近なものと関わり感性が育つ」（環境の領域へ発展する）の3つの関わりの視点）。なお「3歳以上児」については幼稚園教育要領の

「第2章　ねらい及び内容」に準拠している。

(2) 幼児教育の積極的な位置づけ

　2016年12月の中央教育審議会による答申「幼稚園，小学校，中学校，高等学校及び特別支援学校の学習指導要領等の改善及び必要な方策等について」では，現行の学習指導要領で謳われている知（確かな学力）・徳（豊かな人間性）・体（健康・体力）にわたる「生きる力」を，将来子どもたちがより一層確実に育むためには何が必要かということをポイントに記載されている。特に今後，人工知能（AI）の技術が進み，社会環境・構造の大きな変化が予測される未来において，その変化を前向きに受け止め，主体的によりよい将来を創り出していこうとする姿勢がより重要となってくる。

　そのため，新指針でも「幼児教育を行う施設として共有すべき事項」として，幼稚園教育要領および幼保連携型認定こども園教育・保育要領の改訂との整合性を図った「保育活動全体を通して育みたい」3つの「資質・能力」を記載している。
① 豊かな体験を通じて，感じたり，気付いたり，分かったり，できるようになったりする「知識及び技能の基礎」
② 気付いたことや，できるようになったことなどを使い，考えたり，試したり，工夫したり，表現したりする「思考力，判断力，表現力等の基礎」
③ 心情，意欲，態度が育つ中で，よりよい生活を営もうとする「学びに向かう力，人間性等」

　そして以下の10項目が，この3つの資質・能力が育まれている幼児において「幼児期の終わりまでに育ってほしい具体的な姿」である。
① 健康な心と体　　　　　　　　⑥ 思考力の芽生え
② 自立心　　　　　　　　　　　⑦ 自然との関わり・生命尊重
③ 協同性　　　　　　　　　　　⑧ 数量や図形，標識や文字などへの関心・感覚
④ 道徳性・規範意識の芽生え　　⑨ 言葉による伝え合い
⑤ 社会生活との関わり　　　　　⑩ 豊かな感性と表現

　保育所等における3歳以上の利用児童数は，前回の保育所保育指針の改定から増加傾向にあり，2015年からは子ども・子育て支援新制度の開始もあって幼稚園の園児数を上回るようになった（図1-2，図2-1参照）。こうした状況から，保育所等における幼児教育の重要性はさらに高まっていくものと考えられる。

　なお幼稚園教育要領，幼保連携型認定こども園教育・保育要領に記載されている「主体的・対話的で深い学び」（アクティブ・ラーニング），「カリキュラム・マネジメント」については，新指針でそれらの用語を使っては触れていない。しかし，子どもの主体的な活動を促すために，全体的な計画などを子どもの実態や子どもを取り巻く状況の変化などに即して手直ししていく，PDCAの重要性について述べている（「主体的・対話的で深い学び」および「カリキュラム・マネジメント」については第1章を参照）。

(3) 小学校教育との円滑なつながり

　従来，小学校教育はいわばゼロからスタートするものと考えられてきた。そのため，ほとんどの子どもが幼稚園，保育所，認定こども園などに通い，小学校教育に求められる幼児として

の資質・能力はある程度育成されており，既に多くを学んでいることが見逃されていた。そこで，幼児教育が保育所での教育を含め，小学校以降の学習や生活の基盤の育成につながる重要な機会であるとの認識から，保育所保育でも小学校とのつながりを一層図るべきことが強調されるようになった。

　このため新指針では，前回以上に「小学校との連携」の項の充実を図っている。具体的には「幼児期にふさわしい生活を通じて，創造的な思考や主体的な生活態度などの基礎を培うようにする」などの幼児教育の「見方・考え方」に通ずる表現を盛り込むとともに，「保育所保育において育まれた資質・能力を踏まえ（中略），小学校教師との意見交換や合同の研究の機会などを設け（中略）『幼児期の終わりまでに育ってほしい姿』を共有するなど連携を図り」など，幼児期に育ってほしい資質・能力とその具体的な姿を幼保小で連携し円滑な接続に向けていくことの重要性が明記されている。

(4) 健康および安全な保育環境の確保

　子どもの育ちをめぐる環境の変化を踏まえ，食育の推進，安全な保育環境の確保等の記載内容を変更している。食育に関しては，前回の改定以降，2回にわたる食育推進基本計画の策定を反映させ，保育所における食育のさらなる浸透を目指し，記述内容の充実を図っている。また，保育所における食物アレルギー有病率が4.9％（平成21年度日本保育園保健協議会調査（現：日本保健保育協議会））と高率であることから，食物アレルギーに対する職員全員の共通理解を高める内容となった。

　さらに2011（平成23）年3月11日の東日本大震災や2016年の熊本地震の経験を踏まえて，行政機関や地域の関係機関と連携しながら，日頃からの備えや危機管理体制づくり等を進めるとともに，災害発生時の保護者との連絡，子どもの引渡しの円滑化などが記載された。

(5) 子育て支援の充実

　前回の改定から保育所に入所する子どもの保護者の支援が加わった（「保護者支援」）が，新指針では「保護者支援」の章を「子育て支援」に改め，保護者・家庭と連携した，質の高い子育てのための記述内容の充実を図っている。また，貧困家庭，外国籍家庭など特別な配慮を必要とする家庭の増加，児童虐待の相談件数の増加に対応した記述内容となっている。

(6) 職員の資質・専門性の向上

　子育て環境をめぐる地域・家庭の状況が変化（核家族化により子育て支援・協力が困難，共働き家庭の増加，父親の長時間労働，兄弟姉妹の減少から乳幼児と触れ合う機会のないまま親となった保護者の増加等）から，保育士は今まで以上にその専門性を高めることが求められるようなった。こうした時代背景から，専門職としての保育士等の資質の向上を目指した記述内容の充実と，そのためのキャリアパス（career path）の明確化，研修計画の体系化について新たに記載された。

　なお2015年度から実施されている「子ども・子育て支援新制度」では，より質の高い幼児教育提供のために，さまざまな支援が行われるようになった。その中で「幼稚園，保育所，認定こども園などの職員の処遇改善」が謳われており，具体的には職員の給与の改善，研修の充実など，キャリアップの取り組みに対する支援が掲げられている。

3．新しい保育所保育指針の概要（中央説明会資料による）

　改定の方向性を踏まえて，前回の改定における大綱化の方針を維持しつつ，必要な章立ての見直しと記載内容の変更・追記等を行った。主な変更点及び新たな記載内容は，以下の通りである。

(1) 総則

　保育所の役割や保育の目標など保育所保育に関する基本原則を示した上で，養護は保育所保育の基盤であり，保育所保育指針全体にとって重要なものであることから，「養護に関する基本的事項」（「生命の保持」と「情緒の安定」）を総則において記載することとした。

　また，「保育の計画及び評価」についても総則で示すとともに，改定前の保育所保育指針における「保育課程の編成」については，「全体的な計画の作成」とし，幼保連携型認定こども園教育・保育要領，幼稚園教育要領との構成的な整合性を図った。

　さらに，「幼児教育を行う施設として共有すべき事項」として，「育みたい資質・能力」3項目及び「幼児期の終わりまでに育ってほしい姿」10項目を，新たに示した。

(2) 保育の内容

　保育所における教育については，幼保連携型認定こども園及び幼稚園と構成の共通化を図り，「健康・人間関係・環境・言葉・表現」の各領域における「ねらい」「内容」「内容の取扱い」を記載した。その際，保育所においては発達による変化が著しい乳幼児期の子どもが長期にわたって在籍することを踏まえ，乳児・1歳以上3歳未満児・3歳以上児に分けて記載するとともに，改定前の保育所保育指針第2章において示した「子どもの発達」に関する内容を，「基本的な事項」として，各時期のねらいや内容等とあわせて記述することとした。

　乳児保育については，この時期の発達の特性を踏まえ，生活や遊びが充実することを通して，子どもたちの身体的・社会的精神的発達の基盤を培うという基本的な考え方の下，乳児を主体に，「健やかに伸び伸びと育つ」（健康な心と体を育て，自ら健康で安全な生活をつくり出す力の基盤を培う），「身近な人と気持ちが通じ合う」（受容的・応答的な関わりの下で，何かを伝えようとする意欲や身近な大人との信頼関係を育て，人と関わる力の基盤を培う），「身近なものと関わり感性が育つ」（身近な環境に興味や好奇心をもって関わり，感じたことや考えたことを表現する力の基盤を培う）という3つの視点から，保育の内容等を記載した。1歳以上3歳未満児については言葉と表現活動が生まれることに応じて，3歳以上と同様の5つの領域を構成している。

　さらに，年齢別に記述するのみでは十分ではない項目については，別途配慮事項として示した。

(3) 健康及び安全

　子どもの育ちをめぐる環境の変化や様々な研究，調査等による知見を踏まえ，アレルギー疾患を有する子どもの保育及び重大事故の発生しやすい保育の場面を具体的に提示しての事故防止の取組について，新たに記載した。

　また，食育の推進に関する項目について，記述内容の充実を図った。さらに，子どもの生命を守るため，施設・設備等の安全確保や災害発生時の対応体制及び避難への備え，地域の関係機関との連携など，保育所における災害への備えに関する節を新たに設けた。

（4）子育て支援

　改定前の保育所保育指針と同様に，子育て家庭に対する支援についての基本的事項を示した上で，保育所を利用している保護者に対する子育て支援と，地域の保護者等に対する子育て支援について述べる構成となっている。

　基本的事項については，改定前の保育所保育指針の考え方や留意事項を踏襲しつつ，記述内容を整理するとともに，「保護者が子どもの成長に気付き子育ての喜びを感じられるよう努める」ことを明記した。

　また，保育所を利用している保護者に対する子育て支援については，保護者の子育てを自ら実践する力の向上に寄与する取組として，保育の活動に対する保護者の積極的な参加について記載するとともに，外国籍家庭など特別なニーズを有する家庭への個別的な支援に関する事項を新たに示した。

　地域の保護者等に対する子育て支援に関しても，改定前の保育所保育指針において示された関係機関との連携や協働，要保護児童への対応等とともに，保育所保育の専門性を生かすことや一時預かり事業等における日常の保育との関連への配慮など，保育所がその環境や特性を生かして地域に開かれた子育て支援を行うことをより明示的に記載した。

（5）職員の資質向上

　職員の資質・専門性とその向上について，各々の自己研鑽とともに，保育所が組織として職員のキャリアパスを見据えた研修機会の確保や充実を図ることを重視し，施設長の責務や体系的・計画的な研修の実施体制の構築，保育士等の役割分担や職員の勤務体制の工夫等，取組の内容や方法を具体的に示した。

＜参考文献＞

厚生労働省『保育所保育指針』2017.3.31
文部科学省『幼稚園教育要領』2017.3.31
内閣府・文部科学省・厚生労働省『幼保連携型認定こども園教育・保育要領』2017.3.31
中央教育審議会『幼稚園，小学校，中学校，高等学校及び特別支援学校の学習指導要領等の改善及び必要な方策等について（答申）』2016.12.21
無藤　隆『今後の幼児教育とは　幼稚園教育要領，保育所保育指針，幼保連携型認定こども園教育・保育要領，小学校学習指導要領の改訂を受けて』2017.1.16 国立教育政策研究所 幼児教育研究センター発足記念 平成28年度教育研究公開シンポジウム
淵上　孝『私立幼稚園を取り巻く現状と課題について』2016.1.28 全日本私立幼稚園連合会 平成27年度第2回都道府県政策担当者会議
厚生労働省『保育所等関連状況取りまとめ（平成29年4月1日）』2017.9.2
池本美香，立岡健二郎『保育ニーズの将来展望と対応の在り方』JRIレビュー Vol.3, No.42 ㈱日本総合研究所
東京都教育委員会『小1問題・中1ギャップの予防・解決のための「教員加配に関わる効果検証」に関する調査　最終報告書について』2013.4.25
日本保育園保健協議会（現：日本保育保健協議会）『保育所における食物アレルギーにかかわる調査研究』2010.3

第3章　幼保連携型認定こども園教育・保育要領の改訂について

1．はじめに
(1) これまでの流れ
　認定こども園は，小学校入学前の子どもに対する幼児教育・保育，ならびに保護者に対する子育ての支援を総合的に提供する施設として，2006（平成18）年に「就学前の子どもに関する教育，保育等の総合的な提供の推進に関する法律」（認定こども園法）の成立により，同年10月から開始された。周知のように認定こども園は，幼保連携型，幼稚園型，保育所型，地方裁量型の4タイプに分けられており，制度発足の当初は，幼稚園型が学校教育法に基づく認可，保育所型が児童福祉法に基づく認可，また幼保連携型が学校教育法および児童福祉法に基づくそれぞれの認可が必要であった。そのため2014（平成26）年に認定こども園法を改正し，幼保連携型認定こども園は認定こども園法に基づく単一の認可（教育基本法第6条の法律で定める学校）とし，管轄省庁も内閣府に一本化した。また同年には「幼保連携型認定こども園教育・保育要領」（以下，教育・保育要領）が策定され，0歳から小学校就学前までの子どもの一貫した保育・教育が実施されるようになった（幼保連携型認定こども園以外の認定こども園においても教育・保育要領を踏まえることとしている）。それらに基づき，2015年（平成27年）4月より，子ども・子育て支援新制度の開始とともに，新しい形の単一認可による幼保連携型認定こども園が発足した。

(2) 認定こども園を取り巻く環境
　2017（平成29）年3月31日に告示された新しい教育・保育要領は，2014年の策定に続くもので，『幼稚園教育要領』『保育所保育指針』の改訂（改定）との整合性を図ったものとなっている。認定こども園の施設数は，2014年までは緩やかな増加となっていたが，2014年に幼保連携型の認可が一元化されたこと，また2015年から子ども・子育て支援新制度がスタートし施設給付型に変わったことなどから，幼保連携型施設が大幅に増加し，2016（平成28）年には認定こども園全体で4,001施設，2017（平成29）年では5,081施設となった（図3－1）。このうち幼稚園，保育所等の既存の施設から認定こども園に移行した施設は，幼稚園377か所（2015年639か所，2016年438か所），認可保育所715か所（2015年1,047か所，2016年786か所），その他の保育施設35か所と，既存の施設からの移行が9割以上を占めている（なお認定こども園から認定こども園以外の施設に移行した施設は2015年128か所，2016年4か所，2017年4か所となっている）。一方，新規開設した施設は比較的少ないが（2015年16か所，2016年37か所），2017年は60施設が新規開設となっており年々増加傾向にある。
　認定こども園制度の一番の目的は，「待機児童ゼロ」政策の一環として，保護者の就労の有無に関わらず，小学校就学前の児童に対し幼稚園・保育所の制度の枠組みを超えた幼児教育・保育を提供することであった。しかし，待機児童数が減る兆しは一向にみえておらず，子ども・子育て支援新制度がスタートし保育所等の施設数・定員が増えた2015年，2016年においても，その数は減っていない。なかでも産前産後休業あるいは育児休業後の職場復帰を考えている共働き家庭で保育ニーズの高い3歳未満児の待機児童数は，若干の減少はみられても，ほぼ毎年2万人前後で推移している（図2－3参照）。これは，それまで保育所に入ることができずに母親の就労をあきらめていた家庭が保育施設の増設に伴い，幼児の保育所への入所を希

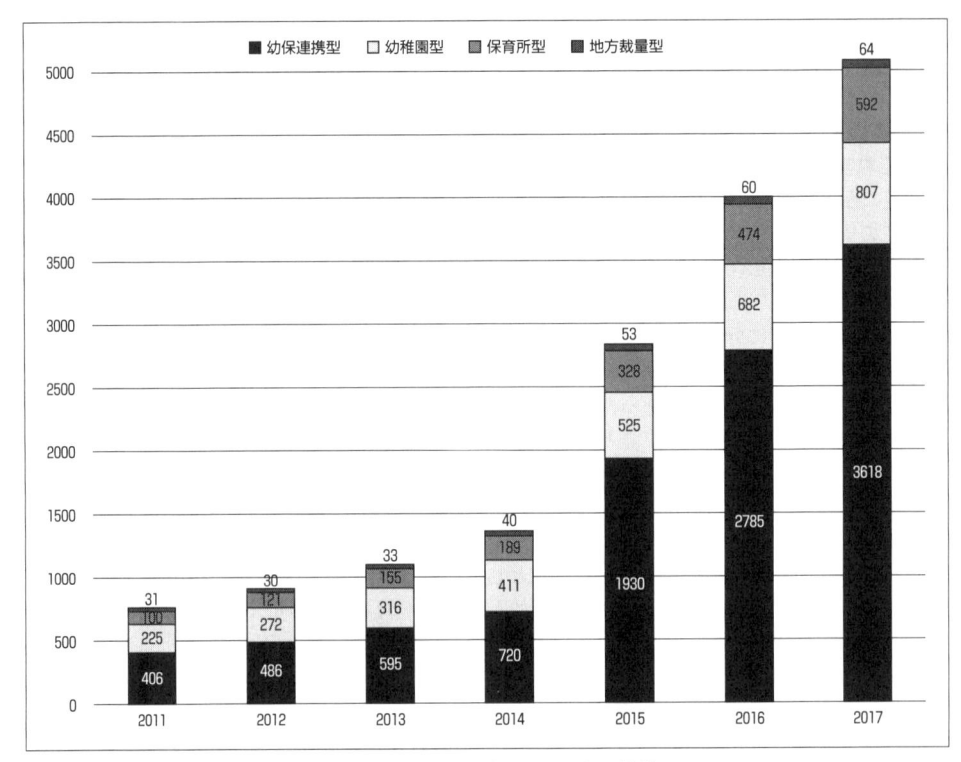

図3-1　認定こども園施設数の推移

望するようになったという隠れ需要が出てきていることによるといわれている。

今後も少子化の流れに変わりはないと思われるが、女性の社会進出がより進むことで5歳以下の幼児保育のニーズは増えていくと予想されている。また、第1章でも述べたように、中央教育審議会の求める「質の高い幼児教育」の提供という観点から幼児教育を担う幼稚園の存在意義はさらに大きくなるものと考えられる。こうしたことから幼稚園機能と保育所機能の両方を併せ持つ幼保連携型をはじめとする認定こども園の重要性はこれからさらに増していくものと思われる。

2．幼保連携型認定こども園教育・保育要領改訂のポイント

今回の改訂では、基本的には幼稚園教育要領での改訂、および保育所保育指針の改定に準拠したものとなっている。そのため、幼稚園教育要領および保育所保育指針の改訂（改定）のポイントなっている、幼児教育（保育）を通じて「育みたい資質・能力」および「幼児期の終わりまでに育ってほしい姿」が、新しい教育・保育要領の改訂版でも強調されている。なお、以下の（1）から（4）は幼稚園教育要領に準拠、また（5）から（7）は保育所保育指針に準拠した内容となっている。

(1) 幼保連携型認定こども園の教育および保育において育みたい資質・能力および「幼児期の終わりまでに育ってほしい姿」

現行の中央教育審議会の答申で述べられている「生きる力」の基礎を育むために子どもたちに以下の3つの資質・能力を育むことを明記している。

① 豊かな体験を通じて，感じたり，気付いたり，分かったり，できるようになったりする「知識及び技能の基礎」
② 気付いたことや，できるようになったことなどを使い，考えたり，試したり，工夫したり，表現したりする「思考力，判断力，表現力等の基礎」
③ 心情，意欲，態度が育つ中で，よりよい生活を営もうとする「学びに向かう力，人間性等」

そして，この3つの資質・能力が育まれている幼児の幼保連携型認定こども園修了時の具体的な姿が以下の10の姿である。

① 健康な心と体
② 自立心
③ 協同性
④ 道徳性・規範意識の芽生え
⑤ 社会生活との関わり
⑥ 思考力の芽生え
⑦ 自然との関わり・生命尊重
⑧ 数量や図形，標識や文字などへの関心・感覚
⑨ 言葉による伝え合い
⑩ 豊かな感性と表現

(2) カリキュラム・マネジメント

新教育・保育要領では，この「幼児期の終わりまでに育ってほしい姿」を踏まえて教育および保育の内容ならびに子育ての支援などに関する全体的な計画を作成し，その実施状況を評価して改善していくこと，また実施に必要な人的・物的な体制を確保し改善することで，幼保連携型認定こども園における教育および保育の質を高めていくカリキュラム・マネジメントの考え方が導入されている。

(3) 小学校教育との接続

幼保連携型認定こども園における教育および保育と小学校教育との円滑な接続の一層の強化を図ることを目的に，小学校教育との接続に関する記載が設けられた。ここでは幼保連携型認定こども園で育みたい3つの資質・能力を踏まえ，小学校の教諭との意見交換や合同研究の機会，また「幼児期の終わりまでに育ってほしい姿」を共有するなどの連携と接続の重要性が述べられている。

(4) 「主体的・対話的で深い学び」（アクティブ・ラーニング）の実現

中央教育審議会の答申で述べられている，学ぶことに興味・関心を持ち，見通しを持って粘り強く取り組み，自己の学習活動を振り返って次につなげる「主体的な学び」，子ども同士の協働・教職員や地域の人との対話・先哲の考え方を手がかりに考えるなどを通じて，自己の考えを広め深める「対話的な学び」，そして得られた知識を相互に関連付けてより深く理解したり，情報を精査して考えを形成したり，問題を見出し解決策を思考したり，自分の思い・考えを基に創造へと向かう「深い学び」の実現を謳っている。幼保連携型認定こども園においては，子どもたちがさまざまな人やものとの関わりを通して，多様な体験をし，心身の調和の取れた発達を促す際に，この「主体的・対話的で深い学び」が実現されることを求めている。

(5) 乳児・1歳以上3才未満児の保育の記載を充実

　新保育所保育指針との整合性を取り,「第2章　ねらい及び内容並びに配慮事項」では,乳児,1歳以上3才未満,満3歳以上の3つの年齢に分けている。そして各年齢における保育内容を原則として5領域に則り,それぞれの年齢区分における成長の特徴を詳細に記載する内容となっている。乳児に関しては,「健やかに伸び伸びと育つ」(健康な心と体を育て,自ら健康で安全な生活をつくりだす力の基盤を培う),「身近な人と気持ちが通じ合う」(受容的・応答的な関わりの下で,何かを伝えようとする意欲や身近な大人との信頼関係を育て,人と関わる力の基盤を培う),「身近なものと関わり感性が育つ」(身近な環境に興味や好奇心をもって関わり,感じたことや考えたことを表現する力の基盤を培う) という3つの関わりの視点とした。1歳以上3歳未満児については,言葉が生まれ,表現活動が始まることに応じて,3歳以上と同様の5つの領域を構成する。なお「3歳以上児」については,保育所保育指針と同じく,幼稚園教育要領の「第2章　ねらい及び内容」に準拠した内容となっている。

(6) 健康及び安全

　新しい教育・保育要領では,これまで「幼保連携型認定こども園として特に配慮すべき事項」に含まれていた「健康支援」「食育の推進」「環境及び衛生管理並びに安全管理」の3項目に,新たに「災害の備え」を付け加えた「第3章　健康及び安全」を新設している。内容としては,新しい保育所保育指針に準拠することで,保育における子どもの健康,安全性の確保の重要性を明記している。

(7) 子育ての支援の充実

　現行の教育・保育要領では「子育ての支援」は「幼保連携型認定こども園として特に配慮すべき事項」に含まれていたが,新しい教育・保育要領では「第4章　子育ての支援」として独立した章立てとし,園児の保護者ならびに地域の子育て家庭の保護者に向けた総合的な支援の提供を謳っている。内容としては,保育所保育指針との整合性を図っているほか,認定こども園独自の問題として,園に幼稚園機能を求める保護者と保育所機能を求める保護者との意識の違いの解消を目的とした記載もみられる。

3．新しい幼保連携型認定こども園教育・保育要領の概要(中央説明会資料による)

(1) 総則

①　幼保連携型認定こども園における教育及び保育の基本及び目標等

　幼保連携型認定こども園における教育及び保育の基本の中で,幼児期の物事を捉える視点や考え方である幼児期における見方・考え方を新たに示すとともに,計画的な環境の構成に関連して,教材を工夫すること,また,教育及び保育は,園児が入園してから修了するまでの在園期間全体を通して行われるものであることを新たに示した。

　さらに,幼保連携型認定こども園の教育及び保育において育みたい資質・能力と園児の幼保連携型認定こども園修了時の具体的な姿である「幼児期の終わりまでに育ってほしい姿」を新たに示すとともに,これらと第2章の「ねらい」及び「内容」との関係について新たに示した。

② 教育及び保育の内容並びに子育ての支援等に関する全体的な計画等
ア 教育及び保育の内容並びに子育ての支援等に関する全体的な計画の作成等
　幼稚園教育要領等を踏まえて，次のことを新たに示した。
　・教育及び保育の内容並びに子育ての支援等に関する全体的な計画（全体的な計画）は，どのような計画か
　・各幼保連携型認定こども園においてカリキュラム・マネジメントに努めること
　・各幼保連携型認定こども園の教育及び保育の目標を明確化及び全体的な計画の作成についての基本的な方針が共有されるよう努めること
　・園長の方針の下，保育教諭等職員が適切に役割を分担，連携しつつ，全体的な計画や指導の改善を図るとともに，教育及び保育等に係る評価について，カリキュラム・マネジメントと関連を図りながら実施するよう留意すること
　・「幼児期の終わりまでに育ってほしい姿」を共有するなど連携を図り，幼保連携型認定こども園における教育及び保育と小学校教育との円滑な接続を図るよう努めること
イ 指導計画の作成と園児の理解に基づいた評価
　幼稚園教育要領を踏まえて，次のことを新たに示した。
　・多様な体験に関連して，園児の発達に即して主体的・対話的で深い学びが実現するようにすること
　・園児の発達を踏まえた言語環境を整え，言語活動の充実を図ること
　・保育教諭等や他の園児と共に遊びや生活の中で見通しをもったり振り返ったりするよう工夫すること
　・直接体験の重要性を踏まえ，視聴覚教材やコンピュータなど情報機器を活用する際には，園生活では得難い体験を補完するなど，園児の体験との関連を考慮すること
　・幼保連携型認定こども園間に加え，小学校等との間の連携や交流を図るとともに，障害のある園児等との交流及び共同学習の機会を設け，協働して生活していく態度を育むよう努めること
　・園児一人一人のよさや可能性を把握するなど園児の理解に基づいた評価を実施すること
　・評価の実施の際には，他の園児との比較や一定の基準に対する達成度についての評定によって捉えるものではないことに留意すること
ウ 特別な配慮を必要とする園児への指導
　幼稚園教育要領を踏まえて次のことを新たに示した。
　・障害のある園児への指導に当たって，長期的な視点で園児への教育的支援を行うため，個別の教育及び保育支援計画や個別の指導計画を作成し活用することに努めること
　・海外から帰国した園児や生活に必要な日本語の習得に困難のある園児については，個々の園児の実態に応じ，指導内容等の工夫を組織的かつ計画的に行うこと
③ 幼保連携型認定こども園として特に配慮すべき事項
　前回の幼保連携型認定こども園教育・保育要領の策定，施行後の実践を踏まえた知見等を基に，次のことなどを新たに示した。
・満3歳以上の園児の入園時や移行時等の情報共有や，環境の工夫等について
・環境を通して行う教育及び保育の活動の充実を図るため，教育及び保育の環境の構成に当たっては，多様な経験を有する園児同士が学び合い，豊かな経験を積み重ねられるよう，工夫をすること

・長期的な休業中の多様な生活経験が長期的な休業などの終了後等の園生活に生かされるよう工夫をすること

(2) ねらい及び内容並びに配慮事項

満3歳未満の園児の保育に関するねらい及び内容並びに配慮事項等に関しては保育所保育指針の保育の内容の新たな記載を踏まえ，また，満3歳以上の園児の教育及び保育に関するねらい及び内容に関しては幼稚園教育要領のねらい及び内容の改善・充実を踏まえて，それぞれ新たに示した。

・「ねらい」は幼保連携型認定こども園の教育及び保育において育みたい資質・能力を園児の生活する姿から捉えたものであること
・「内容の取扱い」は園児の発達を踏まえた指導を行うに当たって留意すべき事項であること
・「幼児期の終わりまでに育ってほしい姿」は指導を行う際に考慮するものであること
・各視点や領域は，この時期の発達の特徴を踏まえ，乳幼児の発達の側面からまとめ示したものであること

また，幼保連携型認定こども園においては，長期にわたって在籍する園児もいることを踏まえ，乳児期・満1歳以上満3歳未満の園児・満3歳以上の園児に分けて記載するとともに，「子どもの発達」に関する内容を，「基本的な事項」として各時期のねらいや内容等とあわせて新たに示した。

① 乳児期の園児の保育に関するねらい及び内容

　乳児期の発達の特徴を示すとともに，それらを踏まえ，ねらい及び内容について身体的発達に関する視点「健やかに伸び伸びと育つ」，社会的発達に関する視点「身近な人と気持ちが通じ合う」，精神的発達に関する視点「身近なものと関わり感性が育つ」としてまとめ，新たに示した。

② 満1歳以上満3歳未満の園児の保育に関するねらい及び内容

　この時期の発達の特徴を示すとともに，それらを踏まえ，ねらい及び内容について心身の健康に関する領域「健康」，人との関わりに関する領域「人間関係」，身近な環境との関わりに関する領域「環境」，言葉の獲得に関する領域「言葉」及び感性と表現に関する領域「表現」としてまとめ，新たに示した。

③ 満3歳以上の園児の教育及び保育に関するねらい及び内容

　この時期の発達の特徴を示すとともに，それらを踏まえ，ねらい及び内容について心身の健康に関する領域「健康」，人との関わりに関する領域「人間関係」，身近な環境との関わりに関する領域「環境」，言葉の獲得に関する領域「言葉」及び感性と表現に関する領域「表現」としてまとめ，内容の改善を図り，充実させた。

④ 教育及び保育の実施に関する配慮事項

　保育所保育指針を踏まえて，次のことなどを新たに示した。
　・心身の発達や個人差，個々の気持ち等を踏まえ，援助すること
　・心と体の健康等に留意すること
　・園児が自ら周囲へ働き掛け自ら行う活動を見守り，援助すること
　・入園時の個別対応や周りの園児への留意等
　・国籍や文化の違い等への留意等

・性差や個人差等への留意等

(3) 健康及び安全
　現代的な諸課題を踏まえ，特に，以下の事項の改善・充実を図った。
　また，全職員が相互に連携し，それぞれの専門性を生かしながら，組織的かつ適切な対応を行うことができるような体制整備や研修を行うことを新たに示した。
・アレルギー疾患を有する園児への対応や環境の整備等
・食育の推進における，保護者や地域，関係機関等との連携や協働
・環境及び衛生管理等における職員の衛生知識の向上
・重大事故防止の対策等
・災害への備えとして，施設・設備等の安全確保，災害発生時の対応や体制等，地域の関係機関との連携

(4) 子育ての支援
　子育ての支援に関して，特に以下の事項の内容の改善・充実を図った。
○ 子育ての全般に関わる事項について
・保護者の自己決定の尊重や幼保連携型認定こども園の特性を生かすこと
・園全体の体制構築に努めることや地域の関係機関との連携構築，子どものプライバシーの保護・秘密保持
○ 幼保連携型認定こども園の園児の保護者に対する事項について
・多様な生活形態の保護者に対する教育及び保育の活動等への参加の工夫
・保護者同士の相互理解や気付き合い等への工夫や配慮
・保護者の多様化した教育及び保育の需要への対応等
○ 地域における子育て家庭の保護者に対する事項について
・地域の子どもに対する一時預かり事業などと教育及び保育との関連への考慮
・幼保連携型認定こども園の地域における役割等

＜参考文献＞
内閣府・文部科学省・厚生労働省『幼保連携型認定こども園教育・保育要領』2017.3.31
文部科学省『幼稚園教育要領』2017.3.31
厚生労働省『保育所保育指針』2017.3.31
中央教育審議会『幼稚園，小学校，中学校，高等学校及び特別支援学校の学習指導要領等の改善及び必要な方策等について（答申）』2016.12.21
無藤　隆『今後の幼児教育とは　幼稚園教育要領，保育所保育指針，幼保連携型認定こども園教育・保育要領，小学校学習指導要領の改訂を受けて』2017.1.16 国立教育政策研究所　幼児教育研究センター発足記念 平成28年度教育研究公開シンポジウム
淵上　孝『私立幼稚園を取り巻く現状と課題について』2016.1.28 全日本私立幼稚園連合会 平成27年度第2回都道府県政策担当者会議
池本美香，立岡健二郎『保育ニーズの将来展望と対応の在り方』JRIレビュー Vol.3. No. 42 ㈱日本総合研究所

内閣府『認定こども園に関する状況について（平成29年4月1日）』2017.9.8
文部科学省『平成26年度幼児教育実態調査』2015.10
厚生労働省『保育所等関連状況取りまとめ（平成29年4月1日）』2017.9.1
東京都教育委員会『小1問題・中1ギャップの予防・解決のための「教員加配に関わる効果検証」に関する調査　最終報告書について』2013.4.25

資料　幼稚園教育要領

(平成29年3月31日文部科学省告示第62号)
(平成30年4月1日から施行)

　教育は，教育基本法第1条に定めるとおり，人格の完成を目指し，平和で民主的な国家及び社会の形成者として必要な資質を備えた心身ともに健康な国民の育成を期すという目的のもと，同法第2条に掲げる次の目標を達成するよう行われなければならない。

1　幅広い知識と教養を身に付け，真理を求める態度を養い，豊かな情操と道徳心を培うとともに，健やかな身体を養うこと。
2　個人の価値を尊重して，その能力を伸ばし，創造性を培い，自主及び自律の精神を養うとともに，職業及び生活との関連を重視し，勤労を重んずる態度を養うこと。
3　正義と責任，男女の平等，自他の敬愛と協力を重んずるとともに，公共の精神に基づき，主体的に社会の形成に参画し，その発展に寄与する態度を養うこと。
4　生命を尊び，自然を大切にし，環境の保全に寄与する態度を養うこと。
5　伝統と文化を尊重し，それらをはぐくんできた我が国と郷土を愛するとともに，他国を尊重し，国際社会の平和と発展に寄与する態度を養うこと。

　また，幼児期の教育については，同法第11条に掲げるとおり，生涯にわたる人格形成の基礎を培う重要なものであることにかんがみ，国及び地方公共団体は，幼児の健やかな成長に資する良好な環境の整備その他適当な方法によって，その振興に努めなければならないこととされている。

　これからの幼稚園には，学校教育の始まりとして，こうした教育の目的及び目標の達成を目指しつつ，一人一人の幼児が，将来，自分のよさや可能性を認識するとともに，あらゆる他者を価値のある存在として尊重し，多様な人々と協働しながら様々な社会的変化を乗り越え，豊かな人生を切り拓き，持続可能な社会の創り手となることができるようにするための基礎を培うことが求められる。このために必要な教育の在り方を具体化するのが，各幼稚園において教育の内容等を組織的かつ計画的に組み立てた教育課程である。

　教育課程を通して，これからの時代に求められる教育を実現していくためには，よりよい学校教育を通してよりよい社会を創るという理念を学校と社会とが共有し，それぞれの幼稚園において，幼児期にふさわしい生活をどのように展開し，どのような資質・能力を育むようにするのかを教育課程において明確にしながら，社会との連携及び協働によりその実現を図っていくという，社会に開かれた教育課程の実現が重要となる。

　幼稚園教育要領とは，こうした理念の実現に向けて必要となる教育課程の基準を大綱的に定めるものである。幼稚園教育要領が果たす役割の一つは，公の性質を有する幼稚園における教育水準を全国的に確保することである。また，各幼稚園がその特色を生かして創意工夫を重ね，長年にわたり積み重ねられてきた教育実践や学術研究の蓄積を生かしながら，幼児や地域の現状や課題を捉え，家庭や地域社会と協力して，幼稚園教育要領を踏まえた教育活動の更なる充実を図っていくことも重要である。

　幼児の自発的な活動としての遊びを生み出すために必要な環境を整え，一人一人の資質・能力を育んでいくことは，教職員をはじめとする幼稚園関係者はもとより，家庭や地域の人々も含め，様々な立場から幼児や幼稚園に関わる全ての大人に期待される役割である。家庭との緊密な連携の下，小学校以降の教育や生涯にわたる学習とのつながりを見通しながら，幼児の自発的な活動としての遊びを通しての総合的な指導をする際に広く活用されるものとなることを期待して，ここに幼稚園教育要領を定める。

第1章　総則

第1　幼稚園教育の基本

　幼児期の教育は，生涯にわたる人格形成の基礎を培う重要なものであり，幼稚園教育は，学校教育法に規定する目的及び目標を達成するため，幼児期の特性を踏まえ，環境を通して行うものであることを基本とする。

　このため教師は，幼児との信頼関係を十分に築き，幼児が身近な環境に主体的に関わり，環境との関わり方や意味に気付き，これらを取り込もうとして，試行錯誤したり，考えたりするようになる幼児期の教育における見方・考え方を生かし，幼児と共によりよい教育環境を創造するように努めるものとする。これらを踏まえ，次に示す事項を重視して教育を行わなければならない。

1　幼児は安定した情緒の下で自己を十分に発揮することにより発達に必要な体験を得ていくものであることを考慮して，幼児の主体的な活動を促し，幼児期にふさわしい生活が展開されるようにすること。
2　幼児の自発的な活動としての遊びは，心身の調和のとれた発達の基礎を培う重要な学習であることを考慮して，遊びを通しての指導を中心として第2章に示すねらいが総合的に達成されるようにすること。
3　幼児の発達は，心身の諸側面が相互に関連し合い，多様な経過をたどって成し遂げられていくものであること，また，幼児の生活経験がそれぞれ異なることなどを考慮して，幼児一人一人の特性に応じ，発達の課

題に即した指導を行うようにすること。

その際,教師は,幼児の主体的な活動が確保されるよう幼児一人一人の行動の理解と予想に基づき,計画的に環境を構成しなければならない。この場合において,教師は,幼児と人やものとの関わりが重要であることを踏まえ,教材を工夫し,物的・空間的環境を構成しなければならない。また,幼児一人一人の活動の場面に応じて,様々な役割を果たし,その活動を豊かにしなければならない。

第2 幼稚園教育において育みたい資質・能力及び「幼児期の終わりまでに育ってほしい姿」
1 幼稚園においては,生きる力の基礎を育むため,この章の第1に示す幼稚園教育の基本を踏まえ,次に掲げる資質・能力を一体的に育むよう努めるものとする。
(1) 豊かな体験を通じて,感じたり,気付いたり,分かったり,できるようになったりする「知識及び技能の基礎」
(2) 気付いたことや,できるようになったことなどを使い,考えたり,試したり,工夫したり,表現したりする「思考力,判断力,表現力等の基礎」
(3) 心情,意欲,態度が育つ中で,よりよい生活を営もうとする「学びに向かう力,人間性等」
2 1に示す資質・能力は,第2章に示すねらい及び内容に基づく活動全体によって育むものである。
3 次に示す「幼児期の終わりまでに育ってほしい姿」は,第2章に示すねらい及び内容に基づく活動全体を通して資質・能力が育まれている幼児の幼稚園修了時の具体的な姿であり,教師が指導を行う際に考慮するものである。
(1) 健康な心と体
幼稚園生活の中で,充実感をもって自分のやりたいことに向かって心と体を十分に働かせ,見通しをもって行動し,自ら健康で安全な生活をつくり出すようになる。
(2) 自立心
身近な環境に主体的に関わり様々な活動を楽しむ中で,しなければならないことを自覚し,自分の力で行うために考えたり,工夫したりしながら,諦めずにやり遂げることで達成感を味わい,自信をもって行動するようになる。
(3) 協同性
友達と関わる中で,互いの思いや考えなどを共有し,共通の目的の実現に向けて,考えたり,工夫したり,協力したりし,充実感をもってやり遂げるようになる。

(4) 道徳性・規範意識の芽生え
友達と様々な体験を重ねる中で,してよいことや悪いことが分かり,自分の行動を振り返ったり,友達の気持ちに共感したりし,相手の立場に立って行動するようになる。また,きまりを守る必要性が分かり,自分の気持ちを調整し,友達と折り合いを付けながら,きまりをつくったり,守ったりするようになる。
(5) 社会生活との関わり
家族を大切にしようとする気持ちをもつとともに,地域の身近な人と触れ合う中で,人との様々な関わり方に気付き,相手の気持ちを考えて関わり,自分が役に立つ喜びを感じ,地域に親しみをもつようになる。また,幼稚園内外の様々な環境に関わる中で,遊びや生活に必要な情報を取り入れ,情報に基づき判断したり,情報を伝え合ったり,活用したりするなど,情報を役立てながら活動するようになるとともに,公共の施設を大切に利用するなどして,社会とのつながりなどを意識するようになる。
(6) 思考力の芽生え
身近な事象に積極的に関わる中で,物の性質や仕組みなどを感じ取ったり,気付いたりし,考えたり,予想したり,工夫したりするなど,多様な関わりを楽しむようになる。また,友達の様々な考えに触れる中で,自分と異なる考えがあることに気付き,自ら判断したり,考え直したりするなど,新しい考えを生み出す喜びを味わいながら,自分の考えをよりよいものにするようになる。
(7) 自然との関わり・生命尊重
自然に触れて感動する体験を通して,自然の変化などを感じ取り,好奇心や探究心をもって考え言葉などで表現しながら,身近な事象への関心が高まるとともに,自然への愛情や畏敬の念をもつようになる。また,身近な動植物に心を動かされる中で,生命の不思議さや尊さに気付き,身近な動植物への接し方を考え,命あるものとしていたわり,大切にする気持ちをもって関わるようになる。
(8) 数量や図形,標識や文字などへの関心・感覚
遊びや生活の中で,数量や図形,標識や文字などに親しむ体験を重ねたり,標識や文字の役割に気付いたりし,自らの必要感に基づきこれらを活用し,興味や関心,感覚をもつようになる。
(9) 言葉による伝え合い
先生や友達と心を通わせる中で,絵本や物語などに親しみながら,豊かな言葉や表現を身に付け,経験したことや考えたことなどを言葉で伝えたり,相手の話を注意して聞いたりし,言葉による伝え合い

を楽しむようになる。
(10) 豊かな感性と表現

　　心を動かす出来事などに触れ感性を働かせる中で，様々な素材の特徴や表現の仕方などに気付き，感じたことや考えたことを自分で表現したり，友達同士で表現する過程を楽しんだりし，表現する喜びを味わい，意欲をもつようになる。

第３　教育課程の役割と編成等
１　教育課程の役割

　　各幼稚園においては，教育基本法及び学校教育法その他の法令並びにこの幼稚園教育要領の示すところに従い，創意工夫を生かし，幼児の心身の発達と幼稚園及び地域の実態に即応した適切な教育課程を編成するものとする。

　　また，各幼稚園においては，６に示す全体的な計画にも留意しながら，「幼児期の終わりまでに育ってほしい姿」を踏まえ教育課程を編成すること，教育課程の実施状況を評価してその改善を図っていくこと，教育課程の実施に必要な人的又は物的な体制を確保するとともにその改善を図っていくことなどを通して，教育課程に基づき組織的かつ計画的に各幼稚園の教育活動の質の向上を図っていくこと（以下「カリキュラム・マネジメント」という。）に努めるものとする。

２　各幼稚園の教育目標と教育課程の編成

　　教育課程の編成に当たっては，幼稚園教育において育みたい資質・能力を踏まえつつ，各幼稚園の教育目標を明確にするとともに，教育課程の編成についての基本的な方針が家庭や地域とも共有されるよう努めるものとする。

３　教育課程の編成上の基本的事項
(1) 幼稚園生活の全体を通して第２章に示すねらいが総合的に達成されるよう，教育課程に係る教育期間や幼児の生活経験や発達の過程などを考慮して具体的なねらいと内容を組織するものとする。この場合においては，特に，自我が芽生え，他者の存在を意識し，自己を抑制しようとする気持ちが生まれる幼児期の発達の特性を踏まえ，入園から修了に至るまでの長期的な視野をもって充実した生活が展開できるように配慮するものとする。
(2) 幼稚園の毎学年の教育課程に係る教育週数は，特別の事情のある場合を除き，39週を下ってはならない。
(3) 幼稚園の１日の教育課程に係る教育時間は，４時間を標準とする。ただし，幼児の心身の発達の程度や季節などに適切に配慮するものとする。

４　教育課程の編成上の留意事項

　　教育課程の編成に当たっては，次の事項に留意するものとする。
(1) 幼児の生活は，入園当初の一人一人の遊びや教師との触れ合いを通して幼稚園生活に親しみ，安定していく時期から，他の幼児との関わりの中で幼児の主体的な活動が深まり，幼児が互いに必要な存在であることを認識するようになり，やがて幼児同士や学級全体で目的をもって協同して幼稚園生活を展開し，深めていく時期などに至るまでの過程を様々に経ながら広げられていくものであることを考慮し，活動がそれぞれの時期にふさわしく展開されるようにすること。
(2) 入園当初，特に，３歳児の入園については，家庭との連携を緊密にし，生活のリズムや安全面に十分配慮すること。また，満３歳児については，学年の途中から入園することを考慮し，幼児が安心して幼稚園生活を過ごすことができるよう配慮すること。
(3) 幼稚園生活が幼児にとって安全なものとなるよう，教職員による協力体制の下，幼児の主体的な活動を大切にしつつ，園庭や園舎などの環境の配慮や指導の工夫を行うこと。

５　小学校教育との接続に当たっての留意事項
(1) 幼稚園においては，幼稚園教育が，小学校以降の生活や学習の基盤の育成につながることに配慮し，幼児期にふさわしい生活を通して，創造的な思考や主体的な生活態度などの基礎を培うようにするものとする。
(2) 幼稚園教育において育まれた資質・能力を踏まえ，小学校教育が円滑に行われるよう，小学校の教師との意見交換や合同の研究の機会などを設け，「幼児期の終わりまでに育ってほしい姿」を共有するなど連携を図り，幼稚園教育と小学校教育との円滑な接続を図るよう努めるものとする。

６　全体的な計画の作成

　　各幼稚園においては，教育課程を中心に，第３章に示す教育課程に係る教育時間の終了後等に行う教育活動の計画，学校保健計画，学校安全計画などとを関連させ，一体的に教育活動が展開されるよう全体的な計画を作成するものとする。

第４　指導計画の作成と幼児理解に基づいた評価
１　指導計画の考え方

　　幼稚園教育は，幼児が自ら意欲をもって環境と関わることによりつくり出される具体的な活動を通して，その目標の達成を図るものである。

　　幼稚園においてはこのことを踏まえ，幼児期にふさわしい生活が展開され，適切な指導が行われるよう，

それぞれの幼稚園の教育課程に基づき，調和のとれた組織的，発展的な指導計画を作成し，幼児の活動に沿った柔軟な指導を行わなければならない。

2　指導計画の作成上の基本的事項
(1) 指導計画は，幼児の発達に即して一人一人の幼児が幼児期にふさわしい生活を展開し，必要な体験を得られるようにするために，具体的に作成するものとする。
(2) 指導計画の作成に当たっては，次に示すところにより，具体的なねらい及び内容を明確に設定し，適切な環境を構成することなどにより活動が選択・展開されるようにするものとする。
　ア　具体的なねらい及び内容は，幼稚園生活における幼児の発達の過程を見通し，幼児の生活の連続性，季節の変化などを考慮して，幼児の興味や関心，発達の実情などに応じて設定すること。
　イ　環境は，具体的なねらいを達成するために適切なものとなるように構成し，幼児が自らその環境に関わることにより様々な活動を展開しつつ必要な体験を得られるようにすること。その際，幼児の生活する姿や発想を大切にし，常にその環境が適切なものとなるようにすること。
　ウ　幼児の行う具体的な活動は，生活の流れの中で様々に変化するものであることに留意し，幼児が望ましい方向に向かって自ら活動を展開していくことができるよう必要な援助をすること。
　その際，幼児の実態及び幼児を取り巻く状況の変化などに即して指導の過程についての評価を適切に行い，常に指導計画の改善を図るものとする。

3　指導計画の作成上の留意事項
指導計画の作成に当たっては，次の事項に留意するものとする。
(1) 長期的に発達を見通した年，学期，月などにわたる長期の指導計画やこれとの関連を保ちながらより具体的な幼児の生活に即した週，日などの短期の指導計画を作成し，適切な指導が行われるようにすること。特に，週，日などの短期の指導計画については，幼児の生活のリズムに配慮し，幼児の意識や興味の連続性のある活動が相互に関連して幼稚園生活の自然の流れの中に組み込まれるようにすること。
(2) 幼児が様々な人やものとの関わりを通して，多様な体験をし，心身の調和のとれた発達を促すようにしていくこと。その際，幼児の発達に即して主体的・対話的で深い学びが実現するようにするとともに，心を動かされる体験が次の活動を生み出すことを考慮し，一つ一つの体験が相互に結び付き，幼稚園生活が充実するようにすること。

(3) 言語に関する能力の発達と思考力等の発達が関連していることを踏まえ，幼稚園生活全体を通して，幼児の発達を踏まえた言語環境を整え，言語活動の充実を図ること。
(4) 幼児が次の活動への期待や意欲をもつことができるよう，幼児の実態を踏まえながら，教師や他の幼児と共に遊びや生活の中で見通しをもったり，振り返ったりするよう工夫すること。
(5) 行事の指導に当たっては，幼稚園生活の自然の流れの中で生活に変化や潤いを与え，幼児が主体的に楽しく活動できるようにすること。なお，それぞれの行事についてはその教育的価値を十分検討し，適切なものを精選し，幼児の負担にならないようにすること。
(6) 幼児期は直接的な体験が重要であることを踏まえ，視聴覚教材やコンピュータなど情報機器を活用する際には，幼稚園生活では得難い体験を補完するなど，幼児の体験との関連を考慮すること。
(7) 幼児の主体的な活動を促すためには，教師が多様な関わりをもつことが重要であることを踏まえ，教師は，理解者，共同作業者など様々な役割を果たし，幼児の発達に必要な豊かな体験が得られるよう，活動の場面に応じて，適切な指導を行うようにすること。
(8) 幼児の行う活動は，個人，グループ，学級全体などで多様に展開されるものであることを踏まえ，幼稚園全体の教師による協力体制を作りながら，一人一人の幼児が興味や欲求を十分に満足させるよう適切な援助を行うようにすること。

4　幼児理解に基づいた評価の実施
幼児一人一人の発達の理解に基づいた評価の実施に当たっては，次の事項に配慮するものとする。
(1) 指導の過程を振り返りながら幼児の理解を進め，幼児一人一人のよさや可能性などを把握し，指導の改善に生かすようにすること。その際，他の幼児との比較や一定の基準に対する達成度についての評定によって捉えるものではないことに留意すること。
(2) 評価の妥当性や信頼性が高められるよう創意工夫を行い，組織的かつ計画的な取組を推進するとともに，次年度又は小学校等にその内容が適切に引き継がれるようにすること。

第5　特別な配慮を必要とする幼児への指導
1　障害のある幼児などへの指導
障害のある幼児などへの指導に当たっては，集団の中で生活することを通して全体的な発達を促していくことに配慮し，特別支援学校などの助言又は援助を活

用しつつ，個々の幼児の障害の状態などに応じた指導内容や指導方法の工夫を組織的かつ計画的に行うものとする。また，家庭，地域及び医療や福祉，保健等の業務を行う関係機関との連携を図り，長期的な視点で幼児への教育的支援を行うために，個別の教育支援計画を作成し活用することに努めるとともに，個々の幼児の実態を的確に把握し，個別の指導計画を作成し活用することに努めるものとする。
2 海外から帰国した幼児や生活に必要な日本語の習得に困難のある幼児の幼稚園生活への適応
　海外から帰国した幼児や生活に必要な日本語の習得に困難のある幼児については，安心して自己を発揮できるよう配慮するなど個々の幼児の実態に応じ，指導内容や指導方法の工夫を組織的かつ計画的に行うものとする。

第6 幼稚園運営上の留意事項
1 各幼稚園においては，園長の方針の下に，園務分掌に基づき教職員が適切に役割を分担しつつ，相互に連携しながら，教育課程や指導の改善を図るものとする。また，各幼稚園が行う学校評価については，教育課程の編成，実施，改善が教育活動や幼稚園運営の中核となることを踏まえ，カリキュラム・マネジメントと関連付けながら実施するよう留意するものとする。
2 幼児の生活は，家庭を基盤として地域社会を通じて次第に広がりをもつものであることに留意し，家庭との連携を十分に図るなど，幼稚園における生活が家庭や地域社会と連続性を保ちつつ展開されるようにするものとする。その際，地域の自然，高齢者や異年齢の子供などを含む人材，行事や公共施設などの地域の資源を積極的に活用し，幼児が豊かな生活体験を得られるように工夫するものとする。また，家庭との連携に当たっては，保護者との情報交換の機会を設けたり，保護者と幼児との活動の機会を設けたりなどすることを通じて，保護者の幼児期の教育に関する理解が深まるよう配慮するものとする。
3 地域や幼稚園の実態等により，幼稚園間に加え，保育所，幼保連携型認定こども園，小学校，中学校，高等学校及び特別支援学校などとの間の連携や交流を図るものとする。特に，幼稚園教育と小学校教育の円滑な接続のため，幼稚園の幼児と小学校の児童との交流の機会を積極的に設けるようにするものとする。また，障害のある幼児児童生徒との交流及び共同学習の機会を設け，共に尊重し合いながら協働して生活していく態度を育むよう努めるものとする。

第7 教育課程に係る教育時間終了後等に行う教育活動など

　幼稚園は，第3章に示す教育課程に係る教育時間の終了後等に行う教育活動について，学校教育法に規定する目的及び目標並びにこの章の第1に示す幼稚園教育の基本を踏まえ実施するものとする。また，幼稚園の目的の達成に資するため，幼児の生活全体が豊かなものとなるよう家庭や地域における幼児期の教育の支援に努めるものとする。

　　　　第2章 ねらい及び内容

　この章に示すねらいは，幼稚園教育において育みたい資質・能力を幼児の生活する姿から捉えたものであり，内容は，ねらいを達成するために指導する事項である。各領域は，これらを幼児の発達の側面から，心身の健康に関する領域「健康」，人との関わりに関する領域「人間関係」，身近な環境との関わりに関する領域「環境」，言葉の獲得に関する領域「言葉」及び感性と表現に関する領域「表現」としてまとめ，示したものである。内容の取扱いは，幼児の発達を踏まえた指導を行うに当たって留意すべき事項である。
　各領域に示すねらいは，幼稚園における生活の全体を通じ，幼児が様々な体験を積み重ねる中で相互に関連をもちながら次第に達成に向かうものであること，内容は，幼児が環境に関わって展開する具体的な活動を通して総合的に指導されるものであることに留意しなければならない。
　また，「幼児期の終わりまでに育ってほしい姿」が，ねらい及び内容に基づく活動全体を通して資質・能力が育まれている幼児の幼稚園修了時の具体的な姿であることを踏まえ，指導を行う際に考慮するものとする。
　なお，特に必要な場合には，各領域に示すねらいの趣旨に基づいて適切な，具体的な内容を工夫し，それを加えても差し支えないが，その場合には，それが第1章の第1に示す幼稚園教育の基本を逸脱しないよう慎重に配慮する必要がある。

健康
〔健康な心と体を育て，自ら健康で安全な生活をつくり出す力を養う。〕
1 ねらい
(1) 明るく伸び伸びと行動し，充実感を味わう。
(2) 自分の体を十分に動かし，進んで運動しようとする。
(3) 健康，安全な生活に必要な習慣や態度を身に付け，見通しをもって行動する。
2 内容
(1) 先生や友達と触れ合い，安定感をもって行動する。
(2) いろいろな遊びの中で十分に体を動かす。

(3) 進んで戸外で遊ぶ。
(4) 様々な活動に親しみ，楽しんで取り組む。
(5) 先生や友達と食べることを楽しみ，食べ物への興味や関心をもつ。
(6) 健康な生活のリズムを身に付ける。
(7) 身の回りを清潔にし，衣服の着脱，食事，排泄などの生活に必要な活動を自分でする。
(8) 幼稚園における生活の仕方を知り，自分たちで生活の場を整えながら見通しをもって行動する。
(9) 自分の健康に関心をもち，病気の予防などに必要な活動を進んで行う。
(10) 危険な場所，危険な遊び方，災害時などの行動の仕方が分かり，安全に気を付けて行動する。

3　内容の取扱い
上記の取扱いに当たっては，次の事項に留意する必要がある。
(1) 心と体の健康は，相互に密接な関連があるものであることを踏まえ，幼児が教師や他の幼児との温かい触れ合いの中で自己の存在感や充実感を味わうことなどを基盤として，しなやかな心と体の発達を促すこと。特に，十分に体を動かす気持ちよさを体験し，自ら体を動かそうとする意欲が育つようにすること。
(2) 様々な遊びの中で，幼児が興味や関心，能力に応じて全身を使って活動することにより，体を動かす楽しさを味わい，自分の体を大切にしようとする気持ちが育つようにすること。その際，多様な動きを経験する中で，体の動きを調整するようにすること。
(3) 自然の中で伸び伸びと体を動かして遊ぶことにより，体の諸機能の発達が促されることに留意し，幼児の興味や関心が戸外にも向くようにすること。その際，幼児の動線に配慮した園庭や遊具の配置などを工夫すること。
(4) 健康な心と体を育てるためには食育を通じた望ましい食習慣の形成が大切であることを踏まえ，幼児の食生活の実情に配慮し，和やかな雰囲気の中で教師や他の幼児と食べる喜びや楽しさを味わったり，様々な食べ物への興味や関心をもったりするなどし，食の大切さに気付き，進んで食べようとする気持ちが育つようにすること。
(5) 基本的な生活習慣の形成に当たっては，家庭での生活経験に配慮し，幼児の自立心を育て，幼児が他の幼児と関わりながら主体的な活動を展開する中で，生活に必要な習慣を身に付け，次第に見通しをもって行動できるようにすること。
(6) 安全に関する指導に当たっては，情緒の安定を図り，遊びを通して安全についての構えを身に付け，危険な場所や事物などが分かり，安全についての理解を深めるようにすること。また，交通安全の習慣を身に付けるようにするとともに，避難訓練などを通して，災害などの緊急時に適切な行動がとれるようにすること。

人間関係
〔他の人々と親しみ，支え合って生活するために，自立心を育て，人と関わる力を養う。〕
1　ねらい
(1) 幼稚園生活を楽しみ，自分の力で行動することの充実感を味わう。
(2) 身近な人と親しみ，関わりを深め，工夫したり，協力したりして一緒に活動する楽しさを味わい，愛情や信頼感をもつ。
(3) 社会生活における望ましい習慣や態度を身に付ける。

2　内容
(1) 先生や友達と共に過ごすことの喜びを味わう。
(2) 自分で考え，自分で行動する。
(3) 自分でできることは自分でする。
(4) いろいろな遊びを楽しみながら物事をやり遂げようとする気持ちをもつ。
(5) 友達と積極的に関わりながら喜びや悲しみを共感し合う。
(6) 自分の思ったことを相手に伝え，相手の思っていることに気付く。
(7) 友達のよさに気付き，一緒に活動する楽しさを味わう。
(8) 友達と楽しく活動する中で，共通の目的を見いだし，工夫したり，協力したりなどする。
(9) よいことや悪いことがあることに気付き，考えながら行動する。
(10) 友達との関わりを深め，思いやりをもつ。
(11) 友達と楽しく生活する中できまりの大切さに気付き，守ろうとする。
(12) 共同の遊具や用具を大切にし，皆で使う。
(13) 高齢者をはじめ地域の人々などの自分の生活に関係の深いいろいろな人に親しみをもつ。

3　内容の取扱い
上記の取扱いに当たっては，次の事項に留意する必要がある。
(1) 教師との信頼関係に支えられて自分自身の生活を確立していくことが人と関わる基盤となることを考慮し，幼児が自ら周囲に働き掛けることにより多様な感情を体験し，試行錯誤しながら諦めずにやり遂げることの達成感や，前向きな見通しをもって自分の力で行うことの充実感を味わうことができるよう，幼児の行

動を見守りながら適切な援助を行うようにすること。
(2) 一人一人を生かした集団を形成しながら人と関わる力を育てていくようにすること。その際、集団の生活の中で、幼児が自己を発揮し、教師や他の幼児に認められる体験をし、自分のよさや特徴に気付き、自信をもって行動できるようにすること。
(3) 幼児が互いに関わりを深め、協同して遊ぶようになるため、自ら行動する力を育てるようにするとともに、他の幼児と試行錯誤しながら活動を展開する楽しさや共通の目的が実現する喜びを味わうことができるようにすること。
(4) 道徳性の芽生えを培うに当たっては、基本的な生活習慣の形成を図るとともに、幼児が他の幼児との関わりの中で他人の存在に気付き、相手を尊重する気持ちをもって行動できるようにし、また、自然や身近な動植物に親しむことなどを通して豊かな心情が育つようにすること。特に、人に対する信頼感や思いやりの気持ちは、葛藤やつまずきをも体験し、それらを乗り越えることにより次第に芽生えてくることに配慮すること。
(5) 集団の生活を通して、幼児が人との関わりを深め、規範意識の芽生えが培われることを考慮し、幼児が教師との信頼関係に支えられて自己を発揮する中で、互いに思いを主張し、折り合いを付ける体験をし、きまりの必要性などに気付き、自分の気持ちを調整する力が育つようにすること。
(6) 高齢者をはじめ地域の人々などの自分の生活に関係の深いいろいろな人と触れ合い、自分の感情や意志を表現しながら共に楽しみ、共感し合う体験を通して、これらの人々などに親しみをもち、人と関わることの楽しさや人の役に立つ喜びを味わうことができるようにすること。また、生活を通して親や祖父母などの家族の愛情に気付き、家族を大切にしようとする気持ちが育つようにすること。

環境
〔周囲の様々な環境に好奇心や探究心をもって関わり、それらを生活に取り入れていこうとする力を養う。〕
1 ねらい
  (1) 身近な環境に親しみ、自然と触れ合う中で様々な事象に興味や関心をもつ。
  (2) 身近な環境に自分から関わり、発見を楽しんだり、考えたりし、それを生活に取り入れようとする。
  (3) 身近な事象を見たり、考えたり、扱ったりする中で、物の性質や数量、文字などに対する感覚を豊かにする。
2 内容

  (1) 自然に触れて生活し、その大きさ、美しさ、不思議さなどに気付く。
  (2) 生活の中で、様々な物に触れ、その性質や仕組みに興味や関心をもつ。
  (3) 季節により自然や人間の生活に変化のあることに気付く。
  (4) 自然などの身近な事象に関心をもち、取り入れて遊ぶ。
  (5) 身近な動植物に親しみをもって接し、生命の尊さに気付き、いたわったり、大切にしたりする。
  (6) 日常生活の中で、我が国や地域社会における様々な文化や伝統に親しむ。
  (7) 身近な物を大切にする。
  (8) 身近な物や遊具に興味をもって関わり、自分なりに比べたり、関連付けたりしながら考えたり、試したりして工夫して遊ぶ。
  (9) 日常生活の中で数量や図形などに関心をもつ。
  (10) 日常生活の中で簡単な標識や文字などに関心をもつ。
  (11) 生活に関係の深い情報や施設などに興味や関心をもつ。
  (12) 幼稚園内外の行事において国旗に親しむ。
3 内容の取扱い
  上記の取扱いに当たっては、次の事項に留意する必要がある。
  (1) 幼児が、遊びの中で周囲の環境と関わり、次第に周囲の世界に好奇心を抱き、その意味や操作の仕方に関心をもち、物事の法則性に気付き、自分なりに考えることができるようになる過程を大切にすること。また、他の幼児の考えなどに触れて新しい考えを生み出す喜びや楽しさを味わい、自分の考えをよりよいものにしようとする気持ちが育つようにすること。
  (2) 幼児期において自然のもつ意味は大きく、自然の大きさ、美しさ、不思議さなどに直接触れる体験を通して、幼児の心が安らぎ、豊かな感情、好奇心、思考力、表現力の基礎が培われることを踏まえ、幼児が自然との関わりを深めることができるよう工夫すること。
  (3) 身近な事象や動植物に対する感動を伝え合い、共感し合うことなどを通して自分から関わろうとする意欲を育てるとともに、様々な関わり方を通してそれらに対する親しみや畏敬の念、生命を大切にする気持ち、公共心、探究心などが養われるようにすること。
  (4) 文化や伝統に親しむ際には、正月や節句など我が国の伝統的な行事、国歌、唱歌、わらべうたや我が国の伝統的な遊びに親しんだり、異なる文化に触れる活動に親しんだりすることを通じて、社会とのつながりの

意識や国際理解の意識の芽生えなどが養われるようにすること。
(5) 数量や文字などに関しては,日常生活の中で幼児自身の必要感に基づく体験を大切にし,数量や文字などに関する興味や関心,感覚が養われるようにすること。

言葉
〔経験したことや考えたことなどを自分なりの言葉で表現し,相手の話す言葉を聞こうとする意欲や態度を育て,言葉に対する感覚や言葉で表現する力を養う。〕
1 ねらい
(1) 自分の気持ちを言葉で表現する楽しさを味わう。
(2) 人の言葉や話などをよく聞き,自分の経験したことや考えたことを話し,伝え合う喜びを味わう。
(3) 日常生活に必要な言葉が分かるようになるとともに,絵本や物語などに親しみ,言葉に対する感覚を豊かにし,先生や友達と心を通わせる。
2 内容
(1) 先生や友達の言葉や話に興味や関心をもち,親しみをもって聞いたり,話したりする。
(2) したり,見たり,聞いたり,感じたり,考えたりなどしたことを自分なりに言葉で表現する。
(3) したいこと,してほしいことを言葉で表現したり,分からないことを尋ねたりする。
(4) 人の話を注意して聞き,相手に分かるように話す。
(5) 生活の中で必要な言葉が分かり,使う。
(6) 親しみをもって日常の挨拶をする。
(7) 生活の中で言葉の楽しさや美しさに気付く。
(8) いろいろな体験を通じてイメージや言葉を豊かにする。
(9) 絵本や物語などに親しみ,興味をもって聞き,想像をする楽しさを味わう。
(10) 日常生活の中で,文字などで伝える楽しさを味わう。
3 内容の取扱い
上記の取扱いに当たっては,次の事項に留意する必要がある。
(1) 言葉は,身近な人に親しみをもって接し,自分の感情や意志などを伝え,それに相手が応答し,その言葉を聞くことを通して次第に獲得されていくものであることを考慮して,幼児が教師や他の幼児と関わることにより心を動かされるような体験をし,言葉を交わす喜びを味わえるようにすること。
(2) 幼児が自分の思いを言葉で伝えるとともに,教師や他の幼児などの話を興味をもって注意して聞くことを通して次第に話を理解するようになっていき,言葉による伝え合いができるようにすること。
(3) 絵本や物語などで,その内容と自分の経験とを結び付けたり,想像を巡らせたりするなど,楽しみを十分に味わうことによって,次第に豊かなイメージをもち,言葉に対する感覚が養われるようにすること。
(4) 幼児が生活の中で,言葉の響きやリズム,新しい言葉や表現などに触れ,これらを使う楽しさを味わえるようにすること。その際,絵本や物語に親しんだり,言葉遊びなどをしたりすることを通して,言葉が豊かになるようにすること。
(5) 幼児が日常生活の中で,文字などを使いながら思ったことや考えたことを伝える喜びや楽しさを味わい,文字に対する興味や関心をもつようにすること。

表現
〔感じたことや考えたことを自分なりに表現することを通して,豊かな感性や表現する力を養い,創造性を豊かにする。〕
1 ねらい
(1) いろいろなものの美しさなどに対する豊かな感性をもつ。
(2) 感じたことや考えたことを自分なりに表現して楽しむ。
(3) 生活の中でイメージを豊かにし,様々な表現を楽しむ。
2 内容
(1) 生活の中で様々な音,形,色,手触り,動きなどに気付いたり,感じたりするなどして楽しむ。
(2) 生活の中で美しいものや心を動かす出来事に触れ,イメージを豊かにする。
(3) 様々な出来事の中で,感動したことを伝え合う楽しさを味わう。
(4) 感じたこと,考えたことなどを音や動きなどで表現したり,自由にかいたり,つくったりなどする。
(5) いろいろな素材に親しみ,工夫して遊ぶ。
(6) 音楽に親しみ,歌を歌ったり,簡単なリズム楽器を使ったりなどする楽しさを味わう。
(7) かいたり,つくったりすることを楽しみ,遊びに使ったり,飾ったりなどする。
(8) 自分のイメージを動きや言葉などで表現したり,演じて遊んだりするなどの楽しさを味わう。
3 内容の取扱い
上記の取扱いに当たっては,次の事項に留意する必要がある。
(1) 豊かな感性は,身近な環境と十分に関わる中で美しいもの,優れたもの,心を動かす出来事などに出会い,そこから得た感動を他の幼児や教師と共有し,

様々に表現することなどを通して養われるようにすること。その際，風の音や雨の音，身近にある草や花の形や色など自然の中にある音，形，色などに気付くようにすること。
(2) 幼児の自己表現は素朴な形で行われることが多いので，教師はそのような表現を受容し，幼児自身の表現しようとする意欲を受け止めて，幼児が生活の中で幼児らしい様々な表現を楽しむことができるようにすること。
(3) 生活経験や発達に応じ，自ら様々な表現を楽しみ，表現する意欲を十分に発揮させることができるように，遊具や用具などを整えたり，様々な素材や表現の仕方に親しんだり，他の幼児の表現に触れられるよう配慮したりし，表現する過程を大切にして自己表現を楽しめるように工夫すること。

　　第3章　教育課程に係る教育時間の終了後等に行う
　　　　　教育活動などの留意事項

1　地域の実態や保護者の要請により，教育課程に係る教育時間の終了後等に希望する者を対象に行う教育活動については，幼児の心身の負担に配慮するものとする。また，次の点にも留意するものとする。
(1) 教育課程に基づく活動を考慮し，幼児期にふさわしい無理のないものとなるようにすること。その際，教育課程に基づく活動を担当する教師と緊密な連携を図るようにすること。
(2) 家庭や地域での幼児の生活も考慮し，教育課程に係る教育時間の終了後等に行う教育活動の計画を作成するようにすること。その際，地域の人々と連携するなど，地域の様々な資源を活用しつつ，多様な体験ができるようにすること。
(3) 家庭との緊密な連携を図るようにすること。その際，情報交換の機会を設けたりするなど，保護者が，幼稚園と共に幼児を育てるという意識が高まるようにすること。
(4) 地域の実態や保護者の事情とともに幼児の生活のリズムを踏まえつつ，例えば実施日数や時間などについて，弾力的な運用に配慮すること。
(5) 適切な責任体制と指導体制を整備した上で行うようにすること。
2　幼稚園の運営に当たっては，子育ての支援のために保護者や地域の人々に機能や施設を開放して，園内体制の整備や関係機関との連携及び協力に配慮しつつ，幼児期の教育に関する相談に応じたり，情報を提供したり，幼児と保護者との登園を受け入れたり，保護者同士の交流の機会を提供したりするなど，幼稚園と家庭が一体となって幼児と関わる取組を進め，地域における幼児期の教育のセンターとしての役割を果たすよう努めるものとする。その際，心理や保健の専門家，地域の子育て経験者等と連携・協働しながら取り組むよう配慮するものとする。

資料　保育所保育指針

(平成29年3月31日厚生労働省告示第117号)
(平成30年4月1日から施行)

第1章　総則

　この指針は，児童福祉施設の設備及び運営に関する基準(昭和23年厚生省令第63号。以下「設備運営基準」という。)第35条の規定に基づき，保育所における保育の内容に関する事項及びこれに関連する運営に関する事項を定めるものである。各保育所は，この指針において規定される保育の内容に係る基本原則に関する事項等を踏まえ，各保育所の実情に応じて創意工夫を図り，保育所の機能及び質の向上に努めなければならない。

1　保育所保育に関する基本原則
　(1)　保育所の役割
　　ア　保育所は，児童福祉法(昭和22年法律第164号)第39条の規定に基づき，保育を必要とする子どもの保育を行い，その健全な心身の発達を図ることを目的とする児童福祉施設であり，入所する子どもの最善の利益を考慮し，その福祉を積極的に増進することに最もふさわしい生活の場でなければならない。
　　イ　保育所は，その目的を達成するために，保育に関する専門性を有する職員が，家庭との緊密な連携の下に，子どもの状況や発達過程を踏まえ，保育所における環境を通して，養護及び教育を一体的に行うことを特性としている。
　　ウ　保育所は，入所する子どもを保育するとともに，家庭や地域の様々な社会資源との連携を図りながら，入所する子どもの保護者に対する支援及び地域の子育て家庭に対する支援等を行う役割を担うものである。
　　エ　保育所における保育士は，児童福祉法第18条の4の規定を踏まえ，保育所の役割及び機能が適切に発揮されるように，倫理観に裏付けられた専門的知識，技術及び判断をもって，子どもを保育するとともに，子どもの保護者に対する保育に関する指導を行うものであり，その職責を遂行するための専門性の向上に絶えず努めなければならない。
　(2)　保育の目標
　　ア　保育所は，子どもが生涯にわたる人間形成にとって極めて重要な時期に，その生活時間の大半を過ごす場である。このため，保育所の保育は，子どもが現在を最も良く生き，望ましい未来をつくり出す力の基礎を培うために，次の目標を目指して行わなければならない。
　　　(ア)　十分に養護の行き届いた環境の下に，くつろいだ雰囲気の中で子どもの様々な欲求を満たし，生命の保持及び情緒の安定を図ること。
　　　(イ)　健康，安全など生活に必要な基本的な習慣や態度を養い，心身の健康の基礎を培うこと。
　　　(ウ)　人との関わりの中で，人に対する愛情と信頼感，そして人権を大切にする心を育てるとともに，自主，自立及び協調の態度を養い，道徳性の芽生えを培うこと。
　　　(エ)　生命，自然及び社会の事象についての興味や関心を育て，それらに対する豊かな心情や思考力の芽生えを培うこと。
　　　(オ)　生活の中で，言葉への興味や関心を育て，話したり，聞いたり，相手の話を理解しようとするなど，言葉の豊かさを養うこと。
　　　(カ)　様々な体験を通して，豊かな感性や表現力を育み，創造性の芽生えを培うこと。
　　イ　保育所は，入所する子どもの保護者に対し，その意向を受け止め，子どもと保護者の安定した関係に配慮し，保育所の特性や保育士等の専門性を生かして，その援助に当たらなければならない。
　(3)　保育の方法
　　保育の目標を達成するために，保育士等は，次の事項に留意して保育しなければならない。
　　ア　一人一人の子どもの状況や家庭及び地域社会での生活の実態を把握するとともに，子どもが安心感と信頼感をもって活動できるよう，子どもの主体としての思いや願いを受け止めること。
　　イ　子どもの生活のリズムを大切にし，健康，安全で情緒の安定した生活ができる環境や，自己を十分に発揮できる環境を整えること。
　　ウ　子どもの発達について理解し，一人一人の発達過程に応じて保育すること。その際，子どもの個人差に十分配慮すること。
　　エ　子ども相互の関係づくりや互いに尊重する心を大切にし，集団における活動を効果あるものにするよう援助すること。
　　オ　子どもが自発的・意欲的に関われるような環境を構成し，子どもの主体的な活動や子ども相互の関わりを大切にすること。特に，乳幼児期にふさわしい体験が得られるように，生活や遊びを通して総合的に保育すること。
　　カ　一人一人の保護者の状況やその意向を理解，受容し，それぞれの親子関係や家庭生活等に配慮しながら，様々な機会をとらえ，適切に援助すること。
　(4)　保育の環境
　　保育の環境には，保育士等や子どもなどの人的環

境，施設や遊具などの物的環境，更には自然や社会の事象などがある。保育所は，こうした人，物，場などの環境が相互に関連し合い，子どもの生活が豊かなものとなるよう，次の事項に留意しつつ，計画的に環境を構成し，工夫して保育しなければならない。
　ア　子ども自らが環境に関わり，自発的に活動し，様々な経験を積んでいくことができるよう配慮すること。
　イ　子どもの活動が豊かに展開されるよう，保育所の設備や環境を整え，保育所の保健的環境や安全の確保などに努めること。
　ウ　保育室は，温かな親しみとくつろぎの場となるとともに，生き生きと活動できる場となるように配慮すること。
　エ　子どもが人と関わる力を育てていくため，子ども自らが周囲の子どもや大人と関わっていくことができる環境を整えること。
(5) 保育所の社会的責任
　ア　保育所は，子どもの人権に十分配慮するとともに，子ども一人一人の人格を尊重して保育を行わなければならない。
　イ　保育所は，地域社会との交流や連携を図り，保護者や地域社会に，当該保育所が行う保育の内容を適切に説明するよう努めなければならない。
　ウ　保育所は，入所する子ども等の個人情報を適切に取り扱うとともに，保護者の苦情などに対し，その解決を図るよう努めなければならない。

2　養護に関する基本的事項
(1) 養護の理念
　　保育における養護とは，子どもの生命の保持及び情緒の安定を図るために保育士等が行う援助や関わりであり，保育所における保育は，養護及び教育を一体的に行うことをその特性とするものである。保育所における保育全体を通じて，養護に関するねらい及び内容を踏まえた保育が展開されなければならない。
(2) 養護に関わるねらい及び内容
　ア　生命の保持
　　(ア) ねらい
　　　① 一人一人の子どもが，快適に生活できるようにする。
　　　② 一人一人の子どもが，健康で安全に過ごせるようにする。
　　　③ 一人一人の子どもの生理的欲求が，十分に満たされるようにする。
　　　④ 一人一人の子どもの健康増進が，積極的に図られるようにする。
　　(イ) 内容
　　　① 一人一人の子どもの平常の健康状態や発育及び発達状態を的確に把握し，異常を感じる場合は，速やかに適切に対応する。
　　　② 家庭との連携を密にし，嘱託医等との連携を図りながら，子どもの疾病や事故防止に関する認識を深め，保健的で安全な保育環境の維持及び向上に努める。
　　　③ 清潔で安全な環境を整え，適切な援助や応答的な関わりを通して子どもの生理的欲求を満たしていく。また，家庭と協力しながら，子どもの発達過程等に応じた適切な生活のリズムがつくられていくようにする。
　　　④ 子どもの発達過程等に応じて，適度な運動と休息を取ることができるようにする。また，食事，排泄，衣類の着脱，身の回りを清潔にすることなどについて，子どもが意欲的に生活できるよう適切に援助する。
　イ　情緒の安定
　　(ア) ねらい
　　　① 一人一人の子どもが，安定感をもって過ごせるようにする。
　　　② 一人一人の子どもが，自分の気持ちを安心して表すことができるようにする。
　　　③ 一人一人の子どもが，周囲から主体として受け止められ，主体として育ち，自分を肯定する気持ちが育まれていくようにする。
　　　④ 一人一人の子どもがくつろいで共に過ごし，心身の疲れが癒されるようにする。
　　(イ) 内容
　　　① 一人一人の子どもの置かれている状態や発達過程などを的確に把握し，子どもの欲求を適切に満たしながら，応答的な触れ合いや言葉がけを行う。
　　　② 一人一人の子どもの気持ちを受容し，共感しながら，子どもとの継続的な信頼関係を築いていく。
　　　③ 保育士等との信頼関係を基盤に，一人一人の子どもが主体的に活動し，自発性や探索意欲などを高めるとともに，自分への自信をもつことができるよう成長の過程を見守り，適切に働きかける。
　　　④ 一人一人の子どもの生活のリズム，発達過程，保育時間などに応じて，活動内容のバランスや調和を図りながら，適切な食事や休息が取れるようにする。

3　保育の計画及び評価
(1) 全体的な計画の作成

ア 保育所は，1の(2)に示した保育の目標を達成するために，各保育所の保育の方針や目標に基づき，子どもの発達過程を踏まえて，保育の内容が組織的・計画的に構成され，保育所の生活の全体を通して，総合的に展開されるよう，全体的な計画を作成しなければならない。

イ 全体的な計画は，子どもや家庭の状況，地域の実態，保育時間などを考慮し，子どもの育ちに関する長期的見通しをもって適切に作成されなければならない。

ウ 全体的な計画は，保育所保育の全体像を包括的に示すものとし，これに基づく指導計画，保健計画，食育計画等を通じて，各保育所が創意工夫して保育できるよう，作成されなければならない。

(2) 指導計画の作成

ア 保育所は，全体的な計画に基づき，具体的な保育が適切に展開されるよう，子どもの生活や発達を見通した長期的な指導計画と，それに関連しながら，より具体的な子どもの日々の生活に即した短期的な指導計画を作成しなければならない。

イ 指導計画の作成に当たっては，第2章及びその他の関連する章に示された事項のほか，子ども一人一人の発達過程や状況を十分に踏まえるとともに，次の事項に留意しなければならない。

(ア) 3歳未満児については，一人一人の子どもの生育歴，心身の発達，活動の実態等に即して，個別的な計画を作成すること。

(イ) 3歳以上児については，個の成長と，子ども相互の関係や協同的な活動が促されるよう配慮すること。

(ウ) 異年齢で構成される組やグループでの保育においては，一人一人の子どもの生活や経験，発達過程などを把握し，適切な援助や環境構成ができるよう配慮すること。

ウ 指導計画においては，保育所の生活における子どもの発達過程を見通し，生活の連続性，季節の変化などを考慮し，子どもの実態に即した具体的なねらい及び内容を設定すること。また，具体的なねらいが達成されるよう，子どもの生活する姿や発想を大切にして適切な環境を構成し，子どもが主体的に活動できるようにすること。

エ 一日の生活のリズムや在園時間が異なる子どもが共に過ごすことを踏まえ，活動と休息，緊張感と解放感等の調和を図るよう配慮すること。

オ 午睡は生活のリズムを構成する重要な要素であり，安心して眠ることのできる安全な睡眠環境を確保するとともに，在園時間が異なることや，睡眠時間は子どもの発達の状況や個人によって差があることから，一律とならないよう配慮すること。

カ 長時間にわたる保育については，子どもの発達過程，生活のリズム及び心身の状態に十分配慮して，保育の内容や方法，職員の協力体制，家庭との連携などを指導計画に位置付けること。

キ 障害のある子どもの保育については，一人一人の子どもの発達過程や障害の状態を把握し，適切な環境の下で，障害のある子どもが他の子どもとの生活を通して共に成長できるよう，指導計画の中に位置付けること。また，子どもの状況に応じた保育を実施する観点から，家庭や関係機関と連携した支援のための計画を個別に作成するなど適切な対応を図ること。

(3) 指導計画の展開

指導計画に基づく保育の実施に当たっては，次の事項に留意しなければならない。

ア 施設長，保育士など，全職員による適切な役割分担と協力体制を整えること。

イ 子どもが行う具体的な活動は，生活の中で様々に変化することに留意して，子どもが望ましい方向に向かって自ら活動を展開できるよう必要な援助を行うこと。

ウ 子どもの主体的な活動を促すためには，保育士等が多様な関わりをもつことが重要であることを踏まえ，子どもの情緒の安定や発達に必要な豊かな体験が得られるよう援助すること。

エ 保育士等は，子どもの実態や子どもを取り巻く状況の変化などに即して保育の過程を記録するとともに，これらを踏まえ，指導計画に基づく保育の内容の見直しを行い，改善を図ること。

(4) 保育内容等の評価

ア 保育士等の自己評価

(ア) 保育士等は，保育の計画や保育の記録を通して，自らの保育実践を振り返り，自己評価することを通して，その専門性の向上や保育実践の改善に努めなければならない。

(イ) 保育士等による自己評価に当たっては，子どもの活動内容やその結果だけでなく，子どもの心の育ちや意欲，取り組む過程などにも十分配慮するよう留意すること。

(ウ) 保育士等は，自己評価における自らの保育実践の振り返りや職員相互の話し合い等を通じて，専門性の向上及び保育の質の向上のための課題を明確にするとともに，保育所全体の保育の内容に関する認識を深めること。

イ 保育所の自己評価

（ア）保育所は，保育の質の向上を図るため，保育の計画の展開や保育士等の自己評価を踏まえ，当該保育所の保育の内容等について，自ら評価を行い，その結果を公表するよう努めなければならない。
　　　（イ）保育所が自己評価を行うに当たっては，地域の実情や保育所の実態に即して，適切に評価の観点や項目等を設定し，全職員による共通理解をもって取り組むよう留意すること。
　　　（ウ）設備運営基準第36条の趣旨を踏まえ，保育の内容等の評価に関し，保護者及び地域住民等の意見を聴くことが望ましいこと。
　（5）評価を踏まえた計画の改善
　　ア　保育所は，評価の結果を踏まえ，当該保育所の保育の内容等の改善を図ること。
　　イ　保育の計画に基づく保育，保育の内容の評価及びこれに基づく改善という一連の取組により，保育の質の向上が図られるよう，全職員が共通理解をもって取り組むことに留意すること。
４　幼児教育を行う施設として共有すべき事項
　（1）育みたい資質・能力
　　ア　保育所においては，生涯にわたる生きる力の基礎を培うため，1の（2）に示す保育の目標を踏まえ，次に掲げる資質・能力を一体的に育むよう努めるものとする。
　　　（ア）豊かな体験を通じて，感じたり，気付いたり，分かったり，できるようになったりする「知識及び技能の基礎」
　　　（イ）気付いたことや，できるようになったことなどを使い，考えたり，試したり，工夫したり，表現したりする「思考力，判断力，表現力等の基礎」
　　　（ウ）心情，意欲，態度が育つ中で，よりよい生活を営もうとする「学びに向かう力，人間性等」
　　イ　アに示す資質・能力は，第2章に示すねらい及び内容に基づく保育活動全体によって育むものである。
　（2）幼児期の終わりまでに育ってほしい姿
　　　次に示す「幼児期の終わりまでに育ってほしい姿」は，第2章に示すねらい及び内容に基づく保育活動全体を通して資質・能力が育まれている子どもの小学校就学時の具体的な姿であり，保育士等が指導を行う際に考慮するものである。
　　ア　健康な心と体
　　　　保育所の生活の中で，充実感をもって自分のやりたいことに向かって心と体を十分に働かせ，見通しをもって行動し，自ら健康で安全な生活をつくり出すようになる。

　イ　自立心
　　　身近な環境に主体的に関わり様々な活動を楽しむ中で，しなければならないことを自覚し，自分の力で行うために考えたり，工夫したりしながら，諦めずにやり遂げることで達成感を味わい，自信をもって行動するようになる。
　ウ　協同性
　　　友達と関わる中で，互いの思いや考えなどを共有し，共通の目的の実現に向けて，考えたり，工夫したり，協力したりし，充実感をもってやり遂げるようになる。
　エ　道徳性・規範意識の芽生え
　　　　友達と様々な体験を重ねる中で，してよいことや悪いことが分かり，自分の行動を振り返ったり，友達の気持ちに共感したりし，相手の立場に立って行動するようになる。また，きまりを守る必要性が分かり，自分の気持ちを調整し，友達と折り合いを付けながら，きまりをつくったり，守ったりするようになる。
　オ　社会生活との関わり
　　　家族を大切にしようとする気持ちをもつとともに，地域の身近な人と触れ合う中で，人との様々な関わり方に気付き，相手の気持ちを考えて関わり，自分が役に立つ喜びを感じ，地域に親しみをもつようになる。また，保育所内外の様々な環境に関わる中で，遊びや生活に必要な情報を取り入れ，情報に基づき判断したり，情報を伝え合ったり，活用したりするなど，情報を役立てながら活動するようになるとともに，公共の施設を大切に利用するなどして，社会とのつながりなどを意識するようになる。
　カ　思考力の芽生え
　　　身近な事象に積極的に関わる中で，物の性質や仕組みなどを感じ取ったり，気付いたりし，考えたり，予想したり，工夫したりするなど，多様な関わりを楽しむようになる。また，友達の様々な考えに触れる中で，自分と異なる考えがあることに気付き，自ら判断したり，考え直したりするなど，新しい考えを生み出す喜びを味わいながら，自分の考えをよりよいものにするようになる。
　キ　自然との関わり・生命尊重
　　　自然に触れて感動する体験を通して，自然の変化などを感じ取り，好奇心や探究心をもって考え言葉などで表現しながら，身近な事象への関心が高まるとともに，自然への愛情や畏敬の念をもつようになる。また，身近な動植物に心を動かされる中で，生命の不思議さや尊さに気付き，身近な動植物への接し方を考え，命あるものとしていたわり，大切にす

る気持ちをもって関わるようになる。
　　ク　数量や図形，標識や文字などへの関心・感覚
　　　　遊びや生活の中で，数量や図形，標識や文字などに親しむ体験を重ねたり，標識や文字の役割に気付いたりし，自らの必要感に基づきこれらを活用し，興味や関心，感覚をもつようになる。
　　ケ　言葉による伝え合い
　　　　保育士等や友達と心を通わせる中で，絵本や物語などに親しみながら，豊かな言葉や表現を身に付け，経験したことや考えたことなどを言葉で伝えたり，相手の話を注意して聞いたりし，言葉による伝え合いを楽しむようになる。
　　コ　豊かな感性と表現
　　　　心を動かす出来事などに触れ感性を働かせる中で，様々な素材の特徴や表現の仕方などに気付き，感じたことや考えたことを自分で表現したり，友達同士で表現する過程を楽しんだりし，表現する喜びを味わい，意欲をもつようになる。

　　第2章　保育の内容

　　この章に示す「ねらい」は，第1章の1の(2)に示された保育の目標をより具体化したものであり，子どもが保育所において，安定した生活を送り，充実した活動ができるように，保育を通じて育みたい資質・能力を，子どもの生活する姿から捉えたものである。また，「内容」は，「ねらい」を達成するために，子どもの生活やその状況に応じて保育士等が適切に行う事項と，保育士等が援助して子どもが環境に関わって経験する事項を示したものである。
　　保育における「養護」とは，子どもの生命の保持及び情緒の安定を図るために保育士等が行う援助や関わりであり，「教育」とは，子どもが健やかに成長し，その活動がより豊かに展開されるための発達の援助である。本章では，保育士等が，「ねらい」及び「内容」を具体的に把握するため，主に教育に関わる側面からの視点を示しているが，実際の保育においては，養護と教育が一体となって展開されることに留意する必要がある。
　1　乳児保育に関わるねらい及び内容
　　(1)　基本的事項
　　ア　乳児期の発達については，視覚，聴覚などの感覚や，座る，はう，歩くなどの運動機能が著しく発達し，特定の大人との応答的な関わりを通じて，情緒的な絆（きずな）が形成されるといった特徴がある。これらの発達の特徴を踏まえて，乳児保育は，愛情豊かに，応答的に行われることが特に必要である。
　　イ　本項においては，この時期の発達の特徴を踏まえ，乳児保育の「ねらい」及び「内容」について

は，身体的発達に関する視点「健やかに伸び伸びと育つ」，社会的発達に関する視点「身近な人と気持ちが通じ合う」及び精神的発達に関する視点「身近なものと関わり感性が育つ」としてまとめ，示している。
　　ウ　本項の各視点において示す保育の内容は，第1章の2に示された養護における「生命の保持」及び「情緒の安定」に関わる保育の内容と，一体となって展開されるものであることに留意が必要である。
　(2)　ねらい及び内容
　　ア　健やかに伸び伸びと育つ
　　　　健康な心と体を育て，自ら健康で安全な生活をつくり出す力の基盤を培う。
　　(ア)　ねらい
　　　①　身体感覚が育ち，快適な環境に心地よさを感じる。
　　　②　伸び伸びと体を動かし，はう，歩くなどの運動をしようとする。
　　　③　食事，睡眠等の生活のリズムの感覚が芽生える。
　　(イ)　内容
　　　①　保育士等の愛情豊かな受容の下で，生理的・心理的欲求を満たし，心地よく生活をする。
　　　②　一人一人の発育に応じて，はう，立つ，歩くなど，十分に体を動かす。
　　　③　個人差に応じて授乳を行い，離乳を進めていく中で，様々な食品に少しずつ慣れ，食べることを楽しむ。
　　　④　一人一人の生活のリズムに応じて，安全な環境の下で十分に午睡をする。
　　　⑤　おむつ交換や衣服の着脱などを通じて，清潔になることの心地よさを感じる。
　　(ウ)　内容の取扱い
　　　　上記の取扱いに当たっては，次の事項に留意する必要がある。
　　　①　心と体の健康は，相互に密接な関連があるものであることを踏まえ，温かい触れ合いの中で，心と体の発達を促すこと。特に，寝返り，お座り，はいはい，つかまり立ち，伝い歩きなど，発育に応じて，遊びの中で体を動かす機会を十分に確保し，自ら体を動かそうとする意欲が育つようにすること。
　　　②　健康な心と体を育てるためには望ましい食習慣の形成が重要であることを踏まえ，離乳食が完了期へと徐々に移行する中で，様々な食品に慣れるようにするとともに，和やかな雰囲気の中で食べる喜びや楽しさを味わい，進んで食べ

ようとする気持ちが育つようにすること。なお，食物アレルギーのある子どもへの対応については，嘱託医等の指示や協力の下に適切に対応すること。
　イ　身近な人と気持ちが通じ合う
　　受容的・応答的な関わりの下で，何かを伝えようとする意欲や身近な大人との信頼関係を育て，人と関わる力の基盤を培う。
　　（ア）ねらい
　　　① 安心できる関係の下で，身近な人と共に過ごす喜びを感じる。
　　　② 体の動きや表情，発声等により，保育士等と気持ちを通わせようとする。
　　　③ 身近な人と親しみ，関わりを深め，愛情や信頼感が芽生える。
　　（イ）内容
　　　① 子どもからの働きかけを踏まえた，応答的な触れ合いや言葉がけによって，欲求が満たされ，安定感をもって過ごす。
　　　② 体の動きや表情，発声，喃語等を優しく受け止めてもらい，保育士等とのやり取りを楽しむ。
　　　③ 生活や遊びの中で，自分の身近な人の存在に気付き，親しみの気持ちを表す。
　　　④ 保育士等による語りかけや歌いかけ，発声や喃語等への応答を通じて，言葉の理解や発語の意欲が育つ。
　　　⑤ 温かく，受容的な関わりを通じて，自分を肯定する気持ちが芽生える。
　　（ウ）内容の取扱い
　　　上記の取扱いに当たっては，次の事項に留意する必要がある。
　　　① 保育士等との信頼関係に支えられて生活を確立していくことが人と関わる基盤となることを考慮して，子どもの多様な感情を受け止め，温かく受容的・応答的に関わり，一人一人に応じた適切な援助を行うようにすること。
　　　② 身近な人に親しみをもって接し，自分の感情などを表し，それに相手が応答する言葉を聞くことを通して，次第に言葉が獲得されていくことを考慮して，楽しい雰囲気の中での保育士等との関わり合いを大切にし，ゆっくりと優しく話しかけるなど，積極的に言葉のやり取りを楽しむことができるようにすること。
　ウ　身近なものと関わり感性が育つ
　　身近な環境に興味や好奇心をもって関わり，感じたことや考えたことを表現する力の基盤を培う。
　　（ア）ねらい
　　　① 身の回りのものに親しみ，様々なものに興味や関心をもつ。
　　　② 見る，触れる，探索するなど，身近な環境に自分から関わろうとする。
　　　③ 身体の諸感覚による認識が豊かになり，表情や手足，体の動き等で表現する。
　　（イ）内容
　　　① 身近な生活用具，玩具や絵本などが用意された中で，身の回りのものに対する興味や好奇心をもつ。
　　　② 生活や遊びの中で様々なものに触れ，音，形，色，手触りなどに気付き，感覚の働きを豊かにする。
　　　③ 保育士等と一緒に様々な色彩や形のものや絵本などを見る。
　　　④ 玩具や身の回りのものを，つまむ，つかむ，たたく，引っ張るなど，手や指を使って遊ぶ。
　　　⑤ 保育士等のあやし遊びに機嫌よく応じたり，歌やリズムに合わせて手足や体を動かして楽しんだりする。
　　（ウ）内容の取扱い
　　　上記の取扱いに当たっては，次の事項に留意する必要がある。
　　　① 玩具などは，音質，形，色，大きさなど子どもの発達状態に応じて適切なものを選び，その時々の子どもの興味や関心を踏まえるなど，遊びを通して感覚の発達が促されるものとなるように工夫すること。なお，安全な環境の下で，子どもが探索意欲を満たして自由に遊べるよう，身の回りのものについては，常に十分な点検を行うこと。
　　　② 乳児期においては，表情，発声，体の動きなどで，感情を表現することが多いことから，これらの表現しようとする意欲を積極的に受け止めて，子どもが様々な活動を楽しむことを通して表現が豊かになるようにすること。
（3）保育の実施に関わる配慮事項
　ア　乳児は疾病への抵抗力が弱く，心身の機能の未熟さに伴う疾病の発生が多いことから，一人一人の発育及び発達状態や健康状態についての適切な判断に基づく保健的な対応を行うこと。
　イ　一人一人の子どもの生育歴の違いに留意しつつ，欲求を適切に満たし，特定の保育士が応答的に関わるように努めること。
　ウ　乳児保育に関わる職員間の連携や嘱託医との連携を図り，第3章に示す事項を踏まえ，適切に対応す

ること。栄養士及び看護師等が配置されている場合は，その専門性を生かした対応を図ること。
　エ　保護者との信頼関係を築きながら保育を進めるとともに，保護者からの相談に応じ，保護者への支援に努めていくこと。
　オ　担当の保育士が替わる場合には，子どものそれまでの生育歴や発達過程に留意し，職員間で協力して対応すること。

2　1歳以上3歳未満児の保育に関わるねらい及び内容
　(1) 基本的事項
　　ア　この時期においては，歩き始めから，歩く，走る，跳ぶなどへと，基本的な運動機能が次第に発達し，排泄の自立のための身体的機能も整うようになる。つまむ，めくるなどの指先の機能も発達し，食事，衣類の着脱なども，保育士等の援助の下で自分で行うようになる。発声も明瞭になり，語彙も増加し，自分の意思や欲求を言葉で表出できるようになる。このように自分でできることが増えてくる時期であることから，保育士等は，子どもの生活の安定を図りながら，自分でしようとする気持ちを尊重し，温かく見守るとともに，愛情豊かに，応答的に関わることが必要である。
　　イ　本項においては，この時期の発達の特徴を踏まえ，保育の「ねらい」及び「内容」について，心身の健康に関する領域「健康」，人との関わりに関する領域「人間関係」，身近な環境との関わりに関する領域「環境」，言葉の獲得に関する領域「言葉」及び感性と表現に関する領域「表現」としてまとめ，示している。
　　ウ　本項の各領域において示す保育の内容は，第1章の2に示された養護における「生命の保持」及び「情緒の安定」に関わる保育の内容と，一体となって展開されるものであることに留意が必要である。
　(2) ねらい及び内容
　　ア　健康
　　　健康な心と体を育て，自ら健康で安全な生活をつくり出す力を養う。
　　(ア) ねらい
　　　① 明るく伸び伸びと生活し，自分から体を動かすことを楽しむ。
　　　② 自分の体を十分に動かし，様々な動きをしようとする。
　　　③ 健康，安全な生活に必要な習慣に気付き，自分でしてみようとする気持ちが育つ。
　　(イ) 内容
　　　① 保育士等の愛情豊かな受容の下で，安定感をもって生活をする。
　　　② 食事や午睡，遊びと休息など，保育所における生活のリズムが形成される。
　　　③ 走る，跳ぶ，登る，押す，引っ張るなど全身を使う遊びを楽しむ。
　　　④ 様々な食品や調理形態に慣れ，ゆったりとした雰囲気の中で食事や間食を楽しむ。
　　　⑤ 身の回りを清潔に保つ心地よさを感じ，その習慣が少しずつ身に付く。
　　　⑥ 保育士等の助けを借りながら，衣類の着脱を自分でしようとする。
　　　⑦ 便器での排泄に慣れ，自分で排泄ができるようになる。
　　(ウ) 内容の取扱い
　　　上記の取扱いに当たっては，次の事項に留意する必要がある。
　　　① 心と体の健康は，相互に密接な関連があるものであることを踏まえ，子どもの気持ちに配慮した温かい触れ合いの中で，心と体の発達を促すこと。特に，一人一人の発育に応じて，体を動かす機会を十分に確保し，自ら体を動かそうとする意欲が育つようにすること。
　　　② 健康な心と体を育てるためには望ましい食習慣の形成が重要であることを踏まえ，ゆったりとした雰囲気の中で食べる喜びや楽しさを味わい，進んで食べようとする気持ちが育つようにすること。なお，食物アレルギーのある子どもへの対応については，嘱託医等の指示や協力の下に適切に対応すること。
　　　③ 排泄の習慣については，一人一人の排尿間隔等を踏まえ，おむつが汚れていないときに便器に座らせるなどにより，少しずつ慣れさせるようにすること。
　　　④ 食事，排泄，睡眠，衣類の着脱，身の回りを清潔にすることなど，生活に必要な基本的な習慣については，一人一人の状態に応じ，落ち着いた雰囲気の中で行うようにし，子どもが自分でしようとする気持ちを尊重すること。また，基本的な生活習慣の形成に当たっては，家庭での生活経験に配慮し，家庭との適切な連携の下で行うようにすること。
　　イ　人間関係
　　　他の人々と親しみ，支え合って生活するために，自立心を育て，人と関わる力を養う。
　　(ア) ねらい
　　　① 保育所での生活を楽しみ，身近な人と関わる心地よさを感じる。
　　　② 周囲の子ども等への興味や関心が高まり，関

わりをもとうとする。
③ 保育所の生活の仕方に慣れ，きまりの大切さに気付く。
（イ）内容
① 保育士等や周囲の子ども等との安定した関係の中で，共に過ごす心地よさを感じる。
② 保育士等の受容的・応答的な関わりの中で，欲求を適切に満たし，安定感をもって過ごす。
③ 身の回りに様々な人がいることに気付き，徐々に他の子どもと関わりをもって遊ぶ。
④ 保育士等の仲立ちにより，他の子どもとの関わり方を少しずつ身につける。
⑤ 保育所の生活の仕方に慣れ，きまりがあることや，その大切さに気付く。
⑥ 生活や遊びの中で，年長児や保育士等の真似をしたり，ごっこ遊びを楽しんだりする。
（ウ）内容の取扱い
上記の取扱いに当たっては，次の事項に留意する必要がある。
① 保育士等との信頼関係に支えられて生活を確立するとともに，自分で何かをしようとする気持ちが旺盛になる時期であることに鑑み，そのような子どもの気持ちを尊重し，温かく見守るとともに，愛情豊かに，応答的に関わり，適切な援助を行うようにすること。
② 思い通りにいかない場合等の子どもの不安定な感情の表出については，保育士等が受容的に受け止めるとともに，そうした気持ちから立ち直る経験や感情をコントロールすることへの気付き等につなげていけるように援助すること。
③ この時期は自己と他者との違いの認識がまだ十分ではないことから，子どもの自我の育ちを見守るとともに，保育士等が仲立ちとなって，自分の気持ちを相手に伝えることや相手の気持ちに気付くことの大切さなど，友達の気持ちや友達との関わり方を丁寧に伝えていくこと。

ウ 環境
周囲の様々な環境に好奇心や探究心をもって関わり，それらを生活に取り入れていこうとする力を養う。
（ア）ねらい
① 身近な環境に親しみ，触れ合う中で，様々なものに興味や関心をもつ。
② 様々なものに関わる中で，発見を楽しんだり，考えたりしようとする。
③ 見る，聞く，触るなどの経験を通して，感覚の働きを豊かにする。

（イ）内容
① 安全で活動しやすい環境での探索活動等を通して，見る，聞く，触れる，嗅ぐ，味わうなどの感覚の働きを豊かにする。
② 玩具，絵本，遊具などに興味をもち，それらを使った遊びを楽しむ。
③ 身の回りの物に触れる中で，形，色，大きさ，量などの物の性質や仕組みに気付く。
④ 自分の物と人の物の区別や，場所的感覚など，環境を捉える感覚が育つ。
⑤ 身近な生き物に気付き，親しみをもつ。
⑥ 近隣の生活や季節の行事などに興味や関心をもつ。
（ウ）内容の取扱い
上記の取扱いに当たっては，次の事項に留意する必要がある。
① 玩具などは，音質，形，色，大きさなど子どもの発達状態に応じて適切なものを選び，遊びを通して感覚の発達が促されるように工夫すること。
② 身近な生き物との関わりについては，子どもが命を感じ，生命の尊さに気付く経験へとつながるものであることから，そうした気付きを促すような関わりとなるようにすること。
③ 地域の生活や季節の行事などに触れる際には，社会とのつながりや地域社会の文化への気付きにつながるものとなることが望ましいこと。その際，保育所内外の行事や地域の人々との触れ合いなどを通して行うこと等も考慮すること。

エ 言葉
経験したことや考えたことなどを自分なりの言葉で表現し，相手の話す言葉を聞こうとする意欲や態度を育て，言葉に対する感覚や言葉で表現する力を養う。
（ア）ねらい
① 言葉遊びや言葉で表現する楽しさを感じる。
② 人の言葉や話などを聞き，自分でも思ったことを伝えようとする。
③ 絵本や物語等に親しむとともに，言葉のやり取りを通じて身近な人と気持ちを通わせる。
（イ）内容
① 保育士等の応答的な関わりや話しかけにより，自ら言葉を使おうとする。
② 生活に必要な簡単な言葉に気付き，聞き分ける。
③ 親しみをもって日常の挨拶に応じる。

④ 絵本や紙芝居を楽しみ，簡単な言葉を繰り返したり，模倣をしたりして遊ぶ。
⑤ 保育士等とごっこ遊びをする中で，言葉のやり取りを楽しむ。
⑥ 保育士等を仲立ちとして，生活や遊びの中で友達との言葉のやり取りを楽しむ。
⑦ 保育士等や友達の言葉や話に興味や関心をもって，聞いたり，話したりする。
（ウ）内容の取扱い
　上記の取扱いに当たっては，次の事項に留意する必要がある。
① 身近な人に親しみをもって接し，自分の感情などを伝え，それに相手が応答し，その言葉を聞くことを通して，次第に言葉が獲得されていくものであることを考慮して，楽しい雰囲気の中で保育士等との言葉のやり取りができるようにすること。
② 子どもが自分の思いを言葉で伝えるとともに，他の子どもの話などを聞くことを通して，次第に話を理解し，言葉による伝え合いができるようになるよう，気持ちや経験等の言語化を行うことを援助するなど，子ども同士の関わりの仲立ちを行うようにすること。
③ この時期は，片言から，二語文，ごっこ遊びでのやり取りができる程度へと，大きく言葉の習得が進む時期であることから，それぞれの子どもの発達の状況に応じて，遊びや関わりの工夫など，保育の内容を適切に展開することが必要であること。

オ　表現
　感じたことや考えたことを自分なりに表現することを通して，豊かな感性や表現する力を養い，創造性を豊かにする。
（ア）ねらい
① 身体の諸感覚の経験を豊かにし，様々な感覚を味わう。
② 感じたことや考えたことなどを自分なりに表現しようとする。
③ 生活や遊びの様々な体験を通して，イメージや感性が豊かになる。
（イ）内容
① 水，砂，土，紙，粘土など様々な素材に触れて楽しむ。
② 音楽，リズムやそれに合わせた体の動きを楽しむ。
③ 生活の中で様々な音，形，色，手触り，動き，味，香りなどに気付いたり，感じたりして楽しむ。
④ 歌を歌ったり，簡単な手遊びや全身を使う遊びを楽しんだりする。
⑤ 保育士等からの話や，生活や遊びの中での出来事を通して，イメージを豊かにする。
⑥ 生活や遊びの中で，興味のあることや経験したことなどを自分なりに表現する。
（ウ）内容の取扱い
　上記の取扱いに当たっては，次の事項に留意する必要がある。
① 子どもの表現は，遊びや生活の様々な場面で表出されているものであることから，それらを積極的に受け止め，様々な表現の仕方や感性を豊かにする経験となるようにすること。
② 子どもが試行錯誤しながら様々な表現を楽しむことや，自分の力でやり遂げる充実感などに気付くよう，温かく見守るとともに，適切に援助を行うようにすること。
③ 様々な感情の表現等を通じて，子どもが自分の感情や気持ちに気付くようになる時期であることに鑑み，受容的な関わりの中で自信をもって表現をすることや，諦めずに続けた後の達成感等を感じられるような経験が蓄積されるようにすること。
④ 身近な自然や身の回りの事物に関わる中で，発見や心が動く経験が得られるよう，諸感覚を働かせることを楽しむ遊びや素材を用意するなど保育の環境を整えること。
(3) 保育の実施に関わる配慮事項
ア　特に感染症にかかりやすい時期であるので，体の状態，機嫌，食欲などの日常の状態の観察を十分に行うとともに，適切な判断に基づく保健的な対応を心がけること。
イ　探索活動が十分できるように，事故防止に努めながら活動しやすい環境を整え，全身を使う遊びなど様々な遊びを取り入れること。
ウ　自我が形成され，子どもが自分の感情や気持ちに気付くようになる重要な時期であることに鑑み，情緒の安定を図りながら，子どもの自発的な活動を尊重するとともに促していくこと。
エ　担当の保育士が替わる場合には，子どものそれまでの経験や発達過程に留意し，職員間で協力して対応すること。
3　3歳以上児の保育に関するねらい及び内容
(1) 基本的事項
ア　この時期においては，運動機能の発達により，基本的な動作が一通りできるようになるとともに，基

本的な生活習慣もほぼ自立できるようになる。理解する語彙数が急激に増加し，知的興味や関心も高まってくる。仲間と遊び，仲間の中の一人という自覚が生じ，集団的な遊びや協同的な活動も見られるようになる。これらの発達の特徴を踏まえて，この時期の保育においては，個の成長と集団としての活動の充実が図られるようにしなければならない。
　イ　本項においては，この時期の発達の特徴を踏まえ，保育の「ねらい」及び「内容」について，心身の健康に関する領域「健康」，人との関わりに関する領域「人間関係」，身近な環境との関わりに関する領域「環境」，言葉の獲得に関する領域「言葉」及び感性と表現に関する領域「表現」としてまとめ，示している。
　ウ　本項の各領域において示す保育の内容は，第1章の2に示された養護における「生命の保持」及び「情緒の安定」に関わる保育の内容と，一体となって展開されるものであることに留意が必要である。
(2) ねらい及び内容
　ア　健康
　　健康な心と体を育て，自ら健康で安全な生活をつくり出す力を養う。
　　(ア) ねらい
　　　① 明るく伸び伸びと行動し，充実感を味わう。
　　　② 自分の体を十分に動かし，進んで運動しようとする。
　　　③ 健康，安全な生活に必要な習慣や態度を身に付け，見通しをもって行動する。
　　(イ) 内容
　　　① 保育士等や友達と触れ合い，安定感をもって行動する。
　　　② いろいろな遊びの中で十分に体を動かす。
　　　③ 進んで戸外で遊ぶ。
　　　④ 様々な活動に親しみ，楽しんで取り組む。
　　　⑤ 保育士等や友達と食べることを楽しみ，食べ物への興味や関心をもつ。
　　　⑥ 健康な生活のリズムを身に付ける。
　　　⑦ 身の回りを清潔にし，衣服の着脱，食事，排泄などの生活に必要な活動を自分でする。
　　　⑧ 保育所における生活の仕方を知り，自分たちで生活の場を整えながら見通しをもって行動する。
　　　⑨ 自分の健康に関心をもち，病気の予防などに必要な活動を進んで行う。
　　　⑩ 危険な場所，危険な遊び方，災害時などの行動の仕方が分かり，安全に気を付けて行動する。

　　(ウ) 内容の取扱い
　　　上記の取扱いに当たっては，次の事項に留意する必要がある。
　　　① 心と体の健康は，相互に密接な関連があるものであることを踏まえ，子どもが保育士等や他の子どもとの温かい触れ合いの中で自己の存在感や充実感を味わうことなどを基盤として，しなやかな心と体の発達を促すこと。特に，十分に体を動かす気持ちよさを体験し，自ら体を動かそうとする意欲が育つようにすること。
　　　② 様々な遊びの中で，子どもが興味や関心，能力に応じて全身を使って活動することにより，体を動かす楽しさを味わい，自分の体を大切にしようとする気持ちが育つようにすること。その際，多様な動きを経験する中で，体の動きを調整するようにすること。
　　　③ 自然の中で伸び伸びと体を動かして遊ぶことにより，体の諸機能の発達が促されることに留意し，子どもの興味や関心が戸外にも向くようにすること。その際，子どもの動線に配慮した園庭や遊具の配置などを工夫すること。
　　　④ 健康な心と体を育てるためには食育を通じた望ましい食習慣の形成が大切であることを踏まえ，子どもの食生活の実情に配慮し，和やかな雰囲気の中で保育士等や他の子どもと食べる喜びや楽しさを味わったり，様々な食べ物への興味や関心をもったりするなどし，食の大切さに気付き，進んで食べようとする気持ちが育つようにすること。
　　　⑤ 基本的な生活習慣の形成に当たっては，家庭での生活経験に配慮し，子どもの自立心を育て，子どもが他の子どもと関わりながら主体的な活動を展開する中で，生活に必要な習慣を身に付け，次第に見通しをもって行動できるようにすること。
　　　⑥ 安全に関する指導に当たっては，情緒の安定を図り，遊びを通して安全についての構えを身に付け，危険な場所や事物などが分かり，安全についての理解を深めるようにすること。また，交通安全の習慣を身に付けるようにするとともに，避難訓練などを通して，災害などの緊急時に適切な行動がとれるようにすること。
　イ　人間関係
　　他の人々と親しみ，支え合って生活するために，自立心を育て，人と関わる力を養う。
　　(ア) ねらい
　　　① 保育所の生活を楽しみ，自分の力で行動する

ことの充実感を味わう。
　②　身近な人と親しみ，関わりを深め，工夫したり，協力したりして一緒に活動する楽しさを味わい，愛情や信頼感をもつ。
　③　社会生活における望ましい習慣や態度を身に付ける。
(イ)　内容
　①　保育士等や友達と共に過ごすことの喜びを味わう。
　②　自分で考え，自分で行動する。
　③　自分でできることは自分でする。
　④　いろいろな遊びを楽しみながら物事をやり遂げようとする気持ちをもつ。
　⑤　友達と積極的に関わりながら喜びや悲しみを共感し合う。
　⑥　自分の思ったことを相手に伝え，相手の思っていることに気付く。
　⑦　友達のよさに気付き，一緒に活動する楽しさを味わう。
　⑧　友達と楽しく活動する中で，共通の目的を見いだし，工夫したり，協力したりなどする。
　⑨　よいことや悪いことがあることに気付き，考えながら行動する。
　⑩　友達との関わりを深め，思いやりをもつ。
　⑪　友達と楽しく生活する中できまりの大切さに気付き，守ろうとする。
　⑫　共同の遊具や用具を大切にし，皆で使う。
　⑬　高齢者をはじめ地域の人々などの自分の生活に関係の深いいろいろな人に親しみをもつ。
(ウ)　内容の取扱い
　　上記の取扱いに当たっては，次の事項に留意する必要がある。
　①　保育士等との信頼関係に支えられて自分自身の生活を確立していくことが人と関わる基盤となることを考慮し，子どもが自ら周囲に働き掛けることにより多様な感情を体験し，試行錯誤しながら諦めずにやり遂げることの達成感や，前向きな見通しをもって自分の力で行うことの充実感を味わうことができるよう，子どもの行動を見守りながら適切な援助を行うようにすること。
　②　一人一人を生かした集団を形成しながら人と関わる力を育てていくようにすること。その際，集団の生活の中で，子どもが自己を発揮し，保育士等や他の子どもに認められる体験をし，自分のよさや特徴に気付き，自信をもって行動できるようにすること。
　③　子どもが互いに関わりを深め，協同して遊ぶようになるため，自ら行動する力を育てるとともに，他の子どもと試行錯誤しながら活動を展開する楽しさや共通の目的が実現する喜びを味わうことができるようにすること。
　④　道徳性の芽生えを培うに当たっては，基本的な生活習慣の形成を図るとともに，子どもが他の子どもとの関わりの中で他人の存在に気付き，相手を尊重する気持ちをもって行動できるようにし，また，自然や身近な動植物に親しむことなどを通して豊かな心情が育つようにすること。特に，人に対する信頼感や思いやりの気持ちは，葛藤やつまずきをも体験し，それらを乗り越えることにより次第に芽生えてくることに配慮すること。
　⑤　集団の生活を通して，子どもが人との関わりを深め，規範意識の芽生えが培われることを考慮し，子どもが保育士等との信頼関係に支えられて自己を発揮する中で，互いに思いを主張し，折り合いを付ける体験をし，きまりの必要性などに気付き，自分の気持ちを調整する力が育つようにすること。
　⑥　高齢者をはじめ地域の人々などの自分の生活に関係の深いいろいろな人と触れ合い，自分の感情や意志を表現しながら共に楽しみ，共感し合う体験を通して，これらの人々などに親しみをもち，人と関わることの楽しさや人の役に立つ喜びを味わうことができるようにすること。また，生活を通して親や祖父母などの家族の愛情に気付き，家族を大切にしようとする気持ちが育つようにすること。
ウ　環境
　周囲の様々な環境に好奇心や探究心をもって関わり，それらを生活に取り入れていこうとする力を養う。
(ア)　ねらい
　①　身近な環境に親しみ，自然と触れ合う中で様々な事象に興味や関心をもつ。
　②　身近な環境に自分から関わり，発見を楽しんだり，考えたりし，それを生活に取り入れようとする。
　③　身近な事象を見たり，考えたり，扱ったりする中で，物の性質や数量，文字などに対する感覚を豊かにする。
(イ)　内容
　①　自然に触れて生活し，その大きさ，美しさ，不思議さなどに気付く。

② 生活の中で、様々な物に触れ、その性質や仕組みに興味や関心をもつ。
③ 季節により自然や人間の生活に変化のあることに気付く。
④ 自然などの身近な事象に関心をもち、取り入れて遊ぶ。
⑤ 身近な動植物に親しみをもって接し、生命の尊さに気付き、いたわったり、大切にしたりする。
⑥ 日常生活の中で、我が国や地域社会における様々な文化や伝統に親しむ。
⑦ 身近な物を大切にする。
⑧ 身近な物や遊具に興味をもって関わり、自分なりに比べたり、関連付けたりしながら考えたり、試したりして工夫して遊ぶ。
⑨ 日常生活の中で数量や図形などに関心をもつ。
⑩ 日常生活の中で簡単な標識や文字などに関心をもつ。
⑪ 生活に関係の深い情報や施設などに興味や関心をもつ。
⑫ 保育所内外の行事において国旗に親しむ。
（ウ）内容の取扱い
　上記の取扱いに当たっては、次の事項に留意する必要がある。
① 子どもが、遊びの中で周囲の環境と関わり、次第に周囲の世界に好奇心を抱き、その意味や操作の仕方に関心をもち、物事の法則性に気付き、自分なりに考えることができるようになる過程を大切にすること。また、他の子どもの考えなどに触れて新しい考えを生み出す喜びや楽しさを味わい、自分の考えをよりよいものにしようとする気持ちが育つようにすること。
② 幼児期において自然のもつ意味は大きく、自然の大きさ、美しさ、不思議さなどに直接触れる体験を通して、子どもの心が安らぎ、豊かな感情、好奇心、思考力、表現力の基礎が培われることを踏まえ、子どもが自然との関わりを深めることができるよう工夫すること。
③ 身近な事象や動植物に対する感動を伝え合い、共感し合うことなどを通して自分から関わろうとする意欲を育てるとともに、様々な関わり方を通してそれらに対する親しみや畏敬の念、生命を大切にする気持ち、公共心、探究心などが養われるようにすること。
④ 文化や伝統に親しむ際には、正月や節句など我が国の伝統的な行事、国歌、唱歌、わらべう

たや我が国の伝統的な遊びに親しんだり、異なる文化に触れる活動に親しんだりすることを通じて、社会とのつながりの意識や国際理解の意識の芽生えなどが養われるようにすること。
⑤ 数量や文字などに関しては、日常生活の中で子ども自身の必要感に基づく体験を大切にし、数量や文字などに関する興味や関心、感覚が養われるようにすること。
エ　言葉
　経験したことや考えたことなどを自分なりの言葉で表現し、相手の話す言葉を聞こうとする意欲や態度を育て、言葉に対する感覚や言葉で表現する力を養う。
（ア）ねらい
① 自分の気持ちを言葉で表現する楽しさを味わう。
② 人の言葉や話などをよく聞き、自分の経験したことや考えたことを話し、伝え合う喜びを味わう。
③ 日常生活に必要な言葉が分かるようになるとともに、絵本や物語などに親しみ、言葉に対する感覚を豊かにし、保育士等や友達と心を通わせる。
（イ）内容
① 保育士等や友達の言葉や話に興味や関心をもち、親しみをもって聞いたり、話したりする。
② したり、見たり、聞いたり、感じたり、考えたりなどしたことを自分なりに言葉で表現する。
③ したいこと、してほしいことを言葉で表現したり、分からないことを尋ねたりする。
④ 人の話を注意して聞き、相手に分かるように話す。
⑤ 生活の中で必要な言葉が分かり、使う。
⑥ 親しみをもって日常の挨拶をする。
⑦ 生活の中で言葉の楽しさや美しさに気付く。
⑧ いろいろな体験を通じてイメージや言葉を豊かにする。
⑨ 絵本や物語などに親しみ、興味をもって聞き、想像をする楽しさを味わう。
⑩ 日常生活の中で、文字などで伝える楽しさを味わう。
（ウ）内容の取扱い
　上記の取扱いに当たっては、次の事項に留意する必要がある。
① 言葉は、身近な人に親しみをもって接し、自分の感情や意志などを伝え、それに相手が応答

し、その言葉を聞くことを通して次第に獲得されていくものであることを考慮して、子どもが保育士等や他の子どもと関わることにより心を動かされるような体験をし、言葉を交わす喜びを味わえるようにすること。
② 子どもが自分の思いを言葉で伝えるとともに、保育士等や他の子どもなどの話を興味をもって注意して聞くことを通して次第に話を理解するようになっていき、言葉による伝え合いができるようにすること。
③ 絵本や物語などで、その内容と自分の経験とを結び付けたり、想像を巡らせたりするなど、楽しみを十分に味わうことによって、次第に豊かなイメージをもち、言葉に対する感覚が養われるようにすること。
④ 子どもが生活の中で、言葉の響きやリズム、新しい言葉や表現などに触れ、これらを使う楽しさを味わえるようにすること。その際、絵本や物語に親しんだり、言葉遊びなどをしたりすることを通して、言葉が豊かになるようにすること。
⑤ 子どもが日常生活の中で、文字などを使いながら思ったことや考えたことを伝える喜びや楽しさを味わい、文字に対する興味や関心をもつようにすること。

オ　表現
　感じたことや考えたことを自分なりに表現することを通して、豊かな感性や表現する力を養い、創造性を豊かにする。
（ア）ねらい
① いろいろなものの美しさなどに対する豊かな感性をもつ。
② 感じたことや考えたことを自分なりに表現して楽しむ。
③ 生活の中でイメージを豊かにし、様々な表現を楽しむ。
（イ）内容
① 生活の中で様々な音、形、色、手触り、動きなどに気付いたり、感じたりするなどして楽しむ。
② 生活の中で美しいものや心を動かす出来事に触れ、イメージを豊かにする。
③ 様々な出来事の中で、感動したことを伝え合う楽しさを味わう。
④ 感じたこと、考えたことなどを音や動きなどで表現したり、自由にかいたり、つくったりなどする。
⑤ いろいろな素材に親しみ、工夫して遊ぶ。
⑥ 音楽に親しみ、歌を歌ったり、簡単なリズム楽器を使ったりなどする楽しさを味わう。
⑦ かいたり、つくったりすることを楽しみ、遊びに使ったり、飾ったりなどする。
⑧ 自分のイメージを動きや言葉などで表現したり、演じて遊んだりするなどの楽しさを味わう。
（ウ）内容の取扱い
　上記の取扱いに当たっては、次の事項に留意する必要がある。
① 豊かな感性は、身近な環境と十分に関わる中で美しいもの、優れたもの、心を動かす出来事などに出会い、そこから得た感動を他の子どもや保育士等と共有し、様々に表現することなどを通して養われるようにすること。その際、風の音や雨の音、身近にある草や花の形や色など自然の中にある音、形、色などに気付くようにすること。
② 子どもの自己表現は素朴な形で行われることが多いので、保育士等はそのような表現を受容し、子ども自身の表現しようとする意欲を受け止めて、子どもが生活の中で子どもらしい様々な表現を楽しむことができるようにすること。
③ 生活経験や発達に応じ、自ら様々な表現を楽しみ、表現する意欲を十分に発揮させることができるように、遊具や用具などを整えたり、様々な素材や表現の仕方に親しんだり、他の子どもの表現に触れられるよう配慮したりし、表現する過程を大切にして自己表現を楽しめるように工夫すること。

(3) 保育の実施に関わる配慮事項
ア　第1章の4の(2)に示す「幼児期の終わりまでに育ってほしい姿」が、ねらい及び内容に基づく活動全体を通して資質・能力が育まれている子どもの小学校就学時の具体的な姿であることを踏まえ、指導を行う際には適宜考慮すること。
イ　子どもの発達や成長の援助をねらいとした活動の時間については、意識的に保育の計画等において位置付けて、実施することが重要であること。なお、そのような活動の時間については、保護者の就労状況等に応じて子どもが保育所で過ごす時間がそれぞれ異なることに留意して設定すること。
ウ　特に必要な場合には、各領域に示すねらいの趣旨に基づいて、具体的な内容を工夫し、それを加えても差し支えないが、その場合には、それが第1章の1に示す保育所保育に関する基本原則を逸脱しない

よう慎重に配慮する必要があること。
4 保育の実施に関して留意すべき事項
 (1) 保育全般に関わる配慮事項
  ア 子どもの心身の発達及び活動の実態などの個人差を踏まえるとともに、一人一人の子どもの気持ちを受け止め、援助すること。
  イ 子どもの健康は、生理的・身体的な育ちとともに、自主性や社会性、豊かな感性の育ちがあいまってもたらされることに留意すること。
  ウ 子どもが自ら周囲に働きかけ、試行錯誤しつつ自分の力で行う活動を見守りながら、適切に援助すること。
  エ 子どもの入所時の保育に当たっては、できるだけ個別的に対応し、子どもが安定感を得て、次第に保育所の生活になじんでいくようにするとともに、既に入所している子どもに不安や動揺を与えないようにすること。
  オ 子どもの国籍や文化の違いを認め、互いに尊重する心を育てるようにすること。
  カ 子どもの性差や個人差にも留意しつつ、性別などによる固定的な意識を植え付けることがないようにすること。
 (2) 小学校との連携
  ア 保育所においては、保育所保育が、小学校以降の生活や学習の基盤の育成につながることに配慮し、幼児期にふさわしい生活を通じて、創造的な思考や主体的な生活態度などの基礎を培うようにすること。
  イ 保育所保育において育まれた資質・能力を踏まえ、小学校教育が円滑に行われるよう、小学校教師との意見交換や合同の研究の機会などを設け、第1章の4の(2)に示す「幼児期の終わりまでに育って欲しい姿」を共有するなど連携を図り、保育所保育と小学校教育との円滑な接続を図るよう努めること。
  ウ 子どもに関する情報共有に関して、保育所に入所している子どもの就学に際し、市町村の支援の下に、子どもの育ちを支えるための資料が保育所から小学校へ送付されるようにすること。
 (3) 家庭及び地域社会との連携
  子どもの生活の連続性を踏まえ、家庭及び地域社会と連携して保育が展開されるよう配慮すること。その際、家庭や地域の機関及び団体の協力を得て、地域の自然、高齢者や異年齢の子ども等を含む人材、行事、施設等の地域の資源を積極的に活用し、豊かな生活体験をはじめ保育内容の充実が図られるよう配慮すること。

第3章 健康及び安全

 保育所保育において、子どもの健康及び安全の確保は、子どもの生命の保持と健やかな生活の基本であり、一人一人の子どもの健康の保持及び増進並びに安全の確保とともに、保育所全体における健康及び安全の確保に努めることが重要となる。
 また、子どもが、自らの体や健康に関心をもち、心身の機能を高めていくことが大切である。
 このため、第1章及び第2章等の関連する事項に留意し、次に示す事項を踏まえ、保育を行うこととする。
1 子どもの健康支援
 (1) 子どもの健康状態並びに発育及び発達状態の把握
  ア 子どもの心身の状態に応じて保育するために、子どもの健康状態並びに発育及び発達状態について、定期的・継続的に、また、必要に応じて随時、把握すること。
  イ 保護者からの情報とともに、登所時及び保育中を通じて子どもの状態を観察し、何らかの疾病が疑われる状態や傷害が認められた場合には、保護者に連絡するとともに、嘱託医と相談するなど適切な対応を図ること。看護師等が配置されている場合には、その専門性を生かした対応を図ること。
  ウ 子どもの心身の状態等を観察し、不適切な養育の兆候が見られる場合には、市町村や関係機関と連携し、児童福祉法第25条に基づき、適切な対応を図ること。また、虐待が疑われる場合には、速やかに市町村又は児童相談所に通告し、適切な対応を図ること。
 (2) 健康増進
  ア 子どもの健康に関する保健計画を全体的な計画に基づいて作成し、全職員がそのねらいや内容を踏まえ、一人一人の子どもの健康の保持及び増進に努めていくこと。
  イ 子どもの心身の健康状態や疾病等の把握のために、嘱託医等により定期的に健康診断を行い、その結果を記録し、保育に活用するとともに、保護者が子どもの状態を理解し、日常生活に活用できるようにすること。
 (3) 疾病等への対応
  ア 保育中に体調不良や傷害が発生した場合には、その子どもの状態等に応じて、保護者に連絡するとともに、適宜、嘱託医や子どものかかりつけ医等と相談し、適切な処置を行うこと。看護師等が配置されている場合には、その専門性を生かした対応を図ること。

イ　感染症やその他の疾病の発生予防に努め，その発生や疑いがある場合には，必要に応じて嘱託医，市町村，保健所等に連絡し，その指示に従うとともに，保護者や全職員に連絡し，予防等について協力を求めること。また，感染症に関する保育所の対応方法等について，あらかじめ関係機関の協力を得ておくこと。看護師等が配置されている場合には，その専門性を生かした対応を図ること。
　　ウ　アレルギー疾患を有する子どもの保育については，保護者と連携し，医師の診断及び指示に基づき，適切な対応を行うこと。また，食物アレルギーに関して，関係機関と連携して，当該保育所の体制構築など，安全な環境の整備を行うこと。看護師や栄養士等が配置されている場合には，その専門性を生かした対応を図ること。
　　エ　子どもの疾病等の事態に備え，医務室等の環境を整え，救急用の薬品，材料等を適切な管理の下に常備し，全職員が対応できるようにしておくこと。
　２　食育の推進
　　(1)　保育所の特性を生かした食育
　　　ア　保育所における食育は，健康な生活の基本としての「食を営む力」の育成に向け，その基礎を培うことを目標とすること。
　　　イ　子どもが生活と遊びの中で，意欲をもって食に関わる体験を積み重ね，食べることを楽しみ，食事を楽しみ合う子どもに成長していくことを期待するものであること。
　　　ウ　乳幼児期にふさわしい食生活が展開され，適切な援助が行われるよう，食事の提供を含む食育計画を全体的な計画に基づいて作成し，その評価及び改善に努めること。栄養士が配置されている場合は，専門性を生かした対応を図ること。
　　(2)　食育の環境の整備等
　　　ア　子どもが自らの感覚や体験を通して，自然の恵みとしての食材や食の循環・環境への意識，調理する人への感謝の気持ちが育つように，子どもと調理員等との関わりや，調理室など食に関わる保育環境に配慮すること。
　　　イ　保護者や地域の多様な関係者との連携及び協働の下で，食に関する取組が進められること。また，市町村の支援の下に，地域の関係機関等との日常的な連携を図り，必要な協力が得られるよう努めること。
　　　ウ　体調不良，食物アレルギー，障害のある子どもなど，一人一人の子どもの心身の状態等に応じ，嘱託医，かかりつけ医等の指示や協力の下に適切に対応すること。栄養士が配置されている場合は，専門性を生かした対応を図ること。
　３　環境及び衛生管理並びに安全管理
　　(1)　環境及び衛生管理
　　　ア　施設の温度，湿度，換気，採光，音などの環境を常に適切な状態に保持するとともに，施設内外の設備及び用具等の衛生管理に努めること。
　　　イ　施設内外の適切な環境の維持に努めるとともに，子ども及び全職員が清潔を保つようにすること。また，職員は衛生知識の向上に努めること。
　　(2)　事故防止及び安全対策
　　　ア　保育中の事故防止のために，子どもの心身の状態等を踏まえつつ，施設内外の安全点検に努め，安全対策のために全職員の共通理解や体制づくりを図るとともに，家庭や地域の関係機関の協力の下に安全指導を行うこと。
　　　イ　事故防止の取組を行う際には，特に，睡眠中，プール活動・水遊び中，食事中等の場面では重大事故が発生しやすいことを踏まえ，子どもの主体的な活動を大切にしつつ，施設内外の環境の配慮や指導の工夫を行うなど，必要な対策を講じること。
　　　ウ　保育中の事故の発生に備え，施設内外の危険箇所の点検や訓練を実施するとともに，外部からの不審者等の侵入防止のための措置や訓練など不測の事態に備えて必要な対応を行うこと。また，子どもの精神保健面における対応に留意すること。
　４　災害への備え
　　(1)　施設・設備等の安全確保
　　　ア　防火設備，避難経路等の安全性が確保されるよう，定期的にこれらの安全点検を行うこと。
　　　イ　備品，遊具等の配置，保管を適切に行い，日頃から，安全環境の整備に努めること。
　　(2)　災害発生時の対応体制及び避難への備え
　　　ア　火災や地震などの災害の発生に備え，緊急時の対応の具体的内容及び手順，職員の役割分担，避難訓練計画等に関するマニュアルを作成すること。
　　　イ　定期的に避難訓練を実施するなど，必要な対応を図ること。
　　　ウ　災害の発生時に，保護者等への連絡及び子どもの引渡しを円滑に行うため，日頃から保護者との密接な連携に努め，連絡体制や引渡し方法等について確認をしておくこと。
　　(3)　地域の関係機関等との連携
　　　ア　市町村の支援の下に，地域の関係機関との日常的な連携を図り，必要な協力が得られるよう努めること。
　　　イ　避難訓練については，地域の関係機関や保護者との連携の下に行うなど工夫すること。

第4章　子育て支援

保育所における保護者に対する子育て支援は，全ての子どもの健やかな育ちを実現することができるよう，第1章及び第2章等の関連する事項を踏まえ，子どもの育ちを家庭と連携して支援していくとともに，保護者及び地域が有する子育てを自ら実践する力の向上に資するよう，次の事項に留意するものとする。

1　保育所における子育て支援に関する基本的事項
　(1) 保育所の特性を生かした子育て支援
　　ア　保護者に対する子育て支援を行う際には，各地域や家庭の実態等を踏まえるとともに，保護者の気持ちを受け止め，相互の信頼関係を基本に，保護者の自己決定を尊重すること。
　　イ　保育及び子育てに関する知識や技術など，保育士等の専門性や，子どもが常に存在する環境など，保育所の特性を生かし，保護者が子どもの成長に気付き子育ての喜びを感じられるように努めること。
　(2) 子育て支援に関して留意すべき事項
　　ア　保護者に対する子育て支援における地域の関係機関等との連携及び協働を図り，保育所全体の体制構築に努めること。
　　イ　子どもの利益に反しない限りにおいて，保護者や子どものプライバシーを保護し，知り得た事柄の秘密を保持すること。

2　保育所を利用している保護者に対する子育て支援
　(1) 保護者との相互理解
　　ア　日常の保育に関連した様々な機会を活用し子どもの日々の様子の伝達や収集，保育所保育の意図の説明などを通じて，保護者との相互理解を図るよう努めること。
　　イ　保育の活動に対する保護者の積極的な参加は，保護者の子育てを自ら実践する力の向上に寄与することから，これを促すこと。
　(2) 保護者の状況に配慮した個別の支援
　　ア　保護者の就労と子育ての両立等を支援するため，保護者の多様化した保育の需要に応じ，病児保育事業など多様な事業を実施する場合には，保護者の状況に配慮するとともに，子どもの福祉が尊重されるよう努め，子どもの生活の連続性を考慮すること。
　　イ　子どもに障害や発達上の課題が見られる場合には，市町村や関係機関と連携及び協力を図りつつ，保護者に対する個別の支援を行うよう努めること。
　　ウ　外国籍家庭など，特別な配慮を必要とする家庭の場合には，状況等に応じて個別の支援を行うよう努めること。
　(3) 不適切な養育等が疑われる家庭への支援
　　ア　保護者に育児不安等が見られる場合には，保護者の希望に応じて個別の支援を行うよう努めること。
　　イ　保護者に不適切な養育等が疑われる場合には，市町村や関係機関と連携し，要保護児童対策地域協議会で検討するなど適切な対応を図ること。また，虐待が疑われる場合には，速やかに市町村又は児童相談所に通告し，適切な対応を図ること。

3　地域の保護者等に対する子育て支援
　(1) 地域に開かれた子育て支援
　　ア　保育所は，児童福祉法第48条の4の規定に基づき，その行う保育に支障がない限りにおいて，地域の実情や当該保育所の体制等を踏まえ，地域の保護者等に対して，保育所保育の専門性を生かした子育て支援を積極的に行うよう努めること。
　　イ　地域の子どもに対する一時預かり事業などの活動を行う際には，一人一人の子どもの心身の状態などを考慮するとともに，日常の保育との関連に配慮するなど，柔軟に活動を展開できるようにすること。
　(2) 地域の関係機関等との連携
　　ア　市町村の支援を得て，地域の関係機関等との積極的な連携及び協働を図るとともに，子育て支援に関する地域の人材と積極的に連携を図るよう努めること。
　　イ　地域の要保護児童への対応など，地域の子どもを巡る諸課題に対し，要保護児童対策地域協議会など関係機関等と連携及び協力して取り組むよう努めること。

第5章　職員の資質向上

第1章から前章までに示された事項を踏まえ，保育所は，質の高い保育を展開するため，絶えず，一人一人の職員についての資質向上及び職員全体の専門性の向上を図るよう努めなければならない。

1　職員の資質向上に関する基本的事項
　(1) 保育所職員に求められる専門性
　　　子どもの最善の利益を考慮し，人権に配慮した保育を行うためには，職員一人一人の倫理観，人間性並びに保育所職員としての職務及び責任の理解と自覚が基盤となる。
　　　各職員は，自己評価に基づく課題等を踏まえ，保育所内外の研修等を通じて，保育士・看護師・調理員・栄養士等，それぞれの職務内容に応じた専門性を高めるため，必要な知識及び技術の修得，維持及び向上に努めなければならない。
　(2) 保育の質の向上に向けた組織的な取組

保育所においては，保育の内容等に関する自己評価等を通じて把握した，保育の質の向上に向けた課題に組織的に対応するため，保育内容の改善や保育士等の役割分担の見直し等に取り組むとともに，それぞれの職位や職務内容等に応じて，各職員が必要な知識及び技能を身につけられるよう努めなければならない。

2　施設長の責務
（1）施設長の責務と専門性の向上
　施設長は，保育所の役割や社会的責任を遂行するために，法令等を遵守し，保育所を取り巻く社会情勢等を踏まえ，施設長としての専門性等の向上に努め，当該保育所における保育の質及び職員の専門性向上のために必要な環境の確保に努めなければならない。

（2）職員の研修機会の確保等
　施設長は，保育所の全体的な計画や，各職員の研修の必要性等を踏まえて，体系的・計画的な研修機会を確保するとともに，職員の勤務体制の工夫等により，職員が計画的に研修等に参加し，その専門性の向上が図られるよう努めなければならない。

3　職員の研修等
（1）職場における研修
　職員が日々の保育実践を通じて，必要な知識及び技術の修得，維持及び向上を図るとともに，保育の課題等への共通理解や協働性を高め，保育所全体としての保育の質の向上を図っていくためには，日常的に職員同士が主体的に学び合う姿勢と環境が重要であり，職場内での研修の充実が図られなければならない。

（2）外部研修の活用
　各保育所における保育の課題への的確な対応や，保育士等の専門性の向上を図るためには，職場内での研修に加え，関係機関等による研修の活用が有効であることから，必要に応じて，こうした外部研修への参加機会が確保されるよう努めなければならない。

4　研修の実施体制等
（1）体系的な研修計画の作成
　保育所においては，当該保育所における保育の課題や各職員のキャリアパス等も見据えて，初任者から管理職員までの職位や職務内容等を踏まえた体系的な研修計画を作成しなければならない。

（2）組織内での研修成果の活用
　外部研修に参加する職員は，自らの専門性の向上を図るとともに，保育所における保育の課題を理解し，その解決を実践できる力を身に付けることが重要である。また，研修で得た知識及び技能を他の職員と共有することにより，保育所全体としての保育実践の質及び専門性の向上につなげていくことが求められる。

（3）研修の実施に関する留意事項
　施設長等は保育所全体としての保育実践の質及び専門性の向上のために，研修の受講は特定の職員に偏ることなく行われるよう，配慮する必要がある。また，研修を修了した職員については，その職務内容等において，当該研修の成果等が適切に勘案されることが望ましい。

資料　幼保連携型認定こども園教育・保育要領

（平成29年3月31内閣府・文部科学省・厚生労働省告示第1号）
（平成30年4月1日から施行）

第1章　総則

第1　幼保連携型認定こども園における教育及び保育の基本及び目標等
  1　幼保連携型認定こども園における教育及び保育の基本

　乳幼児期の教育及び保育は，子どもの健全な心身の発達を図りつつ生涯にわたる人格形成の基礎を培う重要なものであり，幼保連携型認定こども園における教育及び保育は，就学前の子どもに関する教育，保育等の総合的な提供の推進に関する法律（平成18年法律第77号。以下「認定こども園法」という。）第2条第7項に規定する目的及び第9条に掲げる目標を達成するため，乳幼児期全体を通して，その特性及び保護者や地域の実態を踏まえ，環境を通して行うものであることを基本とし，家庭や地域での生活を含めた園児の生活全体が豊かなものとなるように努めなければならない。

　このため保育教諭等は，園児との信頼関係を十分に築き，園児が自ら安心して身近な環境に主体的に関わり，環境との関わり方や意味に気付き，これらを取り込もうとして，試行錯誤したり，考えたりするようになる幼児期の教育における見方・考え方を生かし，その活動が豊かに展開されるよう環境を整え，園児と共によりよい教育及び保育の環境を創造するように努めるものとする。これらを踏まえ，次に示す事項を重視して教育及び保育を行わなければならない。

  (1) 乳幼児期は周囲への依存を基盤にしつつ自立に向かうものであることを考慮して，周囲との信頼関係に支えられた生活の中で，園児一人一人が安心感と信頼感をもっていろいろな活動に取り組む体験を十分に積み重ねられるようにすること。
  (2) 乳幼児期においては生命の保持が図られ安定した情緒の下で自己を十分に発揮することにより発達に必要な体験を得ていくものであることを考慮して，園児の主体的な活動を促し，乳幼児期にふさわしい生活が展開されるようにすること。
  (3) 乳幼児期における自発的な活動としての遊びは，心身の調和のとれた発達の基礎を培う重要な学習であることを考慮して，遊びを通しての指導を中心として第2章に示すねらいが総合的に達成されるようにすること。
  (4) 乳幼児期における発達は，心身の諸側面が相互に関連し合い，多様な経過をたどって成し遂げられていくものであること，また，園生活の生活経験がそれぞれ異なることなどを考慮して，園児一人一人の特性や発達の過程に応じ，発達の課題に即した指導を行うようにすること。

　その際，保育教諭等は，園児の主体的な活動が確保されるよう，園児一人一人の行動の理解と予想に基づき，計画的に環境を構成しなければならない。この場合において，保育教諭等は，園児と人やものとの関わりが重要であることを踏まえ，教材を工夫し，物的・空間的環境を構成しなければならない。また，園児一人一人の活動の場面に応じ，様々な役割を果たし，その活動を豊かにしなければならない。

　なお，幼保連携型認定こども園における教育及び保育は，園児が入園してから修了するまでの在園期間全体を通して行われるものであり，この章の第3に示す幼保連携型認定こども園として特に配慮すべき事項を十分に踏まえて行うものとする。

  2　幼保連携型認定こども園における教育及び保育の目標

　幼保連携型認定こども園は，家庭との連携を図りながら，この章の第1の1に示す幼保連携型認定こども園における教育及び保育の基本に基づいて一体的に展開される幼保連携型認定こども園における生活を通して，生きる力の基礎を育成するよう認定こども園法第9条に規定する幼保連携型認定こども園の教育及び保育の目標の達成に努めなければならない。幼保連携型認定こども園は，このことにより，義務教育及びその後の教育の基礎を培うとともに，子どもの最善の利益を考慮しつつ，その生活を保障し，保護者と共に園児を心身ともに健やかに育成するものとする。

　なお，認定こども園法第9条に規定する幼保連携型認定こども園の教育及び保育の目標については，発達や学びの連続性及び生活の連続性の観点から，小学校就学の始期に達するまでの時期を通じ，その達成に向けて努力すべき目当てとなるものであることから，満3歳未満の園児の保育にも当てはまることに留意するものとする。

  3　幼保連携型認定こども園の教育及び保育において育みたい資質・能力及び「幼児期の終わりまでに育ってほしい姿」
  (1) 幼保連携型認定こども園においては，生きる力の基礎を育むため，この章の1に示す幼保連携型認定こども園の教育及び保育の基本を踏まえ，次に掲げる資質・能力を一体的に育むよう努めるものとす

る。
　ア　豊かな体験を通じて，感じたり，気付いたり，分かったり，できるようになったりする「知識及び技能の基礎」
　イ　気付いたことや，できるようになったことなどを使い，考えたり，試したり，工夫したり，表現したりする「思考力，判断力，表現力等の基礎」
　ウ　心情，意欲，態度が育つ中で，よりよい生活を営もうとする「学びに向かう力，人間性等」
(2)　(1)に示す資質・能力は，第２章に示すねらい及び内容に基づく活動全体によって育むものである。
(3)　次に示す「幼児期の終わりまでに育ってほしい姿」は，第２章に示すねらい及び内容に基づく活動全体を通して資質・能力が育まれている園児の幼保連携型認定こども園修了時の具体的な姿であり，保育教諭等が指導を行う際に考慮するものである。
　ア　健康な心と体
　　　幼保連携型認定こども園における生活の中で，充実感をもって自分のやりたいことに向かって心と体を十分に働かせ，見通しをもって行動し，自ら健康で安全な生活をつくり出すようになる。
　イ　自立心
　　　身近な環境に主体的に関わり様々な活動を楽しむ中で，しなければならないことを自覚し，自分の力で行うために考えたり，工夫したりしながら，諦めずにやり遂げることで達成感を味わい，自信をもって行動するようになる。
　ウ　協同性
　　　友達と関わる中で，互いの思いや考えなどを共有し，共通の目的の実現に向けて，考えたり，工夫したり，協力したりし，充実感をもってやり遂げるようになる。
　エ　道徳性・規範意識の芽生え
　　　友達と様々な体験を重ねる中で，してよいことや悪いことが分かり，自分の行動を振り返ったり，友達の気持ちに共感したりし，相手の立場に立って行動するようになる。また，きまりを守る必要性が分かり，自分の気持ちを調整し，友達と折り合いを付けながら，きまりをつくったり，守ったりするようになる。
　オ　社会生活との関わり
　　　家族を大切にしようとする気持ちをもつとともに，地域の身近な人と触れ合う中で，人との様々な関わり方に気付き，相手の気持ちを考えて関わり，自分が役に立つ喜びを感じ，地域に親しみをもつようになる。また，幼保連携型認定こども園内外の様々な環境に関わる中で，遊びや生活に必要な情報を取り入れ，情報に基づき判断したり，情報を伝え合ったり，活用したりするなど，情報を役立てながら活動するようになるとともに，公共の施設を大切に利用するなどして，社会とのつながりなどを意識するようになる。
　カ　思考力の芽生え
　　　身近な事象に積極的に関わる中で，物の性質や仕組みなどを感じ取ったり，気付いたりし，考えたり，予想したり，工夫したりするなど，多様な関わりを楽しむようになる。また，友達の様々な考えに触れる中で，自分と異なる考えがあることに気付き，自ら判断したり，考え直したりするなど，新しい考えを生み出す喜びを味わいながら，自分の考えをよりよいものにするようになる。
　キ　自然との関わり・生命尊重
　　　自然に触れて感動する体験を通して，自然の変化などを感じ取り，好奇心や探究心をもって考え言葉などで表現しながら，身近な事象への関心が高まるとともに，自然への愛情や畏敬の念をもつようになる。また，身近な動植物に心を動かされる中で，生命の不思議さや尊さに気付き，身近な動植物への接し方を考え，命あるものとしていたわり，大切にする気持ちをもって関わるようになる。
　ク　数量や図形，標識や文字などへの関心・感覚
　　　遊びや生活の中で，数量や図形，標識や文字などに親しむ体験を重ねたり，標識や文字の役割に気付いたりし，自らの必要感に基づきこれらを活用し，興味や関心，感覚をもつようになる。
　ケ　言葉による伝え合い
　　　保育教諭等や友達と心を通わせる中で，絵本や物語などに親しみながら，豊かな言葉や表現を身に付け，経験したことや考えたことなどを言葉で伝えたり，相手の話を注意して聞いたりし，言葉による伝え合いを楽しむようになる。
　コ　豊かな感性と表現
　　　心を動かす出来事などに触れ感性を働かせる中で，様々な素材の特徴や表現の仕方などに気付き，感じたことや考えたことを自分で表現したり，友達同士で表現する過程を楽しんだりし，表現する喜びを味わい，意欲をもつようになる。

第２　教育及び保育の内容並びに子育ての支援等に関する全体的な計画等
　１　教育及び保育の内容並びに子育ての支援等に関する全体的な計画の作成等
　　(1)　教育及び保育の内容並びに子育ての支援等に関す

る全体的な計画の役割

　各幼保連携型認定こども園においては，教育基本法（平成18年法律第120号），児童福祉法（昭和22年法律第164号）及び認定こども園法その他の法令並びにこの幼保連携型認定こども園教育・保育要領の示すところに従い，教育と保育を一体的に提供するため，創意工夫を生かし，園児の心身の発達と幼保連携型認定こども園，家庭及び地域の実態に即応した適切な教育及び保育の内容並びに子育ての支援等に関する全体的な計画を作成するものとする。

　教育及び保育の内容並びに子育ての支援等に関する全体的な計画とは，教育と保育を一体的に捉え，園児の入園から修了までの在園期間の全体にわたり，幼保連携型認定こども園の目標に向かってどのような過程をたどって教育及び保育を進めていくかを明らかにするものであり，子育ての支援と有機的に連携し，園児の園生活全体を捉え，作成する計画である。

　各幼保連携型認定こども園においては，「幼児期の終わりまでに育ってほしい姿」を踏まえ教育及び保育の内容並びに子育ての支援等に関する全体的な計画を作成すること，その実施状況を評価して改善を図っていくこと，また実施に必要な人的又は物的な体制を確保するとともにその改善を図っていくことなどを通して，教育及び保育の内容並びに子育ての支援等に関する全体的な計画に基づき組織的かつ計画的に各幼保連携型認定こども園の教育及び保育活動の質の向上を図っていくこと（以下「カリキュラム・マネジメント」という。）に努めるものとする。

(2) 各幼保連携型認定こども園の教育及び保育の目標と教育及び保育の内容並びに子育ての支援等に関する全体的な計画の作成

　教育及び保育の内容並びに子育ての支援等に関する全体的な計画の作成に当たっては，幼保連携型認定こども園の教育及び保育において育みたい資質・能力を踏まえつつ，各幼保連携型認定こども園の教育及び保育の目標を明確にするとともに，教育及び保育の内容並びに子育ての支援等に関する全体的な計画の作成についての基本的な方針が家庭や地域とも共有されるよう努めるものとする。

(3) 教育及び保育の内容並びに子育ての支援等に関する全体的な計画の作成上の基本的事項

　ア　幼保連携型認定こども園における生活の全体を通して第2章に示すねらいが総合的に達成されるよう，教育課程に係る教育期間や園児の生活経験や発達の過程などを考慮して具体的なねらいと内容を組織するものとする。この場合においては，特に，自我が芽生え，他者の存在を意識し，自己を抑制しようとする気持ちが生まれるなどの乳幼児期の発達の特性を踏まえ，入園から修了に至るまでの長期的な視野をもって充実した生活が展開できるように配慮するものとする。

　イ　幼保連携型認定こども園の満3歳以上の園児の教育課程に係る教育週数は，特別の事情のある場合を除き，39週を下ってはならない。

　ウ　幼保連携型認定こども園の1日の教育課程に係る教育時間は，4時間を標準とする。ただし，園児の心身の発達の程度や季節などに適切に配慮するものとする。

　エ　幼保連携型認定こども園の保育を必要とする子どもに該当する園児に対する教育及び保育の時間（満3歳以上の保育を必要とする子どもに該当する園児については，この章の第2の1の（3）ウに規定する教育時間を含む。）は，1日につき8時間を原則とし，園長がこれを定める。ただし，その地方における園児の保護者の労働時間その他家庭の状況等を考慮するものとする。

(4) 教育及び保育の内容並びに子育ての支援等に関する全体的な計画の実施上の留意事項

　各幼保連携型認定こども園においては，園長の方針の下に，園務分掌に基づき保育教諭等職員が適切に役割を分担しつつ，相互に連携しながら，教育及び保育の内容並びに子育ての支援等に関する全体的な計画や指導の改善を図るものとする。また，各幼保連携型認定こども園が行う教育及び保育等に係る評価については，教育及び保育の内容並びに子育ての支援等に関する全体的な計画の作成，実施，改善が教育及び保育活動や園運営の中核となることを踏まえ，カリキュラム・マネジメントと関連付けながら実施するよう留意するものとする。

(5) 小学校教育との接続に当たっての留意事項

　ア　幼保連携型認定こども園においては，その教育及び保育が，小学校以降の生活や学習の基盤の育成につながることに配慮し，乳幼児期にふさわしい生活を通して，創造的な思考や主体的な生活態度などの基礎を培うようにするものとする。

　イ　幼保連携型認定こども園の教育及び保育において育まれた資質・能力を踏まえ，小学校教育が円滑に行われるよう，小学校の教師との意見交換や合同の研究の機会などを設け，「幼児期の終わりまでに育ってほしい姿」を共有するなど連携を図り，幼保連携型認定こども園における教育及び保

育と小学校教育との円滑な接続を図るよう努めるものとする。
2 指導計画の作成と園児の理解に基づいた評価
(1) 指導計画の考え方
　幼保連携型認定こども園における教育及び保育は，園児が自ら意欲をもって環境と関わることによりつくり出される具体的な活動を通して，その目標の達成を図るものである。
　幼保連携型認定こども園においてはこのことを踏まえ，乳幼児期にふさわしい生活が展開され，適切な指導が行われるよう，調和のとれた組織的，発展的な指導計画を作成し，園児の活動に沿った柔軟な指導を行わなければならない。
(2) 指導計画の作成上の基本的事項
　ア　指導計画は，園児の発達に即して園児一人一人が乳幼児期にふさわしい生活を展開し，必要な体験を得られるようにするために，具体的に作成するものとする。
　イ　指導計画の作成に当たっては，次に示すところにより，具体的なねらい及び内容を明確に設定し，適切な環境を構成することなどにより活動が選択・展開されるようにするものとする。
　(ア)　具体的なねらい及び内容は，幼保連携型認定こども園の生活における園児の発達の過程を見通し，園児の生活の連続性，季節の変化などを考慮して，園児の興味や関心，発達の実情などに応じて設定すること。
　(イ)　環境は，具体的なねらいを達成するために適切なものとなるように構成し，園児が自らその環境に関わることにより様々な活動を展開しつつ必要な体験を得られるようにすること。その際，園児の生活する姿や発想を大切にし，常にその環境が適切なものとなるようにすること。
　(ウ)　園児の行う具体的な活動は，生活の流れの中で様々に変化するものであることに留意し，園児が望ましい方向に向かって自ら活動を展開していくことができるよう必要な援助をすること。
　　その際，園児の実態及び園児を取り巻く状況の変化などに即して指導の過程についての評価を適切に行い，常に指導計画の改善を図るものとする。
(3) 指導計画の作成上の留意事項
　指導計画の作成に当たっては，次の事項に留意するものとする。
　ア　園児の生活は，入園当初の一人一人の遊びや保育教諭等との触れ合いを通して幼保連携型認定こども園の生活に親しみ，安定していく時期から，他の園児との関わりの中で園児の主体的な活動が深まり，園児が互いに必要な存在であることを認識するようになる。その後，園児同士や学級全体で目的をもって協同して幼保連携型認定こども園の生活を展開し，深めていく時期などに至るまでの過程を様々に経ながら広げられていくものである。これらを考慮し，活動がそれぞれの時期にふさわしく展開されるようにすること。
　　また，園児の入園当初の教育及び保育に当たっては，既に在園している園児に不安や動揺を与えないようにしつつ，可能な限り個別的に対応し，園児が安定感を得て，次第に幼保連携型認定こども園の生活になじんでいくよう配慮すること。
　イ　長期的に発達を見通した年，学期，月などにわたる長期の指導計画やこれとの関連を保ちながらより具体的な園児の生活に即した週，日などの短期の指導計画を作成し，適切な指導が行われるようにすること。特に，週，日などの短期の指導計画については，園児の生活のリズムに配慮し，園児の意識や興味の連続性のある活動が相互に関連して幼保連携型認定こども園の生活の自然な流れの中に組み込まれるようにすること。
　ウ　園児が様々な人やものとの関わりを通して，多様な体験をし，心身の調和のとれた発達を促すようにしていくこと。その際，園児の発達に即して主体的・対話的で深い学びが実現するようにするとともに，心を動かされる体験が次の活動を生み出すことを考慮し，一つ一つの体験が相互に結び付き，幼保連携型認定こども園の生活が充実するようにすること。
　エ　言語に関する能力の発達と思考力等の発達が関連していることを踏まえ，幼保連携型認定こども園における生活全体を通して，園児の発達を踏まえた言語環境を整え，言語活動の充実を図ること。
　オ　園児が次の活動への期待や意欲をもつことができるよう，園児の実態を踏まえながら，保育教諭等や他の園児と共に遊びや生活の中で見通しをもったり，振り返ったりするよう工夫すること。
　カ　行事の指導に当たっては，幼保連携型認定こども園の生活の自然な流れの中で生活に変化や潤いを与え，園児が主体的に楽しく活動できるようにすること。なお，それぞれの行事については教育及び保育における価値を十分検討し，適切なものを精選し，園児の負担にならないようにすること。
　キ　乳幼児期は直接的な体験が重要であることを踏

まえ，視聴覚教材やコンピュータなど情報機器を活用する際には，幼保連携型認定こども園の生活では得難い体験を補完するなど，園児の体験との関連を考慮すること。

　ク　園児の主体的な活動を促すためには，保育教諭等が多様な関わりをもつことが重要であることを踏まえ，保育教諭等は，理解者，共同作業者など様々な役割を果たし，園児の情緒の安定や発達に必要な豊かな体験が得られるよう，活動の場面に応じて，園児の人権や園児一人一人の個人差等に配慮した適切な指導を行うようにすること。

　ケ　園児の行う活動は，個人，グループ，学級全体などで多様に展開されるものであることを踏まえ，幼保連携型認定こども園全体の職員による協力体制を作りながら，園児一人一人が興味や欲求を十分に満足させるよう適切な援助を行うようにすること。

　コ　園児の生活は，家庭を基盤として地域社会を通じて次第に広がりをもつものであることに留意し，家庭との連携を十分に図るなど，幼保連携型認定こども園における生活が家庭や地域社会と連続性を保ちつつ展開されるようにするものとする。その際，地域の自然，高齢者や異年齢の子どもなどを含む人材，行事や公共施設などの地域の資源を積極的に活用し，園児が豊かな生活体験を得られるように工夫するものとする。また，家庭との連携に当たっては，保護者との情報交換の機会を設けたり，保護者と園児との活動の機会を設けたりなどすることを通じて，保護者の乳幼児期の教育及び保育に関する理解が深まるよう配慮するものとする。

　サ　地域や幼保連携型認定こども園の実態等により，幼保連携型認定こども園間に加え，幼稚園，保育所等の保育施設，小学校，中学校，高等学校及び特別支援学校などとの間の連携や交流を図るものとする。特に，小学校教育との円滑な接続のため，幼保連携型認定こども園の園児と小学校の児童との交流の機会を積極的に設けるようにするものとする。また，障害のある園児児童生徒との交流及び共同学習の機会を設け，共に尊重し合いながら協働して生活していく態度を育むよう努めるものとする。

(4)　園児の理解に基づいた評価の実施

　　園児一人一人の発達の理解に基づいた評価の実施に当たっては，次の事項に配慮するものとする。

　ア　指導の過程を振り返りながら園児の理解を進め，園児一人一人のよさや可能性などを把握し，指導の改善に生かすようにすること。その際，他の園児との比較や一定の基準に対する達成度についての評定によって捉えるものではないことに留意すること。

　イ　評価の妥当性や信頼性が高められるよう創意工夫を行い，組織的かつ計画的な取組を推進するとともに，次年度又は小学校等にその内容が適切に引き継がれるようにすること。

3　特別な配慮を必要とする園児への指導

　(1)　障害のある園児などへの指導

　　　障害のある園児などへの指導に当たっては，集団の中で生活することを通して全体的な発達を促していくことに配慮し，適切な環境の下で，障害のある園児が他の園児との生活を通して共に成長できるよう，特別支援学校などの助言又は援助を活用しつつ，個々の園児の障害の状態などに応じた指導内容や指導方法の工夫を組織的かつ計画的に行うものとする。また，家庭，地域及び医療や福祉，保健等の業務を行う関係機関との連携を図り，長期的な視点で園児への教育及び保育的支援を行うために，個別の教育及び保育支援計画を作成し活用することに努めるとともに，個々の園児の実態を的確に把握し，個別の指導計画を作成し活用することに努めるものとする。

　(2)　海外から帰国した園児や生活に必要な日本語の習得に困難のある園児の幼保連携型認定こども園の生活への適応

　　　海外から帰国した園児や生活に必要な日本語の習得に困難のある園児については，安心して自己を発揮できるよう配慮するなど個々の園児の実態に応じ，指導内容や指導方法の工夫を組織的かつ計画的に行うものとする。

第3　幼保連携型認定こども園として特に配慮すべき事項

　幼保連携型認定こども園における教育及び保育を行うに当たっては，次の事項について特に配慮しなければならない。

1　当該幼保連携型認定こども園に入園した年齢により集団生活の経験年数が異なる園児がいることに配慮する等，0歳から小学校就学前までの一貫した教育及び保育を園児の発達や学びの連続性を考慮して展開していくこと。特に満3歳以上については入園する園児が多いことや同一学年の園児で編制される学級の中で生活することなどを踏まえ，家庭や他の保育施設等との連携や引継ぎを円滑に行うとともに，環境の工夫をすること。

2　園児の一日の生活の連続性及びリズムの多様性に配

慮するとともに，保護者の生活形態を反映した園児の在園時間の長短，入園時期や登園日数の違いを踏まえ，園児一人一人の状況に応じ，教育及び保育の内容やその展開について工夫をすること。特に入園及び年度当初においては，家庭との連携の下，園児一人一人の生活の仕方やリズムに十分に配慮して一日の自然な生活の流れをつくり出していくようにすること。
3 環境を通して行う教育及び保育の活動の充実を図るため，幼保連携型認定こども園における教育及び保育の環境の構成に当たっては，乳幼児期の特性及び保護者や地域の実態を踏まえ，次の事項に留意すること。
 (1) 0歳から小学校就学前までの様々な年齢の園児の発達の特性を踏まえ，満3歳未満の園児については特に健康，安全や発達の確保を十分に図るとともに，満3歳以上の園児については同一学年の園児で編制される学級による集団活動の中で遊びを中心とする園児の主体的な活動を通して発達や学びを促す経験が得られるよう工夫をすること。特に，満3歳以上の園児同士が共に育ち，学び合いながら，豊かな体験を積み重ねることができるよう工夫をすること。
 (2) 在園時間が異なる多様な園児がいることを踏まえ，園児の生活が安定するよう，家庭や地域，幼保連携型認定こども園における生活の連続性を確保するとともに，一日の生活のリズムを整えるよう工夫をすること。特に満3歳未満の園児については睡眠時間等の個人差に配慮するとともに，満3歳以上の園児については集中して遊ぶ場と家庭的な雰囲気の中でくつろぐ場との適切な調和等の工夫をすること。
 (3) 家庭や地域において異年齢の子どもと関わる機会が減少していることを踏まえ，満3歳以上の園児については，学級による集団活動とともに，満3歳未満の園児を含む異年齢の園児による活動を，園児の発達の状況にも配慮しつつ適切に組み合わせて設定するなどの工夫をすること。
 (4) 満3歳以上の園児については，特に長期的な休業中，園児が過ごす家庭や園などの生活の場が異なることを踏まえ，それぞれの多様な生活経験が長期的な休業などの終了後等の園生活に生かされるよう工夫をすること。
4 指導計画を作成する際には，この章に示す指導計画の作成上の留意事項を踏まえるとともに，次の事項にも特に配慮すること。
 (1) 園児の発達の個人差，入園した年齢の違いなどによる集団生活の経験年数の差，家庭環境等を踏まえ，園児一人一人の発達の特性や課題に十分留意すること。特に満3歳未満の園児については，大人への依存度が極めて高い等の特性があることから，個別的な対応を図ること。また，園児の集団生活への円滑な接続について，家庭等との連携及び協力を図る等十分留意すること。
 (2) 園児の発達の連続性を考慮した教育及び保育を展開する際には，次の事項に留意すること。
  ア 満3歳未満の園児については，園児一人一人の生育歴，心身の発達，活動の実態等に即して，個別的な計画を作成すること。
  イ 満3歳以上の園児については，個の成長と，園児相互の関係や協同的な活動が促されるよう考慮すること。
  ウ 異年齢で構成されるグループ等での指導に当たっては，園児一人一人の生活や経験，発達の過程などを把握し，適切な指導や環境の構成ができるよう考慮すること。
 (3) 一日の生活のリズムや在園時間が異なる園児が共に過ごすことを踏まえ，活動と休息，緊張感と解放感等の調和を図るとともに，園児に不安や動揺を与えないようにする等の配慮を行うこと。その際，担当の保育教諭等が替わる場合には，園児の様子等引継ぎを行い，十分な連携を図ること。
 (4) 午睡は生活のリズムを構成する重要な要素であり，安心して眠ることのできる安全な午睡環境を確保するとともに，在園時間が異なることや，睡眠時間は園児の発達の状況や個人によって差があることから，一律とならないよう配慮すること。
 (5) 長時間にわたる教育及び保育については，園児の発達の過程，生活のリズム及び心身の状態に十分配慮して，保育の内容や方法，職員の協力体制，家庭との連携などを指導計画に位置付けること。
5 生命の保持や情緒の安定を図るなど養護の行き届いた環境の下，幼保連携型認定こども園における教育及び保育を展開すること。
 (1) 園児一人一人が，快適にかつ健康で安全に過ごせるようにするとともに，その生理的欲求が十分に満たされ，健康増進が積極的に図られるようにするため，次の事項に留意すること。
  ア 園児一人一人の平常の健康状態や発育及び発達の状態を的確に把握し，異常を感じる場合は，速やかに適切に対応すること。
  イ 家庭との連携を密にし，学校医等との連携を図りながら，園児の疾病や事故防止に関する認識を深め，保健的で安全な環境の維持及び向上に努めること。
  ウ 清潔で安全な環境を整え，適切な援助や応答的

な関わりを通して，園児の生理的欲求を満たしていくこと。また，家庭と協力しながら，園児の発達の過程等に応じた適切な生活のリズムがつくられていくようにすること。
　　エ　園児の発達の過程等に応じて，適切な運動と休息をとることができるようにすること。また，食事，排泄，睡眠，衣類の着脱，身の回りを清潔にすることなどについて，園児が意欲的に生活できるよう適切に援助すること。
　(2)　園児一人一人が安定感をもって過ごし，自分の気持ちを安心して表すことができるようにするとともに，周囲から主体として受け止められ主体として育ち，自分を肯定する気持ちが育まれていくようにし，くつろいで共に過ごし，心身の疲れが癒やされるようにするため，次の事項に留意すること。
　　ア　園児一人一人の置かれている状態や発達の過程などを的確に把握し，園児の欲求を適切に満たしながら，応答的な触れ合いや言葉掛けを行うこと。
　　イ　園児一人一人の気持ちを受容し，共感しながら，園児との継続的な信頼関係を築いていくこと。
　　ウ　保育教諭等との信頼関係を基盤に，園児一人一人が主体的に活動し，自発性や探索意欲などを高めるとともに，自分への自信をもつことができるよう成長の過程を見守り，適切に働き掛けること。
　　エ　園児一人一人の生活のリズム，発達の過程，在園時間などに応じて，活動内容のバランスや調和を図りながら，適切な食事や休息がとれるようにすること。
　6　園児の健康及び安全は，園児の生命の保持と健やかな生活の基本であり，幼保連携型認定こども園の生活全体を通して健康や安全に関する管理や指導，食育の推進等に十分配慮すること。
　7　保護者に対する子育ての支援に当たっては，この章に示す幼保連携型認定こども園における教育及び保育の基本及び目標を踏まえ，子どもに対する学校としての教育及び児童福祉施設としての保育並びに保護者に対する子育ての支援について相互に有機的な連携が図られるようにすること。また，幼保連携型認定こども園の目的の達成に資するため，保護者が子どもの成長に気付き子育ての喜びが感じられるよう，幼保連携型認定こども園の特性を生かした子育ての支援に努めること。

第2章　ねらい及び内容並びに配慮事項

　この章に示すねらいは，幼保連携型認定こども園の教育及び保育において育みたい資質・能力を園児の生活する姿から捉えたものであり，内容は，ねらいを達成するために指導する事項である。各視点や領域は，この時期の発達の特徴を踏まえ，教育及び保育のねらい及び内容を乳幼児の発達の側面から，乳児は三つの視点として，幼児は五つの領域としてまとめ，示したものである。内容の取扱いは，園児の発達を踏まえた指導を行うに当たって留意すべき事項である。
　各視点や領域に示すねらいは，幼保連携型認定こども園における生活の全体を通じ，園児が様々な体験を積み重ねる中で相互に関連をもちながら次第に達成に向かうものであること，内容は，園児が環境に関わって展開する具体的な活動を通して総合的に指導されるものであることに留意しなければならない。
　また，「幼児期の終わりまでに育ってほしい姿」が，ねらい及び内容に基づく活動全体を通して資質・能力が育まれている園児の幼保連携型認定こども園修了時の具体的な姿であることを踏まえ，指導を行う際に考慮するものとする。
　なお，特に必要な場合には，各視点や領域に示すねらいの趣旨に基づいて適切な，具体的な内容を工夫し，それを加えても差し支えないが，その場合には，それが第1章の第1に示す幼保連携型認定こども園の教育及び保育の基本及び目標を逸脱しないよう慎重に配慮する必要がある。

第1　乳児期の園児の保育に関するねらい及び内容
　基本的事項
　1　乳児期の発達については，視覚，聴覚などの感覚や，座る，はう，歩くなどの運動機能が著しく発達し，特定の大人との応答的な関わりを通じて，情緒的な絆が形成されるといった特徴がある。これらの発達の特徴を踏まえて，乳児期の園児の保育は，愛情豊かに，応答的に行われることが特に必要である。
　2　本項においては，この時期の発達の特徴を踏まえ，乳児期の園児の保育のねらい及び内容については，身体的発達に関する視点「健やかに伸び伸びと育つ」，社会的発達に関する視点「身近な人と気持ちが通じ合う」及び精神的発達に関する視点「身近なものと関わり感性が育つ」としてまとめ，示している。
　ねらい及び内容
　健やかに伸び伸びと育つ
　〔健康な心と体を育て，自ら健康で安全な生活をつくり出す力の基盤を培う。〕

1 ねらい
　(1) 身体感覚が育ち，快適な環境に心地よさを感じる。
　(2) 伸び伸びと体を動かし，はう，歩くなどの運動をしようとする。
　(3) 食事，睡眠等の生活のリズムの感覚が芽生える。
2 内容
　(1) 保育教諭等の愛情豊かな受容の下で，生理的・心理的欲求を満たし，心地よく生活をする。
　(2) 一人一人の発育に応じて，はう，立つ，歩くなど，十分に体を動かす。
　(3) 個人差に応じて授乳を行い，離乳を進めていく中で，様々な食品に少しずつ慣れ，食べることを楽しむ。
　(4) 一人一人の生活のリズムに応じて，安全な環境の下で十分に午睡をする。
　(5) おむつ交換や衣服の着脱などを通じて，清潔になることの心地よさを感じる。
3 内容の取扱い
　上記の取扱いに当たっては，次の事項に留意する必要がある。
　(1) 心と体の健康は，相互に密接な関連があるものであることを踏まえ，温かい触れ合いの中で，心と体の発達を促すこと。特に，寝返り，お座り，はいはい，つかまり立ち，伝い歩きなど，発育に応じて，遊びの中で体を動かす機会を十分に確保し，自ら体を動かそうとする意欲が育つようにすること。
　(2) 健康な心と体を育てるためには望ましい食習慣の形成が重要であることを踏まえ，離乳食が完了期へと徐々に移行する中で，様々な食品に慣れるようにするとともに，和やかな雰囲気の中で食べる喜びや楽しさを味わい，進んで食べようとする気持ちが育つようにすること。なお，食物アレルギーのある園児への対応については，学校医等の指示や協力の下に適切に対応すること。

身近な人と気持ちが通じ合う
〔受容的・応答的な関わりの下で，何かを伝えようとする意欲や身近な大人との信頼関係を育て，人と関わる力の基盤を培う。〕
1 ねらい
　(1) 安心できる関係の下で，身近な人と共に過ごす喜びを感じる。
　(2) 体の動きや表情，発声等により，保育教諭等と気持ちを通わせようとする。
　(3) 身近な人と親しみ，関わりを深め，愛情や信頼感が芽生える。
2 内容
　(1) 園児からの働き掛けを踏まえた，応答的な触れ合いや言葉掛けによって，欲求が満たされ，安定感をもって過ごす。
　(2) 体の動きや表情，発声，喃語等を優しく受け止めてもらい，保育教諭等とのやり取りを楽しむ。
　(3) 生活や遊びの中で，自分の身近な人の存在に気付き，親しみの気持ちを表す。
　(4) 保育教諭等による語り掛けや歌い掛け，発声や喃語等への応答を通じて，言葉の理解や発語の意欲が育つ。
　(5) 温かく，受容的な関わりを通じて，自分を肯定する気持ちが芽生える。
3 内容の取扱い
　上記の取扱いに当たっては，次の事項に留意する必要がある。
　(1) 保育教諭等との信頼関係に支えられて生活を確立していくことが人と関わる基盤となることを考慮して，園児の多様な感情を受け止め，温かく受容的・応答的に関わり，一人一人に応じた適切な援助を行うようにすること。
　(2) 身近な人に親しみをもって接し，自分の感情などを表し，それに相手が応答する言葉を聞くことを通して，次第に言葉が獲得されていくことを考慮して，楽しい雰囲気の中での保育教諭等との関わり合いを大切にし，ゆっくりと優しく話し掛けるなど，積極的に言葉のやり取りを楽しむことができるようにすること。

身近なものと関わり感性が育つ
〔身近な環境に興味や好奇心をもって関わり，感じたことや考えたことを表現する力の基盤を培う。〕
1 ねらい
　(1) 身の回りのものに親しみ，様々なものに興味や関心をもつ。
　(2) 見る，触れる，探索するなど，身近な環境に自分から関わろうとする。
　(3) 身体の諸感覚による認識が豊かになり，表情や手足，体の動き等で表現する。
2 内容
　(1) 身近な生活用具，玩具や絵本などが用意された中で，身の回りのものに対する興味や好奇心をもつ。
　(2) 生活や遊びの中で様々なものに触れ，音，形，色，手触りなどに気付き，感覚の働きを豊かにする。
　(3) 保育教諭等と一緒に様々な色彩や形のものや絵本などを見る。
　(4) 玩具や身の回りのものを，つまむ，つかむ，たたく，引っ張るなど，手や指を使って遊ぶ。

(5) 保育教諭等のあやし遊びに機嫌よく応じたり，歌やリズムに合わせて手足や体を動かして楽しんだりする。
　3　内容の取扱い
　　上記の取扱いに当たっては，次の事項に留意する必要がある。
　　(1) 玩具などは，音質，形，色，大きさなど園児の発達状態に応じて適切なものを選び，その時々の園児の興味や関心を踏まえるなど，遊びを通して感覚の発達が促されるものとなるように工夫すること。なお，安全な環境の下で，園児が探索意欲を満たして自由に遊べるよう，身の回りのものについては常に十分な点検を行うこと。
　　(2) 乳児期においては，表情，発声，体の動きなどで，感情を表現することが多いことから，これらの表現しようとする意欲を積極的に受け止めて，園児が様々な活動を楽しむことを通して表現が豊かになるようにすること。

第2　満1歳以上満3歳未満の園児の保育に関するねらい及び内容
　基本的事項
　1　この時期においては，歩き始めから，歩く，走る，跳ぶなどへと，基本的な運動機能が次第に発達し，排泄の自立のための身体的機能も整うようになる。つまむ，めくるなどの指先の機能も発達し，食事，衣類の着脱なども，保育教諭等の援助の下で自分で行うようになる。発声も明瞭になり，語彙も増加し，自分の意思や欲求を言葉で表出できるようになる。このように自分でできることが増えてくる時期であることから，保育教諭等は，園児の生活の安定を図りながら，自分でしようとする気持ちを尊重し，温かく見守るとともに，愛情豊かに，応答的に関わることが必要である。
　2　本項においては，この時期の発達の特徴を踏まえ，保育のねらい及び内容について，心身の健康に関する領域「健康」，人との関わりに関する領域「人間関係」，身近な環境との関わりに関する領域「環境」，言葉の獲得に関する領域「言葉」及び感性と表現に関する領域「表現」としてまとめ，示している。
　ねらい及び内容
　健康
　〔健康な心と体を育て，自ら健康で安全な生活をつくり出す力を養う。〕
　1　ねらい
　　(1) 明るく伸び伸びと生活し，自分から体を動かすことを楽しむ。
　　(2) 自分の体を十分に動かし，様々な動きをしようとする。
　　(3) 健康，安全な生活に必要な習慣に気付き，自分でしてみようとする気持ちが育つ。
　2　内容
　　(1) 保育教諭等の愛情豊かな受容の下で，安定感をもって生活をする。
　　(2) 食事や午睡，遊びと休息など，幼保連携型認定こども園における生活のリズムが形成される。
　　(3) 走る，跳ぶ，登る，押す，引っ張るなど全身を使う遊びを楽しむ。
　　(4) 様々な食品や調理形態に慣れ，ゆったりとした雰囲気の中で食事や間食を楽しむ。
　　(5) 身の回りを清潔に保つ心地よさを感じ，その習慣が少しずつ身に付く。
　　(6) 保育教諭等の助けを借りながら，衣類の着脱を自分でしようとする。
　　(7) 便器での排泄に慣れ，自分で排泄ができるようになる。
　3　内容の取扱い
　　上記の取扱いに当たっては，次の事項に留意する必要がある。
　　(1) 心と体の健康は，相互に密接な関連があるものであることを踏まえ，園児の気持ちに配慮した温かい触れ合いの中で，心と体の発達を促すこと。特に，一人一人の発育に応じて，体を動かす機会を十分に確保し，自ら体を動かそうとする意欲が育つようにすること。
　　(2) 健康な心と体を育てるためには望ましい食習慣の形成が重要であることを踏まえ，ゆったりとした雰囲気の中で食べる喜びや楽しさを味わい，進んで食べようとする気持ちが育つようにすること。なお，食物アレルギーのある園児への対応については，学校医等の指示や協力の下に適切に対応すること。
　　(3) 排泄の習慣については，一人一人の排尿間隔等を踏まえ，おむつが汚れていないときに便器に座らせるなどにより，少しずつ慣れさせるようにすること。
　　(4) 食事，排泄，睡眠，衣類の着脱，身の回りを清潔にすることなど，生活に必要な基本的な習慣については，一人一人の状態に応じ，落ち着いた雰囲気の中で行うようにし，園児が自分でしようとする気持ちを尊重すること。また，基本的な生活習慣の形成に当たっては，家庭での生活経験に配慮し，家庭との適切な連携の下で行うようにすること。
　人間関係
　〔他の人々と親しみ，支え合って生活するために，自立心を育て，人と関わる力を養う。〕

1 ねらい
(1) 幼保連携型認定こども園での生活を楽しみ，身近な人と関わる心地よさを感じる。
(2) 周囲の園児等への興味・関心が高まり，関わりをもとうとする。
(3) 幼保連携型認定こども園の生活の仕方に慣れ，きまりの大切さに気付く。

2 内容
(1) 保育教諭等や周囲の園児等との安定した関係の中で，共に過ごす心地よさを感じる。
(2) 保育教諭等の受容的・応答的な関わりの中で，欲求を適切に満たし，安定感をもって過ごす。
(3) 身の回りに様々な人がいることに気付き，徐々に他の園児と関わりをもって遊ぶ。
(4) 保育教諭等の仲立ちにより，他の園児との関わり方を少しずつ身につける。
(5) 幼保連携型認定こども園の生活の仕方に慣れ，きまりがあることや，その大切さに気付く。
(6) 生活や遊びの中で，年長児や保育教諭等の真似をしたり，ごっこ遊びを楽しんだりする。

3 内容の取扱い
上記の取扱いに当たっては，次の事項に留意する必要がある。
(1) 保育教諭等との信頼関係に支えられて生活を確立するとともに，自分で何かをしようとする気持ちが旺盛になる時期であることに鑑み，そのような園児の気持ちを尊重し，温かく見守るとともに，愛情豊かに，応答的に関わり，適切な援助を行うようにすること。
(2) 思い通りにいかない場合等の園児の不安定な感情の表出については，保育教諭等が受容的に受け止めるとともに，そうした気持ちから立ち直る経験や感情をコントロールすることへの気付き等につなげていけるように援助すること。
(3) この時期は自己と他者との違いの認識がまだ十分ではないことから，園児の自我の育ちを見守るとともに，保育教諭等が仲立ちとなって，自分の気持ちを相手に伝えることや相手の気持ちに気付くことの大切さなど，友達の気持ちや友達との関わり方を丁寧に伝えていくこと。

環境
〔周囲の様々な環境に好奇心や探究心をもって関わり，それらを生活に取り入れていこうとする力を養う。〕

1 ねらい
(1) 身近な環境に親しみ，触れ合う中で，様々なものに興味や関心をもつ。
(2) 様々なものに関わる中で，発見を楽しんだり，考えたりしようとする。
(3) 見る，聞く，触るなどの経験を通して，感覚の働きを豊かにする。

2 内容
(1) 安全で活動しやすい環境での探索活動等を通して，見る，聞く，触れる，嗅ぐ，味わうなどの感覚の働きを豊かにする。
(2) 玩具，絵本，遊具などに興味をもち，それらを使った遊びを楽しむ。
(3) 身の回りの物に触れる中で，形，色，大きさ，量などの物の性質や仕組みに気付く。
(4) 自分の物と人の物の区別や，場所的感覚など，環境を捉える感覚が育つ。
(5) 身近な生き物に気付き，親しみをもつ。
(6) 近隣の生活や季節の行事などに興味や関心をもつ。

3 内容の取扱い 上記の取扱いに当たっては，次の事項に留意する必要がある。
(1) 玩具などは，音質，形，色，大きさなど園児の発達状態に応じて適切なものを選び，遊びを通して感覚の発達が促されるように工夫すること。
(2) 身近な生き物との関わりについては，園児が命を感じ，生命の尊さに気付く経験へとつながるものであることから，そうした気付きを促すような関わりとなるようにすること。
(3) 地域の生活や季節の行事などに触れる際には，社会とのつながりや地域社会の文化への気付きにつながるものとなることが望ましいこと。その際，幼保連携型認定こども園内外の行事や地域の人々との触れ合いなどを通して行うこと等も考慮すること。

言葉
〔経験したことや考えたことなどを自分なりの言葉で表現し，相手の話す言葉を聞こうとする意欲や態度を育て，言葉に対する感覚や言葉で表現する力を養う。〕

1 ねらい
(1) 言葉遊びや言葉で表現する楽しさを感じる。
(2) 人の言葉や話などを聞き，自分でも思ったことを伝えようとする。
(3) 絵本や物語等に親しむとともに，言葉のやり取りを通じて身近な人と気持ちを通わせる。

2 内容
(1) 保育教諭等の応答的な関わりや話し掛けにより，自ら言葉を使おうとする。
(2) 生活に必要な簡単な言葉に気付き，聞き分ける。
(3) 親しみをもって日常の挨拶に応じる。
(4) 絵本や紙芝居を楽しみ，簡単な言葉を繰り返したり，模倣をしたりして遊ぶ。

(5) 保育教諭等とごっこ遊びをする中で，言葉のやり取りを楽しむ。
　(6) 保育教諭等を仲立ちとして，生活や遊びの中で友達との言葉のやり取りを楽しむ。
　(7) 保育教諭等や友達の言葉や話に興味や関心をもって，聞いたり，話したりする。
 3　内容の取扱い
　　上記の取扱いに当たっては，次の事項に留意する必要がある。
　(1) 身近な人に親しみをもって接し，自分の感情などを伝え，それに相手が応答し，その言葉を聞くことを通して，次第に言葉が獲得されていくものであることを考慮して，楽しい雰囲気の中で保育教諭等との言葉のやり取りができるようにすること。
　(2) 園児が自分の思いを言葉で伝えるとともに，他の園児の話などを聞くことを通して，次第に話を理解し，言葉による伝え合いができるようになるよう，気持ちや経験等の言語化を行うことを援助するなど，園児同士の関わりの仲立ちを行うようにすること。
　(3) この時期は，片言から，二語文，ごっこ遊びでのやり取りができる程度へと，大きく言葉の習得が進む時期であることから，それぞれの園児の発達の状況に応じて，遊びや関わりの工夫など，保育の内容を適切に展開することが必要であること。
表現
〔感じたことや考えたことを自分なりに表現することを通して，豊かな感性や表現する力を養い，創造性を豊かにする。〕
 1　ねらい
　(1) 身体の諸感覚の経験を豊かにし，様々な感覚を味わう。
　(2) 感じたことや考えたことなどを自分なりに表現しようとする。
　(3) 生活や遊びの様々な体験を通して，イメージや感性が豊かになる。
 2　内容
　(1) 水，砂，土，紙，粘土など様々な素材に触れて楽しむ。
　(2) 音楽，リズムやそれに合わせた体の動きを楽しむ。
　(3) 生活の中で様々な音，形，色，手触り，動き，味，香りなどに気付いたり，感じたりして楽しむ。
　(4) 歌を歌ったり，簡単な手遊びや全身を使う遊びを楽しんだりする。
　(5) 保育教諭等からの話や，生活や遊びの中での出来事を通して，イメージを豊かにする。
　(6) 生活や遊びの中で，興味のあることや経験したこ

となどを自分なりに表現する。
 3　内容の取扱い
　　上記の取扱いに当たっては，次の事項に留意する必要がある。
　(1) 園児の表現は，遊びや生活の様々な場面で表出されているものであることから，それらを積極的に受け止め，様々な表現の仕方や感性を豊かにする経験となるようにすること。
　(2) 園児が試行錯誤しながら様々な表現を楽しむことや，自分の力でやり遂げる充実感などに気付くよう，温かく見守るとともに，適切な援助を行うようにすること。
　(3) 様々な感情の表現等を通じて，園児が自分の感情や気持ちに気付くようになる時期であることに鑑み，受容的な関わりの中で自信をもって表現をすることや，諦めずに続けた後の達成感等を感じられるような経験が蓄積されるようにすること。
　(4) 身近な自然や身の回りの事物に関わる中で，発見や心が動く経験が得られるよう，諸感覚を働かせることを楽しむ遊びや素材を用意するなど保育の環境を整えること。

第3　満3歳以上の園児の教育及び保育に関するねらい及び内容
基本的事項
 1　この時期においては，運動機能の発達により，基本的な動作が一通りできるようになるとともに，基本的な生活習慣もほぼ自立できるようになる。理解する語彙数が急激に増加し，知的興味や関心も高まってくる。仲間と遊び，仲間の中の一人という自覚が生じ，集団的な遊びや協同的な活動も見られるようになる。これらの発達の特徴を踏まえて，この時期の教育及び保育においては，個の成長と集団としての活動の充実が図られるようにしなければならない。
 2　本項においては，この時期の発達の特徴を踏まえ，教育及び保育のねらい及び内容について，心身の健康に関する領域「健康」，人との関わりに関する領域「人間関係」，身近な環境との関わりに関する領域「環境」，言葉の獲得に関する領域「言葉」及び感性と表現に関する領域「表現」としてまとめ，示している。
ねらい及び内容
健康
〔健康な心と体を育て，自ら健康で安全な生活をつくり出す力を養う。〕
 1　ねらい
　(1) 明るく伸び伸びと行動し，充実感を味わう。
　(2) 自分の体を十分に動かし，進んで運動しようとす

(3) 健康，安全な生活に必要な習慣や態度を身に付け，見通しをもって行動する。
　2　内容
　　(1) 保育教諭等や友達と触れ合い，安定感をもって行動する。
　　(2) いろいろな遊びの中で十分に体を動かす。
　　(3) 進んで戸外で遊ぶ。
　　(4) 様々な活動に親しみ，楽しんで取り組む。
　　(5) 保育教諭等や友達と食べることを楽しみ，食べ物への興味や関心をもつ。
　　(6) 健康な生活のリズムを身に付ける。
　　(7) 身の回りを清潔にし，衣服の着脱，食事，排泄（せつ）などの生活に必要な活動を自分でする。
　　(8) 幼保連携型認定こども園における生活の仕方を知り，自分たちで生活の場を整えながら見通しをもって行動する。
　　(9) 自分の健康に関心をもち，病気の予防などに必要な活動を進んで行う。
　　(10) 危険な場所，危険な遊び方，災害時などの行動の仕方が分かり，安全に気を付けて行動する。
　3　内容の取扱い
　　上記の取扱いに当たっては，次の事項に留意する必要がある。
　　(1) 心と体の健康は，相互に密接な関連があるものであることを踏まえ，園児が保育教諭等や他の園児との温かい触れ合いの中で自己の存在感や充実感を味わうことなどを基盤として，しなやかな心と体の発達を促すこと。特に，十分に体を動かす気持ちよさを体験し，自ら体を動かそうとする意欲が育つようにすること。
　　(2) 様々な遊びの中で，園児が興味や関心，能力に応じて全身を使って活動することにより，体を動かす楽しさを味わい，自分の体を大切にしようとする気持ちが育つようにすること。その際，多様な動きを経験する中で，体の動きを調整するようにすること。
　　(3) 自然の中で伸び伸びと体を動かして遊ぶことにより，体の諸機能の発達が促されることに留意し，園児の興味や関心が戸外にも向くようにすること。その際，園児の動線に配慮した園庭や遊具の配置などを工夫すること。
　　(4) 健康な心と体を育てるためには食育を通じた望ましい食習慣の形成が大切であることを踏まえ，園児の食生活の実情に配慮し，和やかな雰囲気の中で保育教諭等や他の園児と食べる喜びや楽しさを味わったり，様々な食べ物への興味や関心をもったりするなどし，食の大切さに気付き，進んで食べようとする気持ちが育つようにすること。
　　(5) 基本的な生活習慣の形成に当たっては，家庭での生活経験に配慮し，園児の自立心を育て，園児が他の園児と関わりながら主体的な活動を展開する中で，生活に必要な習慣を身に付け，次第に見通しをもって行動できるようにすること。
　　(6) 安全に関する指導に当たっては，情緒の安定を図り，遊びを通して安全についての構えを身に付け，危険な場所や事物などが分かり，安全についての理解を深めるようにすること。また，交通安全の習慣を身に付けるようにするとともに，避難訓練などを通して，災害などの緊急時に適切な行動がとれるようにすること。

人間関係
〔他の人々と親しみ，支え合って生活するために，自立心を育て，人と関わる力を養う。〕
　1　ねらい
　　(1) 幼保連携型認定こども園の生活を楽しみ，自分の力で行動することの充実感を味わう。
　　(2) 身近な人と親しみ，関わりを深め，工夫したり，協力したりして一緒に活動する楽しさを味わい，愛情や信頼感をもつ。
　　(3) 社会生活における望ましい習慣や態度を身に付ける。
　2　内容
　　(1) 保育教諭等や友達と共に過ごすことの喜びを味わう。
　　(2) 自分で考え，自分で行動する。
　　(3) 自分でできることは自分でする。
　　(4) いろいろな遊びを楽しみながら物事をやり遂げようとする気持ちをもつ。
　　(5) 友達と積極的に関わりながら喜びや悲しみを共感し合う。
　　(6) 自分の思ったことを相手に伝え，相手の思っていることに気付く。
　　(7) 友達のよさに気付き，一緒に活動する楽しさを味わう。
　　(8) 友達と楽しく活動する中で，共通の目的を見いだし，工夫したり，協力したりなどする。
　　(9) よいことや悪いことがあることに気付き，考えながら行動する。
　　(10) 友達との関わりを深め，思いやりをもつ。
　　(11) 友達と楽しく生活する中できまりの大切さに気付き，守ろうとする。
　　(12) 共同の遊具や用具を大切にし，皆で使う。
　　(13) 高齢者をはじめ地域の人々などの自分の生活に

関係の深いいろいろな人に親しみをもつ。
3 内容の取扱い
上記の取扱いに当たっては、次の事項に留意する必要がある。
(1) 保育教諭等との信頼関係に支えられて自分自身の生活を確立していくことが人と関わる基盤となることを考慮し、園児が自ら周囲に働き掛けることにより多様な感情を体験し、試行錯誤しながら諦めずにやり遂げることの達成感や、前向きな見通しをもって自分の力で行うことの充実感を味わうことができるよう、園児の行動を見守りながら適切な援助を行うようにすること。
(2) 一人一人を生かした集団を形成しながら人と関わる力を育てていくようにすること。その際、集団の生活の中で、園児が自己を発揮し、保育教諭等や他の園児に認められる体験をし、自分のよさや特徴に気付き、自信をもって行動できるようにすること。
(3) 園児が互いに関わりを深め、協同して遊ぶようになるため、自ら行動する力を育てるようにするとともに、他の園児と試行錯誤しながら活動を展開する楽しさや共通の目的が実現する喜びを味わうことができるようにすること。
(4) 道徳性の芽生えを培うに当たっては、基本的な生活習慣の形成を図るとともに、園児が他の園児との関わりの中で他人の存在に気付き、相手を尊重する気持ちをもって行動できるようにし、また、自然や身近な動植物に親しむことなどを通して豊かな心情が育つようにすること。特に、人に対する信頼感や思いやりの気持ちは、葛藤やつまずきをも体験し、それらを乗り越えることにより次第に芽生えてくることに配慮すること。
(5) 集団の生活を通して、園児が人との関わりを深め、規範意識の芽生えが培われることを考慮し、園児が保育教諭等との信頼関係に支えられて自己を発揮する中で、互いに思いを主張し、折り合いを付ける体験をし、きまりの必要性などに気付き、自分の気持ちを調整する力が育つようにすること。
(6) 高齢者をはじめ地域の人々などの自分の生活に関係の深いいろいろな人と触れ合い、自分の感情や意志を表現しながら共に楽しみ、共感し合う体験を通して、これらの人々などに親しみをもち、人と関わることの楽しさや人の役に立つ喜びを味わうことができるようにすること。また、生活を通して親や祖父母などの家族の愛情に気付き、家族を大切にしようとする気持ちが育つようにすること。

環境
〔周囲の様々な環境に好奇心や探究心をもって関わり、それらを生活に取り入れていこうとする力を養う。〕
1 ねらい
(1) 身近な環境に親しみ、自然と触れ合う中で様々な事象に興味や関心をもつ。
(2) 身近な環境に自分から関わり、発見を楽しんだり、考えたりし、それを生活に取り入れようとする。
(3) 身近な事象を見たり、考えたり、扱ったりする中で、物の性質や数量、文字などに対する感覚を豊かにする。
2 内容
(1) 自然に触れて生活し、その大きさ、美しさ、不思議などに気付く。
(2) 生活の中で、様々な物に触れ、その性質や仕組みに興味や関心をもつ。
(3) 季節により自然や人間の生活に変化のあることに気付く。
(4) 自然などの身近な事象に関心をもち、取り入れて遊ぶ。
(5) 身近な動植物に親しみをもって接し、生命の尊さに気付き、いたわったり、大切にしたりする。
(6) 日常生活の中で、我が国や地域社会における様々な文化や伝統に親しむ。
(7) 身近な物を大切にする。
(8) 身近な物や遊具に興味をもって関わり、自分なりに比べたり、関連付けたりしながら考えたり、試したりして工夫して遊ぶ。
(9) 日常生活の中で数量や図形などに関心をもつ。
(10) 日常生活の中で簡単な標識や文字などに関心をもつ。
(11) 生活に関係の深い情報や施設などに興味や関心をもつ。
(12) 幼保連携型認定こども園内外の行事において国旗に親しむ。
3 内容の取扱い
上記の取扱いに当たっては、次の事項に留意する必要がある。
(1) 園児が、遊びの中で周囲の環境と関わり、次第に周囲の世界に好奇心を抱き、その意味や操作の仕方に関心をもち、物事の法則性に気付き、自分なりに考えることができるようになる過程を大切にすること。また、他の園児の考えなどに触れて新しい考えを生み出す喜びや楽しさを味わい、自分の考えをよりよいものにしようとする気持ちが育つようにすること。
(2) 幼児期において自然のもつ意味は大きく、自然の大きさ、美しさ、不思議さなどに直接触れる体験を

通して，園児の心が安らぎ，豊かな感情，好奇心，思考力，表現力の基礎が培われることを踏まえ，園児が自然との関わりを深めることができるよう工夫すること。
(3) 身近な事象や動植物に対する感動を伝え合い，共感し合うことなどを通して自分から関わろうとする意欲を育てるとともに，様々な関わり方を通してそれらに対する親しみや畏敬の念，生命を大切にする気持ち，公共心，探究心などが養われるようにすること。
(4) 文化や伝統に親しむ際には，正月や節句など我が国の伝統的な行事，国歌，唱歌，わらべうたや我が国の伝統的な遊びに親しんだり，異なる文化に触れる活動に親しんだりすることを通じて，社会とのつながりの意識や国際理解の意識の芽生えなどが養われるようにすること。
(5) 数量や文字などに関しては，日常生活の中で園児自身の必要感に基づく体験を大切にし，数量や文字などに関する興味や関心，感覚が養われるようにすること。

言葉
〔経験したことや考えたことなどを自分なりの言葉で表現し，相手の話す言葉を聞こうとする意欲や態度を育て，言葉に対する感覚や言葉で表現する力を養う。〕
1 ねらい
(1) 自分の気持ちを言葉で表現する楽しさを味わう。
(2) 人の言葉や話などをよく聞き，自分の経験したことや考えたことを話し，伝え合う喜びを味わう。
(3) 日常生活に必要な言葉が分かるようになるとともに，絵本や物語などに親しみ，言葉に対する感覚を豊かにし，保育教諭等や友達と心を通わせる。
2 内容
(1) 保育教諭等や友達の言葉や話に興味や関心をもち，親しみをもって聞いたり，話したりする。
(2) したり，見たり，聞いたり，感じたり，考えたりなどしたことを自分なりに言葉で表現する。
(3) したいこと，してほしいことを言葉で表現したり，分からないことを尋ねたりする。
(4) 人の話を注意して聞き，相手に分かるように話す。
(5) 生活の中で必要な言葉が分かり，使う。
(6) 親しみをもって日常の挨拶をする。
(7) 生活の中で言葉の楽しさや美しさに気付く。
(8) いろいろな体験を通じてイメージや言葉を豊かにする。
(9) 絵本や物語などに親しみ，興味をもって聞き，想像をする楽しさを味わう。
(10) 日常生活の中で，文字などで伝える楽しさを味わう。
3 内容の取扱い
上記の取扱いに当たっては，次の事項に留意する必要がある。
(1) 言葉は，身近な人に親しみをもって接し，自分の感情や意志などを伝え，それに相手が応答し，その言葉を聞くことを通して次第に獲得されていくものであることを考慮して，園児が保育教諭等や他の園児と関わることにより心を動かされるような体験をし，言葉を交わす喜びを味わえるようにすること。
(2) 園児が自分の思いを言葉で伝えるとともに，保育教諭等や他の園児などの話を興味をもって注意して聞くことを通して次第に話を理解するようになっていき，言葉による伝え合いができるようにすること。
(3) 絵本や物語などで，その内容と自分の経験とを結び付けたり，想像を巡らせたりするなど，楽しみを十分に味わうことによって，次第に豊かなイメージをもち，言葉に対する感覚が養われるようにすること。
(4) 園児が生活の中で，言葉の響きやリズム，新しい言葉や表現などに触れ，これらを使う楽しさを味わえるようにすること。その際，絵本や物語に親しんだり，言葉遊びなどをしたりすることを通して，言葉が豊かになるようにすること。
(5) 園児が日常生活の中で，文字などを使いながら思ったことや考えたことを伝える喜びや楽しさを味わい，文字に対する興味や関心をもつようにすること。

表現
〔感じたことや考えたことを自分なりに表現することを通して，豊かな感性や表現する力を養い，創造性を豊かにする。〕
1 ねらい
(1) いろいろなものの美しさなどに対する豊かな感性をもつ。
(2) 感じたことや考えたことを自分なりに表現して楽しむ。
(3) 生活の中でイメージを豊かにし，様々な表現を楽しむ。
2 内容
(1) 生活の中で様々な音，形，色，手触り，動きなどに気付いたり，感じたりするなどして楽しむ。
(2) 生活の中で美しいものや心を動かす出来事に触れ，イメージを豊かにする。
(3) 様々な出来事の中で，感動したことを伝え合う楽

しさを味わう。
　(4) 感じたこと，考えたことなどを音や動きなどで表現したり，自由にかいたり，つくったりなどする。
　(5) いろいろな素材に親しみ，工夫して遊ぶ。
　(6) 音楽に親しみ，歌を歌ったり，簡単なリズム楽器を使ったりなどする楽しさを味わう。
　(7) かいたり，つくったりすることを楽しみ，遊びに使ったり，飾ったりなどする。
　(8) 自分のイメージを動きや言葉などで表現したり，演じて遊んだりするなどの楽しさを味わう。
　3　内容の取扱い
　　上記の取扱いに当たっては，次の事項に留意する必要がある。
　(1) 豊かな感性は，身近な環境と十分に関わる中で美しいもの，優れたもの，心を動かす出来事などに出会い，そこから得た感動を他の園児や保育教諭等と共有し，様々に表現することなどを通して養われるようにすること。その際，風の音や雨の音，身近にある草や花の形や色など自然の中にある音，形，色などに気付くようにすること。
　(2) 幼児期の自己表現は素朴な形で行われることが多いので，保育教諭等はそのような表現を受容し，園児自身の表現しようとする意欲を受け止めて，園児が生活の中で園児らしい様々な表現を楽しむことができるようにすること。
　(3) 生活経験や発達に応じ，自ら様々な表現を楽しみ，表現する意欲を十分に発揮させることができるように，遊具や用具などを整えたり，様々な素材や表現の仕方に親しんだり，他の園児の表現に触れられるよう配慮したりし，表現する過程を大切にして自己表現を楽しめるように工夫すること。

第4　教育及び保育の実施に関する配慮事項
　1　満3歳未満の園児の保育の実施については，以下の事項に配慮するものとする。
　(1) 乳児は疾病への抵抗力が弱く，心身の機能の未熟さに伴う疾病の発生が多いことから，一人一人の発育及び発達状態や健康状態についての適切な判断に基づく保健的な対応を行うこと。また，一人一人の園児の生育歴の違いに留意しつつ，欲求を適切に満たし，特定の保育教諭等が応答的に関わるように努めること。更に，乳児期の園児の保育に関わる職員間の連携や学校医との連携を図り，第3章に示す事項を踏まえ，適切に対応すること。栄養士及び看護師等が配置されている場合は，その専門性を生かした対応を図ること。乳児期の園児の保育においては特に，保護者との信頼関係を築きながら保育を進めるとともに，保護者からの相談に応じ支援に努めていくこと。なお，担当の保育教諭等が替わる場合には，園児のそれまでの生育歴や発達の過程に留意し，職員間で協力して対応すること。
　(2) 満1歳以上満3歳未満の園児は，特に感染症にかかりやすい時期であるので，体の状態，機嫌，食欲などの日常の状態の観察を十分に行うとともに，適切な判断に基づく保健的な対応を心掛けること。また，探索活動が十分できるように，事故防止に努めながら活動しやすい環境を整え，全身を使う遊びなど様々な遊びを取り入れること。更に，自我が形成され，園児が自分の感情や気持ちに気付くようになる重要な時期であることに鑑み，情緒の安定を図りながら，園児の自発的な活動を尊重するとともに促していくこと。なお，担当の保育教諭等が替わる場合には，園児のそれまでの経験や発達の過程に留意し，職員間で協力して対応すること。
　2　幼保連携型認定こども園における教育及び保育の全般において以下の事項に配慮するものとする。
　(1) 園児の心身の発達及び活動の実態などの個人差を踏まえるとともに，一人一人の園児の気持ちを受け止め，援助すること。
　(2) 園児の健康は，生理的・身体的な育ちとともに，自主性や社会性，豊かな感性の育ちとがあいまってもたらされることに留意すること。
　(3) 園児が自ら周囲に働き掛け，試行錯誤しつつ自分の力で行う活動を見守りながら，適切に援助すること。
　(4) 園児の入園時の教育及び保育に当たっては，できるだけ個別的に対応し，園児が安定感を得て，次第に幼保連携型認定こども園の生活になじんでいくようにするとともに，既に入園している園児に不安や動揺を与えないようにすること。
　(5) 園児の国籍や文化の違いを認め，互いに尊重する心を育てるようにすること。
　(6) 園児の性差や個人差にも留意しつつ，性別などによる固定的な意識を植え付けることがないようにすること。

　　　第3章　健康及び安全

　幼保連携型認定こども園における園児の健康及び安全は，園児の生命の保持と健やかな生活の基本となるものであり，第1章及び第2章の関連する事項と併せ，次に示す事項について適切に対応するものとする。その際，養護教諭や看護師，栄養教諭や栄養士等が配置されている場合には，学校医等と共に，これらの者がそれぞれの専門性を生

かしながら，全職員が相互に連携し，組織的かつ適切な対応を行うことができるような体制整備や研修を行うことが必要である。

第1 健康支援
 1 健康状態や発育及び発達の状態の把握
  （1）園児の心身の状態に応じた教育及び保育を行うために，園児の健康状態や発育及び発達の状態について，定期的・継続的に，また，必要に応じて随時，把握すること。
  （2）保護者からの情報とともに，登園時及び在園時に園児の状態を観察し，何らかの疾病が疑われる状態や傷害が認められた場合には，保護者に連絡するとともに，学校医と相談するなど適切な対応を図ること。
  （3）園児の心身の状態等を観察し，不適切な養育の兆候が見られる場合には，市町村（特別区を含む。以下同じ。）や関係機関と連携し，児童福祉法第25条に基づき，適切な対応を図ること。また，虐待が疑われる場合には，速やかに市町村又は児童相談所に通告し，適切な対応を図ること。
 2 健康増進
  （1）認定こども園法第27条において準用する学校保健安全法（昭和33年法律第56号）第5条の学校保健計画を作成する際は，教育及び保育の内容並びに子育ての支援等に関する全体的な計画に位置づくものとし，全ての職員がそのねらいや内容を踏まえ，園児一人一人の健康の保持及び増進に努めていくこと。
  （2）認定こども園法第27条において準用する学校保健安全法第13条第1項の健康診断を行ったときは，認定こども園法第27条において準用する学校保健安全法第14条の措置を行い，教育及び保育に活用するとともに，保護者が園児の状態を理解し，日常生活に活用できるようにすること。
 3 疾病等への対応
  （1）在園時に体調不良や傷害が発生した場合には，その園児の状態等に応じて，保護者に連絡するとともに，適宜，学校医やかかりつけ医等と相談し，適切な処置を行うこと。
  （2）感染症やその他の疾病の発生予防に努め，その発生や疑いがある場合には必要に応じて学校医，市町村，保健所等に連絡し，その指示に従うとともに，保護者や全ての職員に連絡し，予防等について協力を求めること。また，感染症に関する幼保連携型認定こども園の対応方法等について，あらかじめ関係機関の協力を得ておくこと。
  （3）アレルギー疾患を有する園児に関しては，保護者と連携し，医師の診断及び指示に基づき，適切な対応を行うこと。また，食物アレルギーに関して，関係機関と連携して，当該幼保連携型認定こども園の体制構築など，安全な環境の整備を行うこと。
  （4）園児の疾病等の事態に備え，保健室の環境を整え，救急用の薬品，材料等を適切な管理の下に常備し，全ての職員が対応できるようにしておくこと。

第2 食育の推進
 1 幼保連携型認定こども園における食育は，健康な生活の基本としての食を営む力の育成に向け，その基礎を培うことを目標とすること。
 2 園児が生活と遊びの中で，意欲をもって食に関わる体験を積み重ね，食べることを楽しみ，食事を楽しみ合う園児に成長していくことを期待するものであること。
 3 乳幼児期にふさわしい食生活が展開され，適切な援助が行われるよう，教育及び保育の内容並びに子育ての支援等に関する全体的な計画に基づき，食事の提供を含む食育の計画を作成し，指導計画に位置付けるとともに，その評価及び改善に努めること。
 4 園児が自らの感覚や体験を通して，自然の恵みとしての食材や食の循環・環境への意識，調理する人への感謝の気持ちが育つように，園児と調理員等との関わりや，調理室など食に関する環境に配慮すること。
 5 保護者や地域の多様な関係者との連携及び協働の下で，食に関する取組が進められること。また，市町村の支援の下に，地域の関係機関等との日常的な連携を図り，必要な協力が得られるよう努めること。
 6 体調不良，食物アレルギー，障害のある園児など，園児一人一人の心身の状態等に応じ，学校医，かかりつけ医等の指示や協力の下に適切に対応すること。

第3 環境及び衛生管理並びに安全管理
 1 環境及び衛生管理
  （1）認定こども園法第27条において準用する学校保健安全法第6条の学校環境衛生基準に基づき幼保連携型認定こども園の適切な環境の維持に努めるとともに，施設内外の設備，用具等の衛生管理に努めること。
  （2）認定こども園法第27条において準用する学校保健安全法第6条の学校環境衛生基準に基づき幼保連携型認定こども園の施設内外の適切な環境の維持に努めるとともに，園児及び全職員が清潔を保つようにすること。また，職員は衛生知識の向上に努めること。

2 事故防止及び安全対策
 (1) 在園時の事故防止のために，園児の心身の状態等を踏まえつつ，認定こども園法第27条において準用する学校保健安全法第27条の学校安全計画の策定等を通じ，全職員の共通理解や体制づくりを図るとともに，家庭や地域の関係機関の協力の下に安全指導を行うこと。
 (2) 事故防止の取組を行う際には，特に，睡眠中，プール活動・水遊び中，食事中等の場面では重大事故が発生しやすいことを踏まえ，園児の主体的な活動を大切にしつつ，施設内外の環境の配慮や指導の工夫を行うなど，必要な対策を講じること。
 (3) 認定こども園法第27条において準用する学校保健安全法第29条の危険等発生時対処要領に基づき，事故の発生に備えるとともに施設内外の危険箇所の点検や訓練を実施すること。また，外部からの不審者等の侵入防止のための措置や訓練など不測の事態に備え必要な対応を行うこと。更に，園児の精神保健面における対応に留意すること。

第4 災害への備え
 1 施設・設備等の安全確保
 (1) 認定こども園法第27条において準用する学校保健安全法第29条の危険等発生時対処要領に基づき，災害等の発生に備えるとともに，防火設備，避難経路等の安全性が確保されるよう，定期的にこれらの安全点検を行うこと。
 (2) 備品，遊具等の配置，保管を適切に行い，日頃から，安全環境の整備に努めること。
 2 災害発生時の対応体制及び避難への備え
 (1) 火災や地震などの災害の発生に備え，認定こども園法第27条において準用する学校保健安全法第29条の危険等発生時対処要領を作成する際には，緊急時の対応の具体的内容及び手順，職員の役割分担，避難訓練計画等の事項を盛り込むこと。
 (2) 定期的に避難訓練を実施するなど，必要な対応を図ること。
 (3) 災害の発生時に，保護者等への連絡及び子どもの引渡しを円滑に行うため，日頃から保護者との密接な連携に努め，連絡体制や引渡し方法等について確認をしておくこと。
 3 地域の関係機関等との連携
 (1) 市町村の支援の下に，地域の関係機関との日常的な連携を図り，必要な協力が得られるよう努めること。
 (2) 避難訓練については，地域の関係機関や保護者との連携の下に行うなど工夫すること。

第4章　子育ての支援

　幼保連携型認定こども園における保護者に対する子育ての支援は，子どもの利益を最優先して行うものとし，第1章及び第2章等の関連する事項を踏まえ，子どもの育ちを家庭と連携して支援していくとともに，保護者及び地域が有する子育てを自ら実践する力の向上に資するよう，次の事項に留意するものとする。

第1　子育ての支援全般に関わる事項
 1 保護者に対する子育ての支援を行う際には，各地域や家庭の実態等を踏まえるとともに，保護者の気持ちを受け止め，相互の信頼関係を基本に，保護者の自己決定を尊重すること。
 2 教育及び保育並びに子育ての支援に関する知識や技術など，保育教諭等の専門性や，園児が常に存在する環境など，幼保連携型認定こども園の特性を生かし，保護者が子どもの成長に気付き子育ての喜びを感じられるように努めること。
 3 保護者に対する子育ての支援における地域の関係機関等との連携及び協働を図り，園全体の体制構築に努めること。
 4 子どもの利益に反しない限りにおいて，保護者や子どものプライバシーを保護し，知り得た事柄の秘密を保持すること。

第2　幼保連携型認定こども園の園児の保護者に対する子育ての支援
 1 日常の様々な機会を活用し，園児の日々の様子の伝達や収集，教育及び保育の意図の説明などを通じて，保護者との相互理解を図るよう努めること。
 2 教育及び保育の活動に対する保護者の積極的な参加は，保護者の子育てを自ら実践する力の向上に寄与するだけでなく，地域社会における家庭や住民の子育てを自ら実践する力の向上及び子育ての経験の継承につながるきっかけとなる。これらのことから，保護者の参加を促すとともに，参加しやすいよう工夫すること。
 3 保護者の生活形態が異なることを踏まえ，全ての保護者の相互理解が深まるように配慮すること。その際，保護者同士が子育てに対する新たな考えに出会い気付き合えるよう工夫すること。
 4 保護者の就労と子育ての両立等を支援するため，保護者の多様化した教育及び保育の需要に応じて病児保育事業など多様な事業を実施する場合には，保護者の状況に配慮するとともに，園児の福祉が尊重されるよ

う努め，園児の生活の連続性を考慮すること。
5 　地域の実態や保護者の要請により，教育を行う標準的な時間の終了後等に希望する園児を対象に一時預かり事業などとして行う活動については，保育教諭間及び家庭との連携を密にし，園児の心身の負担に配慮すること。その際，地域の実態や保護者の事情とともに園児の生活のリズムを踏まえつつ，必要に応じて，弾力的な運用を行うこと。
6 　園児に障害や発達上の課題が見られる場合には，市町村や関係機関と連携及び協力を図りつつ，保護者に対する個別の支援を行うよう努めること。
7 　外国籍家庭など，特別な配慮を必要とする家庭の場合には，状況等に応じて個別の支援を行うよう努めること。
8 　保護者に育児不安等が見られる場合には，保護者の希望に応じて個別の支援を行うよう努めること。
9 　保護者に不適切な養育等が疑われる場合には，市町村や関係機関と連携し，要保護児童対策地域協議会で検討するなど適切な対応を図ること。また，虐待が疑われる場合には，速やかに市町村又は児童相談所に通告し，適切な対応を図ること。

第3 　地域における子育て家庭の保護者等に対する支援
1 　幼保連携型認定こども園において，認定こども園法第2条第12項に規定する子育て支援事業を実施する際には，当該幼保連携型認定こども園がもつ地域性や専門性などを十分に考慮して当該地域において必要と認められるものを適切に実施すること。また，地域の子どもに対する一時預かり事業などの活動を行う際には，一人一人の子どもの心身の状態などを考慮するとともに，教育及び保育との関連に配慮するなど，柔軟に活動を展開できるようにすること。
2 　市町村の支援を得て，地域の関係機関等との積極的な連携及び協働を図るとともに，子育ての支援に関する地域の人材の積極的な活用を図るよう努めること。また，地域の要保護児童への対応など，地域の子どもを巡る諸課題に対し，要保護児童対策地域協議会など関係機関等と連携及び協力して取り組むよう努めること。
3 　幼保連携型認定こども園は，地域の子どもが健やかに育成される環境を提供し，保護者に対する総合的な子育ての支援を推進するため，地域における乳幼児期の教育及び保育の中心的な役割を果たすよう努めること。

〈監修者紹介〉
無藤　隆（むとう たかし）
　　白梅学園大学大学院特任教授
　　文科省中央教育審議会教育課程部会幼児教育部会 主査
　　内閣府子ども子育て会議 会長　等歴任

《《幼稚園教育要領 改訂
保育所保育指針 改定
幼保連携型認定こども園教育・保育要領 改訂》》について

編集・制作　株式会社　同文書院
112-0002
東京都文京区小石川 5-24-3
TEL 03-3812-7777　FAX 03-3812-8456